세계의 통합학교

제도와 운영 사례

임연기
박삼철
김병찬
강충서
히고 코우세이

BM (주)도서출판 **성안당**

이 저서는 2018년 서울특별시교육청의 연구비 지원과 2019년 정부(교육부)의 재원으로 국립공주대학교 중앙농어촌교육지원센터에서 수행한 연구임

서 문

　통합학교는 여러 가지 뜻을 지닌 개념이지만, 여기서는 초·중등 교육 단계에서 학교급이 서로 다른 학교를 수직적으로 결합한 학교를 말한다. 고등교육 단계 이전인 초등학교, 중학교, 그리고 고등학교 단계를 세 가지 조합으로 결합하여, 초등학교와 중학교, 중학교와 고등학교, 그리고 초등학교, 중학교, 고등학교 모두를 결합한 통합학교가 존재한다. 세계 여러 나라의 통합학교는 제도적으로 하나의 학교로 결합한 형태도 있고, 제도적으로는 분리하면서 두 개 또는 세 개 학교급의 학교 운영을 통합하는 형태도 있다. 우리나라는 대표적으로 후자, 즉 학교 운영을 통합하는 이른바 통합운영학교 사례에 해당한다.

　통합운영학교와 첫 인연을 맺은 시기는 2010년 여름이다. 우리나라에 최초의 통합운영학교가 개교한 지 10년 이후이고, 지금으로부터 10년 전의 일이다. 교육부는 2010년 7월 통합운영학교 육성계획의 일환으로 3년간 프로그램 운영비 지원사업을 시작하였고, 공주대학교 한국농촌교육연구센터를 사업관리지원센터로 지정·운영하였다. 당시 센터장으로서 자연스럽게, 그러나 아무런 준비 없이 통합운영학교와 만났다. 통합운영학교가 어떤 학교인지 전혀 모르는 상태였다.

　지금도 마찬가지이지만 통합운영학교라고 부르기도 하고 통합학교라고 부르기도 해서 몹시 혼란스러웠다. 처음에는 단순하게 통폐합 이후 폐교 학교에 재학하던 학생들을 받아들인 학교로 생각하였다. 통합운영학교의 문제점이 많아 재정 지원 사업을 추진한다는 설명을 듣고, 여러 학교에서 공부하던 학생들이 통폐합 조치로 한 학교에 함께 다니면서 벌어지는 갈등이 클 것으로 생각하였을 정도이다. 나중에 바로 알 수 있었는데 통합운영학교는 학교 통폐합과 전혀 무관한 학교는 아니었으나, 동등한 학교급 간의 수평적 통폐합 이후의 통합학교와는 달랐다.

　교육부 위탁사업에 착수하면서 우리 대학본부 대회의실에서 통합운영학교 교장 등 사업 관계자와 소위 말하는 상견례를 겸한 첫 번째 협의회를 가졌다. 전국의 오지 벽지에서 오신 몇 분의 선생님들은 회의를 시작하자마자 격앙된 발언을 거침없이 쏟아 냈다. 참석하신 분들은 모두 이에 열렬한 호응을 보내었다. 그 광경은 지금도

서 문

잊을 수 없을 정도로 생생하다. 누가 이런 제도를 만들었는지, 그리고 지금 이 자리에 와 있는지 알려 달라고 호통을 쳤다.

차분하게 문제점을 제기하기도 하였다. 현재 상태에서는 통합의 시너지 효과보다는 오히려 부정적인 측면이 더 많다. 특히 초·중 통합운영학교 발상 자체가 실패작이다. 초·중 간의 교육과정이 다르고 문화가 다르며 환경이 다른데 무엇을 통합하여 운영한다는 말인가? 교무실도 같이 사용하기 힘들다. 그런데 무슨 교과지원을 하고 특별실을 통합하여 사용할 수 있겠는가? 분리할 수 있으면 다시 분리하였으면 한다. 초등학교와 중학교 간의 통합운영은 많은 어려움이 잠복해 있다는 지적이 이어졌다.

사업기간 동안 교육부는 시급한 몇 가지 제도를 개선하였다. 「초·중등교육법 시행령」의 일부를 개정하여 통합운영학교의 교직원 배치기준 개선, 교육과정 및 예산 편성·운영에 있어서 자율권 부여, 그리고 「공무원 수당 등에 관한 규정」을 개정하여 통합운영학교 교장 겸임수당 신설 등을 실현하였다. 특히 국가 수준에서 관할청이 활용할 통합운영학교 관리 가이드라인을 개발하여 보급하였다. 재정 지원 사업 종료 후 1년간 연구학교 운영을 통해서 자발적인 학교개선을 위한 현장연구를 지원하기도 하였다.

통합운영학교의 지속적 발전 가능성을 염두에 두고 정책연구를 시도하였는데, 그 일환으로 외국의 유사 제도와 운영 사례에 관심을 기울였다. 일본의 경우 우리 연구센터의 히고 코우세이 선생과 함께 후쿠오카, 가고시마 그리고 홋카이도의 일관학교를 방문하였다. 호주의 경우 우리 연구센터의 동료였던 단국대 박삼철 교수와 NSW 주 시드니 도심의 composit school, 농촌 지역의 central school, 그리고 K-2 학교, 교육지원청 등을 방문하였다. 연구 결과는 2012년 보고서에 담았다.

2014년 여름, 교육부 지정 연구센터 문을 닫고 다시 몇 년이 흘렀다. 4년 후인 2018년에 서울특별시교육청으로부터 서울형 통합운영학교 모델 개발에 관한 정책연구 제안을 받았다. 이때도 외국의 제도와 운영 사례에 관심을 두고 미국의 경우 뉴욕 주립대 박사후 연구원으로 활동하고 있는 강충서 박사와 버팔로 시내에 있는 초·중 통합학교들을 방문하였다. 핀란드의 경우 그곳에 연구년을 다녀오고 핀란드 교육에 관한 단행본 전문저서를 출간한 경희대 김병찬 교수도 참여하였다. 박삼철 교

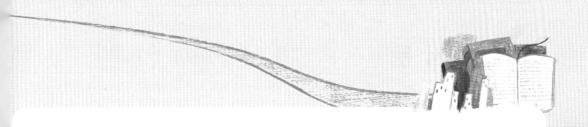

수, 히고 코우세이 선생도 다시 참여하였다. 연구 결과는 2018년 보고서에 담았다. 2019년에도 일본의 후쿠오카, 히로시마 등의 도시, 농촌 지역의 일관학교, 미국 뉴욕 주의 농촌 지역 central school을 다녀왔다. 조사결과는 이번 저서에 추가하였다.

이상과 같이 본서는 과제책임자로서 교육부 지원으로 수행한 2012년의 정책연구, 서울특별시교육청 지원으로 수행한 2018년의 정책연구, 그리고 교육부의 2019 농어촌교육지원센터 사업의 일환으로 수행한 기초연구의 산물임을 밝히고자 한다. 통합운영학교 제도 도입의 단계에서 수행한 정책연구는 물론, 우리 센터에서 두 차례 수행한 통합운영학교 제도 개선을 위한 연구에서도 외국의 제도와 운영 사례를 분석하여 시사점을 찾고자 하였다. 아시아에서는 이웃 일본, 오세아니아에서는 호주, 아메리카에서는 미국, 유럽에서는 핀란드를 대상 국가로 하였다.

두 차례의 정책연구를 수행하는 과정에서 외국의 사례들을 약방의 감초처럼 포함시켰지만 핵심 연구과업은 정책개발에 있었고, 연구기간도 짧아 시간에 쫓겨 외국 사례들을 체계적으로 충실하게 정리하는 데 항상 아쉬움이 많았다. 아울러 정책 연구보고서를 한정적으로 배포할 수밖에 없는 형편이어서 독자층이 한계가 있었다. 더욱이 최근에는 인구절벽 시대에 대응하여 다양한 학교체제 개발이 필요함에 따라 우리나라 통합운영학교와 유사한 외국의 제도에 대한 관심이 높아지고 있다.

이에 그간 수집하고 축적한 자료를 묶어 세계의 통합학교(부제 : 제도와 운영 사례)라는 저서를 발간하는 작업을 시도하였다. 우리나라의 통합운영학교 제도는 여러 나라 통합학교 제도의 독특한 사례로 보았다. 한국은 임연기, 일본은 히고 코우세이, 호주는 박삼철, 미국은 강충서, 핀란드는 김병찬 박사가 맡았다. 사전에 준거를 설정하여 공통점과 차이점을 분석하는 비교연구 방식보다는, 대체로 자유롭게 각국의 제도와 운영 사례의 특징을 기술하는 지역연구 방식으로 접근하였다. 비교준거를 충족시킬 자료의 수합에도 한계가 있었지만, 엄격한 분석 틀을 적용하는 경우 각 나라의 특성을 최대한 살리는 데도 제약이 있을 것으로 판단하였다.

그리고 공통적으로 다룰 내용들을 느슨하게 잡았다. 첫째, 통합학교 제도의 도입 배경으로서 교육의 사회·문화적 맥락, 교육제도 차원에서 학제, 교육과정 구조, 교육행정 체제, 교원양성 체제 등을 다루었다. 외국의 경우 통합운영학교 제도의 도입 맥락을 광범위하게 기술하여 각국의 교육을 이해하는 데 도움을 주고자 하였다. 학제는 학교의 종류와 결합관계를 중심으로 기술하였다.

둘째, 통합학교 제도 및 운영 현황으로서 학교 유형, 관련 통계, 사례 등을 다루었다. 어떤 경우는 하나의 제도로서 학교급별 통합학교, 어떤 경우는 제도로서는 분리하고, 운영을 통합하는 형태를 가졌다. 초등학교, 중학교, 고등학교 단계에서 중학교를 초등학교에 통합하는 사례, 중학교를 고등학교에 통합하는 사례, 모든 학교 단계를 통합하는 사례 등으로 다양한 모습이다. 학교급 간 단순한 접합 수준으로 결합한 기계적 통합학교와 서로 긴밀하게 결합하여 분리할 수 없는 유기적 통합학교로 분류할 수도 있다. 학교 건물을 함께 사용하는 경우와 분리해서 사용하는 경우도 있다. 관련 통계자료는 통합운영학교의 위상, 규모 등을 함축하고 있다.

셋째, 어느 나라건 통합학교 제도가 농촌 소규모학교와 직·간접적으로 관련을 맺고 있다는 점에서 농촌 소규모학교 육성정책을 함께 다루었다. 학교 통폐합정책, 교원배치기준, 재정 지원 우대 조치 등을 포함시켰다. 농촌, 농어촌, 농산어촌 또는 시골 등의 용어를 모두 농촌이라는 용어로 통일하여 사용하였다.

이러한 내용으로 구성하여 우리나라를 포함한 일본, 호주, 미국, 핀란드의 통합학교 제도와 운영 사례를 분석한 전문서를 세상에 내놓는다. 공동 집필자의 의지와 열정 덕분에 출간의 기쁨을 누릴 수 있었기에 모든 공로를 공동 집필자들께 돌리고 싶다. 집필자들이 지난 6개월간 이미 정책연구보고서에서 발표한 내용을 보완하고, 함께 검토한 끝에 마무리하였는데, 처음 생각보다 시간도 많이 걸리고 아직 미흡한 부분이 여기저기 눈에 띈다. 미진한 부분에 대한 새로운 아쉬움을 짐으로 떠안을 수밖에 없지만, 이 부분에 대해서는 지속적으로 보완해 나갈 것을 약속드린다.

끝으로 연구비를 지원하고, 연구에 도움을 주신 모든 분들께 감사드린다. 흔쾌히 출판을 맡아 주신 성안당 회장님께도 감사드린다.

2020. 3. 30

집필자를 대표하여 **임 연 기**

Contents

제1장

한국의
통합운영학교

제1장
한국의 통합운영학교

 제1절 **통합운영학교 제도의 도입 배경**

1. 사회·문화적 배경

한국 교육에서 통합운영학교가 등장하게 된 사회·문화적 배경을 세 갈래로 짚어 볼 수 있다. 첫째, 인구 요인 차원에서 학령인구의 감소와 지역 편중을 들 수 있다. 1960년대 이후 산업화와 도시화 추세 속에서 농촌인구의 지속적인 도시로의 이동과 감소는 농촌학교의 공동화를 가져왔다. 둘째, 경제적 요인 차원에서 1990년대 후반 IMF 구제금융에 따른 경제 위기 국면을 들 수 있다. 당시 사회전반의 구조조정 물결은 다양한 학교 통폐합 수단을 강구하도록 하는 환경을 조성하였다. 셋째, 문화적 요인 차원에서 한국인의 높은 향학열을 꼽을 수 있다. 전국 방방곡곡에 학교를 세우고 교육기회를 확대하였으나, 학력과 학벌을 중시한 학부모들은 작은 농촌학교를 버리고 과밀의 도시학교를 선택하였다.

인구적인 요인에서 출발해 보자. 해방 직후인 1949년 농가인구는 전체인구의 83%에 이르렀으며, 농촌 거주 인구는 이를 훨씬 상회하는 수준이었을 것으로 추정할 수 있다. 이때의 농촌과 농업은 우리나라를 대표하는 공간과 산업으로서 중심적 위상을 차지하였다. 그 당시 국민의 향학열이 폭발적으로 증가하여 정부는 이를 수용하기 위한 전면적인 교육기회 확대정책을 폈는데, 농촌 지역도 예외 없이 오지벽지까지 학교를 만들고 2부제 수업, 콩나물교실로 학생수요 팽창에 대응하였다. 특기할 상황은 농촌 지역, 특히 리 지역의 상당수 학교는 지방자치단체 예산으로 학교를 설립하는 데 손길이 미치지 못하여 학교부지를 주민들이 자치단체에 기부채납하는 형식으로 마련하였다는 점이다. 이는 교육기회를 확대하는 과정에서 농촌 주민의 기대와 호응이 컸음을 엿볼 수 있는 대목이다.

그러나 1960년대 이후 산업화와 도시화로 농촌인구는 급격한 감소 국면에 접어들었다. 농촌을 행정 구역상 읍·면 지역으로 분류한 기준에 따르면, 농촌인구 구성비는 1960년 67.6%에서 2010년 18.0%로 줄어들었다. 농촌인구는 70년대 중반에 50% 미만으로 줄어들고, 2000년대 초반에 20% 미만으로 줄어든 것이다. 특히 면 지역 인구 구성비는 1960년 63.0%에서 2010년 9.4%로 급격히 줄어들었다. 농촌은 한국 사회의 중심으로부터 주변으로 전락하였다(임연기, 2007 : 568).

농촌인구 감소는 농촌학교 학생 수 감소로 이어졌다. 여기에 덧붙여 '맹모삼천지교(孟母三遷之敎)' 또는 '말이 태어나면 제주로 보내고 사람이 태어나면 서울로 보내'야 한다는 신념에 따라 농촌에서 도시로의 학생 유출이 인구이동보다 한발 앞서 이루어졌고, 자녀 교육 때문에 이농을 결행한 가정도 적지 않았다. 농촌학교의 공동화 현상이 나타났고, 농촌학교는 한국 교육의 변방으로 전락하였다.

정부는 1982년부터 학교 통폐합 정책을 추진하였으며, 1990년대 들어 특히 농촌 지역에서 학교 통폐합을 가속적으로 시행하였다. 이 당시 농촌 교육정책은 곧 통폐합 정책이라고 할 수 있을 정도로 통폐합을 활발히 추진하는 가운데 사회적으로 찬반 논란을 크게 불러일으켰다. 학교 폐교가 지역 사회의 황폐화를 촉진한다는 비판이 강하게 일었으며, 농촌 소규모학교의 교육적 이점에 관한 주장이 다양하게 제기되었다. 통폐합 추진 초기에 교육당국은 통폐합 논리로 학습권 보장을 내세웠으나, 실질적으로는 교육투자 효율성 차원의 경제적 논리가 주된 것이었다.

1999년 IMF 구제 금융하에서 정부는 막대한 재정을 지원하면서 1998년 8월 통폐합 기준 100명 수준에서 강도 높게 학교 통폐합을 추진하였다. 본교 폐지, 분교장 폐지, 분교장 개편 등과 함께 통합운영학교에도 무마금을 지원하였다. 한 해 동안 본교 폐교 291교, 분교장 폐교 326교, 분교장 개편 181교 등 총 798교를 통폐합 또는 분교장으로 개편시켰다. 이때 통합운영학교도 통폐합 유형으로 자리하였다. 통합운영학교는 1998년 8교를 시작으로, 1999년 53교를 지정하여 절정을 이루었다. 현재 20여 년의 역사를 가진 통합운영학교의 과반이 두 해 동안 출범한 것이다. 물론 현재는 학교 폐교, 이전, 자진 희망에 따라 초기에 지정한 학교 중에서 10교 이상이 지정해제된 상태이다. 통합운영학교의 지정도 학생 수 감소에 따른 조치였고, 해제도 상급학교 학생 수 소멸로 인한 자동해제가 대부분을 차지하였다.

통합운영학교는 지역별로 농촌 면 지역 소재 학교가 대다수를 차지한다. 이는 산업화, 도시화에 따른 농촌 지역의 학령 인구 감소 현상과 이에 대처하기 위한 정부의 학교 통폐합 정책이 통합운영학교 제도 도입의 중요한 시발점임을 입증하고 있다. 그런데 근자에는 농촌뿐만 아니라 도시에서도 구 도심 지역을 중심으로 학교 공동화 현상이 나타나고 있다. 일부 학교는 학생 수가 급격하게 줄어들었지만 주민의 동의를 얻어야 하기 때문에 통폐합이 용이하지 않아 영세한 소규모 형태로 존속하고 있는 실정이기도 하다. 반면에 전반적인 학생 수 감소 추세 속에서 도시 재생이나 재건축 사업을 추진함으로써 인구 및 학생 이동으로 인하여 학교 신설 수요는 지속적으로 발생하고 있다. 이에 따라 학생 수는 줄어들지만 학교 수는 늘어나는 특이한 현상이 나타났으며, 이를 완충시키기 위한 방편으로 학교 총량제가 등장하였다. 학교 총량제 방침에 따라 통합운영학교 조건부 학교 신설이 늘어나면서 통합운영학교에 대한 관심이 다시 커지고 있다.

대표적으로, 교육부 중앙투자심사위원회는 2016년 4월 서울 헬리오시티(가락시영아파트) 재건축단지에 초·중 통합운영학교 신설을 조건부로 승인하였다. 고밀도 아파트군의 형성으로 초등학생 9백여 명, 중학생 8백여 명의 추가적인 학생 수용이 필요할 것으로 추정하였으며, 인근 학교로의 분산배치가 곤란하고 학생들의 원거리 학교배정으로 인한 통학불편을 해소하기 위해 학교 신설이 불가피한 상황이었다. 다만, 아파트 재건축조합에서 무상으로 기부채납한 학교용지가 협소하여 학교와 인접한 공원시설(탄천유수지) 체육장을 활용하는 방안을 고려하면서까지 우여곡절 끝에 초등학교와 중학교 통합운영 형태의 학교 신설을 결정하기에 이르렀다(임연기 외, 2018 : 3). 농촌뿐만 아니라 도시에서도 과소규모 학교의 적정규모화 조치의 일환으로 통합운영학교 모델의 적용을 검토해야 할 새로운 국면을 맞이하고 있는 것이다.

돌아보건대, 정부는 농촌학교 학생들이 급격하게 감소하자 학교 통폐합 정책을 추진하였으며, IMF 구제금융에 따른 구조조정의 시기에 통합운영학교 제도를 탄생시켰다. 이제 또다시 인구절벽 시대의 국면에 처해 있다. 통계청의 장래인구특별추계자료(2018)에 따르면 합계출산율이 1970년에 4.53명에서 2002년에는 1.3명 미만으로 떨어졌고, 2018년에는 0.98명으로 줄어들어 저출산고령화 시대를 전망하고 있다. 인구절벽에 따른 교육대책에서 빼놓지 않고 통합운영학교를 재조명하고 있다.

2. 교육제도 차원

통합운영학교라는 용어가 정부의 공식 문건에 등장한 것은 1996년 2월 9일 당시 교육개혁위원회의 제3차 대통령 보고서(교육개혁위원회, 1996 : 51)에서이다. 교육과정 운영의 효율화를 위해 초·중등학교 제도를 농·어촌 지역, 중·소도시, 대도시 등 각 지역 실정에 맞게 통합운영할 수 있다고 하였다. 초·중등학교 교육과정의 통합운영을 위해 교원, 시설·설비를 함께 활용할 수 있도록 과감하게 규제를 완화하고 행·재정적으로 지원한다고 기술하고 있다. 통합운영의 유형으로 초등학교와 중학교, 중학교와 고등학교, 초등학교, 중학교 및 고등학교 세 가지 유형을 제안하고 있다.

당시 교육개혁위원회는 초·중등학교 교육과정 개혁을 위한 지원체제 확립 차원에서 초·중등학교 제도 운영의 탄력화 일환으로 통합운영학교의 도입을 주장하였다. 교육과정 개혁을 위하여 지원체제의 확립이 필요하고, 이를 위하여 학교제도의 탄력적 운영 차원에서 통합운영학교 제도의 도입이 필요하다고 본 것이다. 따라서 통합운영학교 도입의 배경으로서 학교제도 운영의 탄력화가 필요한 상황을 학제, 교육과정 구조, 교육행정 체제, 교원양성 체제 등의 관점에서 살펴볼 필요가 있다.

우선 우리나라는 1945년부터 3년간 미군정기의 '6-6-4'제에서 시작하여 1948년 정부 수립 이후 1949년 말에 공포한 「교육법」에 의해 국민교육제도의 근간을 이루는 '6-4-3-4' 학제를 마련하였다. 동법 제102조에서 중학교의 수학연한을 4년으로 한다고 규정하였다. 다만 이 시점의 학제는 과도기적인 것으로, 1951년의

2차 교육법 개정에 따라 '6-3-3-4'의 현행 학제를 확정하였다(김종철, 1976 : 116~117). 이후 지속적인 학제개편 논란에도 불구하고 부분적인 보완은 있었으나 기본 학제의 틀은 변동 없이 지금에 이르고 있다. 학제개편론, 그리고 학제의 문제는 제도 그 자체보다 운영의 결함에 있다고 보는 반대론이 맞서왔는데, 개편론자들이 주장하는 대안의 핵심은 초·중·고등교육 각 단계의 연한과 연결, 접속관계의 개혁이 중심을 이루고 있다. 일부 개편안에서는 초등교육 기간의 연장, 중학교와 고등학교 교육단계의 통합 등을 담고 있으며, 이는 통합운영학교 도입의 당위성과 맥을 같이 한다.

다음으로 교육과정 구조를 검토할 필요가 있다. 우리나라 교육과정은 전통적으로 중앙집권적인 통치구조로부터 점차 지방분권적인 교육과정 체제로 이행해 가고 있다. 「초·중등교육법」 제23조 제②항에 따르면 교육부 장관은 교육과정의 기준과 내용에 관한 기본적인 사항을 정하며, 교육감은 교육부 장관이 정한 교육과정의 범위 내에서 지역의 실정에 맞는 기준과 내용을 정할 수 있다. 단위학교에서는 학교 교육과정 편성, 운영계획을 수립하여 시행한다. 교육과정 의사결정 구조가 형식적으로는 분산형이지만, 실질적으로는 집권형 형태를 벗어나지 못하고 있다. 학교 현장에서는 교과 편제나 수업시수 이외의 경우에 교육과정보다 교과서가 교사의 수업에 중요한 영향력을 가지고 있다. 또한 「초·중등교육법」 제29조 제①항에 따라 학교에서는 국가가 저작권을 가지고 있거나 교육부 장관이 검정하거나 인정한 교과용 도서를 사용하여야 한다.

이와 같이 교육과정에 대한 국가 통제가 강한 상황에서 교육개혁위원회(1996 : 38~39)는 신 교육과정 편제 도입의 일환으로 국민공통기본교육과정 체제를 설정하고자 하였다. 국민공통기본교육기간을 초등학교 1학년에서 고등학교 1학년까지 10년으로 설정하고, 이 기간 중에는 학교급별 개념이 아닌 학년제 개념에 기초한 일관성 있는 교육과정 체제를 갖추어야 한다고 하였다. 국민공통기본교육과정 체제의 관점에서 보면 교육과정의 통합운영을 표방한 통합운영학교 제도의 당위성을 쉽게 이해할 수 있다. 그러나 역설적으로 유치원과 초등학교, 초등학교와 중학교, 중학교와 고등학교 학교급 간에 교육과정의 연속성이 취약하다는 점을 짐작할 수 있는 대목이기도 하다.

교원은 물론 교육과정이나 교과서 개발, 그리고 교육행정당국의 장학에 참여하는 인사들은 초등과 중등으로 확연하게 두 개의 진영으로 갈라진다. 초등과 중등 간에 깊게 놓여 있는 경계의 뿌리는 교원양성기관에서 찾을 수 있다. 초기에는 분리하였지만 제2차 세계 대전 이후 하나의 기관에서 교원을 양성하고 있는 다른 나라들과는 달리 우리나라는 초등과 중등 교원을 하나의 기관이 아닌 각기 다른 기관에서 구분하여 양성해 오고 있다. 초등과 중등 간의 교원자격제도도 명확한 차이가 있다.

이러한 상황에서 교육개혁위원회는 학교급 간 교육과정을 통합하여 운영하기가 쉽지 않았을 것으로 판단하여, 학교급 간 교육과정의 통합을 위하여 과감한 규제 완화가 필요하고 행·재정 지원이 필요하다 하였다. 그러나 사전 조치는 크게 미흡하였다. 오히려 중앙집권적인 교육행정 체제 속에서 통합운영학교 관리를 지방 교육행정당국의 사무로 위임하였다. 「초·중등교육법 시행령」 제56조 제④항에서 통합운영학교의 교직원 배치기준, 교육과정의 운영, 예산 편성·운영, 행정적·재정적 지원, 사무관리나 그 밖에 통합운영학교의 운영에 필요한 사항은 관할청이 정하도록 규정하였다. 국가 수준에서도 해결하기 어려운 짐을 지방에 맡긴 것이다.

교육개혁위원회의 제안은 교육과정의 통합이 중심이다. 그러나 1997년 (구)「교육법」 제85조의 2에 초·중등학교의 통합·운영 조항을 신설하고, 다시 전면 개정한 「초·중등교육법」 제30조에는 '교육과정의 통합을 위해서'가 아니라 '효율적인 학교운영을 위하여'로 한발 물러섰다. 학교급별 교육과정의 통합에 대한 준비가 부족하였기 때문에 교육과정의 통합을 추구하지 않고서도 통합운영학교의 설치 기반을 마련하기 위한 조심스러운 조치라고 판단할 수 있다. 우리나라에서 초·중·고 통합운영학교 제도는 현행 「초·중등교육법」 제30조 학교의 설립·경영자는 효율적인 학교운영을 위하여 필요한 경우 초·중·고등학교의 시설·설비 및 교원 등을 통합하여 운영할 수 있다는 조항에 근거하여 작동하고 있다.

학교급별 통합운영 조항이 마련된 것은 현행 법률상 학교의 종류를 초등학교(공민학교), 중학교(고등공민학교), 고등학교(고등기술학교), 특수학교, 각종 학교로 제한하고(「초·중등교육법」 제2조) 있기 때문이다. 초등학교와 중학교, 중학교와 고등학교, 그리고 초등학교, 중학교, 고등학교의 통합운영을 인정하고 있으나 학교의 종류로서는 인정하지 않고 있는 것이다. 만일 통합운영학교를 학교의 종류로 인정한다면 부분적인 학제 개편에 해당하고, 통합운영학교라는 용어 대신에 통합학교라고 개칭해서 명명해야 할 것이다.

학교급 간 교육과정 통합에 필요한 사전 준비가 미흡한 상태에서 통합운영학교를 서둘러 제도화한 것은 1997년 IMF 관리 체제하에서 학교운영의 효율화가 시급한 과제였고, 당시에 국가가 주도하여 학교 통폐합을 강력하게 추진한 상황이었다는 점을 상기할 필요가 있다. 통합운영학교는 학교 통폐합을 위해 동원한 장치 중의 하나였다.

통합운영학교는 학연을 중시하고, 학교 서열의식이 강한 문화적 전통 속에서 학생과 학부모로부터 관심을 끌지 못하였다. 단지 학생 수 감소에 따른 학교 구조조정의 방편으로서가 아니라 본래 의도하였던 교육과정의 통합을 지향하고, 경직적인 학교제도 운영의 유연화 차원에서 통합운영학교의 기반을 확고히 하고, 그 위상을 재정립하기 위한 새로운 동력이 필요한 상황이기도 하다.

 제2절 통합운영학교의 성격

1. 통합운영학교의 개념과 유형

1) 통합운영학교의 개념

'통합운영학교'는 그리 널리 알려져 있지 않은 생소한 명칭의 학교이다. 현행 법령에서 학교의 종류는 초등학교, 중학교, 고등학교, 특수학교, 각종 학교로만 규정하고 있는 가운데, 통합운영학교란 초등학교와 중학교, 고등학교 중에서 시설·설비와 교원을 공동으로 활용하는 학교급이 다른 두 개 이상의 학교를 말한다. 각기 학교급이 다른 두 개 또는 세 개의 학교의 운영을 통합하는 학교이다.

통합운영학교와 유사한 개념으로 병설학교와 부설학교가 있다. 병설학교는 병설 유치원, 병설 중·고와 같이 동일한 장소에 학교급이 다른 두 개 이상의 학교를 독립적으로 설치 운영하는 학교를 말한다. 부설학교는 교육대학 부설학교처럼 교육대학이나 사범대학, 산업체 등 주된 기관에 딸려 설치 운영하는 학교를 말한다. 부설학교로서 통합운영학교의 경우 혼란을 피하기 위해 부설학교라는 명칭을 우선해서 사용할 필요가 있다.

흔히 통합운영학교와 통합학교를 혼용해서 사용하기도 하는데, 통합운영학교는 아직 학교의 종류로서 인정하고 있지 않기 때문에 통합학교라고 호칭하는 것은 적절하지 않다. 사실 통합학교는 학교 통폐합 이후 두 개 이상의 학교가 하나의 학교로 통합한 이후의 학교를 지칭하기도 한다. 이를테면 「충청남도교육청 적정규모학교육성 지원기금 설치 및 운영에 관한 조례」 제2조에서 "통합학교"란 교육청 적정규모학교 육성정책에 따라 폐지되는 학교의 통학구역에 거주하는 학생을 받아들인 학교라고 정의하고 있다.

2) 통합운영학교의 유형

통합운영학교는 학교 단계의 조합 방식에 따라 ① 초등학교와 중학교, ② 중학교와 고등학교, ③ 초등학교, 중학교와 고등학교 유형으로 구분할 수 있다. 첫째, 초등학교와 중학교 통합운영학교 유형은 학생 수의 급격한 감소 지역에서 학교규모의 적정화를 시도하고, 폐교 위기에 선제적으로 대응하기 위한 공립학교 모형으로 자리 잡을 수 있다. 또한 도시재개발단지에서 충분한 학교부지 확보가 곤란한 경우 부득이하게 채택할 수 있는 운동장 공유형 통합운영학교 모형이기도 하다. 만일 초·중 통합운영학교가 학부모들이 선호하는 학교 유형으로 정착한다면 초등학교와 중학교 분리운영과 경쟁하는 대안적인 학교 유형으로 발전할 수 있을 것이다. 기초교육과정 9년을 일관되게 운영하는 것을 특징으로 한다. 물론 통합운영일지라도 최초 6년은 초등교육, 다음 3년은 중등교육으로 분류한다. 초등과 중등 간의 교원자격제도가 다르기 때문에 통합운영에 한계를 가질 수밖에 없다.

둘째, 중학교와 고등학교 통합운영학교 유형은 두 가지로 구분할 수 있다. 먼저 예술, 체육, 국제 등의 특정 분야 인재육성을 위한 학교로서, 중학교와 고등학교를 통합운영하여 중등교육 계열성 심화과정을 운영하는 학교로 분류할 수 있다. 중학교와 고등학교 교육과정의 강한 연계와 통합을 통하여 독자적 성격을 가진

학교로 존립할 수 있다. 다음으로 병설형 사립 중·고등학교들이 학생 수 감소에 따라 소규모의 영세한 사립 중·고 통합운영학교로 전환하는 학교 유형을 상정할 수 있다. 중학교와 고등학교 단계는 모두 중등교육 단계로 교원자격에 관한 제약은 없으나, 중학교와 고등학교의 성격이 상이하여 통합운영의 장애요인이 될 수 있다. 그러나 고교 학점제가 도입될 경우, 중·소규모 사립학교들은 고등학교 단계에서 추가적인 교사의 확보 부담을 줄이면서 중학교와 고등학교 교원의 인력 풀제를 통해 다양한 교과목의 개설이 가능한 통합운영학교의 강점을 활용할 수 있다.

셋째, 초등학교, 중학교, 그리고 고등학교의 통합운영학교 유형이 있다. 도서벽지처럼 지리적으로 고립되어 고등학교 학생들의 통학이 제한적인 지역에 적절한 유형이다. 현실적으로 도시 지역에서 초·중·고 통합운영학교의 지정이나 설립은 적절하지 않다고 판단된다. 외국에서처럼 극소규모 사립 초·중·고 유형의 존립도 현실성이 없다. 부설학교를 제외하고 초등학교에서 고등학교까지 운영하고 있는 사립학교는 현존하지도 않는다. 특수학교와 대안학교는 학교급 구분 없이 운영할 수 있으나 이는 통합운영학교의 대상과 범위에서 벗어난다.

한편, 통합운영 방식에 따라 세 가지 유형이 있을 수 있다. 첫째는 일체형으로서 1개 이상의 학교시설을 폐쇄하여 1개 캠퍼스로 통합운영하는 학교를 말한다. 둘째는 연계형으로서 학교시설을 폐쇄하지 않고 인근에 복수의 캠퍼스를 통합운영하는 학교를 말한다. 셋째는 복합형으로서 일체형과 연계형을 혼합하여 통합운영하는 학교를 말한다.

연계형은 장차 학생 수가 극소규모화되면서 인근 학교통학이 취약한 지역의 학교를 분교형으로 운영할 때, 인근 본교와 동일 학교급 간의 통합운영학교 모델로 자리 잡을 수 있다. 분교는 K-2 또는 K-4로 운영하여 통학버스를 상대적으로 편안하게 이용할 수 있는 초등학교 3학년 또는 5학년 진급 시점에서 본교로 전학이 가능하도록 하도록 해야 한다. 극소규모 학교에서 초등학교 전 과정을 이수하도록 하는 것은 바람직하지 않다. 이와 같은 분교-본교 연계형 초등학교를 인근의 중학교와 캠퍼스 분리형으로 통합운영하는 형태가 전형적인 복합형 유형이다.

2. 통합운영학교의 핵심 가치와 쟁점

1) 통합운영학교의 핵심 가치

통합운영학교의 핵심 가치는 크게 세 가지로 설명할 수 있다.

첫째, 통합운영학교의 핵심 가치는 '학교규모의 적정화' 차원에서 설명할 수 있다. 농촌 지역뿐만 아니라 일부 도시 지역에서도 출산율 감소, 학생 이동 등으로 인한 학생 수 감소에 따라 과소규모 학교가 출현하고, 점차 증가할 전망이다. 과소규모 학교는 경제적 차원에서 유휴교실을 관리하는 비용을 포함하여 1인당 교육비를 상승시켜 재정적 부담을 가중시킨다. 또한 교육적 차원에서도 교육과정의 정상적 운영을 저해하여 교육력을 떨어뜨리는 결정적 요인으로 작용한다. 과소규모 학교들이 폐교 위기에 처하고 결국 문을 닫게 되면, 중학교 단계까지 근거리 학교 취학을 선호하는 학부모들이 불편을 감수해야 한다. 따라서 통합운영학교의 비전은 학교규모의 적정화를 통하여 학교운영 구조를 효율화하고, 폐교 위기를 유예 또는 완화시키는 데 있다.

학생 수 감소에 따라 학교 적정규모화 정책의 일환으로 시도하는 동일한 학교급끼리의 '횡적 통합'은 통학구역을 넓힘으로써 학생들의 등하교상의 불편을 초래한다. 반면에 상이한 학교급의 '종적 통합'은 통학구역을 확장시키지 않는다는 점에서 적어도 중학교 단계까지 거주지와 가까운 학교를 선호하는 학부모에게 매력적이다. 중소규모 아파트 단지에서 초등학교와 중학교 공간을 독립적으로 확보하기 어려운 경우에도 통합운영학교를 설립하여 지리적으로 접근이 용이한 학교를 설치 운영할 수 있다.

둘째, 통합운영학교의 핵심 가치를 '학제 유연화' 차원에서 설명할 수 있다. 우리나라는 단선형 학제로서 학교급별 단계성을 강조하고, 학교 단계별 계열성 확보는 상대적으로 소홀히 해 왔다. 그리하여 학교급별 교육과정의 연계나 상급학교 진학 이후의 적응은 학생들이 스스로 해결해야 할 과제로 자리 잡고 있다. 통합운영학교는 초등학교와 중학교 기초교육과정을 학교급 간 단절 없이 연속적으로 이수하도록 하고, 중학교와 고등학교로 구분된 중등교육의 다양화, 예술, 체육, 국제 등 특정 분야의 계열성 심화에 강점을 가지고 있다. 따라서 통합운영학교의 비전은 학교교육의 일관성 유지, 학교급 간 연계성 강화, 장기적 관점에서 학생교육의 설계와 지원을 통하여 학생의 성장과 적응을 적극 도모하는 데 있다.

통합운영학교는 경직적인 단선형 학제의 유연화 제고 차원에서 학교급 간 교육활동과 생활지도의 연계를 강화하여 학생의 성장과 적응에 비교우위를 갖는 학교로서의 강점을 발휘할 수 있다. 시설과 교원의 공동 활용 바탕 위에서 학사관리의 통합, 나아가 초등학교와 중학교, 중학교와 고등학교가 학교급별로 엄격하게 구분된 교육과정을 유연하게 연계하여 운영하고, 창의적 체험활동이나 방과후활동을 중심으로 필요한 경우 일부 교과교육에서도 블록타임제, 무학년제, 혼합적 학습집단 편성 등을 활용하여 기계적·물리적 통합을 뛰어넘어 유기적·화학적 통합을 지향함으로써 학생의 수준과 적성, 요구에 부응할 수 있는 대안적인 학교모형으로 존립할 수 있을 것이다.

셋째, 통합운영학교는 교육연한이 길어지고, 학부모, 학교와 상호작용하는 지역 사회의 범위가 넓어짐에 따라 학부모의 학교참여를 강화하고, 지역과 장기적 안목에서 교류하고 협력하며, 상호발전할 수 있는 터전으로 자리 잡을 수 있다. 학교와 가정, 마을이 함께 배우며 성장할 수 있는 공동체로서의 대표성과 정체성을 더욱 확고히 할 수 있다.

2) 통합운영학교의 쟁점

통합운영학교의 쟁점을 학교규모의 적정화, 효율적 학교운영 구조, 학제의 유연화, 통합운영 규모의 적정 수준, 교육과정 통합 등의 차원에서 살펴볼 수 있다.

첫째, 통합운영학교가 학교규모의 적정화에 기여하는가가 쟁점이다. 통합운영학교는 무엇보다도 과소규모 학교의 적정규모화 차원에서 존립의 가치를 인정받고 있다. 학교급이 다른 과소규모 학교의 통폐합을 통하여 교육여건의 영세성을 극복하고, 폐교 위기를 극복하거나 유예하는 수단으로 활용할 수 있다. 그러나 통합운영학교는 동일한 학교급의 학교 통폐합과는 달리 학교규모의 확대에는 기여를 하지만, 학년별 규모 또는 학급규모의 확대에는 도움을 줄 수 없다는 한계를 가지고 있다.

둘째, 통합운영학교가 재정적 효율성을 증진시키는가가 쟁점이다. 통합운영학교는 기본적으로 학교급이 다른 2개 이상의 학교에 한 사람의 교장을 배치하고, 하나의 행정실을 두어 관리한다. 아울러 운동장, 강당, 급식실, 특별교실 등을 공동 활용할 수 있다. 그만큼 재정적 절감을 도모할 수 있다. 특히 도시 지역에서 학교부지 확보가 곤란한 상황에서 학교 운동장의 공동 활용은 엄청난 이점으로 간주할 수 있다. 그러나 학교예산은 학교급별 산출공식에 의해 합산하여 배분하고, 교직원은 학교급별 인원을 합산하여 배치하기 때문에 재정적 효율성이 실제로 크지 않다는 주장도 있다. 사실 초등학교 자격을 가진 교원은 중등학교 정규수업을 담당할 수 없고, 그 반대로 중등학교 교원자격을 가진 교원은 초등학교 정규수업을 담당할 수 없기 때문에 교원의 공동 활용 차원에서 재정적 효율성은 크지 않다고 본다.

셋째, 통합운영학교가 학제의 유연화에 기여하는가가 쟁점이다. 통합운영학교의 장점은 학교급별 단계성이 발달한 우리나라 학제에서 학교급별 교육의 연계와 일관성, 특히 장기적 관점에서 학생의 성장을 도모할 수 있는 가능성이 크다는 데 있다. 또한 통합운영학교는 상급학교 진학시점, 즉 학생들이 초등학교에서 중학교, 중학교에서 고등학교로 진학하면서 겪는 긴장과 스트레스를 완화시키는 데 크게 기여할 수 있다. 이른바 중1갭, 고1갭을 해소하여 학생들의 적응에 도움을 주는 것이다. 그러나 학교진학을 통해 새로운 환경에서 각오를 새롭게 다지고 자극을 받을 수 있는 기회를 상실하고, 연령층이 다양한 학생들이 한 학교에서 공동으로 생활하면서 학교폭력 등 하급생들의 피해가 현실화될 수 있다는 지적도 제기되고 있다.

넷째, 통합운영학교 규모의 적정수준이 어느 정도인가가 쟁점이다. 교육부는 초등학교의 경우 240명 이하, 중등학교의 경우 300명 이하를 소규모학교로 규정하고 있다. 이러한 기준에 따르면 통합운영학교 적정규모의 하한수준은 540명 이상인지 아니면 240명 또는 300명 이상인지 논란이 있을 수 있다. 우리나라 농·산·어촌의 초·중 통합운영학교는 대부분 100명 이하의 학생 수를 나타내고 있는데, 학생 수가 지속적으로 감소하여 폐교에 직면한 경우가 허다하다. 과소규모의 학교급이 다른 학교를 통합운영학교로 전환함에 있어서, 그 대상을 일정한 규모 이상의 학교로 제한해야 한다는 입장과 제한을 두지 말아야 한다는 입장이 상존하고 있다.

다섯째, 통합운영학교의 교육과정 통합 여부가 쟁점이다. 1996년 2월 9일 당시 교육개혁위원회의 주장은 교육과정의 통합이 중심이지만, 막상 초·중·고등학교의 통합·운영을 규정한 「초·중등교육법」 제30조에는 '교육과정의 통합을 위해서'가 아니라 '효율적인 학교운영을 위하여'로 물러섰다. 각기 다른 학교의 교육과정을 분리하여 운영한다면 물리적 통합에 그쳐 병설학교와 다를 바 없다는 교육과정의 통합을 찬성하는 주장과, 학교급이 다른 교육과정을 화학적으로 통합하려는 시도는 무리이기 때문에 반대한다는 주장이 엇갈리고 있다.

3. 통합운영학교의 법적 근거와 추진 경과

1) 법적 근거

통합운영학교의 핵심적인 관련 법령조항은 다음과 같다.

첫째, 「초·중등교육법」 제30조에서는 효율적인 학교운영을 위하여 필요한 경우 지역의 실정에 따라 초등학교 및 중학교, 중학교 및 고등학교 또는 초등학교·중학교 및 고등학교의 시설·설비 및 교원 등을 통합하여 운영할 수 있다고 규정하고 있다.

> **제30조(학교의 통합·운영)** ① 학교의 설립·경영자는 효율적인 학교운영을 위하여 필요한 경우 지역의 실정에 따라 초등학교 및 중학교, 중학교 및 고등학교 또는 초등학교·중학교 및 고등학교의 시설·설비 및 교원 등을 통합하여 운영할 수 있다.
> ② 제1항의 규정에 의하여 통합·운영하는 학교의 시설·설비기준 및 교원배치기준 등에 관하여 필요한 사항은 대통령령으로 정한다.

둘째, 「초·중등교육법 시행령」 제56조에서는 학교를 통합하여 운영하고자 할 때 학교의 규모, 학생의 통학거리 및 당해 통합운영 대상 학교가 소재하는 지역주민의 의사 등 교육여건을 고려하여야 하고, 교직원 배치기준, 교육과정의 운영, 예산 편성·운영, 행정적·재정적 지원, 사무관리나 그 밖에 통합운영학교의 운영에 필요한 사항은 관할청이 정하도록 규정하고 있다.

> **제56조(학교의 통합·운영)** ① 학교의 설립·경영자는 법 제30조 제1항의 규정에 의하여 학교를 통합하여 운영하고자 할 때에는 학교의 규모, 학생의 통학거리 및 당해 통합운영 대상 학교가 소재하는 지역주민의 의사 등 교육여건을 고려하여야 한다.
> ② 통합운영학교의 시설·설비기준에 관하여 필요한 사항은 따로 대통령령으로 정한다.
> ③ 통합운영학교에는 제33조부터 제36조까지, 제36조의 2 및 제37조에도 불구하고 통합 운영되는 학교의 특성을 고려하여 교직원을 배치할 수 있으며, 학교의 설립·경영자는 학교운영에 지장이 없는 범위에서 교직원을 겸임하게 할 수 있다.
> ④ 제3항에 따른 교직원 배치기준, 교육과정의 운영, 예산 편성·운영, 행정적·재정적 지원, 사무관리나 그 밖에 통합운영학교의 운영에 필요한 사항은 관할청이 정한다.

셋째, 「고등학교 이하 각급 학교 설립·운영 규정」 제3조에서는 각급 학교의 교사(교실, 도서실 등 교수·학습활동에 직·간접적으로 필요한 시설물을 말한다) 는 교수·학습에 적합하여야 하고, 그 내부환경은 환경위생 및 식품위생의 유지 ·관리에 관한 기준에 적합하여야 하며, 각급 학교의 학교별 특성을 고려하여 교육 상 지장이 없는 범위 안에서 기준면적의 3분의 1의 범위 안에서 완화하여 적용할 수 있다고 규정하고 있다. 제5조에서는 새로이 설립하는 각급 학교가 학교의 체 육장 또는 공공체육시설 등과 인접하여 공동사용이 용이한 경우, 도심지 및 도서 ·벽지 등 지역의 여건상 기준면적 규모의 체육장의 확보가 곤란한 경우에는 기준 면적의 3분의 1의 범위 안에서 완화하여 적용할 수 있다고 규정하고 있다.

> **제3조(교사)** ① 각급 학교의 교사(교실, 도서실 등 교수·학습활동에 직·간접적으로 필요한 시설물을 말한다)는 교수·학습에 적합하여야 하고, 그 내부환경은 학교보건법 제4조의 규정에 의한 환경위생 및 식품위생의 유지·관리에 관한 기준에 적합하여야 한다.
> ② 제1항의 규정에 의한 교사의 기준면적은 별표 1과 같다. 다만, 각급 학교의 학교별 특성을 고려하여 교육상 지장이 없는 범위 안에서 시·도 조례로 정하는 바에 따라 기준면적의 3분의 1의 범위 안에서 완화하여 적용할 수 있다.
> **제5조(체육장)** ① 각급 학교의 체육장(옥외체육장을 말한다. 이하 같다)은 배수가 잘 되거나 배수시설을 갖춘 곳에 위치하여야 한다.
> ② 제1항의 규정에 의한 체육장의 기준면적은 별표 2와 같다.

③ 교육부장관 또는 시·도교육감은 다음 각 호의 어느 하나에 해당하는 경우로서 교육상 지장이 없다고 인정되는 경우에는 제1항의 규정에 의한 체육장을 두지 아니하거나 제2항의 규정에 의한 체육장의 기준면적을 완화하여 인가할 수 있다.
1. 새로이 설립되는 각급 학교가 초·중등교육법 제2조 또는 고등교육법 제2조의 규정에 의한 학교의 체육장 또는 공공체육시설 등과 인접하여 공동사용이 용이한 경우
2. 도심지 및 도서·벽지 등 지역의 여건상 기준면적 규모의 체육장의 확보가 곤란한 경우

2) 추진 경과

초·중·고 통합운영학교 지정과 육성에 관한 주요 경과를 약술하면 다음과 같다(상세한 내용은 다음 절을 참조).

- 초·중등학교 통합운영 방안 연구(1996. 11.)
- 초·중·고등학교 통합운영 제도 도입(1997. 1.)
  ※ (구)「교육법」제85조의 2(초·중등학교의 통합·운영) 신설
- 초·중등 통합운영학교의 효율적 운영모형 개발을 위한 연구(1999)
- 적정규모 학교육성 기본계획 수립(2009. 8.)
- 초·중·고 통합운영학교 육성계획 수립(2009. 11.)
- 「지방교육재정교부금법 시행령」개정(2010. 2.)을 통한 통합운영 전환에 대한 재정 지원 제도화
  ※ 1개 학교시설을 폐쇄하고 통합운영하는 경우 20억 원, 학교시설 폐쇄 없이 기존 인력·시설·교지를 공동 이용하는 경우 10억 원 지원
- 초·중·고 통합운영학교 프로그램 운영비 지원계획 수립(2010. 7.)
- 「초·중등교육법 시행령」일부 개정(2010. 12.)을 통하여 통합운영학교 교직원 배치기준 완화, 교육과정 및 예산 편성·운영 등 자율권 부여
- 2010년 공모를 통해 사업대상학교(89개교)를 선정하고, 통합운영학교 활성화를 위한 기본 프로그램 및 특색에 맞는 자율 프로그램(특별 프로그램) 운영비를 3년간 교부(2010. 9., 2011. 2., 2012. 3.)
- 공주대학교 한국농촌교육연구센터를 사업관리지원센터로 지정·운영(2010. 10. ~ 2013. 2.)

• 통합운영학교에 근무하는 교원에 대한 인센티브 강화 방안으로 초·중·고 통합운영학교 학교장 겸임수당 신설
  ※ 「공무원 수당 등에 관한 규정」 개정(시행 2012. 1. 6., 적용 2012. 1.)
• 초·중·고 통합운영학교 관리 가이드라인 개발 지원(2012. 3. ~ 2012. 12.)
• 초·중·고 통합운영학교 교육부 지정 연구학교 운영(2013. 3. ~ 2014. 2.)
• 2019년 3월 서울 지역에서 최초의 초·중 통합운영학교 신설

제3절 통합운영학교 주요 정책의 변천

통합운영학교 정책의 주요 변화는 농촌학교 육성정책의 변천 과정에서 찾을 수 있다. 통합운영학교가 대부분 농촌에 소재하고 있기 때문이다. 임연기(2006 : 27~50)는 정부 수립 이후 농촌 교육 발전정책을 교육기회 확대기, 소규모학교 통폐합기, 교육의 질 향상 추진기 등 3기로 나누어 설명하고 있다. 이에 근거하여 통합운영학교 정책의 변천 과정을 제1기는 잠복기 전기와 후기, 제2기는 태동기, 제3기는 정비기로 구분하여 기술하고자 한다.

제1기 잠복기 전기는 1945년부터 1981년까지로, 농촌 교육 기회확대 및 여건개선 정책의 추진 시기이다. 역설적이지만 전국의 오지벽지까지 학교를 설립함으로써 학교 통폐합의 추진 기반을 축적한 시기라고 볼 수 있다. 후기는 정부가 공식적으로 농촌 소규모학교를 통폐합하기 시작한 1982년부터, 교육개혁위원회가 통합운영학교 제도 도입을 제안한 1995년까지이다. 정부가 공식적으로 학교 통폐합을 착수함으로써 통합운영학교의 등장을 예고한 시기이다. 농촌 교육정책의 중대한 전환점의 시기에 모종의 보상책으로 교육 내실화를 위한 여러 정책들을 병행해서 추진하였다.

제2기 태동기는 교육개혁 방안의 하나로 대통령 자문기구가 최초로 통합운영학교 제도의 도입을 공식적으로 제안한 시점인 1996년부터, 정부가 역시 최초로 통합운영학교 육성계획을 수립한 2009년까지를 말한다. 통합운영학교 제도 도입 이후 통합운영학교 육성계획을 수립한 2009년까지는 이렇다 할 통합운영학교 정

책을 추진하지 않았다. 통합운영학교는 정책의 사각지대에서 10여 년의 시간을 보낸 것이다. 제3기인 2009년 말부터 정부 차원에서 통합운영학교 프로그램 운영 재정 지원 사업을 착수하고, 교육부가 연구학교 운영을 지원하였으며, 시급한 제도의 개선, 관리 가이드라인 개발, 보급 등을 시행하였다. 2013년부터 다시 휴지기에 들어갔으나 학교 총량제에 따른 조건부 통합운영학교 개교, 인구 절벽시대에 대안적 학교모형으로 통합운영학교 모델에 관한 관심이 높아지고 있다.

1. 잠복기 전기 : 교육기회 확대 및 여건 개선(1945 ~ 1981)

우선 제1기에서 국가 주도 교육정책의 핵심은 일차적으로 초등의무교육 추진에 있었다. 정부는 1948년 정부수립과 동시에 초등의무교육을 추진하였으나 한국전쟁으로 차질을 빚다가, 1954년 '6개년 완성계획'의 입안을 바탕으로 본격 추진하였다. 이에 따라 1950년대 중반 이후 초등학교 설립을 본격화하였다. 초등학교의 기회 확대에 이어 중등 교육기회를 획기적으로 확대하였다. 1963년 「사립학교법」을 공포한 이후 전국 각처에서 중등 사립학교의 설립이 이루어졌다. 또한 1969년 중학교 무시험입학제 시행은 중등교육 기회의 확대가 이뤄지는 주요한 계기로 작용하였다. 이어서 1974년부터 단계적으로 시행한 고교평준화정책 역시 중등 교육기회 확대에 크게 기여하였다. 이러한 교육기회 확대 정책은 도시, 농촌의 구분이 없었다.

한편, 1960년대 이후 농촌인구의 도시 유출이 점차 늘어나고, 교육기회 및 교육여건의 균등화를 전제로 하는 의무교육에서 도농 간 교육격차의 문제가 제기되자, 정부는 1967년 「도서·벽지교육진흥법」을 제정하였다. 이 법을 제정하여 도서벽지 학교 및 근무 교원에 대한 지원을 구체화하는 기반을 마련하였다.

■ 농촌 지역 학교 설립 확대
  • 의무교육 완성 6개년 계획(1954 ~ 1959) 시행
  • 중등학교 입시정책의 개편
    ▸ 중학교 무시험진학제 도입(1969 ~)
    ▸ 고교평준화정책 단계적 시행(1974 ~)

■ 도서벽지 교육진흥정책 추진
  •「도서벽지교육진흥법」제정(1967)
  • 도서벽지 교원에 대한 우대 조치

2. 잠복기 후기 : 농촌 소규모학교 통폐합 및 내실화(1982~1995)

잠복기 후기는 농촌 소규모학교 통폐합 및 내실화 정책 추진기이다. 정부는 1980년대 초반인 1982년부터 인위적인 농촌학교 통폐합 정책을 시행하였다. 농촌 지역의 학생 수가 급격하게 줄어들었기 때문이다. 1950년대 이래로 오지벽촌까지 설립했던 농촌학교의 학생 수가 급격히 줄어들자 1982년부터 통폐합을 시작하였고, 1990년대 들어 가속적으로 추진하였다. 농촌 소규모학교 통폐합과 함께 농촌학교교육 내실화를 위한 여러 정책들을 추진하였으며, 특히 농촌 학생을 위한 역차등 보상정책을 추진하기도 하였다.

■ 학교 통폐합 및 내실화 추진
  • 소규모학교 통폐합 추진
    ▶ 1단계(1982~1998) : 시·도교육청 자체 추진, 통폐합 기준은 1981년 9월에는 180명, 1993년 9월에는 100명 수준 권장
  • 초등 지역중심학교 육성
  • 중등 거점학교 육성
  • 농촌 고교 자율학교 지정
  • 소규모학교 교육과정 정상 운영 지원

■ 각종 보상정책 추진
  • 중학교 의무교육 면 지역 우선 실시 : 1985년 도서벽지, 1992년 읍면 지역 확대, 2002년에 모든 지역으로 확대
  • 학교급식 등 농촌 지역 우선 실시

3. 태동기 : 통합운영학교 출현기(1996~2008)

교육개혁위원회는 1996년 2월 9일 발표한 제3차 대통령보고서에서 통합운영학교 제도 도입을 제안하였다. 이는 통합운영학교를 출범시키는 직접적인 출발점으로 작용하였다. 초·중등학교 통합운영 방안 정책연구를 토대로 (구)「교육법」제85조의 2항에 법적 근거를 마련하면서 통합운영학교 제도가 입법화의 관문을 통과하였다.

1998년 8교, 1999년 53교의 통합운영학교가 문을 열었다. 1999년에 통합운영학교가 개교한 것은 정부의 소규모학교 통폐합 정책과 무관하지 않다. IMF 구제금융하에서 사회 전반적인 구조조정의 흐름 속에서 시·도교육청이 자체 추진해오던 학교 통폐합을 정부 주도로 강력하게 추진한 결과이다. 물론 이 시기에 농촌학교 육성을 위한 여러 재정 지원 사업을 추진하기도 하였다. 농촌 지역에 소재한 통합운영학교도 재정 지원 사업에 부분적으로 참여하였다.

■ 학교 통폐합 지속적 추진
- 초·중·고 학교급 간 통합운영학교 전환 허용(1997 ~)
- 1997년 8월 「사립학교법」을 개정하여 영세 사립학교 해산 및 잔여재산 귀속에 관한 특례조항을 신설하고, 2006년 12월까지 2회 연장 시행(34개 법인 해산)
- 2단계(1999) : 1999년 IMF 구제 금융하에서 정부가 통폐합 기준 100명 수준으로 강도 높게 추진
- 3단계(2000 ~) : 3단계 통폐합 정책은 2000년 이후 시·도교육청이 자율적으로 추진

■ 통합운영학교 제도화 및 지정 운영
- 1997년 1월 (구)「교육법」제85조의 2(초·중등학교의 통합·운영) 신설
- 1998년 7교, 1999년 53교 지정 운영
- 초·중등 통합운영학교의 효율적 운영모형 개발을 위한 정책연구(1999)
- 2000년 9교, 2001년 8교, 2002년 3교, 2003년 9교 지정

• 2004년 이후 신규 지정 운영 침체 : 2004년 1교, 2005년 2교, 2006년 1교, 2007년 1교, 2008년 0교

■ 농촌학생 우대정책 추진
• 농촌학생 대입 특별전형 : 1996년부터 대학 정원의 3% 내에서 농촌학생을 정원 외 특별전형으로 권장(부모와 학생 모두 전 학년 동안 읍면에 거주한 자로 제한), 2006년에는 4%로 확대

■ 농촌학교 육성 재정 지원 사업 추진
• 1군 1우수 고교 집중 육성(2004 ~ 2009)
• 소규모학교 학교군 지정 및 육성(2004 ~)
• 기숙형 고교 지정, 육성사업(2008 ~ 2009)

4. 정비기 : 통합운영학교 제도 정비 및 활성화 추진기(2009~)

정부는 1998년 통합운영학교를 최초로 지정해서 운영한 지 10년이 지난 후에야 통합운영학교 육성정책을 추진하였다. 2009년 8월 적정규모 학교육성 기본계획을 수립하고, 이에 근거하여 같은 해 11월에는 초·중·고 통합운영학교 육성계획을 수립하여, 2010년 9월부터 통합운영학교 프로그램 운영 재정 지원 사업, 연구학교 운영 지원사업을 시행하였다.

초·중·고 통합운영학교의 학교급 간 통합수준 확대와 내실화를 지원하기 위해 2010년 7~8월 사업공모를 통하여 3년간(2010~2012) 연차적 재정 지원을 추진하였다. 특별교부금을 재원으로 하여 매년 1천만 원을 지원하는 기본 프로그램 89교, 매년 2천5백만 원을 지원하는 특별프로그램 21교를 선정·지원하였다. 2010년 4월 1일 기준 전체 통합운영학교 102교들은 기본프로그램 90개, 특별프로그램 29개를 신청·접수하였다. 심사를 거쳐 총 119개 프로그램 중에서 110개 프로그램을 선정하였는데, 기본프로그램과 특별프로그램을 중복 지원할 수 있었기 때문에 학교 수로는 89교가 참여하였다(임연기 외, 2013b 참조).

아울러 시급한 제도 개선을 시도하였는데, 통합운영학교 인센티브 지원금을 제도화하고, 통합운영학교 학교장 겸임수당를 지급할 수 있는 법적 근거를 새롭게 마련하였다. 그리고 2010년 12월 「초·중등교육법 시행령」 제56조를 개정하여 통합운영학교 교직원 배치기준, 교육과정 운영, 예산 편성·운영, 행정적·재정적 지원, 사무관리에 관한 사항을 관할청이 정하도록 하여 자율권을 부여하였다. 이에 따라 교육청이 여건에 따라 융통성 있게 적용할 수 있도록 국가 수준 통합운영학교 관리 가이드라인을 개발·보급하였다. 이 가이드라인에는 지정에 관한 사항에 대칭하여 지정해제에 관한 사항도 포함시켰다.

2014년부터 학생 수 감소 및 소규모학교 증가 추세를 고려하여 중앙투자심의회의(중투심)의 학교 신설 심사를 강화하였다. 학교 신설규모는 2013년 141교(72.0%), 2014년 117교(54.9%), 2015년 102교(37.1%)로 학교 신설을 억제하는 정책을 추진하였음을 알 수 있다. 중투심의 통합운영학교 조건부 신설 승인으로 서울 지역에서도 통합운영학교가 출범하였다.

학교 통폐합은 시·도교육감이 정한 자체 기준에 따라 지역 실정 등을 감안하여 주민과 학부모의 의견 수렴과 시·도의회의 의결을 거쳐서 조례를 개정하여, 학교 명칭 및 위치를 삭제하는 방식으로 추진해 오고 있다. 대부분의 시·도교육청에서는 1면 1교 유지, 도서벽지 학교는 통폐합 예외 기준을 마련하여 시행하였다.

다만, 2015년 12월 적정규모 학교육성 및 분교장 개편 권고 기준을 상향 조정하였다. 면 지역, 도서벽지 지역은 종전의 60명 기준을 유지하였으나, 읍 지역의 경우 초등 120명 이하, 중등 180명 이하로 기준을 분리하였다. 도시 지역의 경우 종전 200명 이하에서 초등 240명 이하, 중등 300명 이하로 상향 조정하였다.

통폐합의 경우 정부가 교육여건 개선 등을 위한 인센티브를 지원해 왔는데, 역시 2015년 12월 대폭 상향 조정하였다. 특히 지역 중심에서 학생 수 중심으로 기준을 개선하고 지원액을 상향 조정하였다. 통합운영학교의 경우 종전 시설폐쇄 20억 원, 미폐쇄 10억 원에서 시설 폐쇄 30억 원, 미폐쇄 10억 원 유지로 조정하였다(교육부, 2016. 7 참조).

한편, 교육부 중앙투자심사위원회가 2016년 4월 헬리오시티(가락 시영아파트) 재건축단지에 초·중 통합운영학교 신설을 조건부로 승인함에 따라 서울특별시교육청은 2019년 3월 해누리 초·중학교를 통합운영학교로 개교하였다. 서울특별시

교육은 물론 통합운영학교 변천사에 있어서도 큰 사건이다. 통폐합 이후 통합운영학교로 지정한 이전의 사례와는 다르다는 점에서 의의가 크다. 서울특별시교육청은 공모를 거쳐 통합운영학교를 '이음학교'로 명명하였다. 서울에서도 도심을 중심으로 일부 지역에서 학생 이동, 저출산 등의 영향으로 학생 수가 감소하여 과소규모학교가 지속적으로 증가할 전망이기 때문에, 자체적으로도 과소규모학교 적정규모화 조치의 일환으로 통합운영학교 모델의 적용을 검토해야 할 시점이다.

- 통합운영학교 육성사업 추진
  - 통합운영학교 프로그램 운영비 지원계획 수립(2010. 7.)
  - 통합운영학교 89교를 대상으로 기본프로그램 및 특별프로그램 운영비 지원(2010. 9. ~ 2012. 3.)
  - 공주대 한국농촌교육연구센터를 사업비관리지원센터로 지정·운영(2010. 10. ~ 2013. 2.)
  - 통합운영학교 관리 가이드라인 개발 지원(2012. 3. ~ 2012. 12.)
  - 통합운영학교 교육부 지정 연구학교 운영(2012. 3. ~ 2013. 2.)
  - 중투심에서 통합운영학교 조건부 신설 승인, 서울 지역 최초 통합운영학교 출범(2019. 3.)

- 통합운영학교 제도 개선
  - 「지방교육재정교부금법 시행령」 개정(2010. 2.)으로 통합운영학교 전환 지원금 제도화(1개 시설 폐교 20억 원, 미폐교 10억 원)
  - 「초·중등교육법 시행령」 일부 개정(2010. 12.)으로 통합운영학교 교직원 배치기준 완화, 교육과정 및 예산 편성·운영 자율권 부여
  - 「공무원 수당 등에 관한 규정」 개정(2010. 1. 6.)으로 통합운영학교 학교장 겸임수당 신설

- 농촌학교 육성 재정 지원 사업 지속 추진
  - 연중돌봄학교 지원사업(2008 ~ 2012)

- 전원학교 지원사업(2010 ~ 2013)
- 1군 1면 거점중학교 지원사업(2013 ~ 2017)
- ICT 인프라 구축 지원사업(2013 ~ 2018)
- 학교특색 프로그램 지원사업(2018 ~)
- 도서벽지 화상교실 구축 지원사업(2019 ~)

■ 소규모학교 적정규모화 지속 추진
  - 교육청의 소규모학교 통폐합 적극 추진 환경 조성(2014년 이후)
    ‣ 교육청별 예산배분 및 교원정원 배치기준에서 학생 수 반영 비중 확대
    ‣ 중투심에서 학교 신설 억제 일환으로 학교 총량제 적용
    ‣ 한시적 적정규모화 전담 조직 지원
  - 적정규모 육성 권고 기준 강화
  - 적정규모 학교 인센티브 강화

제4절 통합운영학교 관리 지침

1. 국가 수준 통합운영학교 관리 지침

교육부는 2012년도에 통합운영학교 관리 지침을 개발하여 2013년에 발간, 보급하였다(임연기 외, 2013a : 69~72 참조). 교육부와 통합운영학교 관리지원센터 연구진이 초안을 개발하고, 시·도교육청 관계자들이 검토하였다.

1) 관리 지침의 기본 방향

(1) 전 주기적 관리

(내용) 통합운영학교 관리를 3단계(① 지정계획, ② 개교 또는 학년 초 준비, ③ 운영관리)로 구분하여 전 주기적인 관리 지침 마련

(2) 지정 및 지정해제 기준 마련

(내용) 적정규모학교 육성정책 연계 및 교육환경 변화에 유연한 대응을 위해 통합운영학교 지정 기준과 지정해제 기준을 제시

(3) 회계 관리 통합

(내용) 2개 이상 학교급이 다른 통합운영학교 회계를 상급학교에 통합하여 관리·운영

* 예 병설유치원은 초등학교 회계로 통합

2) 1단계 : 통합운영학교 지정계획 단계

(1) 통합운영학교 대상 학교규모(학생 수) 기준

(내용) 신규 지정 시 소규모 통폐합 대상이 아닌 학교

* 단, 지역여건에 따라 예외 적용 가능

(2) 통합대상 학교시설 위치 결정

(내용) A형 : 1개 학교 이상의 시설을 폐쇄 후 통합운영

B형 : 학교시설 폐쇄 없이 통합운영

* 단, B형의 경우 통합대상 학교의 거리와 지형 등을 고려할 수 있는 점검기준 필요

(3) 학교 명칭

(내용) 통합학교의 경우 ○○초·중학교로 학교명을 내부적으로 통일하여 사용

* 예 상승초·중학교

3) 2단계 : 개교(또는 매 학년 초) 준비 단계

(1) 교직원 배치기준

① 관리자 배치

(내용) 교장 : 1명 배치

교감 : 학교급별 1명 배치

* 단, 교감의 경우 중－고 또는 초－중－고의 경우 현원을 고려하여
관계법령 범위 내에서 별도로 정함

② 교원 배치

(내용) 「초·중등교육법」 교원배치기준에 따라 배치

※ 「초·중등교육법 시행령」 제33조 내지 제42조 및 제56조 참조

③ 직원 배치

(내용) 각급 학교 지방공무원 정원기준에 따라 배치하되, 출납원은 6급 이상
배치를 원칙으로 함

* 단, 시·도교육청의 실정을 고려하여 배치

④ 겸임발령

(내용) 교장, 교감, 교원은 교육감이 겸임발령

교사의 학교급 간 겸임 업무분장은 학교장이 결정

※ 「초·중등교육법 시행령」 제56조 참조

* 행정실장의 초·중, 중·고, 초·중·고에 겸임발령은 지방공무원
임용령에서 겸임 근거를 마련하는 등 제도 개선이 선행되어야 함

(2) 학교운영위원회 통합 구성·운영

① 학교운영위원회 통합 구성·운영

(내용) 학교운영위원회의 통합 구성·운영을 원칙으로 함

* 단, 세부사항은 지역여건에 따라 정함

(3) 교육과정 및 학사 운영

① 자율학교 지정

(내용) 통합운영학교를 자율학교로 우선 지정할 수 있음

② 교육과정 운영계획 통합

(내용) 시·도교육청의 교육과정 편성·운영지침에 통합운영학교에 대한 규정 보완 후 준용하는 것을 원칙으로 함

 ＊ 학교급별 수업시간 조율, 학교시설 공동 활용 및 기타사항

 (例 충남교육청 교육과정 편성·운영지침)

(4) 행·재정 지원

① 회계 관리(물품관리 통합)

(내용) 학교회계예산편성·운영지침에 통합운영학교 관련 규정을 보완 후 준용하는 것을 원칙으로 함

 ＊ 학교회계예산편성·운영지침을 명료화하고, 통합운영학교 관련 규정을 각 시·도교육청별로 적용하여 보완 후 준용하는 것을 원칙으로 함

② 교무업무 통합 사무분장

(내용) 해당연도의 통합 교육과정 운영계획에 따라 통합운영 교무업무는 통합하여 사무분장

 ＊ 단, 분리·운영이 필요한 경우는 예외 적용

③ 전자문서 겸임 발령자 권한 부여

(내용) 겸임 발령자에 대해서는 학교급별로 전자문서 권한을 부여

4) 3단계 : 운영관리 단계

(1) 영역별 지원기관 운영

① 지도·감독기관

(내용) 통합운영학교에 대한 지도·감독기관 일원화

 • 행정사무감사 : 시·도교육청

• 학교컨설팅(장학지도) : 교육지원청

　　　　＊ 단, 시·도교육청별 특정사항에 대해서는 별도로 운영 가능

　　② 행정지원기관

　　　(내용) 통합운영학교에 대한 행정지원기관 일원화

　　　　• 중·고, 초·중·고 : 시·도교육청

　　　　• 초·중 : 교육지원청

(2) 우수 사례 개발 및 공유

　　① 연구학교 지정·운영

　　　(내용) 통합운영학교를 연구학교로 우선 지정할 수 있음

　　② 교원, 행정공무원 상시연수 지원

　　　(내용) 통합운영학교 이해도 제고 및 교수 역량강화를 위해 상시연수를 제
　　　　　　공할 수 있음

(3) 지정해제

　　① 지정해제 기준

　　　(내용) 통합운영학교 지정 시 학부모·지역주민 등의 의견수렴, 학생배치계
　　　　　　획, 재정 인센티브 지원 등 복잡한 과정을 거치므로 지정해제의 경
　　　　　　우도 적절한 절차와 기준을 마련하여 추진

　　　　＊ 시·도교육청별 지정해제의 구체적인 절차와 기준을 마련하여 운영

2. 교육청 수준 통합운영학교 관리 지침

　　교육청 수준의 통합운영학교 관리 지침은 서울특별시교육청의 사례(임연기 외,
2018 : 303~314)를 중심으로 살펴보고자 한다. 서울특별시교육청 통합운영학교
관리 지침 제정의 주요 경과는 다음과 같다.

• 2018. 2. 20. 서울형 통합운영학교 모델 및 운영체제 개발 기본계획수립(교육
　감 결재)

- 2018. 5. 28. 서울형 통합운영학교 모델 및 운영체제 연구용역 계약(서울형 통합운영학교 관리 지침 마련 과업 포함, 과제책임자 : 공주대 임연기 교수)
- 2018. 8. 14. 서울형 통합운영학교 관리 지침(안) 마련
- 2018. 8. 24. 서울형 통합운영학교 관리 지침 각 부서 의견조회
- 2018. 9. 03. 서울형 통합운영학교 정책 워크숍 실시
- 2018. 9. 12. 교육감 보고회 실시(연구용역 중간보고회)

 1단계 | 지정계획 단계

1) 통합 유형

- 초등학교+중학교
- 중학교+고등학교
- 초등학교+중학교+고등학교

2) 통합운영 방식

- 일체형(A형) : 1개 이상의 학교시설을 폐쇄하여 통합운영한다.
  ‣ 통합운영 대상 학교 중 1개 이상의 학교시설을 폐쇄하고 다른 통합운영 대상학교의 시설을 이용하여 운영한다.
- 연계형(B형) : 학교시설을 폐쇄하지 않고 통합운영한다.
  ‣ 통합운영 대상 학교의 거리, 지형, 학군 등을 고려하여 학교시설 폐쇄 없이 운영한다.
- 복합형(C형) : A형과 B형을 혼합하여 통합운영한다.
  ‣ 2개 학교급 이상의 학교를 동시 신설 및 이전 등을 한다.

3) 지정 기준

- 학교규모, 학생 통학거리, 지역주민 의사 등의 교육여건을 고려하여 교육감 이 결정한다.

▸ 통합운영 관리대상 학교규모

구 분	초등학교	중학교	고등학교
전체 학생 수 (또는 학급 수)	240명 이하 (또는 12학급 이하)	300명 이하 (또는 15학급 이하)	

▸ 학교 간 주출입문 간의 통학거리

구 분	A형	B형	C형
통학거리	–	200m 이내	200m 이내

▸ 지역주민 의사

　＊ 재학생 학부모 50% 이상의 찬성이 포함된 지역주민의 통합운영 요청 시

- 적정규모학교 육성 대상학교 중 '소규모 통·폐합 대상학교'는 원칙적으로 제외한다.

＊ 지역여건 및 학생배치계획에 따라 예외적으로 지정 가능하다.

4) 학교 명칭

- (원칙) 통합유형에 따라 내부적으로 동일한 명칭을 사용한다.
  (예시) ○○초·중, ◇◇중·고, □□초·중·고
- (예외) 해당 학교급만 표기할 필요가 있는 경우 분리하여 사용 가능하다.
  (예시) ○○초등학교, ◇◇중학교, ◇◇중학교, □□고등학교, ○○초등학교, ◇◇중학교, □□고등학교

2단계 | 개교(또는 학기 초) 준비 단계

1) 교직원 배치

(1) 관리자 배치

내 용	관련부서
• 교장 : 1명 　▸ 초·중, 초·중·고 → 초등 또는 중등 　　＊차기부터 초등/중등 순환임용(또는 공모) 　▸ 중·고 → 중등 • 교감 : 초·중등 학교급별 교원배치기준 등 관련 지침 적용	초등교육과 중등교육과

내 용	관련부서
• 행정실장 : 1명(최상위 학교급 기준) ▶ 각급 학교 지방공무원 정원배치기준 등 관련 지침 적용	행정관리담당관

(2) 교사 배치

내 용	관련부서
• 초·중등 학교급별 교원배치기준 등 관련 지침 적용 ▶ 일반교사, 특수교사, 비교과(보건, 사서, 상담, 영양 등) 교사 등 ▶ 학교급별 복수자격증 소지자 우선 배치	초등교육과 중등교육과

(3) 지방공무원 직원 배치

내 용	관련부서
• 각급 학교 지방공무원 정원배치기준 등 관련 지침 적용 • 통합운영학교의 조기 안정화와 업무 특수성 등을 고려하여 조정 배치	행정관리담당관

(4) 교육공무직원 배치

내 용	관련부서
• 교육공무직원 배치기준 등 관련 지침 적용하되 통합운영학교의 업무 특수성을 감안하여 조정 배치 ① 학교급별 직종별 교육공무직원 배치인원 산정 ② 교무실, 과학실험실, 도서실 등 통합운영 상황을 고려하여 조정 배치 가능	노사협력담당관

2) 각종 위원회 구성 및 운영

(1) 학교운영위원회

내 용	관련부서

• (원칙) 통합 구성·운영
▶ 필요시 조례* 제21조(소위원회의 설치 등)**의 규정에 의거 분야별 소위원회 활용
  * 서울특별시립학교 운영위원회 구성 및 운영 등에 관한 조례
  ** 사립학교의 경우 해당학교 법인의 정관 및 자체규정을 따르며, 조례 준용할 수 있음
• (예외) 학교구성원의 의견을 수렴하여 분리 구성·운영
▶ 의견수렴 대상, 방법 및 절차는 학교장이 정함
	참여협력담당관

(2) 학부모회

내 용	관련부서
• (원칙) 통합 구성·운영 ▸ 필요시 조례* 제11조(학부모회의 조직) 및 제16조(학년·학급·기능별 학부모회)의 규정을 준용하여 운영 　* 서울특별시교육청 학교 학부모회 구성 및 운영 등에 관한 조례. 단, 사립학교의 경우 해당학교 법인의 정관 및 해당 학교규칙에 따르며, 조례 준용할 수 있음 • (예외) 학교구성원의 의견을 수렴하여 분리 구성·운영 ▸ 의견수렴 대상, 방법 및 절차는 학교장이 정함	참여협력담당관

(3) 학생회

내 용	관련부서
• (원칙) 통합 조직·운영 ▸ 필요시 분과 활용 • (예외) 학교구성원의 의견을 수렴하여 분리 조직·운영 ▸ 의견수렴 대상, 방법 및 절차는 학교장이 정함	민주시민교육과

(4) 기타 위원회

내 용	관련부서
• 법령 또는 지침에 따라 학교에 의무적으로 설치해야 하는 각종 위원회는 통합운영학교 실정에 맞게 개정 필요	해당 부서

3) 교육과정 운영의 자율성 확대 및 공동 활용

(1) 자율학교 지정

내 용	관련부서
• 목적 : 통합운영학교 교육과정의 자율적 운영 ▸ 초등학교 및 중학교는 교과(군)별 수업시수의 20% 범위 내에서 증감·운영 가능* ▸ 정원의 50% 범위 내에서 교사초빙 가능* 　* 자율학교의 지정 및 운영에 관한 훈령 및 관련 자체 지침에 따름 • 근거 : 「초·중등교육법 시행령」 제105조 • 방법 ▸ 학교급별 신청에 의한 각각 자율학교 지정 ▸ 교육감 직권지정 가능	교육혁신과 초등교육과 중등교육과

내 용	관련부서
• 주관부서 　▶ 학교에서 자율학교 신청 시 재직 중인 교장의 소지자격을 기준으로 정함 　　(예시 1) 초·중 통합운영학교의 초등교장 재직 시 초등교육과 주관 　　(예시 2) 초·중 통합운영학교의 중등교장 재직 시 중등교육과 주관 　▶ 단, 통합운영학교 중 하나의 학교급만 신청·지정하는 경우 담당부서에서 　　주관함	교육혁신과 초등교육과 중등교육과

(2) 연구학교 지정

내 용	관련부서
• 목적 : 학교희망(신청)을 고려하여 통합운영학교의 교육정책적 의미 달성 • 기간 : 통합운영 초기 3년 • 혜택 : 연구학교정책에 따른 승진가산점 부여 등 • 방법 : 학교급별 신청에 의한 각각 연구학교 지정	초등교육과 중등교육과

(3) 교육과정 편성·운영 및 학사 운영

내 용	관련부서
• 학교급별 교육과정 및 교육계획 연계, 통합 　▶ 초·중등 상호지원체계 확립 　▶ (학년부) 학교급별로 편성 　ㆍ(특수부) 학교급별 통합편성을 원칙으로 하되 학교실정을 고려하여 학 　　　교 구성원이 협의하여 결정 　▶ 학교급별 교사 수업시수 격차 완화 • 집중이수제, 학점제*, 무학년제 등 학교실정과 학교 교육역량을 고려하여 　창의적이고 다양한 제도 운영(권장) 　* 학점제는 2025년 고교학점제 도입(예정) 이후 운영 • 교과겸임 및 비교과 교육활동 통합운영 　▶ 소지자격 과목에 따라 겸임 가능 　▶ 창의적 체험활동(자율·동아리·봉사·진로활동), 방과후학교 등 통합운영 • 학교급별 수업시간 자율결정 　▶ 블록타임제 운영 등 학교실정에 맞게 수업시간을 다양하게 결정하여 　　운영 　※ (학교장) 학교급별 수업시간 조정으로 시종시간 불일치문제 해결방안 　　　모색 • 각종 행사, 학생생활지도, 교직원 연수, 학부모 협의회 등 공동실시	초등교육과 중등교육과

(4) 학교 시설·교구 공동 활용

내 용	관련부서
• 운동장, 특별실, 실험실, 시청각실, 컴퓨터실, 도서실 등 시설 공동 활용 　※ (학교장) 교육과정 및 학사 운영과 연계한 '학교시설 공동 활용 계획' 　　수립 • 급식실 분리 또는 통합 설치·운영 　▸ 각 학교급의 학급 수가 소규모학교 기준을 초과할 경우 → 분리 　▸ 1개 학교급 이상의 학급 수가 소규모학교 기준 이하일 경우 → 통합(권장) 　　※ (학교장) 학교 급식 시설 및 정원 등을 고려하여 통합 시에도 가급적 　　　초등·중등 간 일부 메뉴 별도 구성 및 생활지도를 위해 급식시간 　　　순차 운영 고려 • 교무실, 행정실은 각각 통합운영 　단, 학교규모에 따라 학교장 결정으로 분리운영 가능 • 방송기기, 실물화상기, 과학·체육·음악·미술·기술가정 교구 등 공동 활용	초등교육과 중등교육과 체육건강과 교육시설안전과

4) 행·재정 지원

(1) 회계 관리

내 용	관련부서
• 최상위 학교급으로 하나의 학교회계 설치·운영 　▸ (에듀파인시스템) 교직원 겸임처리 및 권한 부여 • 학교기본운영비는 학교급별로 별도 산정하여 합산 　▸ 통합운영학교의 조기안착을 위해 충분한 학교기본운영비를 지원하되 　　* 학교시설 통합운영 시 '건물유지비'가 중복계상되지 않도록 유의 　　* 통합인건비(교육공무직원)는 본 지침의 교육공무직원 배치기준에 따 　　　른 배치기준으로 계상	예산담당관

(2) 재산 및 물품 관리

내 용	관련부서
• (에듀파인시스템) '통합운영 방식'에 따라 통합 또는 분리하여 관리 　▸ A형 : 학교시설이 유지되는 학교급으로 통합관리 　▸ B형 : 학교급별로 분리하여 관리 　▸ C형 : (동일한 장소일 경우) 최상위 학교급으로 통합관리 　　　　(별도의 장소일 경우) 학교급별로 분리하여 관리 • 분리하여 관리하는 경우에도 재산관리공무원, 물품관리공무원은 각각 통합지정	교육재정과

(3) 업무관리시스템 권한 부여 및 기록물 관리

내 용	관련부서

• 학교급별로 분리하여 관리
  ▸ (업무관리시스템) 필요시 교직원 겸임처리 및 권한 부여
    ※ 추후, 나이스 시스템의 개선으로 분리 관리가 가능하게 될 경우,
      학교급별로 통합하여 관리 가능
	총무과

(4) 나이스(NEIS) 관리

내 용	관련부서

• 학교급별로 분리하여 관리
  ▸ (나이스) 필요시 교직원 겸임처리 및 권한 부여
    ※ 추후, 나이스 시스템의 개선으로 분리 관리가 가능하게 될 경우,
      업무내용에 따라 통합하여 관리 가능
	교육정보화과 및
	해당 부서

 3단계 ┃ 운영관리 단계

1) 지도·감독 및 행정지원

(1) 지도·감독

내 용	관련부서

• 행정사무감사
  ▸ 초·중 → 교육지원청
  ▸ 중·고, 초·중·고 → 본청
    ※ 단, 특정사항에 대해서는 별도로 운영 가능
	감사관

• 장학지도(컨설팅)
  ▸ 초·중, 중·고, 초·중·고 → 교육지원청
    ※ 단, 특정영역에 대해서는 별도로 운영 가능
	초등교육과
	중등교육과

(2) 행정지원

내 용	관련부서
• 초·중 → 교육지원청 • 중·고, 초·중·고 → 본청 ※ 다만, 특정업무에 대해서는 별도로 운영 가능	전 부서

2) 지정해제

(1) 지정해제 요건

① 급격한 학생 수 감소 또는 교육환경 변화로 통합운영학교 중 1개 이상의 학교급이 폐지 또는 다른 위치의 동일 학교급과 통합 시 존치되는 학교급이 1개가 되는 경우 지정해제한다.

② 급격한 학생 수 증가 또는 교육환경 변화로 통합운영의 효과가 현저히 감소한다고 교육감이 판단한 경우 지정해제한다.

③ '적정규모학교 육성 계획'에 따른 폐지 대상학교는 지정해제한다.

(2) 지정해제 절차

① 지정해제 요건충족 여부를 검토한다.

② 학부모, 지역주민 등 의견수렴

　▸ 해제 요건 두 번째 항목에 해당되는 경우에만 실시한다.

③ 지정해제 행정예고

　▸ 해제 요건 두 번째 항목에 해당되는 경우에만 실시한다.

④ 지정해제를 결정한다.

[부칙]

• 적용대상

　▸ 이 지침은 공·사립 모든 학교에 공통 적용된다. 단, 이 지침에 명시되지 않은 사항은 각 부서의 별도계획에 따른다.

• 시행일

　▸ 이 지침은 2018. 10. 25.부터 시행한다.

제5절 통합운영학교 현황

1. 통합운영학교 지정 현황

통합운영학교 현황은 매년 변화하고 있다. 유형별, 지정 시기별, 시·도별 지정 현황은 2019년 6월 기준, 일반 현황은 2018년 8월 기준 조사결과를 중심으로 기술하였다(임연기 외, 2018 : 26~37 참조).

1) 유형별 학교 현황

통합운영학교는 2019년 6월 기준 현재 초·중 통합운영학교 45교, 중·고 통합운영학교 51교, 초·중·고 통합운영학교 6교로 전체 102교로 나타났다. 전국의 초·중·고등학교 수가 11,657교이므로 전체 학교의 약 0.88%로 아주 미미한 비중을 차지하고 있음을 알 수 있다.

- 초·중 통합운영학교 : 45교
- 중·고 통합운영학교 : 51교
- 초·중·고 통합운영학교 : 6교

〈표 Ⅰ-1〉 통합운영학교 유형별 시·도별 학교 수(2019. 06. 기준)　　　　　(단위 : 교)

구 분	서울	부산	인천	대전	울산	경기	강원	충북	충남	전북	전남	경북	경남	제주	전체
초·중	1	–	–	–	–	5	1	6	6	6	5	9	1	5	45
중·고	1	3	1	1	2	–	3	–	14	9	6	7	3	1	51
초·중·고	–	–	4	–	–	1	–	–	1	–	–	–	–	6
전체	2	3	5	1	2	6	4	6	20	16	11	16	4	6	102

2) 지정 시기별 학교 현황

통합운영학교의 지정은 1998년 8교(1교 해제)로 시작하여 이듬해인 1999년에 53교(9교 해제)가 추가되어 총 61교로 늘어났다. 2019년 현재 총 102교가 지정받아 운영하고 있다.

〈표 I-2〉 지정 시기별 통합운영학교 현황

연 도	초·중	중·고	초·중·고	지정(해제)	현 재
1998	한송초·중, 부남초·구천중 신창초·중, 별방초·중	가은중·고, 진서중·진서고 신등중·고, 부산국제중·고		8(1)	7
1999	양성초·중, 목동초·가평북중 상승초·상서중, 송풍초·용담중 선유도초·선유도중, 송라초·중 운암초·운암중, 모서초·중 원촌초·구례산동중, 도로초·중 금정초·영암금정중, 남정초·중 낙동동부초·낙동중, 무릉초·중 지품초·중, 저청초·중 신산초·중, 춘산초·중 연도초·여남중연도분교장	신남중·고, 병천중·병천고 목천중·목천고, 웅천중·웅천고 금산중·금산고, 갈산중·갈산고 서천여중·서천여고 홍산중·한국식품마이스터고 서해삼육중·서해삼육고 합덕여중·합덕여고 인월중·인월고, 무풍중·무풍고 설천중·설천고, 산서중·산서고 동계중·동계고, 위도중·위도고 여남중·여남고, 약산중·약산고 조도중·조도고, 하의중·하의고 동명중·동명고 임자중·임자종합고 덕산중·고, 조성중·고 비금중·비금고 도초중·도초고 보성복내중·보성정보통신고 부산예술중·고 브니엘국제예술중·고	연평초·중·고 덕적초·중·고 대청초·중·고 서도초·중·고 안천초·중·고	53(9)	44
2000	수산초·중, 은산초·중 탄천초·중, 화정초·여수개도중 금당초·중, 우도초·중	주산중·주산산업고 서상중·고, 합덕중·합덕제철고 경호중·고		10(1)	9
2001	양감초·중, 군남초·중 덕산초·중, 부남초·중 남면초·중	서야중·고, 송악중·고	율면초·중·고	8	8
2002	유치초·장흥유치중	대천서중·충남해양과학고 옥구중·군산남고		3	3
2003	가야곡초·중, 선장초·선도중 양북초·중	덕문중·고, 고산중·한국뷰티고 마차중·마차고, 봉평중·고 강구중·강구정보고 전남체육중·전남체육고		9	9
2004	청풍초·중			1	1
2005	양수초·중, 금구초·중			2	2
2006	미산초·중			1	1
2007		전북체육중·고		1	1
2008		생초중·고		1(1)	

연 도	초 · 중	중 · 고	초 · 중 · 고	지정 (해제)	현 재
2009	*가곡초 · 중*			1(1)	
2010	구림초 · 중	안성중 · 고		2	2
2012	한산초 · 중	영흥중 · 고		2	2
2013	무을초 · 중	부산체육중 · 고		2	2
2014		울산스포츠과학중 · 고		1	1
2015		온산중 · 고		1	1
2016		대전체육중 · 고, 영덕여중 · 고 이서중 · 고, 모계중 · 고		4	4
2018		성주여중 · 고		1	1
2019	해누리초 · 중, 회인초 · 중 연풍초 · 중	서울체육중 · 고		4	4
전 체	49 (4)	60 (9)	6	115 (13)	102

※ 기울임체는 지정해제 통합운영학교임.

3) 시 · 도별 학교 현황

통합운영학교의 시 · 도별 학교 현황은 충남 20교, 전북 16교, 경북 16교, 전남 11교 순으로 나타났다. 현재 충남교육청이 가장 많은 통합운영학교를 지정하고 있지만, 20교에 그쳐 교육청 수준에서 적절한 지원책을 마련하여 추진하기에는 영세한 규모이다.

지역별로 보면, 통합운영학교는 주로 농촌 지역의 소규모 초 · 중학교 통폐합 지정 유형이 주류를 이루는 가운데, 도서벽지의 초 · 중 · 고 통합운영학교 유형, 영세 사립 중 · 고등학교 유형, 예체능과 국제 계열 중 · 고등학교 유형이 소수를 차지하고 있다. 초등학교와 중학교의 통합운영학교는 초 · 중등 교직문화의 이질화로 인해, 그리고 중학교와 고등학교의 통합운영학교는 교원의 문제는 거의 없으나 학교교육의 성격 차이에 기인하여 시설과 학사일정의 부분적인 공동 활용에 그친 거의 병설학교 수준으로 존치하고 있는 형편이다. 예체능과 국제 계열 학교의 경우 교육과정의 계열성 심화 차원에서 지속발전 가능성이 크지만, 학교 수의 제한으로 확산성은 낮다.

〈표 I-3〉 시·도별 통합운영학교 현황

시 도	형 태	학교명
서울	초 – 중	해누리초·중 이음학교('19, 신설) 〈송파〉
	중 – 고	서울체육중·고등학교('19, 서울체육중 + 서울체육고) 〈송파〉
계		2개교
부산	중 – 고	부산국제중·고등학교('98, 국제중 + 국제고) 〈부산진〉
		덕문중·고등학교('03, 덕문중 + 덕문고) 〈강서〉
		부산체육중·고등학교('13, 부산체육중 + 부산체육고) 〈영도〉
계		3개교
인천	중 – 고	영흥중·고등학교('12, 영흥중 + 영흥고) 〈옹진〉
	초 – 중 – 고	연평초·중·고등학교('99, 연평초 + 연평중 + 연평고) 〈옹진〉
		덕적초·중·고등학교('99, 덕적초 + 덕적중 + 덕적고) 〈옹진〉
		대청초·중·고등학교('99, 대청초 + 대청중 + 대청고) 〈옹진〉
		서도초·중·고등학교('99, 서도초 + 서도중 + 서도고) 〈강화〉
계		5개교
대전	중 – 고	대전체육중·고등학교('16, 대전체육중 + 대전체육고) 〈유성〉
계		1개교
울산	중 – 고	온산중·고등학교('15, 온산중 + 온산고) 〈울주〉
		울산스포츠과학중·고등학교('14, 통합운영 개교) 〈북구〉
계		2개교
경기	초 – 중	양감초·중학교('01, 양감초 + 양감중) 〈화성〉
		양수초·중학교('05, 양수초 + 양수중) 〈양평〉
		양성초·중학교('99, 양성초 + 양성중) 〈안성〉
		군남초·중학교('01, 군남초 + 군남중) 〈연천〉
		목동초·가평북중('99, 목동초 + 가평북중) 〈가평〉
	초 – 중 – 고	율면초·중·고등학교('01, 율면초 + 율면중 + 율면고) 〈이천〉
계		6개교
강원	초 – 중	상승초·상서중('99, 상승초 + 상서중) 〈화천〉
	중 – 고	마차중·마차고('03, 마차중 + 마차고) 〈영월〉
		봉평중·봉평고('03, 봉평중 + 봉평고) 〈평창〉
		신남중·신남고('99, 신남중 + 신남고) 〈인제〉
계		4개교

시 도	형 태	학교명
충북	초 - 중	한송초·중학교('98, 송계초+한수중) 〈제천〉
		수산초·중학교('00, 수산초+수산중) 〈제천〉
		덕산초·중학교('01, 덕산초+신덕중) 〈제천〉
		청풍초·중학교('04, 청풍초+청풍중) 〈제천〉
		회인초·중학교('19, 회인초+회인중) 〈보은〉
		연풍초·중학교('19, 연풍초+연풍중) 〈괴산〉
계		6개교
충남	초 - 중	은산초·은산중('00, 은산초+은산중) 〈부여〉
		탄천초·탄천중('00, 탄천초+탄천중) 〈공주〉
		남면초·남면중('01, 남면초+남면중) 〈태안〉
		가야곡초·가야곡중('03, 가야곡초+가야곡중) 〈논산〉
		선장초·선도중('03, 선장초+선도중) 〈아산〉
		미산초·미산중('06, 미산초+미산중) 〈보령〉
	중 - 고	대천서중·충남해양과학고('02, 대천서중+충남해양과학고) 〈보령〉
		병천중·병천고('99, 병천중+병천고) 〈천안〉
충남	중 - 고	목천중·목천고('99, 목천중+목천고) 〈천안〉
		웅천중·웅천고('99, 웅천중+웅천고) 〈보령〉
		주산중·주산산업고('00, 주산중+주산산업고) 〈보령〉
		금산중·금산고('99, 금산중+금산고) 〈금산〉
		서천여중·서천여고('99, 서천여중+서천여고) 〈서천〉
		홍산중·한국식품마이스터고('99, 홍산중+한국식품마이스터고) 〈부여〉
		갈산중·갈산고('99, 갈산중+갈산고) 〈홍성〉
		서해삼육중·서해삼육고('99, 서해삼육중+서해삼육고) 〈홍성〉
		합덕중·합덕제철고('00, 합덕중+합덕제철고) 〈당진〉
		합덕여중·합덕여고('99, 합덕여중+합덕여고) 〈당진〉
		서야중·서야고('01, 서야중+서야고) 〈당진〉
		송악중·송악고('01, 송악중+송악고) 〈당진〉
계		20개교
전북	초 - 중	선유도초·선유도중('99, 선유도초+선유도중) 〈군산〉
		금구초·금구중('05, 금구초+금구중) 〈김제〉
		송풍초·용담중('99, 송풍초+용담중) 〈진안〉
		부남초·부남중('01, 부남초+부남중) 〈무주〉
		운암초·운암중('99, 운암초+운암중) 〈임실〉
		구림초·구림중('10, 구림초+구림중) 〈순창〉

시 도	형 태	학교명
전북	중－고	옥구중·군산남고('02, 옥구중＋군산남고) 〈군산〉
		인월중·인월고('99, 인월중＋인월고) 〈남원〉
		전북체육중·전북체육고('07, 전북체육중＋전북체육고) 〈완주〉
		무풍중·무풍고('99, 무풍중＋무풍고) 〈무주〉
		설천중·설천고('99, 설천중＋설천고) 〈무주〉
		안성중·안성고('10, 안성중＋안성고) 〈무주〉
		산서중·산서고('99, 산서중＋산서고) 〈장수〉
		동계중·동계고('99, 동계중＋동계고) 〈순창〉
		위도중·위도고('99, 위도중＋위도고) 〈부안〉
	초－중－고	안천초·안천중·안천고('99, 안천초＋안천중＋안천고) 〈진안〉
계		16개교
전남	초－중	화정초·여수개도중('00, 화정초＋여수개도중) 〈여수〉
		원촌초·구례산동중('99, 원촌초＋구례산동중) 〈구례〉
		유치초·장흥유치중('02, 유치초＋장흥유치중) 〈장흥〉
		금정초·영암금정중('99, 금정초＋영암금정중) 〈영암〉
		금당초·금당중('00, 금당초＋금당중) 〈완도〉
	중－고	여남중·여남고('99, 여남중＋여남고) 〈여수〉
		전남체육중·전남체육고('03, 전남체육중＋전남체육고) 〈무안〉
		약산중·약산고('99, 약산중＋약산고) 〈완도〉
		조도중·조도고('99, 조도중＋조도고) 〈진도〉
		하의중·하의고('99, 하의중＋하의고) 〈신안〉
		임자중·임자종합고('99, 임자중＋임자종합고) 〈신안〉
계		11개교
경북	초－중	송라초·중학교('99, 송라초＋송라중) 〈포항〉
		양북초·중학교('03, 양북초＋양북중) 〈경주〉
		부남초·구천중학교('98, 부남초＋구천중) 〈청송〉
		낙동동부초·낙동중학교('99, 낙동동부초＋낙동중) 〈상주〉
		모서초·중학교('99, 모서초＋모서중) 〈상주〉
		동로초·중학교('99, 동로초＋동로중) 〈문경〉
		남정초·중학교('99, 남정초＋남정중) 〈영덕〉
		지품초·중학교('99, 지품초＋지품중) 〈영덕〉
		무을초·중학교('13, 무을초＋무을중) 〈구미〉

시 도	형 태	학교명
경북	중 - 고	가은중·고등학교('98, 가은중+가은고) 〈문경〉
		강구중·정보고등학교('03, 강구중+강구정보고) 〈영덕〉
		동명중·고등학교('99, 동명중+동명고) 〈칠곡〉
		이서중·고등학교('16, 이서중+이서고) 〈청도〉
		모계중·고등학교('16, 모계중+모계고) 〈청도〉
		성주여중·고등학교('18, 성주여중+성주여고) 〈성주〉
		영덕여중·고등학교('16, 영덕여중+영덕여고) 〈영덕〉
계		16개교
경남	초 - 중	한산초·중학교('12, 한산초+한산중) 〈통영〉
	중 - 고	진서중·고등학교('98, 진서중+진서고) 〈진주〉
		신등중·고등학교('98, 신등중+신등고) 〈산청〉
		서상중·고등학교('00, 서상중+서상고) 〈함양〉
계		4개교
제주	초 - 중	신창초·중학교('98, 신창초+신창중) 〈제주〉
		저청초·중학교('99, 저청초+저청중) 〈제주〉
		우도초·중학교('00, 우도초+우도중) 〈제주〉
		신산초·중학교('99, 신산초+신산중) 〈서귀포〉
		무릉초·중학교('99, 무릉초+무릉중) 〈서귀포〉
	중 - 고	고산중·한국뷰티고등학교('03, 고산중+한국뷰티고) 〈제주〉
계		6개교
총 102교		

2. 통합운영학교 일반 현황

통합운영학교 일반 현황은 2018년 8월 18일부터 1개월간 전국의 통합운영학교를 대상으로 실시한 실태조사 결과이다(임연기 외, 2018 : 31~37 참조). 당시 98개 중에서 80교가 응답하여 회수율은 82.4%였다. 학교별로 교무부장이 응답하였다.

1) 학급 수 및 학생 수

2018년 기준 통합운영학교에서 초등학교의 학급 수는 평균 5.7개, 평균 학생 수는 49.8명, 평균 학급당 학생 수는 8.7명으로 나타났다. 전국 초등학교 학교당 평균 학급 수 20.1개, 평균 학생 수 447.1명, 평균 학급당 학생 수 22.3명과 비교해 볼 때 매우 영세한 수준임을 알 수 있다. 초·중 통합운영학교에서 초등학교의 평균 학급 수는 5.7개, 평균 학생 수는 51.9명으로 나타났고, 초·중·고 통합운영학교에서 초등학교의 평균 학급 수는 5.3개, 평균 학생 수는 29.8명으로 나타났다.

통합운영학교에서 초등학교는 지난 3년 동안 평균 학급 수의 변화는 없었지만, 평균 학생 수는 3명 정도 감소한 것으로 나타났다. 초·중·고 통합운영학교의 초등학교 학생 수는 초·중 통합운영학교의 초등학교 평균 학생 수의 57.4% 정도인 것으로 나타났다.

〈표 Ⅰ-4〉 통합운영학교의 학급 수 및 학생 수(초등학교) (단위 : 개, 명)

구 분		2016	2017	2018
초·중학교 (초등학교 37교)	학급 수	5.6	5.7	5.7
	학생 수	55.0	53.6	51.9
초·중·고등학교 (초등학교 4교)	학급 수	4.8	4.8	5.3
	학생 수	32.3	28.3	29.8
전체	학급 수	5.5	5.6	5.7
	학생 수	52.8	51.1	49.8

2018년 기준 통합운영학교에서 중학교의 학급 수는 평균 3.9개, 평균 학생 수는 59.2명, 평균 학급당 학생 수는 15.2명으로 나타났다. 전국 중학교 학교당 평균 학급 수 16.1개, 평균 학생 수 415.1명, 평균 학급당 학생 수 25.7명과 비교해 볼 때 매우 영세한 수준임을 알 수 있다. 초·중 통합운영학교에서 중학교의 평균 학급 수는 3.0개, 평균 학생 수는 27.9명, 중·고 통합운영학교에서 중학교의 평균 학급 수는 4.9개, 평균 학생 수는 93.2명, 초·중·고 통합운영학교에서 중학교의 평균 학급 수는 2.8개, 평균 학생 수는 17.8명으로 나타났다.

통합운영학교에서 중학교는 지난 3년 동안 평균 학급 수의 변화는 없었지만, 평균 학생 수는 꾸준히 감소하는 것으로 나타났다. 초·중과 초·중·고 통합운영학교에서 중학교 학생 수는 중·고 통합운영학교의 중학교 평균 학생 수의 30%, 19% 정도인 것으로 나타났다.

〈표 I-5〉 통합운영학교의 학급 수 및 학생 수(중학교)

(단위 : 개, 명)

구 분		2016	2017	2018
초·중학교 (중학교 36교)	학급 수	3.1	3.1	3.0
	학생 수	34.2	30.9	27.9
중·고등학교 (중학교 38교)	학급 수	4.9	4.9	4.9
	학생 수	105.1	97.2	93.2
초·중·고등학교 (중학교 4교)	학급 수	3.0	3.0	2.8
	학생 수	23.3	25.3	17.8
전체	학급 수	4.0	3.9	3.9
	학생 수	68.2	62.9	59.2

2018년 기준 통합운영학교에서 고등학교의 학급 수는 평균 6.9개, 평균 학생 수는 142.3명, 평균 학급당 학생 수는 20.6명으로 나타났다. 전국 고등학교 학교당 평균 학급 수 24.9개, 평균 학생 수 652.3명, 평균 학급당 학생 수 26.2명과 비교해 볼 때 학급 수와 학생 수는 매우 영세하고, 학급당 학생 수는 6명 정도 적지만 비교적 유사한 수준임을 알 수 있다. 중·고 통합운영학교에서 고등학교의 평균 학급 수는 7.3개, 평균 학생 수는 155.9명으로 나타났고, 초·중·고 통합운영학교에서 고등학교의 평균 학급 수는 3.0개, 평균 학생 수는 29.5명으로 나타났다.

통합운영학교에서 고등학교는 지난 3년 동안 평균 학급 수의 변화는 없었지만, 평균 학생 수는 꾸준히 감소하는 것으로 나타났다. 초·중·고 통합운영학교에서의 고등학교 학생 수는 중·고 통합운영학교에서의 고등학교 평균 학생 수의 19% 정도인 것으로 나타났다.

〈표 I-6〉 통합운영학교의 학급 수 및 학생 수(고등학교)

(단위 : 개, 명)

구 분		2016	2017	2018
중·고등학교 (고등학교 33교)	학급 수	7.2	7.4	7.3
	학생 수	172.5	171.9	155.9
초·중·고등학교 (고등학교 4교)	학급 수	3.0	3.0	3.0
	학생 수	34.5	31.3	29.5
전체	학급 수	6.7	6.9	6.9
	학생 수	157.6	156.7	142.3

이상을 종합하면, 초·중 유형 학교는 8.7학급에 79.8명의 학생 수, 중·고 유형 학교는 12.2학급에 249.1명의 학생 수, 초·중·고 유형 학교는 11.1학급에 76.7명의 학생 수를 보이고 있다. 중·고 유형에 비해 초·중·고 유형, 초·중 유형의 통합운영학교가 더욱 영세한 수준이다.

2) 통합운영학교의 교원 수 및 교직원 수

통합운영학교에서 재직하고 있는 교직원 수 평균은 초·중학교 30.4명, 중·고등학교 41.4명, 초·중·고등학교 36.3명으로 나타났다. 통합운영학교에서 재직하고 있는 교원 수 평균은 초·중학교 19.7명, 중·고등학교 27.0명, 초·중·고등학교 24.8명으로 나타났다.

〈표 Ⅰ-7〉 통합운영학교의 교원 수 및 교직원 수 (단위 : 명)

구 분	정규교직원						계약교직원			업무실무사		합계
	교 원				지방공무원		기간제	지방공무원		교무실	행정실	
	교장	교감	교사	소계	교육행정	그외직렬		교육행정	그외직렬			
초·중학교(32교)	1.0	1.3	17.4	19.7	3.7	3.0	1.9	6.8	2.3	2.2	2.4	30.4
중·고등학교(44교)	1.0	1.5	24.5	27.0	4.5	2.0	6.1	3.2	2.3	2.2	4.4	41.4
초·중·고등학교(4교)	1.0	1.8	22.0	24.8	4.0	1.5	2.5	−	3.7	2.0	1.5	36.3
전체(80교)	1.0	1.4	20.9	23.3	4.1	2.5	4.1	4.1	2.5	2.2	3.1	35.8

3) 초등교사와 중등교사의 복수자격증 소지

통합운영학교에서 재직하고 있는 교원 중 복수자격을 소지하고 있는 교원은 총 19명으로 나타났다. 매우 미미한 수준이다. 복수자격을 가지고 있는 교원은 초·중학교와 초·중·고등학교 재직 교원 중 모두 초등학교 교원으로 나타났다. 초등교원의 중등교원 복수자격 과목은 공통사회, 가정, 국어, 사회, 수학, 미술, 역사, 영어, 음악, 일본어, 중등상담, 지구과학, 특수, 체육, 컴퓨터 등으로 다양하게 나타났다.

〈표 Ⅰ-8〉 통합운영학교에서 초등교사의 중등교사 복수자격증 소지 현황   (단위 : 명)

구 분	공통사회	가정	국어	사회	수학	미술	역사	영어	음악	일본어	중등상담	지구과학
초·중학교(32교)	1	1	1	1	0	1	2	3	1	1	1	1
초·중·고등학교(4교)	0	0	0	0	1	0	0	1	0	0	0	0
전체(36교)	1	1	1	1	1	1	2	4	1	1	1	1

4) 겸임 수업

초등학교 수업을 중·고등학교 교사가 담당하는 경우는 아주 희소하다. 초·중학교에서 보건(1명)과 음악(1명)을 담당하는 것으로 나타났다. 중학교 수업을 초등학교 또는 고등학교 교사가 담당하는 경우는 초·중학교에서 평균 1.0명이 평균 19.0시간, 중·고등학교에서 평균 3.2명이 평균 14.5시간, 초·중·고등학교에서 평균 4.0명이 평균 21.3시간을 담당하는 것으로 나타났다. 담당 교과목은 음악, 체육, 진로와 직업, 미술, 과학이 많았고, 그 외에 기술·가정, 국어, 도덕, 보건, 사회, 수학, 역사, 영어, 일본어, 정보, 창체, 한문 등으로 나타났다.

〈표 Ⅰ-9〉 중학교 수업을 초등학교 또는 고등학교 교사가 담당(겸임)   (단위 : 시간, 명)

구 분	평균 수업시간	평균 교원 수
초·중학교(2교)	19.0	1.0
중·고등학교(31교)	14.5	3.2
초·중·고등학교(4교)	21.3	4.0
전체(37교)	15.5	3.1

고등학교 수업을 초등학교 또는 중학교 교사가 담당하는 경우, 초·중학교는 해당 사항이 없고, 중·고등학교는 평균 3.4명이 평균 17.3시간, 초·중·고등학교는 평균 3.3명이 평균 12.8시간을 담당하는 것으로 나타났다. 담당 교과목은 미술, 기술·가정, 음악, 체육, 생활과 윤리, 한문이 많았고, 그 외에 과학, 국어, 도덕, 문학, 물리, 사회·문화, 통합사회, 생명과학, 수학, 역사, 영어, 윤리, 중국어, 지구과학, 지리, 창체, 한국사, 한국지리, 화법과 작문 등으로 나타났다.

〈표 Ⅰ-10〉 고등학교 수업을 초등학교 또는 중학교 교사가 담당(겸임)　　(단위 : 시간, 명)

구 분	평균 수업시간	평균 교원 수
중·고등학교(26교)	17.3	3.4
초·중·고등학교(4교)	12.8	3.3
전체(30교)	16.7	3.4

5) 순회교사

　초등학교의 순회교사는 본교에서 타교로 가는 경우, 초·중학교는 평균 교원 수 1.3명, 평균 수업시간은 6.5시간, 타교에서 본교로 오는 경우, 초·중학교는 평균 교원 수 1.5명, 평균 수업시간은 6.0시간으로 나타났다. 초등학교 순회교사의 담당분야는 보건, 영어, 영양으로 나타났다.

〈표 Ⅰ-11〉 초등학교 순회교사　　(단위 : 시간, 명)

구 분	본교 → 타교		타교 → 본교	
	평균 시간	평균 교원 수	평균 시간	평균 교원 수
초·중학교(4교, 3교)	6.5	1.3	6.0	1.5
전체(4교, 3교)	6.5	1.3	6.0	1.5

　중학교의 순회교사는 본교에서 타교로 가는 경우, 초·중학교는 평균 교원 수 2.5명, 평균 수업시간은 11.6시간, 중·고등학교는 평균 교원 수 1.7명, 평균 수업시간은 8.3시간, 초·중·고등학교는 평균 교원 수 1.7명, 평균 수업시간은 9.0시간으로 나타났다. 타교에서 본교로 오는 경우, 초·중학교는 평균 교원 수 3.4명, 평균 수업시간은 11.5시간, 중·고등학교는 평균 교원 수 2.6명, 평균 수업시간은 8.2시간, 초·중·고등학교는 평균 교원 수 4.5명, 평균 수업시간은 13.7시간으로 나타났다.

　본교에서 타교로 가는 중학교 순회교사의 교과목은 미술, 음악, 기술·가정, 도덕, 체육이 많았고, 그 외에 과학, 국어, 물리, 사회, 수학, 역사, 영어, 정보, 진로, 특수, 한문 등으로 나타났다. 타교에서 본교로 오는 중학교 순회교사의 교과목은 도덕, 음악, 한문, 미술이 많았고, 그 외에 기술·가정, 과학, 보건, 사회, 수학, 역사, 일본어, 정보, 진로와 직업, 체육, 특수 등으로 나타났다.

〈표 I-12〉 중학교 순회교사

(단위 : 시간, 명)

구 분	본교 → 타교		타교 → 본교	
	평균 시간	평균 교원 수	평균 시간	평균 교원 수
초·중학교(36교, 36교)	11.6	2.5	11.5	3.4
중·고등학교(26교, 26교)	8.3	1.7	8.2	2.6
초·중·고등학교(3교, 3교)	9.0	1.7	13.7	4.5
전체(65교, 65교)	9.7	1.9	11.1	3.5

고등학교의 순회교사는 본교에서 타교로 가는 경우, 중·고등학교는 평균 교원 수 1.3명, 평균 수업시간은 4.8시간, 초·중·고등학교는 평균 교원 수 0.5명, 평균 수업시간은 4.0시간으로 나타났다. 타교에서 본교로 오는 경우, 중·고등학교는 평균 교원 수 1.5명, 평균 수업시간은 5.2시간, 초·중·고등학교는 평균 교원 수 1.5명, 평균 수업시간은 3.0시간으로 나타났다.

본교에서 타교로 가는 고등학교 순회교사의 교과목은 음악이 가장 많았고, 그 외에 과학, 기술·가정, 물리, 미술, 보건, 사회, 사회·문화, 생명과학, 윤리, 지구과학, 진로와 직업, 체육 등으로 나타났다. 타교에서 본교로 오는 고등학교 순회교사의 교과목은 미술이 가장 많았고, 그 외에 기술·가정, 물리, 생활과학, 생활과 윤리, 음악, 일본어, 정보, 중국어, 지구과학, 체육, 한국사, 한문 등으로 나타났다.

〈표 I-13〉 고등학교 순회교사

(단위 : 시간, 명)

구 분	본교 → 타교		타교 → 본교	
	평균 시간	평균 교원 수	평균 시간	평균 교원 수
중·고등학교(16교, 2교)	4.8	1.3	5.2	1.5
초·중·고등학교(18교, 2교)	4.0	0.5	3.0	1.5
전체(34교, 4교)	4.4	0.9	4.1	1.5

6) 교원 1인당 주당 평균 수업시수

통합운영학교에서 교원 1인당 주당 평균 수업시수는 초등학교의 경우 20.5시간, 중학교는 12.3시간, 고등학교는 12.6시간으로 나타났다. 전국 초등학교 21.5시간, 중학교 17.6시간, 고등학교 16.7시간과 비교해 보면, 초등학교는 전국 평균과 유사한 수준이지만 중학교, 고등학교는 4시간 내지 5시간 적은 것으로 나타났다. 중학교와 고등학교 교원의 경우 학교규모에 따라 영향을 받기 때문에 나타난 현상으로 파악할 수 있다. 통합운영학교 유형별 초등학교, 중학교, 고등학교의 교원 1인당 주당 평균 수업시수는 비슷한 것으로 나타났다.

〈표 Ⅰ-14〉 교원 1인당 주당 평균 수업시수   (단위 : 시간)

구 분	초등학교		중학교		고등학교	
	교원 수	주당평균 수업시간	교원 수	주당평균 수업시간	교원 수	주당평균 수업시간
초·중학교(37교)	7.9	20.4	8.8	11.3	-	-
중·고등학교(37교)	-	-	10.6	13.3	15.0	12.7
초·중·고등학교(4교)	7.7	20.7	9.6	12.2	14.5	12.5
전체(78교)	7.8	20.5	9.7	12.3	14.8	12.6

7) 교장의 임명방식과 소지자격

'교장을 임명하는 방식'은 '임명제'가 64교(80.0%)로 대부분을 차지하였고, '내부공모제' 7교(8.8%), '외부공모제' 4교(5.0%), '초빙제'는 1교(1.3%)에 그친 것으로 나타났다. 통합유형별로 보면 초·중·고등학교(100.0%), 초·중학교(81.1%), 중·고등학교(76.9%) 순으로 대부분 교장 '임명제'를 적용하는 비율이 높게 나타났다.

'교장의 소지자격'은 '중등교장' 56명(70.0%), '초등교장' 19명(23.7%) 순으로 나타났다. 통합유형별로 보면 초·중학교는 '초등교장(51.4%)'의 비율이 '중등교장(48.6%)'보다 다소 높게 나타났다. 중·고등학교는 '중등교장(87.2%)', '무응답·기타'(12.8%), 초·중·고등학교는 모두 '중등교장(100.0%)' 자격소지자로 나타났다.

8) 요약

통합운영학교는 2019년 6월 기준, 초·중 통합운영학교 45교, 중·고 통합운영학교 51교, 초·중·고 통합운영학교 6교이며, 총 102교로서 전국 초·중·고등학교 학교 수의 0.88%로 매우 미미한 비중을 차지하고 있다. 통합운영학교의 시·도별 학교지정 현황은 충남 20교, 전북 16교, 경북 16교, 전남 11교 순으로 나타났다.

관할청 수준에서 통합운영학교의 운영에 필요한 사항을 정하고 관리하기에는 영세한 수준이다.

2018년 기준 통합운영학교의 초등학교 평균 학급 수는 5.7개, 평균 학생 수는 49.8명, 중학교의 평균 학급 수는 3.9개, 평균 학생 수는 59.2명, 고등학교의 평균 학급 수는 6.9개, 평균 학생 수는 142.3명으로 나타났다. 초·중 유형 학교는 8.7학급에 79.8명의 학생 수, 중·고 유형 학교는 12.2학급에 249.1명의 학생 수, 초·중·고 유형 학교는 11.1학급에 76.6명의 학생 수를 나타내고 있다. 중·고 유형에 비해 초·중·고 유형, 초·중 유형의 통합운영학교가 더욱 영세한 수준이다.

통합운영학교 평균 교직원 수는 초·중 30명(교원 20명), 중·고 41명(교원 27명), 초·중·고 36명(교원 25명)으로 학생 수에 비해 많은 편이다. 초등과 중등 복수자격증 소지 교원은 극소하고, 교원겸임교사, 순환교사제 활용은 매우 낮은 수준이다. 그리고 통합운영학교 교원의 주당 평균 수업시수는 초등 20시간, 중·고등학교 12~13시간으로 초등·중등 간 교원의 수업부담 격차가 현저하게 심하다. 80% 이상의 학교에서 교장을 임명제로 운영하고 있고, 초·중 유형은 초등과 중등 교원자격 소지자 구성이 비슷한 수준이고, 초·중·고 유형은 모두 중등 교원자격증 소지자로 나타났다.

 제6절 학교급 간의 통합운영 수준과 사례

1. 학교급 간의 통합운영 수준

학교급 간의 통합운영 수준을 '교명 및 학교조직', '교육청의 학교평가 및 지원', '행정사무', '교과활동', '비교과활동', '학교행사', '위원회 구성', '업무 실무사', '교육시설 및 설비', '학사 운영' 등을 중심으로 살펴보고자 한다. 2018년 8월 18일부터 1개월간 전국의 통합운영학교를 대상으로 실시한 실태조사 결과이다(임연기 외, 2018 : 31~99). 당시 98개 중에서 80교가 응답하여 회수율은 82.4%였다. 학교별로 교무부장이 응답하였으며, 필요한 경우 행정실과 상의하여 응답하도록 하였다. 일부 문항은 사실보다 개인적인 의견이나 지각을 중심으로 응답하였다.

1) 교육활동 관리

(1) 교과 교육활동

통합운영학교에서 '교과 교육활동' 중 '수업시종(81.3%)', '체험학습(72.5%)', '평가·고사 일정(62.5%)', '수업시작 시각(62.5%)', '교육과정 계획(56.3%)'은 '분리운영' 비율이 높게 나타났다.

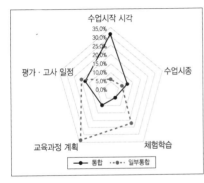

〈표 Ⅰ-15〉 교육활동 통합 수준 (단위 : %)

구 분	통합 운영	일부 통합 운영	분리 운영
수업시작 시각	31.3	6.3	62.5
수업시종	11.3	7.5	81.3
체험학습	5.0	22.5	72.5
교육과정 계획	10.0	33.8	56.3
평가·고사 일정	17.5	20.0	62.5

통합운영학교에서 '수업시작 시각'을 '통합운영'하는 학교는 25교(31.3%), '일부 통합운영' 학교는 5교(6.3%), '분리운영' 학교는 50교(62.5%)로 나타났다. 통합유형별로 보면 초·중학교(70.3%), 중·고등학교(56.4%), 초·중·고등학교(50.0%) 순으로 '분리운영' 비율이 높게 나타났다. 통합유형의 학교급이 올라갈수록 '수업시작 시각'의 '통합운영' 비율이 높게 나타났다.

'수업시종'을 '통합운영'하는 학교는 9교(11.3%), '일부 통합운영' 학교는 6교(7.5%), '분리운영' 학교는 65교(81.3%)로 나타났다. 통합유형별로 보면 초·중·고등학교(100.0%), 초·중학교(89.2%), 중·고등학교(71.8%) 순으로 '수업시종'의 '분리운영' 비율이 높게 나타났다.

'체험학습'을 '통합운영'하는 학교는 4교(5.0%), '일부 통합운영' 학교는 18교(22.5%), '분리운영' 학교는 58교(72.5%)로 나타났다. 통합유형별로 보면 초·중학교(81.8%), 초·중·고등학교(75.0%), 중·고등학교(64.1%) 순으로 '체험학습'의 '분리운영' 비율이 높게 나타났다.

'교육과정 계획'을 '통합운영'하는 학교는 8교(10.0%), '일부 통합운영' 학교는 27교(33.8%), '분리운영' 학교는 45교(56.3%)로 나타났다. 통합유형별로 보면 초·중·고등학교(75.0%), 중·고등학교(64.1%), 초·중학교(45.9%) 순으로 '교육과정 계획'의 '분리운영' 비율이 높게 나타났으며, 초·중학교(48.6%), 초·중·고등학교(25.0%), 중·고등학교(20.5%) 순으로 '일부 통합운영' 비율이 높게 나타났다. 통합 유형의 학교급이 올라갈수록 '교육과정 계획'의 '분리운영' 비율이 높게 나타났다.

'평가·고사 일정'을 '통합운영'하는 학교는 14교(17.5%), '일부 통합운영' 학교는 16교(20.0%), '분리운영' 학교는 50교(62.5%)로 나타났다. 통합유형별로 보면 초·중학교(94.6%), 초·중·고등학교(75.0%) 순으로 '평가·고사 일정'의 '분리운영' 비율이 높게 나타났지만, 중·고등학교(35.9%)는 '일부 통합운영', 중·고등학교(33.3%), 초·중·고등학교(25.0%) 순으로 '통합운영' 비율이 높게 나타났다.

(2) 비교과 교육활동

통합운영학교에서 '비교과 교육활동' 중 '방과후학교(85.0%)', '창의적 체험활동(85.0%)', '진로지도(85.0%)', '봉사활동(85.0%)', '특기적성교육(83.8%)', '상담활동(83.8%)', '학생생활지도(71.3%)'는 '분리운영' 비율이 높게 나타났다.

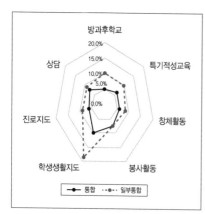

〈표 I-16〉 비교과 교육활동 통합 수준

(단위 : %)

구 분	통합 운영	일부 통합 운영	분리 운영
방과후학교	5.0	10.0	85.0
특기적성교육	6.3	10.0	83.8
창의적 체험활동	6.3	8.8	85.0
봉사활동	7.5	7.5	85.0
학생생활지도	10.0	18.8	71.3
진로지도	6.3	8.8	85.0
상담	7.5	8.8	83.8

통합운영학교에서 '방과후학교'를 '통합운영'하는 학교는 4교(5.0%), '일부 통합운영' 학교는 8교(10.0%), '분리운영' 학교는 68교(85.0%)로 나타났다. 통합유형별로 보면 초·중·고등학교(100.0%), 초·중학교(86.5%), 중·고등학교(82.1%) 순으로 '방과후학교'의 '분리운영' 비율이 높게 나타났다.

'특기적성교육'을 '통합운영'하는 학교는 5교(6.3%), '일부 통합운영' 학교는 8교(10.0%), '분리운영' 학교는 67교(83.8%)로 나타났다. 통합유형별로 보면 초·중학교(91.9%), 중·고등학교(76.9%), 초·중·고등학교(75.0%) 순으로 '특기적성교육'의 '분리운영' 비율이 높게 나타났다.

'창의적 체험활동'을 '통합운영'하는 학교는 5교(6.3%), '일부 통합운영' 학교는 7교(8.8%), '분리운영' 학교는 68교(85.0%)로 나타났다. 통합유형별로 보면 초·중·고등학교(100.0%), 초·중학교(89.2%), 중·고등학교(79.5%) 순으로 '창의적 체험활동'의 '분리운영' 비율이 높게 나타났다.

'봉사활동'을 '통합운영'하는 학교는 6교(7.5%), '일부 통합운영' 학교는 6교(7.5%), '분리운영' 학교는 68교(85.0%)로 나타났다. 통합유형별로 보면 초·중·고등학교(100.0%), 초·중학교(94.6%), 중·고등학교(74.4%) 순으로 '봉사활동'의 '분리운영' 비율이 높게 나타났다.

'학생생활지도'를 '통합운영'하는 학교는 8교(10.0%), '일부 통합운영' 학교는 15교(18.8%), '분리운영' 학교는 57교(71.3%)로 나타났다. 통합유형별로 보면 초·중학교(78.4%), 중·고등학교(66.7%), 초·중·고등학교(50.0%) 순으로 '학생생활지도'의 '분리운영' 비율이 높게 나타났다.

'진로지도'를 '통합운영'하는 학교는 5교(6.3%), '일부 통합운영' 학교는 7교(8.8%), '분리운영' 학교는 68교(85.0%)로 나타났다. 통합유형별로 보면 초·중·고등학교(100.0%), 초·중학교(91.9%), 중·고등학교(76.9%) 순으로 '진로지도'의 '분리운영' 비율이 높게 나타났다.

'상담활동'을 '통합운영'하는 학교는 6교(7.5%), '일부 통합운영' 학교는 7교(8.8%), '분리운영' 학교는 67교(83.8%)로 나타났다. 통합유형별로 보면 초·중·고등학교(100.0%), 초·중학교(89.2%), 중·고등학교(76.9%) 순으로 '상담'의 '분리운영' 비율이 높게 나타났다.

2) 학사 및 학교행사 관리

(1) 학사 운영

통합운영학교에서 '학사 운영' 중 학점이수제(92.5%), 집중이수제(82.5%), 무학년제(81.3%), 블록타임제(66.3%)는 '전혀 운영하지 않는' 학교가 많은 것으로 나타났다.

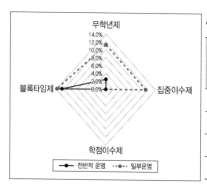

〈표 Ⅰ-17〉 학사 운영 통합 수준 (단위 : %)

구 분	전반적 운영	일부 운영	전혀 운영 않음	무응답
무학년제	2.5	11.3	81.3	5.0
집중이수제	0.0	11.3	82.5	6.3
학점이수제	0.0	0.0	92.5	7.5
블록타임제	12.5	13.8	66.3	7.5

통합운영학교에서 '무학년제'를 '전반적으로 운영'하는 학교는 2교(5.4%), '일부 운영'하는 학교는 9교(11.3%), '전혀 운영하지 않는' 학교는 65교(81.3%)로 나타났다. 통합유형별로 보면 중·고등학교(89.7%), 초·중·고등학교(75.0%), 초·중학교(73.0%) 순으로 '무학년제'를 '전혀 운영하지 않는' 것으로 나타났지만, 초·중학교 2교(5.4%)는 '무학년제'를 '전반적으로 운영'하는 것으로 나타났다.

'집중이수제'를 '전반적으로 운영'하는 학교는 없었고, '일부 운영'하는 학교는 9교(11.3%), '전혀 운영하지 않는' 학교는 66교(82.5%)로 나타났다. 통합유형별로 보면 초·중학교(83.8%), 중·고등학교(82.1%), 초·중·고등학교(75.0%) 순으로 '집중이수제'를 '전혀 운영하지 않는' 것으로 나타났다. 통합유형의 학교급이 낮을수록 '집중이수제'를 '전혀 운영하지 않는' 비율이 높은 것으로 나타났다.

통합운영학교에서 '학점이수제'를 '전반적으로 운영', '일부 운영'하는 학교는 없었고, '전혀 운영하지 않는' 학교는 74교(92.5%), '무응답(해당 없음)' 학교는 6교(7.5%)로 나타났다. 통합유형별로 보면 초·중·고등학교(100.0%), 중·고등학교(97.4%), 초·중학교(86.5%) 순으로 '학점이수제'를 '전혀 운영하지 않는' 것으로 나타났다. 통합유형의 학교급이 높을수록 '학점이수제'를 '전혀 운영하지 않는' 비율이 높은 것으로 나타났다.

'블록타임제'를 '전반적으로 운영'하는 학교는 10교(12.5%), '일부 운영'하는 학교는 11교(13.8%), '전혀 운영하지 않는' 학교는 53교(66.3%), '무응답(해당 없음)' 6교(7.5%)로 나타났다. 통합유형별로 보면 초·중학교(69.4%), 중·고등학교(69.2%), 초·중·고등학교(50.0%) 순으로 '블록타임제'를 '전혀 운영하지 않는' 것으로 나타났다.

(2) 학교행사

통합운영학교에서 '학교행사' 중 입학식(86.3%), 졸업식(86.3%), 학교축제(51.3%), 체육대회(50.0%)는 '통합운영'하는 학교가 많은 것으로 나타났지만, 체력장(75.0%), 수학여행(70.0%)은 '분리운영'하는 학교가 많은 것으로 나타났다.

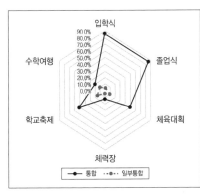

〈표 Ⅰ-18〉 학교행사 통합 수준 (단위 : %)

구 분	통합 운영	일부 통합 운영	분리 운영
입학식	86.3	3.8	10.0
졸업식	86.3	3.8	10.0
체육대회	50.0	10.0	40.0
체력장	12.5	5.0	75.0
학교축제	51.3	15.0	31.3
수학여행	20.0	10.0	70.0

통합운영학교에서 '입학식'을 '통합운영'하는 학교는 69교(86.3%), '일부 통합운영'하는 학교는 3교(3.8%), '분리운영'하는 학교는 8교(10.0%)로 나타났다. 통합유형별로 보면 초·중학교(86.5%), 중·고등학교(84.6%), 초·중·고등학교(100.0%) 순으로 '입학식'을 '통합운영'하는 것으로 나타났다.

'졸업식'을 '통합운영'하는 학교는 69교(86.3%), '일부 통합운영'하는 학교는 3교(3.8%), '분리운영'하는 학교는 8교(10.0%)로 나타났다. 통합유형별로 보면 초·중·고등학교(100.0%), 초·중학교(89.2%), 중·고등학교(82.1%) 순으로 '졸업식'을 '통합운영'하는 것으로 나타났다.

'체육대회'를 '통합운영'하는 학교는 40교(50.0%), '일부 통합운영'하는 학교는 8교(10.0%), '분리운영'하는 학교는 32교(40.0%)로 나타났다. 통합유형별로 보면 초·중·고등학교(50.0%), 초·중학교(51.4%), 중·고등학교(48.7%) 순으로 '체육대회'를 '통합운영'하는 것으로 나타났지만, 중·고등학교(46.2%), 초·중학교(35.1%), 초·중·고등학교(25.0%) 순으로 '체육대회'를 '분리운영'하는 학교도 있는 것으로 나타났다. 통합운영하는 학교의 상황에 따라 체육대회를 '통합운영'하거나 '분리운영'하는 학교의 비율이 비슷하게 나타났다.

'체력장'을 '통합운영'하는 학교는 10교(12.5%), '일부 통합운영'하는 학교는 4교(5.0%), '분리운영'하는 학교는 60교(75.0%), '무응답' 학교는 6교(7.5%)로 나타났다. 통합유형별로 보면 초·중학교(83.8%), 중·고등학교(69.2%), 초·중·고등학교(50.0%) 순으로 '체력장'을 '분리운영'하는 것으로 나타났다.

'학교축제'를 '통합운영'하는 학교는 41교(51.3%), '일부 통합운영'하는 학교는 12교(15.0%), '분리운영'하는 학교는 25교(31.1%), '무응답(해당 없음)'은 2교(2.5%)로 나타났다. 통합유형별로 보면 초·중학교(51.4%), 중·고등학교(51.3%), 초·중·고등학교(50.0%) 순으로 '학교축제'를 '통합운영'하고, 초·중·고등학교(50.0%)는 '일부 통합운영'하는 것으로 나타났으며, 중·고등학교(41.0%), 초·중학교(24.3%) 순으로 '분리운영'하는 것으로 나타났다. 통합운영하는 학교의 상황에 따라 '학교축제'를 '통합운영'하거나 '일부 통합운영', 또는 '분리운영'하는 것으로 나타났다.

'수학여행'을 '통합운영'하는 학교는 16교(20.0%), '일부 통합운영'하는 학교는 8교(10.0%), '분리운영'하는 학교는 56교(70.0%)로 나타났다. 통합유형별로 보면 초·중학교(78.4%), 초·중·고등학교(75.0%), 중·고등학교(61.5%) 순으로 '수학여행'을 '분리운영'하는 것으로 나타났다.

3) 학교 일반행정

(1) 교명 및 학교조직

'행정실(80.0%)', '교명(51.3%)'은 '통합운영' 비율이 상대적으로 높게 나타났고, '교원 업무분장(82.5%)', '교무실(78.8%)', '학교규칙 및 규정(73.8%)', '교내업무 관련 위원회(66.3%)'는 '분리운영'의 비율이 높게 나타났다.

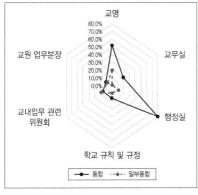

〈표 I−19〉 교명 및 학교조직의 통합 수준 (단위 : %)

구 분	통합 운영	일부 통합 운영	분리 운영
교명	51.3	20.0	28.8
교무실	20.0	1.3	78.8
행정실	80.0	12.5	7.5
학교규칙 및 규정	16.3	10.0	73.8
교내업무 관련 위원회	15.0	17.5	66.3
교원 업무분장	10.0	7.5	82.5

'교명의 통합운영 수준'은 예를 들면, 하늘초·중학교의 경우 '통합', 하늘초등학교, 하늘중학교는 '일부 통합', 하늘초, 구름중학교는 '미통합'으로 구분하였다. 교명을 '통합운영'하는 학교는 41교(51.3%), '일부 통합운영' 학교는 16교(20.0%), '분리운영' 학교는 23교(28.8%)로 나타났다. 통합유형별로 보면 초·중·고등학교(100.0%)는 초·중학교(48.6%)와 중·고등학교(48.7%)보다 '교명'의 '통합운영' 비율이 높게 나타났다.

'교무실'을 '통합운영'하는 학교는 16교(20.0%), '일부 통합운영' 학교는 1교(1.3%), '분리운영' 학교는 63교(78.8%)로 나타났다. 통합유형별로 보면 초·중학교(86.5%), 초·중·고등학교(75.0%), 중·고등학교(71.8%) 순으로 '교무실'의 '분리운영' 비율이 높게 나타났다.

'행정실'을 '통합운영'하는 학교는 64교(80.0%), '일부 통합운영' 학교는 10교(12.5%), '분리운영' 학교는 6교(7.5%)로 나타났다. 통합유형별로 보면 초·중·고등학교(100.0%), 중·고등학교(84.6%), 초·중학교(73.0%) 순으로 '행정실'의 '통합운영' 비율이 높게 나타났다.

'학교규칙 및 규정'을 '통합운영'하는 학교는 13교(16.3%), '일부 통합운영' 학교는 8교(10.0%), '분리운영' 학교는 59교(73.8%)로 나타났다. 통합유형별로 보면 초·중학교(78.4%), 초·중·고등학교(75.0%), 중·고등학교(69.2%) 순으로 '학교규칙 및 규정'의 '분리운영' 비율이 높게 나타났다.

'교내업무 관련 위원회(예 인사자문위원회, 학교폭력자치위원회 등)'를 '통합운영'하는 학교는 12교(15.0%), '일부 통합운영' 학교는 14교(17.5%), '분리운영' 학교는 53교(66.3%)로 나타났다. 통합유형별로 보면 초·중·고등학교(100.0%), 초·중학교(64.9%), 중·고등학교(64.1%) 순으로 '교내업무 관련 위원회'의 '분리운영' 비율이 높게 나타났다.

'교원 업무분장'을 '통합운영'하는 학교는 8교(10.0%), '일부 통합운영' 학교는 6교(7.5%), '분리운영' 학교는 66교(82.5%)로 나타났다. 통합유형별로 보면 초·중·고등학교(100.0%), 초·중학교(89.2%), 중·고등학교(74.4%) 순으로 '교원 업무분장'의 '분리운영' 비율이 높게 나타났다.

(2) 위원회 구성

통합운영학교에서 '위원회 구성' 중 '학교운영위원회(83.8%)'는 '통합운영' 비율이 높게 나타났지만, '학생회(83.8%)', '학부모회(62.5%)'는 '분리운영' 비율이 높게 나타났다.

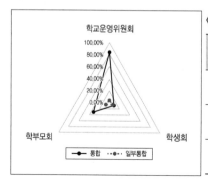

〈표 Ⅰ-20〉 위원회 구성 통합 수준 (단위 : %)

구 분	통합운영	일부 통합운영	분리운영
학교운영위원회	83.8	3.8	12.5
학생회	8.8	7.5	83.8
학부모회	31.3	6.3	62.5

통합운영학교에서 '학교운영위원회'를 '통합운영'하는 학교는 67교(83.3%), '일부 통합운영' 학교는 3교(3.8%), '분리운영' 학교는 10교(12.5%)로 나타났다. 통합유형별로 보면 초·중·고등학교(100.0%), 중·고등학교(89.7%), 초·중학교(75.7%) 순으로 '학교운영위원회'의 '통합운영' 비율이 높게 나타났다. 통합유형의 학교급이 올라갈수록 '학교운영위원회'의 '통합운영' 비율이 높게 나타났다.

'학생회 운영'을 '통합운영'하는 학교는 7교(8.8%), '일부 통합운영' 학교는 6교(7.5%), '분리운영' 학교는 67교(83.8%)로 나타났다. 통합유형별로 보면 초·중·고등학교(100.0%), 초·중학교(86.5%), 중·고등학교(79.5%) 순으로 '학생회 운영'의

'분리운영' 비율이 높게 나타났다.

'학부모회 운영'을 '통합운영'하는 학교는 25교(313%), '일부 통합운영' 학교는 5교(6.3%), '분리운영' 학교는 50교(62.5%)로 나타났다. 통합유형별로 보면 초·중학교(67.6%), 중·고등학교(61.5%), 초·중·고등학교(25.0%) 순으로 '학부모회 운영'의 '분리운영' 비율이 높게 나타났으며, 초·중·고등학교(50.0%), 중·고등학교(30.8%), 초·중학교(29.7%) 순으로 '통합운영' 비율이 높게 나타났다. 통합유형의 학교급이 올라갈수록 '학부모회 운영'의 '통합운영' 비율이 높게 나타났다.

(3) 교육청 장학활동

'교육청의 장학활동' 중 '종합감사(33.8%)'는 '통합운영' 비율이 상대적으로 높게 나타났고, '학교평가(81.3%)', '장학지도(78.8%)', '학교컨설팅(75.0%)'은 '분리운영' 비율이 높게 나타났다.

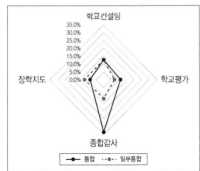

〈표 Ⅰ-21〉 교육청 장학활동 통합 수준 (단위 : %)

구 분	통합 운영	일부 통합 운영	분리 운영
학교컨설팅	12.5	12.5	75.0
학교평가	11.3	7.5	81.3
종합감사	33.8	12.5	52.5
장학지도	8.8	12.5	78.8

통합운영학교에서 '학교컨설팅'을 '통합운영'하는 학교는 10교(12.5%), '일부 통합운영' 학교는 10교(12.5%), '분리운영' 학교는 60교(75.0%)로 나타났다. 통합유형별로 보면 초·중학교(81.1%), 초·중·고등학교(75.0%), 중·고등학교(69.2%) 순으로 '학교컨설팅'의 '분리운영' 비율이 높게 나타났다.

'학교평가'를 '통합운영'하는 학교는 9교(11.3%), '일부 통합운영' 학교는 6교(7.5%), '분리운영' 학교는 65교(81.3%)로 나타났다. 통합유형별로 보면 초·중·고등학교(100.0%), 초·중학교(83.8%), 중·고등학교(76.9%) 순으로 '학교평가'의 '분리운영' 비율이 높게 나타났다.

'종합감사'를 '통합운영'하는 학교는 27교(33.8%), '일부 통합운영' 학교는 10교(12.5%), '분리운영' 학교는 42교(52.5%)로 나타났다. 통합유형별로 보면 초·중학교(59.5%), 초·중·고등학교(50.0%), 중·고등학교(46.2%) 순으로 '종합감사'의 '분리운영' 비율이 높게 나타났으며, 초·중·고등학교(50.0%), 중·고등학교(48.7%) 순으로 '종합감사'의 '통합운영' 비율이 높게 나타났다. 중·고등학교와 초·중·고등학교에서 '종합감사'는 '통합운영'과 '분리운영'의 비율이 비슷하게 나타났다.

'장학지도'를 '통합운영'하는 학교는 7교(8.8%), '일부 통합운영' 학교는 10교(12.5%), '분리운영' 학교는 63교(78.8%)로 나타났다. 통합유형별로 보면 초·중학교(89.2%), 중·고등학교(71.8%), 초·중·고등학교(50.0%) 순으로 '장학지도'의 '분리운영' 비율이 높게 나타났으며, 초·중·고등학교에서 '일부 통합운영' 비율이 50.0%로 나타났다.

4) 사무 및 시설 관리

(1) 행정사무

통합운영학교의 '행정사무' 중 '홈페이지(38.8%)', '홍보자료(27.5%)'는 '통합운영' 비율이 상대적으로 높게 나타났고, '정보공시(93.8%)', '전자문서시스템(92.5%)', '예산편성(86.3%)', '예산집행(87.5%)', '공문서(83.8%)', '가정통신문(68.8%)'은 '분리운영' 비율이 높게 나타났다.

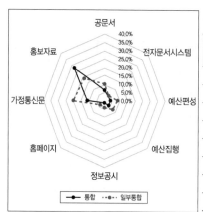

〈표 Ⅰ-22〉 행정사무 통합 수준
(단위 : %)

구 분	통합 운영	일부 통합 운영	분리 운영
공문서	6.3	10.0	83.8
전자문서시스템	3.8	3.8	92.5
예산편성	3.8	8.8	86.3
예산집행	3.8	7.5	87.5
정보공시	1.3	3.8	93.8
홈페이지	38.8	3.8	57.5
가정통신문	11.3	20.0	68.8
홍보자료	27.5	18.8	53.8

통합운영학교에서 '공문서'를 '통합운영'하는 학교는 5교(6.3%), '일부 통합운영' 학교는 8교(10.0%), '분리운영' 학교는 67교(83.3%)로 나타났다. 통합유형별로 보면 초·중·고등학교(100.0%), 초·중학교(86.5%), 중·고등학교(79.5%) 순으로 '공문서'의 '분리운영' 비율이 높게 나타났다.

'전자문서시스템'을 '통합운영'하는 학교는 3교(3.8%), '일부 통합운영' 학교는 3교(3.8%), '분리운영' 학교는 74교(92.5%)로 나타났다. 통합유형별로 보면 초·중·고등학교(100.0%), 초·중학교(94.6%), 중·고등학교(89.7%) 순으로 '전자문서시스템'의 '분리운영' 비율이 높게 나타났다.

'예산편성'을 '통합운영'하는 학교는 3교(3.8%), '일부 통합운영' 학교는 7교(8.8%), '분리운영' 학교는 69교(86.3%)로 나타났다. 통합유형별로 보면 초·중학교(83.8%), 중·고등학교(89.7%), 초·중·고등학교(75.0%) 순으로 '예산편성'의 '분리운영' 비율이 높게 나타났다.

'예산집행(회계관리)'을 '통합운영'하는 학교는 3교(3.8%), '일부 통합운영' 학교는 6교(7.5%), '분리운영' 학교는 70교(87.5%)로 나타났다. 통합유형별로 보면 중·고등학교(89.7%), 초·중학교(86.5%), 초·중·고등학교(75.0%) 순으로 '예산집행(회계관리)'의 '분리운영' 비율이 높게 나타났다.

'정보공시'를 '통합운영'하는 학교는 1교(1.4%), '일부 통합운영' 학교는 3교(3.8%), '분리운영' 학교는 75교(93.8%)로 나타났다. 통합유형별로 보면 초·중·고등학교(100.0%), 초·중학교(94.6%), 중·고등학교(92.3%) 순으로 '정보공시'의 '분리운영' 비율이 높게 나타났다.

'홈페이지 운영'을 '통합운영'하는 학교는 31교(38.8%), '일부 통합운영' 학교는 3교(3.8%), '분리운영' 학교는 46교(57.5%)로 나타났다. 통합유형별로 보면 초·중·고등학교(75.0%), 중·고등학교(43.6%) 순으로 '홈페이지 운영'의 '통합운영' 비율이 높게 나타났으며, 초·중학교(64.9%), 중·고등학교(53.8%) 순으로 '홈페이지 운영'의 '분리운영' 비율이 높게 나타났다. 통합유형의 학교급이 올라갈수록 '홈페이지 운영'의 '통합운영' 비율이 높게 나타났다.

'가정통신문'을 '통합운영'하는 학교는 9교(11.3%), '일부 통합운영' 학교는 16교(20.0%), '분리운영' 학교는 55교(68.8%)로 나타났다. 통합유형별로 보면 중·고등학교(71.8%), 초·중학교(67.6%), 초·중·고등학교(50.0%) 순으로 '가정통신문'의 '분리운영' 비율이 높게 나타났으며, 초·중·고등학교에서 '일부 통합운영' 비율이 50.0%로 나타났다.

'홍보자료(교지, 신문 등)'를 '통합운영'하는 학교는 22교(27.5%), '일부 통합운영' 학교는 15교(18.8%), '분리운영' 학교는 43교(53.8%)로 나타났다. 통합유형별로 보면 초·중학교(56.8%), 중·고등학교(53.8%) 순으로 '홍보자료(교지, 신문 등)'의 '분리운영' 비율이 높게 나타났으며, 초·중·고등학교(50.0%), 초·중학교(29.7%) 순으로 '일부 통합운영', 중·고등학교(41.0%), 초·중·고등학교(25.0%) 순으로 '통합운영' 비율이 높게 나타났다.

(2) 업무 지원인력 활용

통합운영학교에서 '업무 실무사' 중 교원업무 실무사(63.8%)는 '분리운영'하는 학교가 많았지만, 기타업무 실무사는 학교의 상황에 따라 '통합운영', '일부 통합운영', '분리운영'하는 것으로 나타났다.

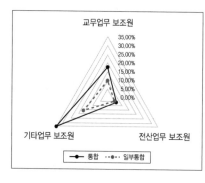

〈표 Ⅰ-23〉 업무보조원 통합 수준

(단위 : %)

구 분	통합운영	일부통합운영	분리운영	무응답
교무업무 실무사	17.5	10.0	63.8	8.8
전산업무 실무사	6.3	5.0	33.8	55.0
기타업무 실무사	35.0	16.3	28.8	20.0

통합운영학교에서 '교무업무 실무사'를 '통합운영'하는 학교는 14교(17.5%), '일부 통합운영' 학교는 8교(10.0%), '분리운영' 학교는 51교(63.8%)로 나타났다. 통합유형별로 보면 초·중학교(70.3%), 중·고등학교(59.9%), 초·중·고등학교(50.0%) 순으로 '교무업무 실무사'의 '분리운영' 비율이 높게 나타났다.

'전산업무 실무사'를 '통합운영'하는 학교는 5교(6.3%), '일부 통합운영' 학교는

4교(5.0%), '분리운영' 학교는 27교(33.8%), '무응답' 44교(55.0%)로 나타났다. '무응답'은 '해당 없음' 응답이 많았다. 통합유형별로 보면 중·고등학교(41.0%), 초·중학교(27.0%), 초·중·고등학교(25.0%) 순으로 '분리운영' 비율이 높게 나타났다. '전산업무 실무사'의 경우 초·중·고등학교(75.0%), 초·중학교(56.8%), 중·고등학교(51.3%) 순으로 '해당 없음' 비율이 높게 나타났다.

'기타업무 실무사(도서실, 과학실, 급식, 운전 등)'를 '통합운영'하는 학교는 28교(35.0%), '일부 통합운영' 학교는 13교(16.3%), '분리운영' 학교는 23교(28.8%), '무응답' 16교(20.0%)로 나타났다. '무응답'은 '해당 없음'이 많았다. 통합유형별로 보면 초·중·고등학교(50.0%), 초·중학교(37.8%), 중·고등학교(30.8%) 순으로 '통합운영'을 하고, 초·중학교(29.7%), 초·중·고등학교(25.0%) 순으로 '일부 통합운영'을 하고 있으며, 중·고등학교(35.9%), 초·중학교(24.3%) 순으로 '분리운영'하는 것으로 나타났다. '기타업무 실무사'는 통합유형별 모든 학교급에서 학교의 상황에 따라 '통합운영', '일부 통합운영', '분리운영'이 다양하게 나타났다.

(3) 교육시설 및 설비 관리

통합운영학교에서 '교육시설 및 설비' 중 급식실(88.8%), 운동장(75.0%), 체육관(73.8%), 강당(67.5%), 기숙사(62.5%)는 '통합운영'하는 학교가 많았지만, 교과교실(72.5%), 과학실(68.8%), 방송실(58.8%), 교구 및 교육기자재(56.3%), 가사실(48.8%), 미술실(48.8%)은 '분리운영'하는 학교가 많은 것으로 나타났다.

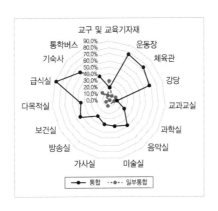

〈표 Ⅰ-24〉 교육시설 및 설비의 통합 수준

(단위 : %)

구 분	통합운영	일부 통합운영	분리운영	구 분	통합운영	일부 통합운영	분리운영
교구 및 교육기자재	16.3	27.5	56.3	가사실	38.8	8.8	48.8
운동장	75.0	5.0	20.0	방송실	31.3	3.8	58.8
체육관	73.8	7.5	6.3	보건실	53.8	5.0	37.5
강당	67.5	8.8	10.0	다목적실	45.0	3.8	36.3
교과교실	12.5	8.8	72.5	급식실	88.8	1.3	8.8
과학실	27.5	3.8	68.8	기숙사	62.5	15.0	22.5
음악실	48.8	1.3	47.5	통학버스	37.5	6.3	21.3
미술실	41.3	5.0	48.8	-	-	-	-

통합운영학교에서 '교구 및 교육기자재'를 '통합운영'하는 학교는 13교(16.3%), '일부 통합운영'하는 학교는 22교(27.5%), '분리운영'하는 학교는 45교(56.3%)로 나타났다. 통합유형별로 보면 초·중학교(59.5%), 중·고등학교(56.4%) 순으로 '교구 및 교육기자재'를 '분리운영'하는 것으로 나타났으며, 초·중·고등학교(75.0%), 초·중학교(32.4%) 순으로 '교구 및 교육기자재'를 '일부 통합운영'하는 것으로 나타났다. '통합운영'하는 학교급의 학교상황에 따라 '교구 및 교육기자재'를 '분리운영'하거나 '일부 통합운영'하는 것으로 나타났다.

'운동장'을 '통합운영'하는 학교는 60교(75.0%), '일부 통합운영'하는 학교는 4교(5.0%), '분리운영'하는 학교는 16교(20.0%)로 나타났다. 통합유형별로 보면 중·고등학교(87.2%), 초·중·고등학교(75.0%), 초·중학교(62.2%) 순으로 '운동장'을 '통합운영'하는 것으로 나타났다.

'강당'을 '통합운영'하는 학교는 54교(67.5%), '일부 통합운영'하는 학교는 7교(8.8%), '분리운영'하는 학교는 8교(10.0%)로 나타났다. 통합유형별로 보면 중·고등학교(74.4%), 초·중학교(62.2%), 초·중·고등학교(50.0%) 순으로 '강당'을 '통합운영'하는 것으로 나타났다.

'교과교실(영어, 수학 등)'을 '통합운영'하는 학교는 10교(12.5%), '일부 통합운영'하는 학교는 7교(8.8%), '분리운영'하는 학교는 58교(72.5%)로 나타났다. 통합유형별로 보면 초·중학교(78.4%), 초·중·고등학교(75.0%), 중·고등학교(66.7%)

순으로 '교과교실(영어, 수학 등)'을 '분리운영'하는 것으로 나타났다.

'과학실'을 '통합운영'하는 학교는 22교(27.5%), '일부 통합운영'하는 학교는 3교(3.8%), '분리운영'하는 학교는 55교(68.8%)로 나타났다. 통합유형별로 보면 초·중학교(75.7%), 초·중·고등학교(75.0%), 중·고등학교(61.5%) 순으로 '과학실'을 '분리운영'하는 것으로 나타났으며, 중·고등학교(35.9%), 초·중학교(21.6%) 순으로 '과학실'을 '통합운영'하는 것으로 나타났다. '통합운영'하는 학교급의 학교상황에 따라 '과학실'을 '분리운영'하거나 '통합운영'하는 것으로 나타났다.

'음악실'을 '통합운영'하는 학교는 39교(48.8%), '일부 통합운영'하는 학교는 1교(1.3%), '분리운영'하는 학교는 38교(47.5%)로 나타났다. 통합유형별로 보면 초·중·고등학교(75.0%), 초·중학교(62.2%) 순으로 '음악실'을 '분리운영'하는 것으로 나타났으며, 중·고등학교(69.2%), 초·중학교(32.4%) 순으로 '음악실'을 '통합운영'하는 것으로 나타났다. '통합운영'하는 학교급의 학교상황에 따라 '음악실'을 '통합운영'하거나 '분리운영'하는 것으로 나타났다.

'미술실'을 '통합운영'하는 학교는 33교(41.3%), '일부 통합운영'하는 학교는 5교(5.0%), '분리운영'하는 학교는 39교(48.8%)로 나타났다. 통합유형별로 보면 초·중·고등학교(75.0%), 초·중학교(67.6%) 순으로 '미술실'을 '분리운영'하는 것으로 나타났으며, 중·고등학교(69.2%)는 '미술실'을 '통합운영'하는 학교가 많은 것으로 나타났다. 학교급의 학교상황에 따라 '미술실'을 '통합운영'하거나 '분리운영'하는 것으로 나타났다.

'가사실'을 '통합운영'하는 학교는 31교(38.8%), '일부 통합운영'하는 학교는 7교(8.8%), '분리운영'하는 학교는 39교(48.8%)로 나타났다. 통합유형별로 보면 초·중학교(70.3%), 초·중·고등학교(50.0%) 순으로 '가사실'을 '분리운영'하는 것으로 나타났으며, 중·고등학교(61.5%)는 '가사실'을 '통합운영'하는 학교가 많은 것으로 나타났다. 학교급의 학교상황에 따라 '가사실'을 '통합운영'하거나 '분리운영'하는 것으로 나타났다.

'방송실'을 '통합운영'하는 학교는 25교(31.3%), '일부 통합운영'하는 학교는 3교(3.8%), '분리운영'하는 학교는 47교(58.8%)로 나타났다. 통합유형별로 보면 초·중·고등학교(75.0%), 중·고등학교(64.1%), 초·중학교(51.4%) 순으로 '방송실'을

'분리운영'하는 것으로 나타났으며, 초·중학교(35.1%), 중·고등학교(30.8%) 순으로 '방송실'을 '통합운영'하는 것으로 나타났다. 통합유형의 학교급이 올라갈수록 '방송실'의 '분리운영' 비율이 높아졌고, 통합운영학교의 상황에 따라 '방송실'을 '통합운영'하거나 '분리운영'하는 것으로 나타났다.

　'보건실'을 '통합운영'하는 학교는 43교(53.8%), '일부 통합운영' 하는 학교는 4교(5.0%), '분리운영'하는 학교는 30교(37.5%)로 나타났다. 통합유형별로 보면 초·중학교(59.5%), 초·중·고등학교(50.0%), 중·고등학교(48.7%) 순으로 '보건실'을 '통합운영', 초·중·고등학교(50.0%)는 '일부 통합운영'하는 것으로 나타났으며, 중·고등학교(46.2%), 초·중학교(32.4%) 순으로 '보건실'을 '통합운영'하는 것으로 나타났다.

　'다목적실'을 '통합운영'하는 학교는 36교(45.0%), '일부 통합운영'하는 학교는 3교(3.8%), '분리운영'하는 학교는 29교(36.3%), '무응답(해당 없음)' 학교는 12교(15.0%)로 나타났다. 통합유형별로 보면 초·중·고등학교(75.0%), 중·고등학교(51.3%), 초·중학교(35.1%) 순으로 '다목적실'을 '통합운영'하는 것으로 나타났으며, 초·중학교(43.2%), 중·고등학교(30.8%), 초·중·고등학교(25.0%) 순으로 '다목적실'을 '분리운영'하는 것으로 나타났다. 통합유형의 학교급이 올라갈수록 '다목적실'을 '통합운영'하는 비율이 높아지는 것으로 나타났다.

　'급식실'을 '통합운영'하는 학교는 71교(88.8%), '일부 통합운영'하는 학교는 1교(1.3%), '분리운영'하는 학교는 7교(8.8%)로 나타났다. 통합유형별로 보면 초·중학교(81.1%), 중·고등학교(94.9%), 초·중·고등학교(100.0%) 순으로 '급식실'을 '통합운영'하는 것으로 나타났다. 통합유형의 학교급이 올라갈수록 '급식실'을 '통합운영'하는 비율이 높아지는 것으로 나타났다.

　'기숙사'를 '통합운영'하는 학교는 50교(62.5%), '일부 통합운영'하는 학교는 12교(15.0%), '분리운영'하는 학교는 18교(22.5%)로 나타났다. 통합유형별로 보면 초·중학교(89.2%), 초·중·고등학교(75.0%), 중·고등학교(35.9%) 순으로 '기숙사'를 '통합운영'하는 것으로 나타났으며, 중·고등학교(38.5%), 초·중·고등학교(25.0%) 순으로 '기숙사'를 '분리운영'하는 것으로 나타났다.

　'통학버스'를 '통합운영'하는 학교는 30교(37.5%), '일부 통합운영'하는 학교는

5교(6.3%), '분리운영'하는 학교는 17교(21.3%), '무응답(해당 없음)'은 28교(35.0%)로 나타났다. 통합유형별로 보면 초·중·고등학교(75.0%), 초·중학교(54.1%), 중·고등학교(17.9%) 순으로 '통학버스'를 '통합운영'하는 것으로 나타났으며, 초·중학교(24.3%), 초·중·고등학교(25.0%) 순으로 '분리운영', 중·고등학교(64.1%)는 '무응답(해당 없음)' 학교가 많은 것으로 나타났다. '통학버스' 운영은 통합운영학교의 상황에 따라 '통합운영' 혹은 '분리운영'하는 것으로 나타났다.

5) 요약

다수(80% 이상)의 학교에서 학교급 간에 높은 통합운영 수준을 나타낸 영역은 행정실, 위원회 구성(학교운영위원회), 일부 학사관리(입학식, 졸업식), 극히 일부 시설활용(급식실) 등인 것으로 나타났다. 교육과정 운영에서는 비교과교육 활동을 포함해서 '분리운영' 비율이 높게 나타났다. 통합유형별로 영역별 통합운영 수준의 차이를 확인할 수 있었다. 통합유형별 학교규모의 차이가 통합운영 수준에 영향을 미치는 것으로 추정할 수 있다. 법령에서 정하고 있는 시설·설비와 교원의 통합운영은 병설학교에 비해서 다소 높은 수준이지만, 전반적으로 매우 초보적인 수준이라고 평가할 수 있다.

2. 학교급 간의 통합운영 사례

1) 학교급 간의 교육과정 연계

통합운영학교에서 창의적 체험활동, 방과후학교 등의 교육과정을 통합하고 각종 행사를 공동운영함으로써 효과적인 교육활동을 구성하고 학교급 간 계열성 확보가 가능하여 교육의 질을 제고시킬 수 있다(임연기 외, 2012).

우리나라의 학교 교육과정은 교과(군)와 창의적 체험활동으로 편성되며, 창의적 체험활동은 자율특색활동, 동아리활동, 봉사활동, 진로활동으로 이루어진다(교육부, 2015). 통합운영은 초등학교-중학교, 중학교-고등학교, 혹은 초-중-고등학교 간 연계하여 이루어질 수 있다. 이러한 통합운영으로 다른 학교급 간에 이루어질 수 있는 연계의 영역은 교과 내, 교과 간, 창의적 체험활동(자율활동, 동아리활동, 봉사활동, 진로활동) 간, 방과후학교 간 등으로 이루어질 수 있다. 또한 교과와 비교과를 연계한 활동을 학교급 간 연계시킬 수 있다. 중학교의 경우 자유학기제를 운영하여 학생들이 자신의 적성과 미래에 대해 탐색하고 학습의 즐거움을 경험하여 스스로 공부하는 자기주도적 학습 능력과 태도를 기르도록 하고 있는데(교육부, 2015), 이러한 자유학기제를 중학교를 중심으로 학교급 간 연계 가능한 교육과정을 설계할 수 있다.

한편, 통합운영학교의 연계 프로그램은 학생집단을 통합 구성하여 활용할 수 있다. 이를 위해 학년군제/무학년제, 집중이수제, 학점이수제, 블록타임제 등을 활용할 수 있다. 통합운영학교에서 이루어지는 교육과정 연계 활동 사례들을 살펴보고자 한다.

(1) 창의적 체험활동 연계

구림초·중학교(전북 순창)는 창의적 체험활동을 연계하여 통합운영한다. 이러한 활동은 초·중학생을 통합하여 무학년으로 이루어진다. 구림초·중학교의 통합운영 프로그램은 다음과 같다(교육부·한국농촌교육연구센터, 2013 : 80~87 참조).

〈표 Ⅰ-25〉 구림초·중학교의 통합운영 프로그램

연계 학교급	초 ~ 중		
연계 영역	창의적 체험활동(자율활동, 동아리활동, 봉사활동, 진로활동)		
대상 학년	초·중학생 통합 무학년		
영 역	행 사		내 용
소통과 공감 (자율활동)	한지붕 두가족 독서행사 (함께 나누는 도서 기증하기)		배려의 인성을 기르기 위해 중학교 선배가 초등학교 후배에게 도서를 기증하여 학급문고를 수집·비치하고, 사전에 기증 안내장을 발송한다. 아침독서 시간을 이용하여 학급별 독서 릴레이 행사를 실시한다. 초등학교 4~6학년과 중학교 학생들은 독서 토론 수업에 알맞은 주제를 선정하여 진행한다.
	과학 STEAM 페스티벌		다양한 과학 행사에 참여 기회를 제공하여 과학 체험·연구 활동을 경험하고, 과학기술에 대한 학생들의 이해와 지식 수준을 높일 수 있도록 한다.

영 역	행 사	내 용
개성과 소질 (동아리활동, 진로활동)	구림 통합축제	초·중 통합축제에서 종합적 표현 기회와 개성과 소질을 성장시키며, 정서함양 및 창의적 사고력을 신장시켜 특기와 재능을 계발하고, 타인을 위해 재능을 나눌 수 있는 기회를 갖는다. {표}
	한여름밤의 음악회	연 1회 통합 음악회에서 동아리활동을 통한 본인의 연습 정도를 알리면서 자신의 연주력을 좀 더 키울 수 있는 계기를 마련한다. 자기가 가지고 있는 음악적 재능을 평소 개인 연습과 레슨을 실시하여 갈고 닦아 합주연습에서 다른 사람과의 음악적 소통 및 음악을 통한 하모니(조화) 정신을 배운다.
	초·중 통합 체육대회	건강한 몸과 마음을 기르기 위해 다양한 신체활동 프로그램으로 구성된 통합 체육대회를 개최한다.
나눔과 배려 (봉사활동, 진로활동)	장애 이해교육 행사 및 봉사	장애인의 날 기념행사에서 장애에 대한 이해와 관심을 불러일으켜 나눔과 배려의 의미를 알고 실천하려는 의지를 기르도록 한다.
	진로탐색을 통한 진로축제 졸업식	진로주간을 운영하여 학생들이 자신의 소질과 적성을 탐색하고 꿈을 이루기 위한 구체적인 계획을 세우도록 한다.
	미래를 꿈꾸는 입학식	입학식에서 신입생이 학교생활을 계획하는 기회가 되도록 한다.

위 "구림 통합축제" 칸 안의 내용 표:

구 분	내 용
초	학년별 학예발표회
초·중	통합 학예발표회
초	각 학급의 독서 관련 전시 마당
초·중	시화/가족 친구 사진, 나의 모습 그림책 전시 마당
초·중	뚝딱뚝딱 공예품 전시 마당

[출처] 교육부·한국농촌교육연구센터(2013). pp.80~87. 재구성.

(2) 교과/창의적 체험활동/학생활동/특색사업 연계

한산초·중학교(경남 통영)는 교과, 창의적 체험활동, 방과후학교, 특색사업 등을 연계하여 지도한다. 특히 교과에서 겸임교사제를 활용하여 초·중 교사의 교류가 이루어지도록 한다. 한산초등학교의 교사들은 예체능 교과 지도 시 학생들의 기능 및 표현력 향상에 대한 부담감을 많이 느끼며, 한산중학교의 교사들은 체육, 음악, 미술, 과학, 영어 등의 영역에서 다양한 특기를 가지고 있다. 이러한 상황 때문에 중학교 교사가 초등학교 수업을 지원하는 겸임교사제를 통해 영어, 수학, 미술, 음악 교과를 중심으로 교사 교류를 실시한다. 또한 중학교의 부진아 지도 수업은 초등교사가 지원하기도 한다. 한산초·중학교의 초·중 통합 교육과정의 효과적 운영을 위한 편성 내용은 다음과 같다(교육부·한국농촌교육연구센터, 2013 : 165 참조).

〈표 Ⅰ-26〉한산초·중학교의 초·중 통합교육과정

구 분	내 용	대 상	시 기	비 고
교과	영어, 수학, 미술, 음악과 겸임교사 지원	5~6학년	연중	중등겸임 교사제
	초등교사의 중등 부진아 지도 수업 지원	중 1~2학년	연중	
창의적 체험활동	초·중 통합 행사 활동 운영	1~9학년	연중	
	자율, 동아리, 봉사, 진로활동 통합(수요일)	1~9학년	연중	
학생활동	초·중 통합 방과후학교 운영	1~9학년	연중	
	초·중 통합 학생 인성지도 실시	1~9학년	연중	
	초·중 통합 진로지도 실시 (한산섬꿈키움 기록장-'일구의 꿈')	1~9학년	연중	
'특색사업' 통합운영	초·중 통합교육과정의 효율적 현장 적용 다양한 체험활동을 통한 이충무공 정신 계승	1~9학년	연중	

[출처] 교육부·한국농촌교육연구센터(2013). p.165. 재구성.

(3) 교과/창의적 체험활동/방과후학교/토요프로그램/지역 사회 연계

신산초·중학교(제주 서귀포)는 1인 1악기 연주, 미술교육, 체력키우기를 중점으로 통합 프로그램을 운영한다. 음악시간이나 방과후학교를 활용하여 1인 1악기 연주를 강조하고, 미술시간이나 방과후학교를 활용하여 학생이 다양한 미술활동을 경험하게 하며, 체육시간이나 점심시간, 방과후학교를 활용하여 건강한 체력을 기르도록 하는 데 중점을 둔다. 또한 지역사회기관인 신산문화의 집과 연계하여 학생들이 프로그램을 경험하고 건전한 여가생활을 즐길 수 있도록 한다. 신산초·중학교에서는 다음과 같은 프로그램을 운영하였다.

〈표 Ⅰ-27〉신산초·중학교의 통합교육과정

연계 학교급	초~중
연계 영역	교과(음악, 미술, 체육) / 창의적 체험활동 / 방과후학교 / 토요프로그램 / 지역 사회
대상 학년	초·중학생 통합 무학년

- 1인 1재능 함양 프로그램
  중등 음악교사는 초등 수업지원을 하고, 외부강사를 활용하여 방과후 플루트와 바이올린 교실을 운영한다.
- 미술교육
  초등교사는 중학교 미술 수업지원을 하고, 외부강사를 초빙하여 회화, 조소, 디자인, 서예 등 미술과 전 영역을 고루 지도한다.
- 배드민턴 교실
  ▸ 중학교 체육 선생님과 함께 하는 배드민턴 교실을 주 1회 운영한다.
  ▸ 배드민턴을 토요프로그램으로 운영하여 주말에도 체력을 향상 시킬 수 있는 기회를 제공한다.
- 지역 사회 연계 프로그램
  신산문화의 집과 학교를 연계하여 창의적 체험활동, 방과후, 토·일요일, 방학 등에 신산문화의 집의 강좌에 참여함으로써 건전한 여가를 즐길 수 있도록 한다. 강좌의 분야는 문화예술, 교양예술, 환경의식, 자기함양, 스포츠활동 등으로 이루어져 있으며, 각 분야의 강좌를 예시하면 다음과 같다.

분 야	프로그램	활동내용	운영 시간	대 상
문화예술	가슴을 울려라	다양한 난타기법을 배우면서 음악의 즐거움을 느끼고 소통하는 자리 마련	• 토요일 • 20회 60시간	초·중생 10명
교양예술	영화산책길	좋은 영화 감상 후 감상문 쓰기를 실시하여 사고력과 창의력 키우기	매주 토요일	초·중생 100명
환경의식	우리마을 바다	바다오염에 대한 올바른 이해를 바탕으로 친환경적 생활양식을 생활화하고 실천할 수 있는 교육의 장 마련	• 토요일 • 1회 4시간	초·중생 45명
자기함양	미래의 나 (직업체험활동)	• 화훼양묘장에서 하는 일 알기 • 묘종 심기 • 제주 직업진로 박람회에서 다양한 직업 탐색 및 체험하기	• 토요일 • 4회 16시간	초·중생 80명
스포츠활동	방송댄스	여가생활의 만족도를 높이고 공연을 통해 자신감과 성취감 고취	매주 토요일 (3월 ~ 12월)	초·중생 15명

[출처] 임연기 외(2013c). pp.54~57. 재구성.

2) 학교급 간의 교육공동체 문화 조성

유치초·중학교(전남 장흥) 사례를 중심으로 초등학교와 중학교의 공동체적 운영을 위한 다각적인 노력을 살펴보고자 한다(박효숙, 2018 : 120~122 참조).

(1) 교직원회의 정례화

초등·중등 교원 간의 원활한 의사소통을 위해 교직원 모임을 정례화하고 있다. 교직원 모임은 월 1회(매월 마지막 주 목요일 7, 8교시) 실시한다. 이때는 학교

구성원 모두가 모여 학교 현안에 대해 논의한다.

　2018년 9월에 진행한 순서는 다음과 같다. 개회, 학교장 이야기, 다음 달 월중 계획 공유, 검토 및 수정, 1박 2일 워크숍 제안서[일시 : 11. 2.(금) ~ 11. 3.(토) / 장소 : ① 경남 남해, ② 전북 무주, ③ 전북 순창 / 예산 편성 및 운영계획 등] 설명 후 투표 실시, 체육행사 용품 구입 예산(초등 100, 중등 50) 사용 문제 협의, 향후 친목회 운영 계획 발표(야유회, 수요일 친목행사, 상품준비, 예산사용계획 등), 학교문집, 학교축제 준비, 10월 월례회의 안건 발표[학교 축제(12월) 때 교직원의 참여방법, 1박 2일 워크숍 세부일정], 건의사항, 폐회

- 5인회의 : 매주 1회, 화요일(교장, 교감, 행정실장, 초 교무부장, 중 교무부장)
- 월례회의 : 매월 1회, 마지막 주 목요일(유·초·중 교직원)
- 학교급별회의 : 매월 2회, 1주와 3주 목요일(유·초 교원/중 교원)
- 임시회의 : 긴급한 회의 안건
- 업무담당자회의 : 초·중 동일 업무담당자 간 수시 접촉

(2) 통합 학생자치 활성화

- 초 : 매월 1회 전체 정기모임
- 중 : 매주 1회 전체 정기모임, 학생회의실에서 수시모임
- 초·중다모임
  ‣ 2017년까지는 초등학교 3학년 이상, 2018년부터는 4학년 이상 참여
  ‣ 연4회 실시 : 입학식·졸업식, 체육대회, 학교축제, 김장김치 봉사활동
  ‣ 체육대회 : 출전 종목의 대부분은 학생이 선정
  ‣ 학교축제 : 출연 종목의 대부분은 학생이 선정

(3) 초·중 통합 학부모회 활동

- 학부모 독서동아리 '책각시' 운영
- 야간도서관 독서활동

▸ 학부모회 주관 운영, 학부모회에서 학생들에게 저녁식사 제공

▸ 방면별로 학생의 귀가를 책임짐

▸ 책 읽어 주기(학부모, 학생), 책톡900, 독서골든벨, 독서캠프, 백일장, 영화 관람

- 초·중 학부모 전체가 가입한 NAVER BAND 운영 : 학교소식 공유, 의견교환의 장
- 김장김치 봉사활동, 독거노인에게 김장김치 제공
- 지역 어르신에게 뜨개질로 만든 사랑의 목도리 제공

(4) 가족관계 증진 캠프활동

- 대상 : 유·초·중학생, 학부모, 교직원
- 장소 : 보성군청소년수련원
- 일정 : 1박 2일(금 ~ 토)
- 내용
  ▸ 1일 : 저녁식사 → (학생) 천문관 체험/(학부모) 자녀이해교육 → 레크리에이션 → 가족 취침
  ▸ 2일 : 가족 산책 → 아침식사 → 염색 체험, 가족사진 촬영 → 해산

(5) 정남진 마을학교 참여

- 일시 : 2018. 10. 21.(일)
- 장소 : 유치초·중학교 운동장, 인근 표고버섯 농장
- 대상 : 4개교(장흥남초, 안양초, 용산초, 유치초·중) 학생·학부모·교원
- 내용 : 표고버섯 따기, 전래놀이, 요리체험 등
- 참고 : 4개교(장흥남초, 안양초, 용산초, 유치초·중)가 순차적으로 지역 특색을 살린 프로그램 운영, 장흥교육지원청의 예산 지원을 받아 학부모회 주도로 운영

(6) 문림의향 계승 교육활동

• 초·중 : 문림교육 『2018년 : 송기숙, 2019년 : 한승원, 2020년 : 이청준』, 3년
　　　주기
　　　2018년 – 송기숙 작품 읽기(국어), 독서골든벨 지정도서(송기숙),
　　　　　송기숙 생가 방문(장흥군 용산면 모산리)
　　　의향교육 – 동학농민운동기념관·안중근의사 사당 답사,
　　　　　독립운동가 김재계

 # 제7절 통합운영학교에 대한 인식

　한국교육개발원이 전국의 성인 남녀 4천 명을 대상으로 온라인으로 실시한 여론조사(KEDI Poll 2018)에서 초·중·고 통합학교 도입방안에 대한 찬반의견을 물은 결과 찬성 46.5%, 반대 20.5%, 잘 모르겠다 33.1%로 나타났다. 3명 중 1명이 잘 모르겠다고 응답하였음에도 불구하고 찬성 비율이 반대 비율보다 2배 이상으로 높게 나타났음은 주목할 만한 일이다. 그러나 이 조사결과를 국민들이 통합운영학교의 도입을 찬성하고 있다는 기초자료로 활용할 수 있을지 의문이 든다. 교육학과 교수들도 잘 모르는 통합운영학교를 일반 국민들이 제대로 인식하고 응답하지 않았을 가능성이 크다고 본다.

　여기서 기술한 통합운영학교의 장점과 문제점에 대한 교원의 인식은 2018년 8월 18일부터 1개월간 전국의 통합운영학교를 대상으로 실시한 설문조사 분석결과이다(임연기 외 2018 : 79~100 참조). 당시 98개 중에서 80교가 응답하여 회수율은 82.4%였다. 학교별로 교무부장 1명이 응답하였다.

1. 통합운영학교의 장점에 대한 인식

　통합운영학교에 재직 중인 교원들은 '학생들의 학교급 간 교육경험의 연속성

증진'에 대하여 '그렇다'에 71.5% 응답하였고, '그렇지 않다'에 11.3% 응답하였다. 통합유형별로 보면 초·중학교(77.0%), 중·고등학교(67.7%), 초·중·고등학교(58.3%) 순으로 '학생들의 학교급 간 교육경험의 연속성 증진'에 대하여 '그렇다'는 응답이 많았다. 초·중·고등학교(25.0%), 중·고등학교(15.4%), 초·중학교(5.5%) 순으로 '그렇지 않다'고 응답하였다. 교원들은 통합운영학교의 학교급이 낮을수록 '학생들의 학교급 간 교육경험의 연속성 증진'에 도움이 된다고 응답하였다.

'학생들의 상급학교 입학에 따른 불안감 해소'에 대하여 '그렇다'에 71.6% 응답하였고, '그렇지 않다'에 13.3% 응답하였다. 통합유형별로 보면 초·중학교(77.0%), 중·고등학교(67.7%), 초·중·고등학교(58.3%) 순으로 '학생들의 상급학교 입학에 따른 불안감 해소'에 대하여 '그렇다'는 응답이 많았다. 중·고등학교(18.4%), 초·중·고등학교(16.3%), 초·중학교(8.1%) 순으로 '그렇지 않다'고 응답하였다. 교원들은 통합운영학교의 학교급이 낮을수록 '학생들의 상급학교 입학에 따른 불안감 해소'에 도움이 된다고 응답하였다.

'학생들이 상급학교 진학 이후 적응 수월(중1 또는 고1 부담 완화)'에 대하여 '그렇다'에 81.4% 응답하였고, '그렇지 않다'에 6.6% 응답하였다. 통합유형별로 보면 중·고등학교(83.1%), 초·중학교(82.5%), 초·중·고등학교(66.7%) 순으로 '학생들이 상급학교 진학 이후 적응 수월'에 대하여 '그렇다'는 응답이 많았다. 초·중·고등학교(16.6%), 중·고등학교(7.7%), 초·중학교(4.1%) 순으로 '그렇지 않다'고 응답하였다. 다수의 교원들은 통합운영학교가 '학생들의 상급학교 진학 이후 적응이 수월'하도록 도움을 준다고 응답하였다.

'학교급 간 학생들에 관한 정보공유'에 대하여 '그렇다'에 85.5% 응답하였고, '그렇지 않다'에 6.6% 응답하였다. 통합유형별로 보면 중·고등학교(89.3%), 초·중학교(85.1%), 초·중·고등학교(66.6%) 순으로 '학교급 간 학생들에 관한 정보공유'에 대하여 '그렇다'는 응답이 많았다. 초·중·고등학교(16.7%), 중·고등학교(6.2%), 초·중학교(5.4%) 순으로 '그렇지 않다'고 응답하였다. 교원들은 통합운영학교가 '학교급 간 학생들에 관한 정보공유'에 대체로 도움이 된다고 응답하였다.

'학교 통폐합 및 폐교 위기 극복'에 대하여 '그렇다'에 61.0% 응답하였고, '그렇지 않다'에 13.5% 응답하였다. 통합유형별로 보면 초·중학교(74.0%), 중·고등학교(50.1%), 초·중·고등학교(41.6%) 순으로 '학교 통폐합 및 폐교 위기 극복'에 대하여 '그렇다'는 응답이 많았다. 중·고등학교(20.3%), 초·중·고등학교(16.7%), 초·중학교(6.8%) 순으로 '그렇지 않다'고 응답하였다. 교원들은 통합운영학교의 학교급이 낮을수록 '학교 통폐합 및 폐교 위기 극복'에 도움이 된다고 응답하였다.

　'학교규모의 영세성 완화'에 대하여 '그렇다'에 66.6% 응답하였고, '그렇지 않다'에 16.7% 응답하였다. 통합유형별로 보면 초·중학교(72.9%), 중·고등학교(61.0%), 초·중·고등학교(58.3%) 순으로 '학교규모의 영세성 완화'에 대하여 '그렇다'는 응답이 많았다. 중·고등학교(21.9%), 초·중학교(13.6%), 초·중·고등학교(8.3%) 순으로 '그렇지 않다'고 응답하였다. 교원들은 통합운영학교의 학교급이 낮을수록 '학교규모의 영세성 완화'에 도움이 된다고 응답하였다.

　'시설·환경의 양호성 증진'에 대하여 '그렇다'에 59.6% 응답하였고, '그렇지 않다'에 15.9% 응답하였다. 통합유형별로 보면 중·고등학교(63.1%), 초·중·고등학교(58.3%), 초·중학교(56.7%) 순으로 '시설·환경의 양호성 증진'에 대하여 '그렇다'는 응답이 많았다. 중·고등학교(18.4%), 초·중·고등학교(16.7%), 초·중학교(13.6%) 순으로 '그렇지 않다'고 응답하였다. 교원들은 통합운영학교가 '시설·환경의 양호성 증진'에 대체로 도움이 된다고 응답하였다.

　'특화된 정규교육 및 방과후 교육과정 운영 가능'에 대하여 '그렇다'에 45.0% 응답하였고, '그렇지 않다'에 31.1% 응답하였다. 통합유형별로 보면 중·고등학교(46.1%), 초·중학교(44.6%), 초·중·고등학교(41.7%) 순으로 '특화된 정규교육 및 방과후 교육과정 운영 가능'에 대하여 '그렇다'는 응답이 많았다. 초·중학교(32.5%), 중·고등학교(32.3%), 초·중·고등학교(16.6%) 순으로 '그렇지 않다'고 응답하였다. 교원들은 통합운영학교가 '특화된 정규교육 및 방과후 교육과정 운영 가능'에 대체로 도움이 된다고 응답하였다.

　'학교급별 교사 간의 상호작용을 통한 전문성 신장'에 대하여 '그렇다'에 47.7% 응답하였고, '그렇지 않다'에 27.1% 응답하였다. 통합유형별로 보면 중·고등학교(53.9%), 초·중학교(44.6%), 초·중·고등학교(33.0%) 순으로 '학교급 별 교사 간의 상호작용을 통한 전문성 신장'에 대하여 '그렇다'는 응답이 많았다. 초·중·고 등학교(41.6%), 초·중학교(29.8%), 중·고등학교(21.6%) 순으로 '그렇지 않다'고 응답하였다. 교원들은 통합운영학교가 '학교급 별 교사 간의 상호작용을 통한 전문성 신장'에 대체로 도움을 준다고 응답하였다.

'학교급 간 교사들의 협조 및 지원 원활'에 대하여 '그렇다'에 57.7% 응답하였고, '그렇지 않다'에 17.9% 응답하였다. 통합유형별로 보면 중·고등학교(60.0%), 초· 중학교(59.4%), 초·중·고등학교(33.4%) 순으로 '학교급 간 교사들의 협조 및 지 원 원활'에 대하여 '그렇다'는 응답이 많았다. 초·중·고등학교(33.3%), 초·중학교 (19.0%), 중·고등학교(13.8%) 순으로 교원들은 '그렇지 않다'고 응답하였다. 교원 들은 통합운영학교가 '학교급 간 교사들의 협조 및 지원 원활'에 대체로 도움을 준다고 응답하였다.

'교사와 학생 간 친밀도 향상'에 대하여 '그렇다'에 70.8% 응답하였고, '그렇지 않다'에 9.6% 응답하였다. 통합유형별로 보면 초·중학교(74.3%), 중·고등학교 (67.7%), 초·중·고등학교(66.7%) 순으로 '교사와 학생 간 친밀도 향상'에 대하여 '그렇다'는 응답이 많았다. 중·고등학교(12.3%), 초·중·고등학교(8.3%), 초·중 학교(8.1%) 순으로 교원들은 '그렇지 않다'고 응답하였다. 교원들은 통합운영학교 의 학교급이 낮을수록 '교사와 학생 간 친밀도 향상'에 도움이 된다고 응답하였다.

'학생생활지도 충실화'에 대하여 '그렇다'에 66.3% 응답하였고, '그렇지 않다'에 10.5% 응답하였다. 통합유형별로 보면 초·중학교(70.3%), 초·중·고등학교(66.7%), 중·고등학교(61.5%) 순으로 '학생생활지도 충실화'에 대하여 '그렇다'는 응답이 많 았다. 중·고등학교(15.4%), 초·중·고등학교(8.3%), 초·중학교(6.8%) 순으로 교 원들은 '그렇지 않다'고 응답하였다. 교원들은 통합운영학교가 '학생생활지도 충 실화'에 대체로 도움이 된다고 응답하였다.

'학교질서 유지 강화'에 대하여 '그렇다'에 61.6% 응답하였고, '그렇지 않다'에 15.9% 응답하였다. 통합유형별로 보면 초·중학교(66.2%), 중·고등학교(58.5%), 초·중·고등학교(50.0%) 순으로 '학교질서 유지 강화'에 대하여 '그렇다'는 응답이 많았다. 중·고등학교(16.9%), 초·중학교(16.3%), 초·중·고등학교(8.3%) 순으로 교원들은 '그렇지 않다'고 응답하였다. 교원들은 통합운영학교의 학교급이 낮을수록 '학교질서 유지 강화'에 도움이 된다고 응답하였다.

'학생 간의 상호돌봄과 사회성 증진'에 대하여 '그렇다'에 59.0% 응답하였고, '그렇지 않다'에 16.6% 응답하였다. 통합유형별로 보면 초·중학교(62.2%), 중·고등학교(56.9%), 초·중·고등학교(50.0%) 순으로 '학생 간의 상호돌봄과 사회성 증진'에 대하여 '그렇다'는 응답이 많았다. 초·중·고등학교(25.0%), 중·고등학교(16.9%), 초·중학교(14.9%) 순으로 '그렇지 않다'고 응답하였다. 교원들은 통합운영학교의 학교급이 낮을수록 '학생 간의 상호돌봄과 사회성 증진'에 도움이 된다고 응답하였다.

'장기간 재학으로 학생들의 학교소속감 높음'에 대하여 '그렇다'에 64.9% 응답하였고, '그렇지 않다'에 18.5% 응답하였다. 통합유형별로 보면 초·중학교(71.6%), 중·고등학교(60.0%), 초·중·고등학교(50.0%) 순으로 '장기간 재학으로 학생들의 학교소속감 높음'에 대하여 '그렇다'는 응답이 많았다. 초·중·고등학교(33.3%), 초·중학교(19.0%), 중·고등학교(15.4%) 순으로 '그렇지 않다'고 응답하였다. 교원들은 통합운영학교의 학교급이 낮을수록 '장기간 재학으로 학생들의 학교소속감이 높아'지는 데 도움이 된다고 응답하였다.

'장기적 관찰을 통해 학생들의 태도 및 심리변화를 사전에 인지하고 대처 가능'에 대하여 '그렇다'에 77.5% 응답하였고, '그렇지 않다'에 9.9% 응답하였다. 통합유형별로 보면 중·고등학교(80.0%), 초·중학교(79.7%), 초·중·고등학교(50.0%) 순으로 '장기적 관찰을 통해 학생들의 태도 및 심리변화를 사전에 인지하고 대처 가능'에 대하여 '그렇다'는 응답이 많았다. 초·중학교(10.9%), 중·고등학교(9.2%), 초·중·고등학교(8.3%) 순으로 '그렇지 않다'고 응답하였다. 다수의 교원들은 통합운영학교가 '장기적 관찰을 통해 학생들의 태도 및 심리변화를 사전에 인지하고 대처 가능'하게 하는 데 도움을 준다고 응답하였다.

'학생 등하교 편의성 증진'에 대하여 '그렇다'에 72.2% 응답하였고, '그렇지 않다'에 8.6% 응답하였다. 통합유형별로 보면 초·중학교(79.8%), 중·고등학교(66.2%), 초·중·고등학교(58.3%) 순으로 '학생 등하교 편의성 증진'에 대하여 '그렇다'는 응답이 많았다. 중·고등학교(10.8%), 초·중·고등학교(8.3%), 초·중학교(7.8%) 순으로 '그렇지 않다'고 응답하였다. 교원들은 통합운영학교의 학교급이 낮을수록

'학생 등하교 편의성 증진'에 도움이 된다고 응답하였다.

요컨대, 교원들은 통합운영학교의 장점으로 학생적응, 학생에 관한 정보공유 (80% 이상), 교육경험과 연속성 증진(70% 수준), 학교규모의 적정화(70% 수준)에 대해 긍정적으로 인식하고 있다. 통합운영학교의 가치에 대해 대체로 긍정적인 인식 수준을 나타냈으며, 학생들의 성장과 적응, 교과 및 생활교육의 제공, 학교규모 영세성 극복 순으로 높은 반응을 보였다.

> 이상 통합운영학교에 재직 중인 교원들에게 통합운영학교의 장점을 조사한 결과 '그렇다(매우 그렇다 포함)'에 응답한 비율을 요약하면 다음과 같다. 긍정적인 반응이 높은 순서로 배열하였다.
>
> - 학교급 간 학생들에 관한 정보공유 : 85.5%
> - 학생들이 상급학교 진학 이후 적응 수월 : 81.4%
> - 장기적 관찰을 통해 학생들의 태도 및 심리변화를 사전에 인지하고 대처 가능 : 77.5%
> - 학생 등하교 편의성 증진 : 72.2%
> - 학생들의 상급학교 입학에 따른 불안감 해소 : 71.6%
> - 학생들의 학교급 간 교육경험의 연속성 증진 : 71.5%
> - 교사와 학생 간 친밀도 향상 : 70.8%
> - 학교규모의 영세성 완화 : 66.6%
> - 학생생활지도 충실화 : 66.3%
> - 장기간 재학으로 학생들의 학교소속감 높음 : 64.9%
> - 학교질서 유지 강화 : 61.6%
> - 학교 통폐합 및 폐교 위기 극복 : 61.0%
> - 시설·환경의 양호성 증진 : 59.6%
> - 학생 간의 상호돌봄과 사회성 증진 : 59.0%
> - 학교급 간 교사들의 협조 및 지원 원활 : 57.7%
> - 학교급별 교사 간의 상호작용을 통한 전문성 신장 : 47.7%
> - 특화된 정규교육 및 방과후 교육과정 운영 가능 : 45.0%

2. 통합운영학교의 문제점에 대한 인식

통합운영학교에 재직 중인 교원들은 통합운영학교의 '학교 명칭 혼란'에 대하여 '그렇지 않다'에 80.8% 응답하였고, '그렇다'에 10.6% 응답하였다. 통합유형별로 보면 초·중학교(82.5%), 중·고등학교(81.5%), 초·중·고등학교(66.7%) 순으로 통합운영학교의 '학교 명칭 혼란'에 대하여 '그렇지 않다'라는 응답이 많았다. '그렇다'에 응답한 비율은 초·중·고등학교(33.3%), 중·고등학교(10.8%), 초·중학교(6.8%) 순으로 높았다.

통합운영학교 '관할청의 이원화'로 인한 문제에 대하여 '그렇지 않다'에 56.6% 응답하였고, '그렇다'에 28.7% 응답하였다. 통합유형별로 보면 초·중학교(69.9%), 중·고등학교(52.3%) 순으로 '관할청 이원화'에 대하여 '그렇지 않다'는 응답이 많았다. 초·중·고등학교(83.3%), 중·고등학교(27.7%), 초·중학교(20.6%) 순으로 '그렇다'고 응답하였다.

'통합운영학교 관리지침 부적합'에 대하여 '그렇지 않다'에 55.7% 응답하였고, '그렇다'에 27.8% 응답하였다. 통합유형별로 보면 초·중학교(60.8%)와 중·고등학교(60.0%) 순으로 '관리지침 부적합'에 대하여 '그렇지 않다'는 응답이 많았다. 초·중·고등학교(83.4%), 초·중학교(29.8%)와 중·고등학교(15.4%) 순으로 '그렇다'고 응답하였다.

'통합운영학교 경영방법 미숙'에 대하여 '그렇지 않다'에 60.9% 응답하였고, '그렇다'에 20.6% 응답하였다. 통합유형별로 보면 중·고등학교(66.2%), 초·중학교(64.8%), 초·중·고등학교(8.3%) 순으로 '통합운영학교 경영방법 미숙'에 대하여 '그렇지 않다'는 응답이 많았다. 초·중·고등학교(50.0%), 초·중학교(20.3%), 중·고등학교(15.4%) 순으로 '그렇다'고 응답하였다.

'학교급 간 교육과정 통합운영 곤란'에 대하여 '그렇다'에 44.7% 응답하였고, '그렇지 않다'에 41.4% 응답하였다. 통합유형별로 보면 초·중·고등학교(58.3%), 초·중학교(55.4%), 중·고등학교(29.7%) 순으로 '학교급 간 교육과정 통합운영 곤란'에 대하여 '그렇다'는 응답이 많았다. 중·고등학교(51.6%), 초·중학교(35.2%), 초·중·고등학교(25.0%) 순으로 '그렇지 않다'고 응답하였다.

'학교급 간 교원의 교과지도 이외 행정업무 분담 불균등'에 대하여 '그렇지 않다'에 53.4% 응답하였고, '그렇다'에 24.4% 응답하였다. 통합유형별로 보면 초·중학교(60.3%), 중·고등학교(55.6%) 순으로 '학교급 간 교원의 교과지도 이외 행정업무 분담 불균등'에 대하여 '그렇지 않다'는 응답이 많았다. 초·중·고등학교(83.4%), 중·고등학교(20.6%), 초·중학교(17.8%) 순으로 '그렇다'고 응답하였다.

'학교급 간 교사문화 이질성'에 대하여 '그렇지 않다'에 43.7% 응답하였고, '그렇다'에 41.7% 응답하였다. 통합유형별로 보면 중·고등학교(56.9%), 초·중학교(43.2%) 순으로 '학교급 간 교사문화 이질성'에 대하여 '그렇지 않다'는 응답이 많았다. 초·중·고등학교(83.4%), 초·중학교(43.2%), 중·고등학교(32.3%) 순으로 '그렇다'고 응답하였다.

'학교급 간 교원의 책임수업시수 격차'에 대하여 '그렇지 않다'에 55.0% 응답하였고, '그렇다'에 27.8% 응답하였다. 통합유형별로 보면 중·고등학교(66.2%), 초·중학교(52.7%), 초·중·고등학교(8.3%) 순으로 '학교급 간 교원의 책임수업시수 격차'에 대하여 '그렇지 않다'는 응답이 많았다. 초·중·고등학교(66.6%), 초·중학교(32.5%), 중·고등학교(15.3%) 순으로 '그렇다'고 응답하였다.

'학교급별 수당 불균등(방과후학교 지도 등)'에 대하여 '그렇지 않다'에 68.9% 응답하였고, '그렇다'에 15.2% 응답하였다. 통합유형별로 보면 중·고등학교(72.3%), 초·중학교(71.7%), 초·중·고등학교(33.3%) 순으로 '학교급별 수당 불균등'에 대하여 '그렇지 않다'는 응답이 많았다. 초·중·고등학교(25.0%), 초·중학교(16.3%), 중·고등학교(12.3%) 순으로 '그렇다'고 응답하였다.

'초·중등 겸임교사 발령·배치 제한'에 대하여 '그렇지 않다'에 63.1% 응답하였고, '그렇다'에 20.1% 응답하였다. 통합유형별로 보면 중·고등학교(71.4%), 초·중학교(64.9%), 초·중·고등학교(8.3%) 순으로 '초·중등 겸임교사 발령·배치 제한'에 대하여 '그렇지 않다'는 응답이 많았다. 초·중·고등학교(66.7%), 초·중학교(20.3%), 중·고등학교(11.1%) 순으로 '그렇다'고 응답하였다.

'학생생활지도 취약'에 대하여 '그렇지 않다'에 68.9% 응답하였고, '그렇다'에 13.2% 응답하였다. 통합유형별로 보면 초·중학교(78.4%), 중·고등학교(67.7%), 초·중·고등학교(16.6%) 순으로 '학생생활지도 취약'에 대하여 '그렇지 않다'는 응답이 많았다. 초·중·고등학교(33.3%), 중·고등학교(13.8%), 초·중학교(9.5%) 순으로 '그렇다'고 응답하였다.

'동일 학교취학에 따른 학생들의 학교생활 흥미 저하'에 대하여 '그렇지 않다'에 61.1% 응답하였고, '그렇다'에 19.4% 응답하였다. 통합유형별로 보면 초·중학교 (71.6%), 중·고등학교(55.5%), 초·중·고등학교(25.0%) 순으로 '동일 학교취학에 따른 학생들의 학교생활 흥미 저하'에 대하여 '그렇지 않다'는 응답이 많았다. 초· 중·고등학교(50.0%), 중·고등학교(22.3%), 초·중학교(12.2%) 순으로 '그렇다'고 응답하였다.

'운동장 및 시설 공동 활용 제약'에 대하여 '그렇지 않다'에 48.7% 응답하였고, '그렇다'에 39.3% 응답하였다. 통합유형별로 보면 초·중학교(50.0%), 중·고등학교 (50.0%), 초·중·고등학교(33.3%) 순으로 '운동장 및 시설 공동 활용 제약'에 대하여 '그렇지 않다'는 응답이 많았다. 초·중·고등학교(50.0%), 초·중학교(39.2%), 중·고등학교(37.5%) 순으로 '그렇다'고 응답하였다.

'통합운영에 따른 행정업무 증가'에 대하여 '그렇지 않다'에 51.7% 응답하였고, '그렇다'에 27.9% 응답하였다. 통합유형별로 보면 초·중학교(59.4%), 중·고등학교 (47.7%), 초·중·고등학교(25.0%) 순으로 '통합운영에 따른 행정업무 증가'에 대하여 '그렇지 않다'는 응답이 많았다. 초·중·고등학교(33.3%), 중·고등학교(27.7%), 초·중학교(27.0%) 순으로 '그렇다'고 응답하였다.

요컨대, 교원들은 통합운영학교의 가장 중요한 문제점으로 교육과정 통합운영 곤란, 교사문화의 이질성, 운동장 및 시설 공동 활용의 제약을 꼽고 있다. 통합유 형별로 초·중학교 유형은 교원의 교직문화 이질성, 중·고등학교 유형은 중학교 와 고등학교 간의 교육목표와 내용의 차이에 따라 통합운영에 어려움을 겪고 있는 것으로 확인할 수 있다. 초·중·고 유형은 복합적이지만 고립지역에 소재하고, 학교규모가 극소하여 학교급 간의 통합운영에 대한 수용성이 상대적으로 높은 편 이다.

이상 통합운영학교에 재직 중인 교원들에게 통합운영학교의 문제점에 대하여 조사한 결과, '그렇다(매우 그렇다 포함)'에 응답하여 문제점으로 인식하고 있는 비율을 요약하면 다음과 같다. 후순위로 갈수록 문제점에 대한 응답 비율이 높은 순서로 배열하였다.

- 학교 명칭 혼란 : 10.6%
- 학생생활지도 취약 : 13.2%
- 학교급별 수당 불균등 : 15.2%
- 동일 학교취학에 따른 학생들의 학교생활 흥미 저하 : 19.4%
- 초·중등 겸임교사 발령·배치 제한 : 20.1%
- 통합운영학교 경영방법 미숙 : 20.6%
- 학교급 간 교원의 교과지도 이외 행정업무 분담 불균등 : 24.4%
- 통합운영학교 관리지침 부적합 : 27.8%
- 학교급 간 교원의 책임수업시수 격차 : 27.8%
- 통합운영에 따른 행정업무 증가 : 27.9%
- 관할청의 이원화로 인한 문제 : 28.7%
- 운동장 및 시설 공동 활용 제약 : 39.3%
- 학교급 간 교사문화 이질성 : 41.7%
- 학교급 간 교육과정 통합운영 곤란 : 44.7%

 제8절 통합운영학교의 전망과 과제

1. 전망

통합운영학교의 미래 전망은 긴 설명이 필요하지 않다고 본다. 우선 긍정적인 차원에서 보면 농촌 지역에서는 전반적으로, 도시 지역에서는 부분적으로 학생 수가 급격히 감소하여 영세한 소규모학교가 증가함에 따라 전국에서 통합운영학교의 지정 또는 신설 수요가 늘어날 것으로 보인다. 또 동일 학교급 간의 통폐합이 한계점에 와 있는 지역에서 학생들의 통학거리를 유지하면서 학교규모 적정화의 장점을 가지고 있는 학교급 간 통합운영학교에 대한 관심이 높아질 것이다.

반면에 회의적인 차원에서 보면 첫째, 학교급 간 교직 문화의 이질성 등 통합운영학교에 대한 부정적 인식이 여전히 강하다는 점, 둘째, 통합운영학교의 재정절감 측면을 부각하고 교육적 장점을 소홀히 인식하고 있다는 점, 셋째, 학교를 지역발전에 도움을 주는 중요한 기관으로 인식하여 통합운영학교 전환에 따른 학교 수 감소에 대한 지역 사회의 반대가 심하다는 점, 넷째, 교육청에서는 교원 특히 학교장 정원을 유지하기 위해 학교급별 과소학교를 그대로 유지하려는 경향이 있다는 점 등으로 현상 유지, 나아가 퇴보의 길로 갈 것이라고 전망할 수 있다.

종합하면, 통합운영학교의 위상은 긍정적인 발전 가능성을 안고 있지만, 특단의 조치가 있지 않는 한 답보 상태를 면하지 못할 것으로 전망할 수 있다.

2. 발전 과제

1) 국가 수준에서 통합운영학교 기본요건 마련

지방교육청이나 단위학교가 감당하기 어렵지만 통합운영학교가 정상적으로 작동하는 데 필요한 기본요건을 정부가 마련하도록 한다. 첫째, 학교급별 교육과정 체제를 학년별 교육과정 체제로 전환한다. 아울러 학교급 간 연결 학년, 이를테면 초6과 중1 등의 교육과정 기준의 연계를 강화한다.

둘째, 통합운영학교에서만 적용할 수 있는 한지 교원복수자격제도를 운영한다. 국어, 수학 교과를 제외하고 현재 초등학교에서 교과전담교사가 담당하고 있는 사회, 과학, 영어, 예체능, 실과 등의 교과는 일정한 연수기회를 제공하여 학교급 간 교차수업이 가능한 자격제도를 마련한다.

셋째, 통합운영학교 전문 연구지원센터를 운영하여 통합운영학교의 제도적·운영적 개선을 도모하기 위한 기초, 정책연구, 컨설팅, 연수를 실시하고, 전국 통합운영학교 협의체를 구성하여 상호 정보교류, 우수 사례 공유 등을 활성화한다.

2) 통합운영학교의 단계적 발전 도모

통합운영학교는 기본적으로 1교장, 1행정실 체제로 출발하여 단계적으로 통합운영의 수준을 높여가도록 지원할 필요가 있다. 1단계인 '기초 단계'에서는 시설의 부분적인 통합활용, 2단계인 '도약 단계'에서는 학사관리의 부분적인 통합운영, 3단계인 '정착 단계'에서는 교육과정과 생활교육의 부분적인 통합운영으로 발전해가도록 해야 한다.

교육과정의 통합운영은 기초연구와 숙의과정을 통하여 신중하게, 그리고 단계적으로 발전시켜 나가도록 한다. 교육과정의 통합을 무리하게 추진할 수는 없기 때문에 해당 학교에서 담당 지원부서 설치, 전문가 자문, 연구학교 활동 등을 통하여 선 여건조성, 후 단계적 추진이 필요하다.

통합운영의 수준은 학교별로 실정에 따라 자율적이고, 선택적으로 결정해 나갈 필요가 있다. 특히 학교규모를 고려하여, 이를테면 500명 이하의 학교에서는 3단계, 500명에서 1,000명의 학교는 2단계, 1,000명 이상의 대규모 학교는 1단계 수준으로 운영할 수 있을 것이다. 특히 교육과정과 생활교육을 무리하게 통합운영할 필요는 없으나 현실에 안주하여 하급 단계에 정체하는 것은 경계해야 한다.

3) 통합운영학교 교직원 전문성 강화

통합운영학교에서 전문성을 발휘할 수 있는 인적자원을 확충한다.

첫째, 통합운영학교의 성공과 실패는 학교장의 역량에 달려 있다. 때문에 통합운영학교의 성격을 충분히 이해하고 특히 부임을 희망하는 교장을 초빙해야 한다. '공모제'를 통한 능력 있는 학교장의 선발이 반드시 필요하다.

둘째, 교사 역시 통합운영학교 근무를 희망하면서 전문성을 갖춘 교사의 배치원칙을 중시해야 한다. 초·중등 복수자격을 소지한 인사를 우선 배치하도록 하고, 필요한 경우 복수자격을 취득할 수 있는 연수과정을 운영하도록 한다. 통합운영학교 신임교사에게는 부임 초기에 통합운영학교의 성격을 충분히 이해할 수 있도록 적절한 연수를 실시해야 한다.

셋째, 행정실 직원 역시 초등과 중등 행정실 근무 경험을 중시하여 배치하고,

부임 초기에 적절한 연수과정을 제공해야 한다. 특히 행정실장은 통합운영 대상 학교 행정실 근무 경험 유무를 중시해야 한다.

4) 통합운영학교 여건 조성

첫째, 통합운영학교는 자율학교로 지정하여 교육과정의 재량권과 초빙 교원의 범위를 확대시키도록 한다. 또한 지정 또는 신설 초기 3년간은 반드시 연구학교로 지정하여 통합운영학교의 정착을 위한 자구 노력을 권장한다.

둘째, 통합운영학교는 학교급별 교육과정, 생활교육, 학사관리의 통합운영 담당 부서를 설치하고 필요한 경우 외부 유급 자문인사를 배치할 수 있도록 한다. 초기 지정 이후 연구학교를 운영하는 기간에는 학교급 간 일종의 '코디' 전문인사를 반드시 확보하도록 한다.

셋째, 교육청, 단위학교 수준에서 초·중등 교직문화 이질화를 개선하기 위한 정책적·행정적 노력을 기울일 필요가 있다. 초·중등 교원 간 수업시수 부담 격차 완화, 상호 타 학교급 교육과정에 대한 이해 증진 연수과정 설치 운영 등이 필요하다.

넷째, 통합운영학교 행정처리의 편의성 증진방안을 지속적으로 강구한다.

참고문헌

교육개혁위원회(1996. 2. 9). 세계화·정보화 시대를 주도하는 신교육체제 수립을 위한 교육개혁방안(Ⅱ).

교육부(2015). 초·중등학교 교육과정 총론.

_____(2016. 7). 적정규모학교 육성강화 및 폐교활용 활성화.

교육부·한국농촌교육연구센터(2013). 2013 통합운영학교 연구학교 컨설팅.

기동환(2011). 통합운영학교 수준에서 교직원의 효율적 업무 분장방안. 초·중·고 통합운영학교 개선방안 탐색 워크숍 자료집. 공주대 한국농촌교육연구센터.

김종철(1976). **세계 안의 한국교육.** 서울 : 배영사.

박세호·김오영(2018). 통합운영학교 발전을 위한 법규 정비. 서울형통합운영학교 연구팀 제3차 워크숍자료집. 127~152.

박효숙(2018). 유치·초·중학교 초·중 통합학교 운영 사례. 서울형통합운영학교연구팀 제3차 워크숍자료집. 109~126.

백남진(2018). 한국에서 학교급 연계를 위한 교육과정 설계 및 운영과제. 서울형통합운영학교연구팀 제2차 워크숍자료집. 103~139.

서길원(2012). 새로운 학교운영 원리, http : //newschool.gen.go.kr/xboard

서울형통합운영학교연구팀(2018). 초·중·고 통합운영학교 관리지침 개선 방향 탐색. 제1차 워크숍 보고서.

오형문(2010). 초·중 통합운영학교에서 학교급간 교원들의 갈등문제와 해결방안 연구. 충남대학교 **교육연구논총.** 31(2). 1~23.

임연기(2006). 한국 농촌교육정책의 변천과 그 특성 및 과제. **교육행정학연구.** 24(4). 27~50.

_____(2007). 한국 농촌교육의 문제와 정책적 함의. **교육행정학연구.** 23(4). 565~584.

_____(2016). 통합운영학교의 쟁점과 과제. **교육연구.** 31(2). 83~104.

_____(2018). 통합운영학교의 설립 의의와 비전. **지금 서울교육.** 11월호.

임연기·정택희·장덕호·최준렬·홍후조·김규태·박삼철·히고 코우세이(2012). 초·중·고 통합운영학교 발전방안. 교육과학기술부.

임연기·최상봉·히고 코우세이(2013a). 초·중·고 통합운영학교 관리 가이드라인. 교육과학기술부.

임연기·정택희·이지영·히고 코우세이(2013b). 초·중·고 통합운영학교 육성사업 추진 과정과 성과. 교육과학기술부.

임연기·정현용(2013c). 2012 초·중·고 통합운영학교 우수 운영 사례. 교육과학기술부· 충남교육청·한국농촌연구센터.

임연기·장덕호·백남진·정현용(2018). 서울형 통합운영학교 모델 및 운영체제 개발연구. 서울특별시교육청.

장덕호(2018). 통합운영학교 교원조직모델. 서울형통합운영학교연구팀 제3차 워크숍자료 집. 1~23.

정일환 외(2010). 초·중·고 통합운영학교 운영의 활성화 방안연구. 한국교육개발원.

조붕환(2018). 초·중·고 연계 맞춤형 진로지도 프로그램 개발. 서울형통합운영학교연구팀 제3차 워크숍자료집. 71~108.

통계청(2018). 장래인구 특별추계 자료.

홍후조 외(1999). 초·중등 통합운영학교의 효율적 운영 모형 개발을 위한 연구. 교육부 정책연구과제.

제2장

일본의
일관학교

제2장
일본의 일관학교

제1절 일본 교육의 사회·문화적 배경

사회경제 상황은 빠르게 변화되고 있으며, 지식기반사회의 도래와 함께 저출산·고령화, 고도 정보화, 국제화 등이 급속히 진행되는 가운데 지역 사회의 안전·안심 확보를 비롯한 다양한 문제가 발생하고 있다. 이러한 저출산·고령화와 고도 정보화, 어려운 경제 상황이나 격차의 존재 등을 배경으로 교육을 둘러싼 사회 정세는 크게 변화되어 왔으며, 다양한 과제가 지적되고 있다.

저출산의 진행에 따라 아이들이 서로 절차탁마(切磋琢磨) 할 수 있는 기회가 줄어들어 학교와 지역에서 일정 규모의 집단을 전제로 한 활동이 성립하기 어렵게 되어 있다. 이러한 가운데, 아이들의 풍부한 인간성을 기르기 위한 체험활동이나 세대 간 교류의 기회를 충실하게 하는 것 외에 학교 적정배치의 추진, 가정과 지역 사회에 의한 교육 지원의 추진이 요구되고 있다. 또한 가정의 교육 기능을 향상시키기 위해 학습 기회의 제공 등을 통한 가정교육의 지원이 요구되고 있다.

급속한 저출산과 고령화로 인해 인구 감소 시대를 맞이하고 있다. 이 때문에 노동력의 감소, 커뮤니티 기능의 약화, 가정환경의 변화 등 다양한 영향이 우려되고 있으며, 사회의 활력을 유지·향상시키는 것이 과제가 되고 있다. 이러한 과제를 해결하기 위해 사회생활에 필요한 지식과 기능의 습득, 지역 연대감의 형성, 문화·스포츠 활동을 통한 교류 확대 등이 필요하다.

또한 지진 등의 자연재해와 지역 사회에서의 범죄 발생 등에 따라 시민 생활의 안전·안심을 어떻게 확보할 것인가가 중요하다. 교육 분야에서도 모두가 안심하고 배울 수 있는 환경이 더욱더 중요해지고 있으며, 안전하고 안심할 수 있는 시설의 정비가 이루어져야 한다.

글로벌화와 글로벌 네트워크의 진전에 따라 시장의 확대, 무역·금융의 자유화가 급속히 진행되고, 해외 관광객이 증가하는 등 국경을 초월한 교류가 점차 확대되고 있다. 지구온난화로 대표되는 환경 문제가 복잡화·심각화되는 가운데 환경에 대한 배려가 큰 과제가 되고 있으며, 이러한 환경 문제 등 지구 공통 과제의 해결에 적극적으로 나서야 한다. 교육에 있어서도 체험학습 등을 통한 환경교육의 추진 등 지속가능한 다양한 실천과 활동들이 중요해지고 있다.

앞으로 Iot(Internet of Things), 빅 데이터, AI(인공지능) 등의 기술 혁신이 계속될 것이고 새로운 사회(Society 5.0)와 인생 100년 시대의 도래가 예측되고 있다. 고도 정보화의 발전을 배경으로 경제와 생활의 풍요로움과 편리함은 높아지고 있지만, 다른 한편으로는 급속히 발달한 인터넷과 휴대폰의 보급에 의한 이지메·왕따, 범죄사건, 유해 정보의 범람 등의 문제가 생기고, 커뮤니케이션 본연의 자세가 변화되고 있다.

지역 커뮤니티의 쇠퇴, 3세대 동거의 감소, 맞벌이 가구와 한 부모 가정의 증가 등으로 아이들과 어른들의 커뮤니케이션 부족이 발생되고 있다. 또한 아이들이 줄어들고, TV와 게임 및 인터넷에 소비하는 시간의 증가, 옥외에서 아이들이 자유롭게 놀 수 있는 공간의 감소 등을 배경으로 또래집단에서 놀 수 있는 기회는 줄어들고 연령이 다른 아이들끼리 관계를 맺는 것이 어려워지고 있다. 이렇게 지역 사회의 아이들 사회성 육성 기능이 저하하는 가운데, 아이들의 집단교육의 장인 학교 역할에 대한 기대감이 높아지고 있다. 아이들의 사회성 육성을 둘러싼 사회 환경의 변화에 대응해야 하는 필요성도 초·중 일관교육 등이 추진되는 배경의 하나로 들 수 있다(文部科學省, 2016 : 13~14).

또한 가치관의 다양화와 라이프스타일의 변화 등으로 인해 교육에 대한 과제와 요구가 점차 다양화되고 있다. 학교에서는 이지메·왕따, 등교거부 등의 문제가 심화되고 있으며, 가정이나 지역 사회에서는 아이들끼리, 사람과 사람 사이의 유대관계의 희박화 등으로 인해 규범의식이 저하되고 있다. 생각이 다른 사람들이 서로 인정하고, 서로 이야기를 나누고, 서로 돕는 사회를 만들어 나가는 것과 규범의식의 육성, 인권·복지 등에 대한 이해 촉진, 사회참여의 촉진, 커뮤니케이션 능력의 육성 등이 요구되고 있다.

최근에 들어서는 아이들의 빈곤도 사회문제가 되고 있으며, 빈곤 연쇄가 지적되고 있다. 또한 장애, 등교거부, 일본어 능력 저하 등의 다양한 어려움과 과제를 안고 있는 아이들이 증가 추세에 있다. 경제적 격차와 장애의 유무 등에 관계없이 개인의 니즈에 대응한 교육, 아이들의 배울 권리에 대한 깊은 이해, 아이들을 비롯하여 누구라도 안심하고 배울 수 있도록 교육기회를 확보하는 것이 더욱더 중요해지고 있다.

이러한 사회 상황을 감안하고 가정, 학교, 지역, 행정 등이 연계하여 우리를 둘러싼 다양한 과제를 해결해 나가는 것이 교육에 요구되고 있다.

 ## 제2절 일본 교육제도 개요

1. 학제

일본의 현행 교육법제하에 있어서 학교의 종류로 들 수 있는 것은 유치원, 초등학교(6년), 중학교(3년), 의무교육학교(9년), 고등학교(전일제 3년, 정시제·통신제 3년 이상), 중등교육학교(6년), 특별지원학교, 대학(4년 또는 6년), 단기대학(2년 또는 3년), 고등전문학교(5년)의 총 9개 종류이다.

이 9개 종류의 학교가 교육기본법 제6조에 규정되는 '법률(학교교육법)에 정하는 학교'이며, 학교교육법 제1조에 해당되는 학교 종류이다. 이들 9개 학교를 통칭 '1조교'라고 부른다. 1조교 외에도 직업능력 육성이나 교양 향상을 위한 전수(專修)학교, 학교교육과 비슷한 교육을 실시하는 각종 학교가 있다. 보육원(소)이나 방위대학교 등은 문부과학성 소관 시설이 아니라서 일반적으로 공교육제도에는 포함되지 않는다.

일본의 기본 학제는 한국의 학제와 같은 단선형의 '6-3-3-4'제가 유지되고 있다. 그러나 최근에는 아이들의 발달과 사회 변화에 대응하기 위해 각 학교 단계의 수업연한에 대한 재검토가 필요하다는 의견이 나오고 있다. 현재까지 초·중·고의 수업연한 자체는 원칙적으로 변경되어 있지 않다.

최근에 들어와서 연속되는 두 단계의 학교급을 병합한, 이른바 일관교육의 생각을 바탕으로 한 새로운 학교 종류가 등장하였다. 1999년 도입된 중등교육학교 (6년제)와 2016년 도입된 의무교육학교(9년제)이다. 이러한 학교 종류가 등장하면서 '6-3-3'의 구분에 조금씩 변화가 생기고 있다.

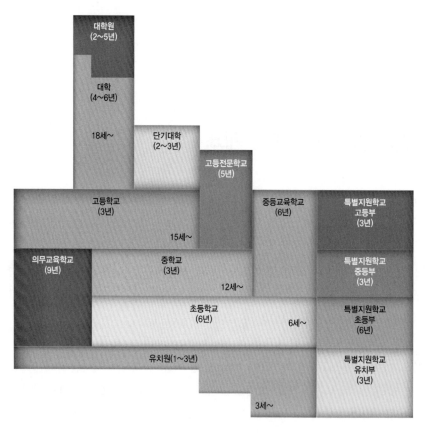

[그림 Ⅱ-1] 일본 학교 체계

2. 교육행정제도

1) 교육행정의 임무와 과제

교육행정의 주요 임무는 교육여건을 정비하고 모든 사람들이 배울 수 있는 환경을 정비하는 것이다. 헌법 제26조에서는 "모든 국민은 법률이 정하는 바에 의하여 그 능력에 따라 평등하게 교육을 받을 권리를 가진다"라고 규정되어 있으며, 이를 실현하기 위한 조건 정비가 교육행정의 중요한 임무이다. 또한 시민 사회와 국가의 기반을 지탱하는 교육을 정비하는 것도 교육행정의 임무이다.

현대 일본에 있어서 교육행정의 과제 중 하나는 저출산과 고령화이다. 저출산과 고령화는 교육행정에 다양한 어려움을 가져오고 있다. 가장 큰 점은 교육의 질을 유지·향상하기 위해 필요한 예산을 투입하는 것이 어려워지고 있다는 것이다. 고령화에 수반되는 사회보장 지출 증대와 현재 일본의 심각한 재정난 때문에 현대의 교육과제를 해결할 만한 투자가 어려워지고 있다(村上祐介, 2017 : 56~57).

이러한 저출산과 고령화, 재정난 등 교육행정을 둘러싼 환경의 제약과 함께 정치 주도 및 평가 강화 등 교육행정 통치 본연의 자세도 최근의 과제이다.

2) 국가·도도부현·시정촌의 역할

헌법에서 교육을 받을 권리가 보장되고 있으며, 그것을 실현하는 것은 국가의 책임이기도 하다. 또한 교육의 기회균등을 달성하기 위해서는 전국 어디서나 일정 수준의 교육을 받을 필요가 있다. 따라서 실제로는 국가, 도도부현(都道府縣), 시정촌(市町村)에서 교육에 관한 업무를 분담하고 있다.

예를 들어, 공립 초·중학교 교직원의 급여는 국가가 3분의 1, 도도부현에서 3분의 2를 부담하고 있다. 한편, 학교의 시설·설비에 관해서는 국가와 도도부현의 보조는 있지만, 그 정비는 학교 설립자인 시정촌에서 책임을 진다.

일반적으로 국가는 일정한 질의 교육을 보장하기 위해 학습지도요령과 학교 설치 기준 등 기준·표준의 설정, 교직원 급여 및 국립대학 운영비 등 학교 운영에 필요한 비용의 부담·보조를 수행한다. 도도부현에서는 공립 초·중학교 교직원 급여의 일부를 부담하는 동시에 인사권한을 가진다. 또한 고등학교 및 특별지원 학교의 설치·관리도 도도부현이 담당하고 있다. 시정촌에서는 초·중학교의 설치·관리, 사회교육, 교직원의 복무감독 등을 담당하고 있다.

이처럼 국가, 도도부현, 시정촌은 서로의 역할을 담당하고, 학교교육의 질을 일정하게 유지시키는 데 중요한 기능을 하면서 교육행정을 수행하고 있다. 이러한 교육행정의 특징으로서 ① 국가, 도도부현, 시정촌의 관계가 복잡하다는 점, ② 교육행정은 국가가 지방자치단체를, 도도부현이 시정촌을 지도·조언하는 형식으로 관여하고 있다는 것을 들 수 있다.

3) 교육위원회제도

(1) 교육위원회제도의 의의와 특성

교육위원회는 도도부현 및 시정촌 등에 설치되는 합의제의 집행기관이며, 평생학습, 교육, 문화, 스포츠 등 다양한 시책을 전개하고 있다. 교육위원회제도의 의의로는 다음 세 가지를 들 수 있다(村上祐介, 2017 : 67~68).

첫째, 정치적 중립성의 확보이다. 개인의 정신적 가치 형성을 목표로 진행되는 교육에 있어서 그 내용이 중립적이고 공정한 것은 아주 중요하다. 따라서 교육행정의 집행에 있어서도 개인적인 가치 판단이나 특정 당파적 영향력으로부터 중립성을 확보하는 것이 필요하다.

둘째, 계속성과 안정성의 확보이다. 교육은 아이들의 건강한 성장발달을 위해 학습 기간 동안 일관된 방침 아래 안정적으로 이루어지는 것이 필요하다. 또한 교육은 결과가 나오기까지 시간이 걸리고 그 결과도 파악하기 어려운 특성이 있으므로 학교 운영 방침 변경 등의 개혁·개선은 점진적인 것이어야 한다.

셋째, 지역주민의 의향을 반영하는 것이다. 교육은 지역주민들에게 친숙하고 관심이 높은 행정 분야이며, 전문가만 담당하는 것이 아니라 널리 지역주민의 의향을 바탕으로 해서 이루어지는 것이 필요하다.

이러한 의의를 실현하기 위해 교육위원회제도는 다음과 같은 제도적 특징을 가지고 있다.

첫째, 행정기관의 장(수장)으로부터 독립적으로 의사 결정을 하는 것이다. 행정위원회의 하나로서 독립적인 기관을 설치하고 교육행정을 담당함으로써 수장의 권한 집중을 방지하고 중립적이고 전문적인 행정 운영을 담보한다.

둘째, 여러 사람들이 결정을 내리는 합의제 조직이다. 다양한 특성을 가진 여러 위원들이 합의하여 다양한 의견과 입장을 집약한 중립적인 의사 결정을 한다.

셋째, 주민에 의한 의사 결정이다. 주민이 전문적인 행정직원으로 구성되는 사무국을 지휘 감독하는 이른바 민중통제(layman control) 구조로, 전문가의 판단에만 의하지 않고 널리 지역주민의 의향을 반영한 교육행정을 실현하는 것이다.

(2) 교육위원회의 구조와 기능

교육위원회는 지역의 학교교육, 사회교육, 문화, 스포츠 등에 관한 사무를 담당하는 기관으로서 모든 도도부현 및 시정촌에 설치되어 있다. 앞에서 언급한 바와 같이 행정기관의 장(수장)으로부터 독립된 행정위원회로 위치하고 있다. 교육위원회는 교육행정의 중요 사항과 기본 방침을 결정하고 그 내용을 바탕으로 교육장이 구체적인 사무를 집행한다. 월 1~2회 정례회 외에 임시회와 비공식 협의회를 개최한다.

교육위원은 일반 시민(지역주민)이 맡고 있으며, 비상근이기 때문에 월 1~2회 회의에 참석한다. 일상적으로는 교육장을 톱으로 하는 교육위원회사무국이 실무를 도맡고 있다. 이 사무국까지 포함해서 광의의 교육위원회라고 부른다. 또한 교육장과 교육위원회(원칙 4명)로 구성되는 합의체만을 가리키고, 협의의 교육위원회라고 부르기도 한다.

교육위원회사무국은 교육장이 통괄적 지휘 감독을 한다. 사무국에서 일하는 직원은 교육위원회에 채용된 교원 출신자와 행정기관의 장(수장) 부서에서 교육위원회로 파견된 일반행정직원이 대부분이다. 교원 출신자는 학교에 대한 지도·조언 및 교원 인사 등 교육의 내용과 인사에 관한 업무에 종사하는 경우가 많다. 반면, 행정직원 출신자는 예산, 급여, 시설 설비 등의 총무·재무 등에 관한 업무를 담당한다. 교육장 및 교육위원은 지방자치단체의 장이 의회의 동의를 얻어 임명한다. 임기는 교육장은 3년, 교육위원은 4년이며, 연임도 가능하다.

교육위원회의 사무 내용은 ① 학교교육의 진흥(학교의 설치관리, 교직원의 인사 및 연수, 아동·학생들의 취학 및 학교 조직 편제, 학교 시설·설비의 정비, 교과서와 기타 교재의 취급에 관한 사무 처리), ② 평생학습·사회교육의 진흥(평생학습·사회교육 사업의 실시, 공민관, 도서관, 박물관 등의 설치 관리, 사회교육 관계 단체 등에 대한 지도, 조언, 지원), ③ 예술 문화의 진흥, 문화재 보호(문화재 보존과 활용, 문화 시설의 설치 운영, 문화 사업의 실시), ④ 스포츠의 진흥(지도자의 육성, 확보, 체육관, 육상 경기장 등 스포츠 시설의 설치 운영, 스포츠 사업의 실시, 스포츠 정보의 제공) 등이다.

(3) 새로운 교육위원회제도

지금까지 교육위원회를 둘러싼 과제로서 ① 교육위원장과 교육장 중 책임자가 누구인지 이해하기 어렵다, ② 교육위원회의 심의가 형해화(形骸化)되고 있다, ③ 왕따·이지메 등의 문제에 대해 신속하게 대응하지 못하고 있다, ④ 지역주민의 민의가 충분히 반영되지 않는다, ⑤ 지방교육행정에 문제가 발생할 경우 국가가 최종적으로 책임을 다할 수 있도록 할 필요가 있다 등이 있었다.

이러한 교육행정에 대한 책임의 명확화를 촉구하는 소리가 커지고, 교육위원회 제도의 재검토에 착수하여 2014년 「지방교육행정의 조직 및 운영에 관한 법률」의 개정에 따라 교육위원회제도 개혁이 이루어졌다. 교육위원회제도 개혁의 내용은 다음과 같다.

① 교육행정 책임 체제의 명확화, ② 교육위원회 심의의 활성화, ③ 신속한 위기관리체제의 구축, ④ 지역의 민의를 대표하는 지자체 수장과의 연계 강화, ⑤ 왕따·이지메에 의한 자살 등이 일어난 후에도 재발방지를 위해 국가가 교육위원회에 지시할 수 있음을 명료화한 것이다.

이 제도 개혁의 핵심은 교육위원회가 계속 교육행정에 관한 결정 권한을 가진 집행기관으로서 일정한 독립성을 유지하면서 정치적 중립성을 확보한 것이다. 이번 교육위원회제도 개혁의 주요 변경 사항으로 다음 네 가지를 들 수 있다.

첫째, 교육위원장과 교육장을 일원화시켜 교육장을 교육위원회의 대표자(회의 주재자, 구체적인 사무집행 책임자, 사무국의 지휘감독자)로 하는 것이다. 또한 지자체 수장이 직접 교육장을 임명하게 됨에 따라 임명책임을 명확히 하는 것이다.

둘째, 교육위원회 심의의 활성화를 도모하기 위하여 교육장에 대한 체크 기능을 강화하고 교육위원회 회의를 투명화한 것이다. 교육장의 판단으로 교육위원에게 신속한 정보 제공 및 회의 소집 실현을 도모하고, 교육장에 대한 체크 기능을 강화하기 위해 교육위원 정원의 3분의 1 이상으로 회의 소집을 청구할 수 있게 되었다.

셋째, 교육행정의 기본방침을 정하는 대강을 책정할 수 있는 권한을 교육위원회에서 지자체 수장으로 옮기고 지자체 수장의 권한을 강화시켰다. 이는 지방자치단체의 교육정책에 대한 방향성을 명료화시키는 것이다.

넷째, 교육행정의 대강 책정, 교육여건 정비 등에 관해서 지자체 수장과 교육위원회가 협의·조정을 하는 종합교육회의를 모든 지방공공단체에 설치한다. 종합교육회의는 지자체 수장이 소집한다. 이는 지자체 수장의 교육행정에 대한 책임과 역할을 명확화시키고, 지자체 수장과 교육위원회가 협의·조정을 수행함으로써 양자가 공유하고 일치된 교육정책의 방향성을 집행할 수 있도록 하려는 것이다.

이처럼 새로운 교육위원회제도는 기존의 교육위원회제도를 존속시키면서 책임의 명확화와 정치적 중립성을 확보하였으나, 실제 운용에 있어서는 과제도 많을 것이다.

3. 일본 교원양성제도

1) 교원양성제도의 경위

일본의 교원양성은 제2차 세계 대전 전에는 사범학교(초등학교 교원양성)나 고등사범학교(구제 중학교 교원양성) 등 교원양성을 목적으로 하는 전문학교에서 실시하는 것이 기본이었다. 그러나 제2차 세계 대전 후 폭넓은 시야와 고도의 전문적 지식·기능을 갖춘 다양한 인재가 교육계에 요구되었다. 이에 따라 교원양성의 교육은 대학에서 실시('대학에서의 교원양성'의 원칙)하게 되었고, 국립·공립·

사립에 관계없이 교원면허장(교사자격증) 취득에 필요한 단위(학점)의 관계 과목을 개설하고 학생에게 이수시키며 제도상 평등하게 교원양성에 관여할 수 있게 되었다('개방제 교원양성'의 원칙).

즉, 유치원부터 고등학교까지 모든 교사를 대학에서 양성하는 것이고, 교원양성은 사범학교와 같은 특정 학교에 한정하지 않고, 국립·공립·사립 모든 대학(또는 준하는 기관)에서 「교육직원면허법」(1949년)에서 규정하는 소요 단위를 수득하면 면허장을 취득할 수 있는 제도이다. 실제 초등학교 교사는 국립의 교육대학·학부에서 대부분 양성되고, 일반대학에서 중학교 교사의 일부와 고등학교 교사가 양성되고 있다.

국립의 교육대학·학부는 각 도도부현에 설치되고 그 교육연구조직은 과정·학과목제를 취하고 있다. 과정에는 초등학교, 중학교, 고등학교, 맹학교, 농아학교, 양호학교, 유치원의 교원양성과정, 또한 특별교과교원양성과정(교과목)이 있고, 초·중·양호학교 교원양성과정은 대부분의 국립 교육대학·학부에 설치(교원양성대학·학부라고 부름)되어 있다. 한편, 일반대학에서의 교원양성은 과정인정제도를 취하고 있고, 문부과학성의 인정을 받은 교직과정을 갖춘 대학에서 실시되고 있다.

전쟁 이후 대학에서의 교원양성이 기본원칙이 되었지만, 더욱더 교원양성을 위한 대학원(석사과정)의 설치가 추진되었고 1990년대 중반까지 모든 국립 교육대학·학부에 대학원이 설치되었다. 또한 전문직으로서의 교사는 대학에서의 준비교육만으로 충분히 양성되는 것이 아니라 재직기간 동안 끊임없이 직능성장을 성취하는 것이 바람직하다고 하여 현직교육으로서 교원 연수가 체계화되고 1988년 초임자 연수제도가 창설되었다. 초임자는 1년간을 원칙으로 학급 또는 교과를 담당하면서 지도교원에 의한 지도를 중심으로 하는 교내 연수와, 교육센터 등에서의 교외 연수를 받아야 한다. 그 이후 5년째, 10년째, 20년째에 교직경험자 연수, 교감·교장 연수 등이 실시된다. 이 밖에도 학교 이외에 다양한 직장체험을 경험하는 장기사회체험 연수, 대학원수학휴업제도도 마련되었다.

최근에는 사회의 큰 변동 속에서 여러 가지 전문적 직종이나 영역에 있어서 대학원 단계로 양성되는 보다 고도의 전문적 직업능력을 갖춘 인재가 요구되고 있다. 교원양성분야에서도 대학원의 기능을 정리하고 전문직대학원제도를 활용한 교원양성교육의 개선 및 충실을 도모하기 위해 교원양성에 특성화된 전문직대학원, 즉 '교직대학원제도'(2008년)가 창설되었다. 교사로서 필요한 자질 능력을 유지하기 위해 정기적으로 최신 지식기능을 몸에 익히면서, 자신감과 자부심을 가지고 교단에 서서 사회의 존엄과 신뢰를 받는 것을 목적으로, 교원면허장을 일정 기간마다 경신해야 하는 '교원면허경신제도'(2009년)가 도입되었다.

2) 교원양성제도의 과제

앞에서 제시한 대학에서의 교원양성 원칙과 개방제의 교원양성 원칙은 질이 높은 교사의 양성이나 학교교육의 보급·충실, 사회발전 등에 큰 기여를 해 왔지만, 오늘날 대학의 교원양성과정(이하 교직과정이라고 함)은 다음과 같은 과제를 안고 있다.

첫째, 최소 필요한 자질 능력에 대한 이해가 불충분하다. 1999년 교육직원양성심의회 제3차 답신에서 각 대학이 양성하려고 하는 교사상을 명확하게 갖추는 것이 필요함을 제기하였지만, 현장에서는 교원양성에 대한 명확한 이념(교사상)이 확립되지 않은 대학이 있는 등 교직과정의 이수를 통해서 몸에 익혀야 하는 최소 필요한 자질 능력에 대한 이해가 미흡하다.

둘째, 교직과정의 조직편성이나 커리큘럼 편성이 불충분하다. 교직과정이 전문가인 교원양성을 목적으로 한다는 인식이 대학교원 간에 공유되어 있지 않기 때문에, 실제 과목 설정에 있어서 면허법에서 정하는 교과 및 교직에 관한 과목의 취지가 충분히 반영되어 있지 않아 과목 간의 정합성·연속성을 도모되지 않는 등 교직과정의 조직편성과 커리큘럼 편성이 충분히 정비되고 있지 않다.

셋째, 실천적 지도력의 육성이 불충분하다. 대학 교원의 연구영역의 전문성에 치우치고 있는 수업이 많고, 학교 현장이 안고 있는 과제에 충분히 대응하고 있지 않다. 또한 지도방법이 강의 중심이라 연습이나 실습 등이 불충분하고, 교직경험자가 수업을 맡고 있지 않는 등 실천적 지도력의 육성이 미흡하다.

교원면허제도에 대해서도 지금까지 면허장의 재검토나 교직 과목의 충실함 등 순차적으로 개선과 충실함을 도모하여 왔다. 그러나 교원면허장이 교사로서 최소

한으로 필요한 자질 능력을 보장하는 것으로 평가되고 있지 않는 등 여러 제도적 과제가 생기고 있다. 특히 학교교육을 둘러싸고 전문적 지식이나 기능만으로는 대응할 수 없는 본질적인 변화가 항상적으로 생기고 있어, 교원면허장이 보장하는 자질 능력과 현재 학교교육이나 사회가 교사에 요구하는 자질 능력과의 사이에 괴리가 생기고 있다.

3) 교원양성제도의 개혁

(1) 교원을 둘러싼 현상

오늘날 교사를 둘러싼 상황은 크게 변화하고 있고 교사의 자질 능력이 새삼스레 재검토되고 있다. 교사를 둘러싼 상황의 변화에는 여러 가지 요인·측면이 있지만 대체로 다음과 같다.

첫째, 사회구조의 급격한 변화에 대한 대응이다. 사회의 변화에 신속하고 적절하게 대응하기 위해서는 고도의 전문적 지식·기능을 습득하고 적시에 쇄신하는 등 교사에 요구되는 자질 능력의 유지·향상을 도모하는 것이 필요하다.

둘째, 학교와 교원에 대한 높은 기대감이다. 가정이나 지역의 교육력이 저하되고 있어 학교와 교원에게 아이들의 기본적인 생활습관 육성 등의 기대가 과도하게 집중되고 있다. 또한 교사에게 일정한 눈에 보이는 교육성과가 요구되는 경향이다. 학교와 가정, 지역 사회와의 역할 분담에는 여러 의견이 있지만, 사회전체가 아이들의 교육을 지원하는 것이 중요하다. 이러한 의미에서 학부모와 지역주민의 학교 운영에 대한 참여와 이해 및 협력을 얻으면서 교육활동을 추진하는 등 학교와 교사가 가정과 지역 사회의 의향에 부응하며 직무를 수행하는 것이 요구되고 있다.

셋째, 학교교육에 관한 과제의 복잡화·다양화이다. 지역 사회와 아이들의 변화 등을 배경으로 학교교육의 과제도 더욱 복잡화·다양화되고 있다. 예를 들면 아이들의 학습 의욕, 학력, 체력의 저하와 사회성이나 커뮤니케이션 능력 등의 부족, 등교거부나 교내폭력 문제, LD(학습장애), ADHD(주의력결핍 과잉행동장애)에 적절한 지원을 하는 것 등이다.

넷째, 교육에 대한 신뢰의 저하이다. 아이들에 대한 이해 부족, 교직에 대한 열정과 사명감의 저하가 지적되고 있다. 이른바 지도력 부족 교사가 해마다 증가하고 있어 일부 교사에 의한 좋지 못한 사건도 계속 생기고 있다. 이러한 문제는 일부 교사의 문제라 할지라도 학부모와 지역주민의 비판의 대상이 되고 교사 전체에 대한 사회의 신뢰를 떨어뜨리는 요인이 된다.

다섯째, 교사의 업무 과다와 동료 의식의 희박화이다. 사회변화에 대한 대응과 기대치의 상승 등으로 많은 업무를 맡아 날마다 교사로서의 사명을 다하는 것에 전념할 수 없고, 다망감을 갖거나 스트레스를 느끼는 교사가 많다. 교과지도, 학생지도 등 교사로서의 직무를 수행하기 위해 교사 간의 서로 배움과 지원, 협동이 중요하지만, 학교가 하나의 조직체라는 인식이 희박해지고 있다.

여섯째, 퇴직자의 증가에 따른 양과 질의 확보이다. 대량 채용시기의 세대가 퇴직기를 맞이함에 따라 양과 질의 양면에서 우수한 교사를 양성·확보하는 것이 대단히 중요한 과제가 되고 있다.

(2) 교원에 요구되는 자질 능력

교사에 요구되는 자질 능력에 대해서는 지금까지 심의회에서 제언을 해 왔다. 교육직원양성심의회 제1차 답신(1997년)에서는 어느 시대에서나 요구되는 자질 능력과 변화의 시대에 아이들이 살아가는 힘을 육성하는 관점에서 특히 요구되는 자질 능력에 대해서 다음과 같이 제시하였다.

① 어느 시대에서나 요구되는 자질 능력

교육자로서의 사명감, 인간의 성장·발달에 대한 깊은 이해, 유아·아동·학생에 대한 교육적 애정, 교과에 관한 전문적 지식, 넓고 풍부한 교양, 이것들을 기반으로 한 실천적 지도력 등이다.

② 향후 특히 요구되는 자질 능력

지구적 시각에서 행동하기 위한 자질 능력(지구, 국가, 인간 등에 관한 적절한 이해, 풍부한 인간성, 국제사회에서 필요로 하는 기본적 자질 능력). 변화의 시대를 살아갈 수 있는 사회인에 요구되는 자질 능력(과제 해결 능력, 인간관계에 관한 자질 능력, 사회의 변화에 적응하기 위한 지식 및 기술),

교사의 직무에 있어서 필연적으로 요구되는 자질 능력(유아·아동·학생이나 교육의 방향에 관한 적절한 이해, 교직에 대학 애착, 자량, 일체감, 교과지도, 학생지도 등을 위한 지식, 기능 및 태도)이다.

③ **자신감이 있는 분야를 갖추고 개성이 풍부한 교사**

획일적인 교사상을 요구하는 것을 피하고 생애에 걸쳐 자질 능력의 향상을 도모한다는 것을 전제로, 모든 교사에게 공통적으로 요구되는 기초적·기본적인 자질 능력을 확보하는 동시에 적극적으로 개인의 자신감이 있는 분야를 만들고 개성의 신장을 도모하는 것이다.

한편, 교육직원양성심의회 답신 '새로운 시대의 의무교육을 창조한다'(2005년)에서는 훌륭한 교사의 조건에 대해서 다음과 같은 세 가지 요소를 제시하고 있다.

① **교직에 대한 강한 열정**

교사의 업무에 대한 사명감이나 자랑, 아이들에 대한 애정이나 책임감 등이다.

② **교육의 전문가로서의 확실한 역량**

아이들에 대한 이해력, 학생지도력, 집단지도력, 학급 만들기의 힘, 학습지도·수업 만들기의 힘, 교재 해석력 등이다.

③ **종합적인 인간성**

풍부한 인간성이나 사회성, 상식과 교양, 예의범절을 비롯한 대인관계 능력, 커뮤니케이션 능력 등 인격적 자질, 교직원 전체와 동료로서 협력하는 것이다.

교직은 날마다 변화하는 아이들의 교육에 종사하여 아이들의 가능성을 여는 창조적인 직업이기 때문에, 교사는 항상 연구와 수양에 매진하는 등 전문성을 신장하는 노력이 필요하다. 교사를 둘러싼 사회 상황이 변화하고 학교교육이 안고 있는 과제도 복잡·다양화되고 있어서 끊임없이 최신의 전문적 지식과 지도기술 등을 몸에 익히는 것이 요구되고 있다.

(3) 교원양성제도의 개혁

사회의 변동이나 학교교육이 안고 있는 과제가 복잡화·다양화되는 가운데 교사에 대한 흔들리지 않는 신뢰를 확립하기 위해서는 양성단계부터 그 이후의 교직생활까지를 하나의 과정으로 파악하여 그 전체를 통해서 교사로서 필요한 자질능력을 확실히 유지하기 위해 필요한 시책을 종합적으로 강구하는 것이 중요하다.

이러한 관점에서 교원양성제도 또한 교원면허제도에 관한 개혁으로 ① 교직과정의 질적 수준의 향상, ② 교직대학원제도의 창설, ③ 교원면허경신제의 도입 등이 추진되었다.

① 교직과정의 질적 수준의 향상

약 800개 대학(대학원 포함)의 단기대학에 교직과정을 설치하고 있지만 현장에서는 학부단계의 교원양성이 중심이다. 기존의 교직과정, 특히 학부단계의 교원양성교육의 개선과 충실함을 도모하는 것이 중요하다. 학부 졸업단계에서 교사로서 필요한 자질 능력(교직과정의 개개의 과목 이수에 따라 수득한 전문적인 지식·기능을 기초로 하여 교사로서의 사명감이나 책임감, 교육적 애정을 갖추고 학급이나 교과를 담임함으로써 교과지도, 학생지도 등의 직무를 현저한 지장이 생기지 않고 실천할 수 있는 자질 능력을 말함)을 확실히 몸에 익히고 학교 현장에 보내는 것이 원래 교직과정에 기대되는 역할이다.

② 교직대학원제도의 창설

사회구조의 변화나 학교교육이 안고 있는 과제의 복잡·다양화에 따라 보다 고도의 전문성과 풍부한 인간성과 사회성을 갖춘 역량 있는 교사가 요구되고 있다. 이러한 요청에 부응하기 위해 고도전문직업인 양성에 특성화된 전문직대학원제도를 활용하여 수준이 높은 교원양성교육을 실시한다. 이것은 교직과정 개선 모델을 제시하며 기존 교직과정의 개선과 충실함을 촉진하는 것이다.

③ 교원면허경신제도의 도입

학교교육이 안고 있는 과제가 항상적으로 변화하고 있어서 양성단계에서 몸에 익혔던 교사로서 필요한 자질과 능력을 교직생활 전체를 통해서 유지시키는 필요성이 높아지고 있다. 교원면허장을 취득한 이후에도 계속 요구

되는 교사로서 필요한 자질 능력이 유지될 수 있도록 제도적인 조치를 마련
하기 위해 교원면허경신제가 도입되었다. 이것은 양성단계를 수료한 이후
에도 교사로서 필요한 자질과 능력을 보장하려고 하는 것이다.

(4) 교직대학원제도의 창설

문부과학성 중앙교육심의회는 교사에 대한 보다 고도의 전문성을 요구하는 사
회적 요청에 부응하기 위해 교원양성을 대학원으로 이행하는 것에 관한 심의를
실시하였다. 2007년 3월 문부과학성에서 '교직대학원의 설립에 관한 성령 등'이
공포되고, 2008년 4월 교직대학원이 개설되었다.

교직대학원은 ① 학부단계에서의 자질 능력을 습득한 사람 중 더욱더 실천적인
지도력·전개력을 갖추고 새로운 학교 만들기의 유력한 일원이 되는 신임교사의
양성, ② 현직교사를 대상으로 지역이나 학교에서 지도적 역할을 다하는 교사로
서 불가결하고 확실한 지도이론과 실천력·응용력을 갖춘 스쿨리더(중심이 되는
교사)의 양성을 주요한 목적·기능으로 하고 있다.

또한 실천적 지도력의 육성에 특화된 교육내용, 사례연구, 모의수업 등 효과적
인 교육방법, 이러한 지도를 실시하기에 걸맞은 지도체제 등 역량이 있는 교원양
성을 위한 모델을 제도적으로 제시함에 따라 학부단계 및 석사과정 등 기타 교직
과정에 대해서 보다 효과적인 교원양성을 촉진하는 것이 기대되고 있다.

교직대학원의 표준 수료 연한은 2년이다. 그러나 각 대학원의 판단으로 현직교
사의 이수 편의를 배려하여 단기이수코스(1년)나 장기재학코스(3년)의 개설도 가
능하다. 또한 교원면허장 미취득자를 대상으로 교직대학원에 재학함으로써 병행
해서 일종면허장의 취득에 필요한 학부의 교직과목을 이수할 수 있는 코스가 개
설되어 있는 대학도 있다.

수료요건은 연구자양성을 목적으로 하지 않고 고도전문직업인으로서의 교원양
성·연수에 특화된 교육을 실시한다는 과정의 목적을 감안하여, 2년 이상 재학하
여 45학점(10학점 이상은 학교실습이 의무화되고 있음) 이상 취득해야 한다. 즉,
연구지도 등을 필요로 하지 않고 일정기간의 재학 및 필수 학점의 취득만으로 충
분한 것이다. 수료하면 전문직 학위로서 '교직석사(전문직)'가 수여되고, 대학원

석사과정 수료 정도에 따라 수여되는 '전수면허장'을 취득할 수 있다.

각 교직원대학에 공통되는 커리큘럼의 영역(체계적·공통적으로 개설해야 하는 수업과목)이 제도상 명확화되고 있는 동시에 사례연구, 수업관찰·분석, 필드워크 등을 적극적으로 도입한 지도방법으로 이론과 실천의 융합을 도모하는 교육을 실시하고 있다. 공통적으로 개설해야 하는 수업과목의 영역은 ① 교육과정의 편성·실시에 관한 영역, ② 교과 등의 실천적인 지도방법에 관한 영역, ③ 학생지도, 교육상담에 관한 영역, ④ 학급경영, 학교경영에 관한 영역, ⑤ 학교교육과 교사의 모습(자세)에 관한 영역이다.

전문분야에 관하여 고도의 지도능력이 있는 전임교원을 일정 배치하여 필요한 전임교원 수의 40% 이상을 고도의 실무능력을 갖춘 교원으로 하는 것이 의무화되고 있다. 또한 교직대학원의 경우 장기간에 걸친 실습이나 현지조사 등 학교현장을 중요시한 실천적인 교육을 추진하기 위해 일반 초등학교·중학교와 연계협력관계를 맺을 것을 의무화하고 있다.

(5) 교원면허경신제의 도입

교원면허경신제에 관한 논의는 1983년 자민당 문교제도조사회에 의한 '교원양성, 면허 등에 관한 제언'이 시초가 되었다. 이 제언에서는 교원면허장에 유효기한을 두고 경신 연수를 의무화하는 내용이 검토되었다. 이 교원면허경신제가 구체화되는 계기는 2000년경부터 학력저하 논쟁, 교사의 질 문제(문제교사) 등을 보고 교육에 관심을 가지고 있었던 아베 정권 때 결성된 교육재생회의가 교원면허경신제를 제언한 것이다. 이후 2007년 6월 「교육직원면허법」 개정에 따라 2009년 4월부터 도입되었다.

교원면허경신제의 장단점을 보면, 먼저 장점은 일정 기간마다 교사가 기술이나 지식을 획득하는 기회를 얻을 수 있어서 교사의 레벨이 높아지는 것이다. 또한 교사에 적격하지 않은 사람, 교사답지 않은 사람을 배제하여 교사의 질을 일정 이상 유지하기 위해 필요한 것이다. 한편, 단점으로는 교육서비스의 레벨 저하를 초래할 가능성이 있다는 것이다. 현장교사가 면허경신강습을 위해 직장에서 수십 시간 비워 두는 것은 그 교사가 분담하고 있었던 업무를 못 하게 되고, 또한 수업 준비, 교재연구, 교무분장, 학생지도 등의 시간이 감소하여 교육서비스의 레벨이 저하될 가능성이 있다는 것이다.

면허장경신강습은 문부과학대신의 인정을 받은 대학 등(대학이나 대학과 연계 협력하여 교육위원회 등이 개설하는 강습을 국가가 인정)이 개설하는 최신 지식이나 기능의 취득을 목적으로 하는 강습을 말한다. 면허장경신강습의 내용은 크게 두 가지 영역으로 분류되고 있다. 하나는 교직에 대한 성찰 및 아이들의 변화, 교육정책의 동향 및 학교 내외에서의 연계 협력에 대한 이해 등이다. 이것은 모든 수강자가 수강하는 필수영역으로 구성된다.

또 하나는 교과지도, 학생지도, 기타 교육의 충실함에 관한 내용이다. 학교와 교과에 대한 내용을 채택한다. 각 교과의 지도방법이나 그 배경이 되는 전문적 내용, 학생지도 등 유아·아동·학생에 대한 지도력에 관련된 각론적인 내용(사명 감이나 책임감을 가지고 지도를 실천할 수 있는 역량, 필요한 자질 능력을 쇄신하는 내용)을 중심으로 구성된다.

경신강습(비용은 개인부담)은 면허유효기한(10년간, 유효기한이 없는 구면허 장을 소지한 현직교사는 수료확인기한까지) 내에 2년간 30시간 이상을 선택·수강하여 수료 인정을 받아야 한다. 이 가운데 ① 교육의 최신 동향에 대해서는 12시간 이상, ② 교과지도, 학생지도, 기타 교육의 충실함에 관한 사항은 18시간 이상 각각 수강·수료해야 한다. 강습의 실시 형태는 강의만이 아니라 사례연구, 지도안의 작성, 모의수업 등이다. 경신강습의 실시주체가 시험을 실시하여 면허장경신강습규칙에서 정하는 도달목표에 해당하는 내용을 적절하게 이해하고 있는가를 확인하여 수료를 인정한다. 경신의 요건에 도달하지 못한 경우에는 면허장의 효력을 상실하지만, 다시 강습을 수강·수료하면 면허장을 수여 받을 수 있다.

제3절 일본 일관학교 도입 배경 및 현황

1. 일관교육의 추진 배경

저출산, 정보화, 글로벌화, 지역 커뮤니티의 약체와 핵가족화의 진행 등 아동·학생들을 둘러싼 사회의 변화로 인해 아동·학생들에 대한 과제가 다양화 및 복잡화되고 있다. 다양하고 복잡한 아동·학생들의 과제에 대응하기 위해 학교 단계 간의 원활한 접속·연계를 도모하여 과제를 해결하는 것이 요구되고 있다. 이러한 관점에서 지금까지 유아교육과 초등학교 교육의 접속(유·초접속), 중·고 일관교육에 대한 검토 및 제도화가 진행되어 왔다. 이들은 아동·학생들에 대한 교육을 각 학교 단계 내에서 완결하는 것이 아니라 학교 간 연계를 추진함에 따라, 교직원이 학교 단계 간에 걸친 교육을 전망하고 학교가 직면하고 있는 과제 해결과 학교교육의 질 향상을 도모해 나가는 것이 요구되었다(中央教育審議会初等中等教育分科会, 2012).

과소 지역에서는 초등학교, 중학교가 공동으로 학교시설을 활용하는 초·중 병설학교가 존재한다. 이러한 형태의 학교에서는 일부 행사 등을 초·중학교 합동으로 실시하고, 교장도 초·중학교 겸임의 경우가 많다. 이러한 초·중 병설학교와 달리 최근 지방자치단체에서는 공립 초등학교와 중학교를 통합하여 교육하는 초·중 일관교육을 확대·추진하고 있다.

공립의 초·중 일관교육은 2000년 히로시마현 구레시(広島縣 吳市)의 실천이 시초가 되었다. 시내 초등학교 2개교와 중학교 1개교가 문부성의 '연구개발학교'로 지정되어 의무교육 9년간을 일관하는 교육과정 개발을 추진하여 초·중 일관교육의 원형(실천모델)을 만들어 냈다. 2003년부터는 정부에 의한 '교육의 구조개혁특별구역'(교육특구) 제도를 추진하여, 문부과학성은 학습지도요령 기준에 따르지 않은 교육과정의 편성·실시를 위해 '구조개혁특별지역 연구개발학교설치사업'을 제도화시켰다. 이 제도를 활용해서 전국 31개 지방자치단체에서 초·중 일관교육에 관한 연구·실천이 추진되었다.

연구개발학교와 교육특구의 초·중 일관교육에 관한 연구·실천 성과를 바탕으로 중앙교육심의회는 답신 '새로운 시대의 의무교육을 창조한다'(2005년 10월 26일)에서 초등학교와 중학교 간의 연계·접속을 개선하기 위한 논의를 시작하였으며, 특히 9년 일관제 '의무교육학교제도' 신설과 교육과정 구분의 탄력화 등에 대한 검토의 필요성을 강조하였다. 또한 정부 교육재생회의 제3차 보고(2007년 12월 25일)와 '교육진흥기본계획'(2008년 7월 1일)에서도 아동·학생의 발달에 맞는 교육과 학력 향상 대책을 위해 '6−3−3−4제' 탄력화와 초·중 교육과정 편성의 특례 등 초·중 일관교육의 추진 및 제도화의 검토를 시작하였다.

　학교 간의 연계·접속이 이루어지게 된 배경은 현행 학제가 학생들의 성장 발달의 실태에 맞지 않는다는 것이다. 문부과학성이 실시한 '학교교육에 관한 의식조사'(2003년)와 '의무교육에 관한 의식조사'(2005년)의 결과에 따르면, 현행 학제가 시작된 1948년과 비교해 볼 때 신체적 발달이 2~3세 정도 빨라지고, 중학교 단계로 가면 '수업 이해도', '학교생활의 즐거움' 등에 대해 부정적인 대답을 하는 학생 비율이 증대하는 경향이 나타났다.

　여기서 나타나는 과제가 통칭 '중1갭'이라고 부르는 초등학교와 중학교와의 접속관계의 과제이다. 이 '중1갭'과 함께 착안되어 있는 현상이 '초1문제(초등학교 1학년의 어려운 점)'이다. 이것은 유치원에서 초등학교에 입학하는 아이들이 학교생활 준비가 철저하지 못하여 발생하는 현상에 착안하고 있으며, 취학한 아동이 집중하지 못해 학습을 하지 못하는 상황을 말한다. '중1갭'과 '초1문제'는 학교 단계 간의 접속관계에 관심을 두는 현상이지만 동일한 것이 아니다. '중1갭'은 등교거부가 초등학교 6학년에서 중학교 1학년으로 이행할 때 격증하는 현상에 착안하여, 초등학교의 지도문화와 중학교의 지도문화의 차이나 갭에 착안하고 있는 것이다. 한편, '초1문제'는 유치원 재원 시 자유보육 등의 보육환경에서 성장해 온 아이들이 초등학교 진학 후 집단 규율 등에 익숙해지지 못하는 현상에 착안하고 있는 것이다. 이렇게 초·중 일관교육의 실천은 초등학교의 지도문화와 중학교의 지도문화의 차이나 완화를 의도한 것이며, 특히 시설 일체형 초·중 일관학교의 경우에는 동일 건물에 초·중학교 교직원이 함께 활동하기 때문에 그 효과가 기대된다(葉養正明, 2009 : 51~52).

이상과 같이 초·중 일관교육이 추진된 배경을 정리하면 첫째, 초등학교와 중학교 간의 학습지도와 생활지도 등 학교문화의 차이에서 생기는 다양한 과제 해결, 둘째, 시대와 사회 변화 및 아동·학생의 성장발달에 맞는 새로운 학제 체계와 교육과정의 탄력화, 셋째, 학력향상을 위한 초등학교와 중학교 간의 지식·기능 습득의 접속, 넷째, 학생지도 연계성의 과제 부각 등이다. 이러한 학생의 발달·지도상의 과제에 대한 대응만이 아니라, 학력격차에 대한 대응, 학교규모에 대한 대응, 공립학교의 다양화를 도모하는 교육개혁에 대한 대응 등 일관교육의 추진 배경은 다양하다.

2. 초·중 일관교육의 제도화

초·중 일관교육에서는 초·중학교가 별도의 조직으로서 설치되었으며, 교육주체, 교육활동, 학교 매니지먼트의 일관성 확보 등의 과제가 있었다. 또한 초·중 일관교육을 효과적·계속적으로 실시하기에는 일정 한계가 있었기 때문에 학교 현장에서도 의무교육학교의 제도화에 대한 요청이 나타났다.

문부과학성에서는 지역의 실정에 맞는 유연한 교육활동을 가능하게 하기 위해 제도 개정을 실시하여, 2016년 4월 1일부터 초·중 일관교육으로서 다음과 같은 형태의 학교 설치가 가능하게 되었다.

첫째, 의무교육학교이다. 의무교육학교의 특징은 ① 한 명의 교장 아래, 하나의 교직원 조직을 둔다. ② 의무교육 9년간의 학교교육 목표를 설정하고, 9년간의 계통성을 확보한 교육과정을 편성·실시한다. ③ 수업연한은 9년이며, 교육과정의 구분은 전기 6년간, 후기 3년간으로 한다. 기본적으로 각각 초등학교와 중학교의 학습지도요령을 준용한다. ④ 설치자의 판단으로 새로운 교과 등의 창설, 학년 단계 간·학교 단계 간에서 지도내용의 교체 등 일관교육 실시에 필요한 교육과정상의 특례 실시를 인정한다. ⑤ '4-3-2', '5-4' 등 유연한 학년 단계의 구분을 설정할 수 있다.

둘째, 중학교병설형초등학교·초등학교병설형중학교이다. 병설형 초·중학교의 특징은 ① 독립한 초·중학교가 통일 설치자 아래, 의무교육학교에 준하는 형태로 일관한 교육의 실시를 가능하게 한다. ② 의무교육학교와 같이 설치자의 판단으로 새로운 교과 등의 창설, 학교 단계 간에서의 지도내용의 교체 등 일관교육 실시에 필요한 교육과정상의 특례 실시를 인정한다. ③ 9년간 일관된 지도를 실시하거나 '4-3-2', '5-4' 등 유연한 학년 단계의 구분을 설정할 수 있다.

셋째, 중학교연계형초등학교·초등학교연계형중학교이다. 연계형 초·중학교의 특징은 ① 설치자가 별도의 초등학교와 중학교에서 일관성에 배려한 교육을 실시하기 위해 연계하면서 교육과정을 실시한다. ② 교육과정 특례에 대해서는 새로운 교과 등의 창설은 설치자의 판단으로 가능하다. 단, 학년 단계와 학교 단계를 넘은 지도내용의 교체를 실시하는 경우에는 '교육과정특례교'로서 문부과학성에 교육과정 특례에 관한 신청이 별도로 필요하다.

초·중 일관교육의 제도화에 따라 초·중 일관교육을 실시하는 학교는 '의무교육학교'와 '초·중 일관형 초등학교·중학교'로 구분된다. '의무교육학교'와 '초·중 일관형 초등학교·중학교'는 시설일체형, 시설인접형, 시설분리형이라는 시설의 형태는 묻지 않는다.

〈표 Ⅱ-1〉 초·중 일관교육에 관한 제도의 유형

구 분	의무교육학교	초·중 일관형 초등학교·중학교	
		중학교병설형초등학교 초등학교병설형중학교	중학교연계형초등학교 초등학교연계형중학교
설치자	–	통일 설치자	별도의 설치자
수업 연한	9년 (전기과정 6년 +후기과정 3년)	초등학교 6년, 중학교 3년	
조직·운영	교장 1명 하나의 교직원 조직	각각의 학교에 교장, 교직원 조직	
		초등학교와 중학교에 있어서 일관된 교육을 실시하기 위해서 알맞은 운영조직을 정비하는 것이 요건	중학교병설형초등학교와 초등학교병설형중학교를 참고로 적절한 운영체제를 정비할 것

구 분		의무교육학교	초·중 일관형 초등학교·중학교	
			중학교병설형초등학교 초등학교병설형중학교	중학교연계형초등학교 초등학교연계형중학교
조직·운영			예 ① 관련학교를 일체적으로 운영할 조직을 설치, 또한 학교 간의 종합적 조정을 담당할 교장을 정하고 필요한 권한을 교육위원회가 위임함 ② 학교운영협의회를 관계학교에 합동으로 설치, 일체적인 교육과정 편성에 관한 기본적인 방침을 승인하는 수속을 명확히 함 ③ 일체적인 매니지먼트를 가능하게 하는 관점으로부터 초등학교와 중학교의 관리직을 포함한 모든 교직원을 병임시킬 것	
면허(자격증)		원칙적으로 초등학교·중학교 양쪽의 면허장(자격증)을 병유 ※ 당분간은 초등학교면허장으로 전기과정 중학교면허장으로 후기과정의 지도가 가능	소속된 학교의 면허장(자격증)을 보유할 것	
교육과정		•9년간의 교육목표 설정 •9년간의 계통성·체계성이 배려된 교육과정의 편성		
교육과정의 특례	일관교육에 필요한 독자 교과의 설정	○	○	○
	지도내용의 교체·이행	○	○	×
시설 형태		시설일체형·시설인접형·시설분리형		

구 분	의무교육학교	초·중 일관형 초등학교·중학교	
		중학교병설형초등학교 초등학교병설형중학교	중학교연계형초등학교 초등학교연계형중학교
설치 기준	전기과정은 초등학교설치기준, 후기과정은 중학교설치기준을 준용	초등학교에는 초등학교설치기준, 중학교에는 중학교설치기준을 준용	
표준 규모	18학급 이상 27학급 이하	초등학교, 중학교 각각 12학급 이상 18학급 이하	
통학 거리	대략 6km 이내	초등학교는 대략 4km 이내, 중학교는 대략 6km 이내	
설치 수속	시정촌의 조례	시정촌교육위원회의 규칙 등	

[출처] 文部科学省(2018). 平生29年度文部科学白書, p.164.

3. 일관교육의 특징

1) 초·중 일관교육의 특징

초등학교와 중학교 사이에는 같은 의무교육이면서도 교육관(학력관, 학습지도관, 학생지도관 등)에 다양한 갭이 있으며, 그것이 아동·학생의 학습 부진이나 인간관계 부담의 요인이 된다. 이러한 아동·학생의 학습을 의무교육 9년간을 통해 재구성하여, 초등학교와 중학교 간의 불필요한 단계 차이 해소를 도모하고 원활한 접속과 연속성을 발휘시키는 것이 초·중 일관교육의 목적이다(山下政俊·黑見隆久, 2009).

이러한 일관교육의 목적을 달성하기 위해 전국의 학교 및 지방자치단체에서는 독자적인 실천을 추진하고 있다. 지금까지 '연구개발학교제도'와 '교육과정특례교제도'를 활용해서 교과의 신설이나 교육과정 기준의 특례로 초·중 일관교육을 실천하고 있다. 교육과정 기준의 특례로서 교과시수 삭감, 학교 및 지역의 특성을 살린 새로운 교과(예 '시민과', '커뮤니케이션과', '영어과' 등)를 신설·운영, 그리고 지도내용을 초등학교와 중학교 간 또는 학년 간에서 교체·이행하는 등의 실천이 이루어지고 있다. 한편으로 '연구개발학교제도'와 '교육과정특례교제도'를 활용하지 않아도 각 지방자치단체의 창의와 고안으로 현행 제도 범위 내에서 지역의 실정 및 아동·학생들의 발달과제에 적합한 교육과정을 편성하여 초·중 일관교육을 실천하고 있는 학교도 존재한다.

초·중 일관학교의 시설 형태는 일반적으로 '시설일체형 초·중 일관학교', '시설분리형 초·중 일관학교' 등으로 그 형태를 분류할 수 있다. 예를 들어, 도쿄도 시나가와구(品川区)의 경우 '시설일체형 일관학교'와 '시설분리형 연계학교'로 구분된다. '시설일체형 일관학교'의 학교시설은 신축 또는 기존 학교의 개축으로 정비한다. 한편, '시설분리형 연계학교'는 기존의 초·중학교 각각 학교시설, 조직, 운영을 유지하면서 근린 초등학교와 중학교가 연계하여 초·중 일관교육을 실시한다. 시나가와구 내 대부분 학교가 이 연계 형태이며 각 학교의 실태와 특색에 따라 ① 한 중학교와 한 초등학교의 연계, ② 한 중학교와 복수 초등학교의 연계, 이 두 가지 패턴의 양상이다. 연계 내용은 각 학교의 실태나 특색에 따라 결정되지만 정기적인 수업교류, 교원조직의 연계, 합동행사 등이다(梶川裕司, 2009 : 55~57).

시설의 일체형과 분리형에서는 다음과 같은 공통점과 차이점을 찾을 수 있다. 학교 경영 측면에서 초등학교와 중학교 각각에 관리직 배치, 학교 교육목표, 연구주제 등의 공유, 같은 중학교구로서의 학교 경영 등의 공통점이 있다. 한편, 학생 교류, 교직원 교류, 합동행사 실시 등에 있어서는 차이점이 있다. 먼저 학생 교류에 있어서 일체형은 연간을 통해서 계획적으로 실시할 수 있지만, 분리형은 방학 기간 등을 활용하는 방향이 필요하다. 교직원 교류에 있어서 일체형은 계획적 및 계속적으로 교류할 수 있지만, 분리형은 횟수에 한계가 있기 때문에 학교 간의 고안이 필요하다. 합동행사 실시에 있어서 일체형은 사전·사후 관리를 포함해서 계획 및 실시하기가 쉽지만, 분리형은 횟수에 한계가 있다.

각 학교의 실태와 특색에 따라 한 중학교와 한 초등학교의 연계, 한 중학교와 복수 초등학교의 연계 형태를 취하는 시설분리형 연계학교도 존재한다. 초등학교와 중학교가 각각 독립된 학교로 경영하는 것을 전제로, 교육목표와 커리큘럼의 공통부분을 협동·실천하는 초·중 연계교육이 이루어진다. 초·중 연계교육과 교육목표 및 커리큘럼을 함께 만들어 나가는 초·중 일관교육의 특징을 정리하면 다음 〈표 Ⅱ-2〉와 같다.

〈표 Ⅱ-2〉 초·중 일관교육과 초·중 연계교육의 특징

항 목	초·중 일관교육	초·중 연계교육
정의	의무교육의 초·중학교 9년간을 일관한 교육과정과 학교환경을 바탕으로 실시하는 것	학생, 교원의 교류나 합동 활동을 통해서 초·중학교 간의 원활한 접속을 도모하는 것
목적	초·중의 연속성 있는 교육활동의 충실	초·중학교 간의 원활한 접속
교육과정	9년간 일관된 교육과정	6·3제로 원활한 접속을 도모함
학교경영	일원적·일체적인 학교경영	초·중학교가 각각 경영
학생	학교생활을 함께 보냄	계획적으로 교류를 실시
교직원	하나의 학교 교직원으로서 학생 교육을 실시	각 학교에 재적하고 서로 연계·협력해서 학생 교육을 실시

[출처] 練馬区教育委員会(2008). 練馬区立小中一貫教育校設立に関する基本方針. p.4, https://www.city.nerima.tokyo.jp/kosodatekyoiku/kyoiku/gakko/ikkan/suisinhosin/secchi.files/2syou.pdf. (검색일 : 2018. 09. 23.)

초·중 연계교육은 말 그대로 초등학교와 중학교가 연계하여 실시하는 교육이고, 학생, 교원의 교류와 합동된 활동을 통해서 초등학교와 중학교 간의 원활한 접속을 목표로 하는 것이 특징이다. 한편, 초·중 일관교육은 초등학교와 중학교 간의 학교목표를 공유하여, 그 목표를 달성하기 위해 9년간의 연속된 교육과정을 편성하여 계통적인 교육을 실시하는 것이 특징이다.

2) 중·고 일관교육의 특징

중·고 일관교육은 중등교육을 다양화하고자 하는 원칙에 따라 학생 개개인의 개성을 더욱 중시하는 교육을 실현하는 차원에서 1999년부터 제도화한 학교 유형이다. 중·고 일관교육제도는 1997년 6월 중앙교육심의회 제2차 답신 '21세기를 전망한 우리나라 교육의 본연의 모습'에서 그 기본적인 생각이나 제도의 골격이 제시되었다. 도입 검토 결과 심신 발달의 성장이나 변화가 현저하게 민감한 시기에 있는 중등교육에 있어서 개개인의 능력·적성에 맞는 교육을 진행하기 위해 중학교 교육과 고등학교 교육을 6년간 일관해서 실시하는 데 있어 몇 가지 이점을 가지고 있는 중·고 일관교육의 기회를 학생들에게 폭넓게 제공하는 것이 바람직하고, 중·고 일관교육을 도입하는 것이 적당하다는 결론에 이르렀다. 중·고

일관교육의 이점은 다음과 같다. ① 고등학교 입학자 선발의 영향을 받지 않고 '여유' 있는 안정적인 학교생활을 보낼 수 있고, ② 6년간의 계획적·접속적인 교육지도를 전개할 수 있으며 효과적인 일관된 교육이 가능하고, ③ 6년간 학생을 계속적으로 파악함에 따라 학생의 개성을 신장하거나 뛰어난 재능을 발견할 수 있고, ④ 중학교 1학년부터 고등학교 3학년까지 이연령 집단에 의한 활동을 실시할 수 있으며 사회성이나 풍요로운 인간성을 보다 육성할 수 있는 것이다(中央教育審議会初等中等教育分科会, 2011, 1~2).

중앙교육심의회 제2차 답신의 제언이 나온 후 1998년 6월 「학교교육법 등의 일부를 개정하는 법률」이 성립되어, 1999년 4월부터 중·고 일관교육을 선택적으로 도입하는 것이 가능하게 되었다. 중·고 일관교육에는 다음의 세 가지 실시 형태가 있다(梶川裕司, 2009 : 57).

'중등교육학교'는 「학교교육법」에 규정되어 동일 시설 내에서 일관교육을 실시하는 형태이며, 초·중 일관교육의 시설일체형에 큰 형향을 미쳤던 학교이다. 중등교육학교의 교육과정에서는 전기과정은 중학교, 후기과정은 고등학교의 학습지도요령이 각각 준용되지만, 중·고 일관교육으로서 특색 있는 교육과정을 편성할 수 있게 예외적으로 인정되고 있다.

'병설형'은 중등교육학교와 같이 「학교교육법」의 규정에 따라 설치되는 학교이며, 동일한 설치자에 의한 중학교와 고등학교를 고등학교 입학선발을 실시하지 않고 접속하는 것이다. 교육과정도 중등교육학교와 같이 예외적으로 인정되고 있다. 예를 들어, 현(縣)이 현립 중학교와 현립 고등학교를, 시(市)가 시립 중학교와 시립 고등학교를, 학교법인이 사립 중학교와 사립 고등학교를 병설하는 경우가 해당된다.

'연계형'은 「학교교육법 시행규칙」을 근거로 설치가 인가되는 학교이다. 다른 기존의 시정촌립 중학교와 도도부현립 고등학교 간의 일관성 있는 교육을 실시하기 위해 해당 학교의 각 설치자 간의 협의에 기초하여 해당 중학교 및 고등학교가 연계해서 각각의 교육과정을 실시할 수 있는 것이다. 예를 들어, 시와 현, 시와 학교법인, 다른 두 가지 학교법인 등으로 실시하는 것을 생각할 수 있지만, 동일 설치자가 실시하는 것도 가능하다.

중등교육학교나 병설형 중학교의 경우는 취학 지정 대상이 되는 시정촌립 중학교와 별도로 설치된다. 따라서 그 통학 구역도 별도로 정하게 되고, 구체적으로 통학 구역을 어떻게 정하는가는 각 설치자가 설치하려고 하는 학교 수나 특색을 고려하여 판단하게 된다.

공립 중등교육학교의 학급편성이나 교직원 정원의 표준은, 현재 공립 초등학교와 중학교에 대해서는 「공립 의무교육 제학교의 학급편성 및 교직원 정원의 표준에 관한 법률」(이하 「의무표준법」으로 함)에 기초하여, 공립 고등학교에 대해서는 「공립 고등학교의 적정배치 및 교직원 정원의 표준 등에 관한 법률」(이하 「고교표준법」으로 함)에 기초하여 각각 학급편성 및 교직원 정원이 규정되어 있다.

중등교육학교는 앞에서 제시한 바와 같이 중학교 단계의 교육과 고등학교 단계의 교육을 일관하여 실시하지만, 전기과정·후기과정에 있어서 각각 중학교·고등학교와 같은 목적 및 목표의 달성에 노력하며, 각각 종래의 중학교·고등학교에 상당한다.

따라서 공립 중등교육학교의 학급편성 및 교직원 정원은 「의무표준법」과 「고교표준법」을 개정하여 전기과정은 중학교, 후기과정은 고등학교와 동등의 표준이 규정되어 있다. 중등교육학교 교직원 배치의 예를 제시하면 다음 〈표 Ⅱ-3〉과 같다.

〈표 Ⅱ-3〉 중등교육학교 교직원 배치 예 (단위 : 명)

규 모	전기과정(A)							후기과정(B)								중등교육학교(A+B=C)							
	교장	교감	교사	교원계	행정직원	보건교사	계	교장	교감	교사	교원계	실습조수	행정직원	보건교사	계	교장	교감	교사	교원계	실습조수	행정직원	보건교사	계
6학급 (중·고 각 3)	1	1	7	9	1	1	11	–	–	8	8	–	1	–	9	1	1	15	17	–	2	1	20
12학급 (중·고 각 6)	1	1	10	12	1	1	14	–	1	15	16	1	2	–	19	1	2	25	28	1	3	1	33
18학급 (중·고 각 9)	1	1	15	17	1	1	19	–	1	23	24	1	2	–	27	1	2	38	41	1	3	1	46
24학급 (중·고 각 12)	1	1	18	20	1	1	22	–	1	29	30	1	3	1	35	1	2	47	50	1	4	2	57

규 모	전기과정(A)							후기과정(B)								중등교육학교(A+B=C)							
	교장	교감	교사	교원계	행정직원	보건교사	계	교장	교감	교사	교원계	실습조수	행정직원	보건교사	계	교장	교감	교사	교원계	실습조수	행정직원	보건교사	계
30학급 (중·고 각 15)	1	1	23	25	1	1	27	–	1	35	36	1	4	1	42	1	2	58	61	1	5	2	69
36학급 (중·고 각 18)	1	1	28	30	1	1	32	–	1	43	44	1	4	1	50	1	2	71	74	1	5	2	82

[출처] 文部科学省 中高一貫教育Q&A http : //www.mext.go.jp/a_menu/shotou/ikkan/10/13155 10.htm. (검색일 : 2018. 09. 23.)

중등교육학교에서의 전기과정·후기과정은 교육과정의 구분이며 교직원 조직의 구분이 아니다. 따라서 중등교육학교의 교직원은 중등교육학교 전체 직무를 수행하는 것이며, 전기과정·후기과정으로 구분해서 배치되는 것이 아니라 하나의 조직인 중등교육학교에 배치된다. 또한 중등교육학교에는 「학교교육법 시행규칙」 제113조의 준용규정에 기초하여 교무주임, 학년주임, 학생지도주사, 진로지도주사, 보건주사, 사무장을 두어야 하고, 후기과정에는 학과주임(2개 이상 학과를 설치하는 경우), 농장장(농업에 관한 전문교육을 주로 하는 학과를 설치하는 경우)을 두어야 한다.

4. 일관학교 운영·관리

1) 학교 명칭

초등학교와 중학교 통합의 경우 학교 명칭을 ○○초·중학교라고 하는 경우가 많으나, 최근에는 일관학교로서 일체적인 교육활동을 전개하기 위해 '애칭'으로서 학원(學園)명을 붙이는 경우(예 ○○시립 초·중 일관학교 ○○학원)도 있다. "학원"이란 호칭을 정하는 것은 초·중 일관학교에 통학하는 학생, 학부모가 자교에 애착을 가지고, 지역에 초·중 일관학교를 침투시키면서 지역의 협력을 받는 관점에서 효과적이다. 법률상으로는 초등학교와 중학교가 병설교로서 시설과 운영을 일체적으로 하기 때문에 교명은 종래와 같이 ○○초등학교, ○○중학교가 존속된다.

한편, 중학교와 고등학교의 경우 중·고 일관교육과정으로서 전기 중등교육(중학교 교육과정)과 후기 중등교육(고등학교 교육과정)을 일관 시스템으로 실시하는 학교형태로 '중등교육학교'(예 ○○현(시)립 ○○중등교육학교)라고 부른다.

2) 교육과정 운영

초·중 일관교육을 선진적으로 실시하는 지자체(시정촌)에서는 학습지도요령(교육과정)의 범위 내에서 각 지역 학생들의 발달이나 과제에 입각한 교육과정을 편성·운영, 또는 '연구개발학교제도'와 '교육과정특례교제도'라는 교육과정 기준의 특례를 활용한 교육과정 편성·운영을 실시한다. 초등학교와 중학교의 계통성을 확보하는 동시에 각 학교 단계에서의 학생들의 발달단계를 고려한 독자성을 존중한다.

또한 지역의 실정에 입각한 초·중 일관교육을 실시하기 위해서 학교교육 활동 전체를 고려해서 초·중 일관교육을 계획한다. 일관된 교육과정을 초·중학교가 협동해서 편성하여, 교재를 연계해서 개발하는 것이 교원 스스로가 교육과정의 전망을 가지고 주체적으로 실시할 수 있으며, 효과적이다. 이때 초·중학교교육의 기초적 및 보편적 내용은 존중하면서 지역의 실정에 입각한 교육을 실시한다.

초·중 일관교육을 실시하는 초·중학교에서는 학생들의 발달단계 등을 고려해서 초등학교 6년간과 중학교 3년간을 합쳐서 9년간의 교육과정을 '4-3-2', '5-2-2' 등으로 편의적으로 구분하고, 구분마다 교육활동의 목표를 설정한다. 초등학교에서 중학교로 이행하는 단계인 학년 구분에서는 일부 교과담임제를 도입하거나 중학교 교원이 초등학교에서, 초등학교 교원이 중학교에서 지도를 하는 경우도 있다.

관할 모든 초·중학교에서 초·중 일관교육을 도입하는 경우, 지자체에서 교육과정 상 학년구분을 일률로 결정하여 관할 각 학교에서 교육활동을 실시한다. 연구개발학교제도나 교육과정특례교제도의 활용으로 독자적인 교과를 신설하는 등 초·중연계를 추진한다. 연구개발학교제도라는 현행 학습지도요령(교육과정)에 따르지 않은 교육과정의 편성·실시를 인정하는 연구개발학교를 지정하여 새로운 교육과정, 지도방법 등에 대한 연구개발을 실시하고 교육과정 기준의 개선 등에 이바지하는 것이다. 또한 교육과정특례교제도라는 학교교육법시행규칙에 따라 학교를 지정하여 학습지도요령(교육과정) 등에 따르지 않은 교육과정을 편성하여 실시할 수 있도록 인정한다.

교육과정 기준의 특례로서 교과시수 삭감, 학교 및 지역의 특성을 살린 새로운 교과(예 '시민과', '커뮤니케이션과', '언어과' 등)를 설치·운영하거나 지도내용을 초·중학교 간, 학년 간에서 교체·이행하는 등의 활동을 하고 있다. 교육과정 기준의 특례 활용 여부는 각 학교의 설치자가 초·중 일관교육의 목적에 따라 판단한다.

3) 수업 시종시간

수업 시종시간에 대해서는 다음과 같은 사례를 찾을 수 있다. 사례 1은 초등학교 45분 수업, 중학교 50분 수업이며, 각 교시 시작 또는 종료 시각을 맞추고, 초등학교에서는 2~3교시 간의 휴식시간을 20분(보통 10분)으로 한다.

초등학교	분	시	분	중학교
조례				조례
	40	8		
1교시	45		40	1교시
	30	9	30	
2교시	40		40	2교시
	25	10	30	
3교시	45		40	3교시
	30	11	30	

[그림 Ⅱ-2] 수업 시종시간 사례 1

[출처] 高野町立富貴小中学校(2008). 小中一貫研究紀要(2006~2008). http://www.koya.ed.jp/fuki-e/kennkyuukiyou08.html. (검색일 : 2018. 09. 23.)

사례 2는 초·중 일관교육을 진행하기 위해 학생지도, 합동행사, 다른 학년과의 교류, 수업연구 등을 탄력적으로 진행할 수 있도록 시종을 조정한다. 초등학교와 중학교의 3교시와 5교시의 시작을 맞춘다. 초등학교에서는 시종 벨이 없는 중학교에 맞추어 1~2교시와 3~4교시 간의 시종 벨은 없다. No Chime제 도입은 학생 스스로 시간을 의식하면서 주체적으로 행동할 수 있게 하기 위한 것이다.

초등학교		중학교	
시 각		시 각	
8 : 10 ~	학급조례	8 : 10 ~	독서·조례
8 : 35 ~	1교시	8 : 30 ~	1교시
	(no Chime)		
9 : 25 ~	2교시	9 : 30 ~	2교시
10 : 10 ~	마라톤		
10 : 30 ~	3교시	10 : 30 ~	3교시
	(no Chime)		
11 : 20 ~	4교시	11 : 30 ~	4교시
12 : 05 ~	급식 휴식시간	12 : 20 ~	급식 휴식시간 청소
13 : 30 ~	독서타임	13 : 45 ~	5교시
13 : 45 ~	5교시		
		14 : 35 ~	6교시
14 : 35~	6교시	15 : 20 ~	종례
15 : 20 ~	학급집회·하교지도		

[그림 Ⅱ-3] 수업 시종시간 사례 2

[출처] 呉市教育委員会(2011). 小中一貫教育のマネジメント-呉市の教育改革-, p.102.

사례 3은 1, 3, 5교시의 수업 개시 시각을 조정하고, 아침의 활동, 점심 휴식시간, 청소 시간을 맞춘다. 모든 시간을 No Chime으로 하는 날도 있다.

기	전기(45분 수업)	중·후기(50분 수업)
학년	1·2·3·4학년	5·6·7·8·9학년
아침의 활동	8 : 15 ~ 8 : 35	
제1교시	8 : 40 ~ 9 : 25	8 : 40 ~ 9 : 30
제2교시	9 : 35 ~ 10 : 20	9 : 40 ~ 10 : 30
제3교시	10 : 40 ~ 11 : 25	10 : 40 ~ 11 : 30
제4교시	11 : 30 ~ 12 : 15	11 : 40 ~ 12 : 30
중식	12 : 15 ~ 12 : 55	12 : 30 ~ 12 : 55
점심 휴식시간	12 : 55 ~ 13 : 40	
청소	13 : 40 ~ 13 : 55	
제5교시	14 : 00 ~ 14 : 45	14 : 00 ~ 14 : 50
제6교시	14 : 50 ~ 15 : 35	15 : 00 ~ 15 : 50
종례	15 : 40 ~ 16 : 00	15 : 55 ~ 16 : 15
과외활동	하교	16 : 20 ~ 클럽활동

[그림 Ⅱ-4] 수업 시종시간 사례 3

[출처] 千葉市教育センター(2011). 小中の連携を深めるために一貫教育を見据えた教職員研修プログラム, p.17, http://www.cabinet-cbc.ed.jp/kyo_ce/kenkyu/2010kenkyu/ikkan10/program.pdf. (검색일 : 2018. 09. 23.)

4) 학교운영협의회(위원회) 통합 구성 운영

학교운영협의회(커뮤니티스쿨)는 학부모·지역주민이 학교교육에 참여하는 조직이지만, 초·중합동으로 과제를 공유하고 그 해결을 위해 구체적인 교육활동을 기획·실천한다.

초·중통합으로 학교운영협의회를 조직하는 경우 학교급별 조직으로서 활동할 때와 비교하면, 참여하는 지역주민·학부모의 중복을 피할 수 있고 부담도 경감할 수 있는 등 합리적인 측면이 있다. 초·중통합 학교운영협의회라는 시스템은 공통목표 아래 9년간의 일관된 교육 방침과 교육과정 등을 바라보고, 지역의 필요와 요구에 맞는 실천으로 구축해 나가는 이른바 보텀업(bottom-up)식 일관교육을 추진하는 틀로서 유효하다.

학교운영협의회 통합 과정 속에서 초·중학교 각각의 학교시스템에 대해서 상

호 이해할 수 있으며, 특히 초등학교 문화와 중학교 문화의 융합을 추진하는 데
도움이 된다.

5) 교직원 겸임발령

문부과학성에서 실시한 초·중 일관교육 등에 대한 실태조사(2014년 5월)에
따르면, 초·중 일관교육을 실시하고 있는 70% 이상의 시정촌에서 초·중 일관교
육을 추진하기 위한 교직원 겸임발령을 실시하고 있다. 겸임발령의 방법으로는
① 전교직원 겸임발령, ② 일부 교직원 겸임발령, ③ 교장 겸임발령 등이다. 학교
실상에 따라 학생지도나 특별지원교육 등 특정 분야에서 겸임발령을 실시하는 경
우도 있고, 전교직원의 초·중 일관교육에 임하는 자세를 철저히 하는 의도로 전
교직원 겸임발령을 실시하는 경우도 있다.

가령, 도쿄도 시나가와구(東京都品川区)의 경우 9년간의 일체적 및 계속적인
지도를 실시하기 위해 초·중 일관학교의 모든 교직원을 도비(都費)직원, 구비(區
費)직원의 구별 없이 도쿄도교육위원회에서 초등학교와 중학교의 겸임을 발령한
다. 예를 들어, 도쿄도 시나가와구립 ○○초등학교 교사 겸 도쿄도 시나가와구립
○○중학교 교사로 임명된다. 일관학교의 도비 행정직원이나 구비 학교직원도 같
이 겸임발령을 받게 된다.

또한 히로시마현 구레시(広島縣吳市)의 경우 겸임수업(수업교류)을 효과적으
로 실시하기 위해 교원이 초·중학교를 겸무할 수 있도록 행정 수속 실시를 권장
하고 있다. 학교장은 '복수교겸직실시계획서'를 교육위원회로 신청한 후(연도 도
중에도 신청 가능) 승인되면 '겸직'으로 발령을 받게 된다.

겸임발령을 받으면 학교운영의 교무분장조직의 구성, 학년소속, 지도학년 등
교과지도의 교원면허(교사자격증)를 제외하고, 학교의 인적구성에는 문제가 발
생하지 않는다. 학생지도 등 초·중 구별 없이 계속적으로 지도할 수 있는 체제가
구축된다. 특히 초등학교 고학년에 있어 실기교과(음악, 미술, 체육, 가정) 외에
서도 전문과목 지도를 충실하게 하기 위해 교직원 정원의 추가 조치가 제도화
(전문과목 담임제도)되고 있다. 중학교 또는 고등학교 교원면허장(교사자격증)

을 소유한 사람이 각 면허장에 관한 교과에 상당하는 교과와 기타 교과에 관한 사항에 있어서 문부과학성령(省令)에서 정하는 수업 또는 실습을 담임하는 초등학교의 주간교사, 지도교사, 교사 또는 강사를 할 수 있다(교육직원면허법 제16조의 5).

의무교육학교 교원의 경우 초등학교와 중학교 교원면허장을 소유하는 것을 원칙으로 하되(교육직원면허법 제3조의 4), 당분간은 예외적으로 초등학교 또는 중학교 교원면허장을 가진 사람은 각각 의무교육학교 전기과정 또는 후기과정의 주간교사, 지도교사, 교사 또는 강사를 할 수 있다.

2014년 5월을 기준으로, 초등학교 교사의 중학교 교원면허장 소유자는 전국 평균 약 60%, 중학교 교사의 초등학교 교원면허장 소유자는 전국 평균 약 30% 수준이다. 초·중 일관교육 추진상의 과제로 이처럼 양쪽 면허장 소유율이 낮은 것을 들 수 있다. 한편으로 교사 상호 교환수업이나 교과담임제 도입을 생각할 때, 초등학교와 중학교 양쪽 면허장을 소유하지 않아도 가능한 것이 많다(文部科学省, 2016 : 75). 중학교 교사가 초등학교에서 지도를 하고, 초등학교 교사가 중학교에서 지도를 하는 이른바 교사 상호 교환수업은 초·중 일관교육의 상징적인 교육활동의 하나가 된다.

예를 들어, 중학교 이과(理科) 면허장만을 소유하고 있을 경우, 초등학교 또는 의무교육학교 전기과정에서 ① 이과 전과(轉科)지도, ② 종합적인 학습 시간에서 이과에 관련되는 지도, ③ 도덕, 특별활동 담당, ④ 팀티칭(team teaching) 수업에서 teacher 2(지원자)로 보유 면허장 이외의 교과 지도, ⑤ 연간을 통해 초등학교 면허장 소유자가 책임을 갖고 지도평가를 할 경우는 소유 면허장 이외 교과의 개별 수업에서 teacher 1(전체 진행자)을 담당하는 것도 가능하다(文部科学省, 2016 : 75).

한편, 초등학교 면허장만을 소유하고 있는 경우에는 중학교 또는 의무교육 후기과정에서 ① 전교과 능력별 지도를 할 때 한 그룹을 담당, ② 전교과 팀티칭을 할 때 teacher 2(지원자)로 지도, ③ 연간을 통해 중학교 면허장 소유자가 책임을 가지고 지도평가를 할 경우는 개별 수업에서 teacher 1(전체 진행자)을 담당하는 것 등이 가능하다(文部科学省, 2016 : 76).

소유하는 면허장별로 담임이 가능한 교과와 학교급에 대해서 정리하면 다음 〈표 Ⅱ-4〉와 같다.

〈표 Ⅱ-4〉 소유 면허장별 담임이 가능한 교과

교과 면허장	초등학교·의무교육학교 전기과정					중학교·의무교육학교 후기과정			
	각 교과	도덕	외국어 활동	종합적인 학습 시간	특별 활동	각 교과	도덕	종합적인 학습 시간	특별 활동
초등학교	○	○	○	○	○	×	×	×	×
중학교	△	○	△	△	○	○	○	○	○
초·중	○	○	○	○	○	○	○	○	○

△ : 중학교 교원면허장을 소유하는 사람은 초등학교와 의무교육학교 전기과정에 있어서 소유 면허장의 교과에 상당하는 교과 담임과 종합적인 학습 시간의 소유 면허장 교과에 관한 사항의 담임이 가능하다. 초등학교 외국어 활동의 담임은 영어 교원면허장을 소유하는 사람만 가능하다(교육직원면허법 제16조의 5).

[출처] 文部科学省 教員免許制度の概要(2019. 4. 1. 현재), https : //www.mext.go.jp/a_menu/shotou/ kyoin/__icsFiles/afieldfile/2019/09/09/1339300_1.pdf. (검색일 : 2020. 01. 30.)를 참고로 필자가 재구성.

초·중 일관교육의 도입이 진행되는 가운데 현직교원들이 쉽게 다른 학교급의 면허장을 취득할 수 있도록 강습 등의 개발·실시를 도모하고 있다. '교원면허갱신제도의 개선에 대하여'(2014년 3월, 교원면허갱신제도의 개선에 관한 검토회의)에서는 현직교원들이 면허장을 새롭게 취득할 수 있는 면허법인정강습 등 제도에 대해서 면허장갱신강습과의 상호 인정을 활용함에 따라 '교원의 새로운 교원면허장 취득을 위한 배움을 촉진해야 한다'는 제언이 나왔다. 이 제언을 받아 초·중학교 면허장 병유를 향한 현직교원들의 인접교종(隣接校種)면허장 취득 촉진에 이바지하는 면허법인정강습, 면허법인정공개강좌, 면허법인정통신교육을 개발·실시하는 것이 요구되고 있다(文部科学省, 2020).

초등학교 교사가 중학교 교사 2종 면허장을 취득하기 위해서는 보통 22학점이 필요하지만, 초등학교 또는 의무교육학교 전기과정에서 3년간 근무 경험이 있으면 대학 등에서 14학점 이수로 취득 가능하다. 한편, 중학교 교사가 초등학교 교사 2종 면허장을 득하기 위해서는 보통 24학점이 필요하지만, 중학교 또는 의무교육학교 후기과정에서 3년간 근무 경험이 있으면 12학점 이수로 취득이 가능한 등 수강생의 부담 경감을 고려하고 있다. 대학, 교육위원회에서 개최하는 강습이나 통신교육을 통해 소정 학점을 이수하고 도도부현 교육위원회의 교육직원검정(인물, 학력, 실무 및 신체에 관한 증명서 제출)에 합격하면 면허장을 취득할 수 있다. 각 면허장 취득을 위한 학점 이수 기준을 정리하면 다음 〈표 Ⅱ-5〉와 같다.

〈표 Ⅱ-5〉 인접교종(隣接校種)면허장 취득을 위한 학점 이수 기준

취득하려고 하는 면허장의 종류		초등학교 교사 2종 면허장			중학교 교사 2종 면허장			
소유가 필요한 면허장		중학교 교사 보통 면허장			초등학교 교사 보통 면허장			
양호한 성적으로 근무한 최저 재직 기간		3						
취득하려고 하는 면허장의 학교급 근무 기간		0	1	2	0	1	2	3
이수가 필요한 과목 및 학점	교과에 관한 전문적 사항에 관한 과목				10	7	5	5
	각 교과의 지도법에 관한 과목	10	7	5	2	2	1	1
	도덕 이론 및 지도법	2	2	1	2	2	2	1
	학생지도 이론 및 방법							
	교육상담 이론 및 방법							
	진로지도 및 커리어교육 이론 및 방법							
합 계		12	9	6	14	11	8	7

[출처] 「교육직원면허법」 제6조 별표 8, 「교육직원면허법시행규칙」 제18조의 2, 제18조의 4를 참고로 필자가 작성.

이렇게 인접교종(隣接校種)면허장은 초등학교와 중학교 등 학교 간의 연계를 강화하기 위해 설치된 제도이며, 보통면허장을 소유하고 도도부현 교육위원회의 지도 아래 필요한 학점 이수를 통해 인접교종의 교원면허장을 취득하는 방법이다. 또한 교사들이 적극적으로 면허장을 취득할 수 있도록 충실한 수강 환경을 구축하기 위해 문부과학성에서는 2017년도부터 현직교원의 새로운 면허장 취득을 촉진하는 강습 등의 개발 사업을 추진하고 있다. 이러한 사업과 강습 등을 통해 교원들의 자질 향상은 물론 현직교원들이 폭넓은 학교급과 복수 교과에 대한 지도가 가능하게 되고, 교육배치의 효율화에도 기여할 것으로 기대하고 있다(文部科学省, 2020).

6) 추진 체제

(1) 교내 체제

교무분장으로서 초·중연계 담당자나 초·중 일관교육의 교육과정 편성 담당자, 초·중학교 간의 연락조정 기능을 위한 초·중학교의 교무분장으로서 코디네이터를 배치할 수 있다. 초·중연계, 일관교육 추진 체제 사례를 살펴보면 다음과 같다.

시설일체형인 시나가와구립 이토학원(伊藤学園)의 경우, 초·중학교 일체화에 따라 새로운 시설일체형 초·중 일관학교가 되었으며, 1학년부터 9학년까지 60명이 넘는 교직원이 기능적·조직적으로 직무를 수행할 수 있도록 학교조직을 발본적으로 재구축하였다. 3명의 부교장이 초·중학교를 구분하지 않고 1~9학년을 통틀어서 '총무·교무부', '생활·안전부', '학습·진로부'를 담당하고, 그 밑으로 각 2명씩 부장을 배치한다. 교과에 있어서는 초등학교와 중학교 합동으로 교과부회를 조직하고, 학년 구성은 1~4학년(저학년단), 5~7학년(중학년단), 8~9학년(고학년단)으로 구분하여 각 학년단장을 배치한다. 각종 위원회도 '의식적 행사'와 '학년 교류'(총무·교무담당 부교장 소관), '특별지원교육'과 '학예적 행사'(학습·진로담당 부교장 소관), 그리고 '체육 행사'와 '보건식육(食育)'(생활·안전부담당 부교장 소관)의 6개 위원회를 설치하여 각 담당 부교장을 배치한다.

시설분리형인 도쿄도 미타카(三鷹)시 니시미타카학원의 경우, 2개 초등학교와 1개 중학교가 9년간 일관교육과정 아래 연계하여 초·중 일관교육을 실시하기 위해 니시미타카학원을 개원하였다. 학원장(중학교 교장), 부학원장(2개 초등학교 교장), 나시미타카학원 운영위원회, 주임회, 특별위원회를 설치하여 3개교 관계자를 배치하였다. 또한 3개교에 동일한 학교운영분장조직(교무부, 생활지도부 등)을 설치하고 있다. 학원에서는 운영기본방침안을 작성하여 니시미타카학원 커뮤니티스쿨위원회에서 협의하고 승인을 받아 학교 운영을 실시한다.

(2) 학교 간의 연계·협력 체제

초·중학교 교직원이 서로 수업을 참관하거나 합동 연수를 실시하는 등 9년간의 교육과정 및 지도방법에 대한 이해를 촉진하고, 그에 따른 적절한 정보교환·교류가 중요하다. 스쿨카운슬러, 학교지원 자원봉사자 등 다양한 관계자의 참여도 기대된다. 교장이 겸임하는 경우에는 신속한 의사 결정이 가능하게 되는 등의 장점이 있는 반면, 교장의 업무량 증가 등의 과제도 생기기 때문에 겸임하지 않고 초·중학교 교장의 연계 강화에 의한 체제정비도 생각해야 한다. 또한 교무의 효율화 등을 통해 교직원의 과도한 부담을 해소시켜야 한다.

(3) 교육위원회의 역할

초·중 일관교육 지원기관으로 도도부현교육위원회와 시정촌교육위원회 두 개의 기관이 존재한다.

도도부현교육위원회의 역할은 ① 초·중·고등학교 교원면허(자격증) 취득의 권장, ② 인사이동(異動) 방침으로서 초·중·고등학교 교원의 교류촉진, ③ 교직원 겸임발령, ④ 초등학교에서의 전문과목 지도를 위한 교직원 정원의 추가배치 등이다.

한편, 시정촌교육위원회의 역할은 ① 초·중 일관교육 추진담당 지도주사(指導主事) 배치, ② 지도주사가 코디네이터 역할을 담당하고 초·중학교 간의 연락조정을 실시, ③ 겸임발령된 교직원의 보충을 위한 강사(초·중 일관교육 추진 추가배치 강사) 등의 배치, ④ 공개포럼, 조사연구사업, 모델(시범)사업의 실시 등이다.

5. 일관학교 운영 사례

1) 초·중 일관학교 운영 사례 : 히로시마현 구레시

구레시의 공립 초·중학교 수는 2018년 4월 현재 초등학교 36개교, 중학교 26개교이다. 구레시의 특징은 모든 중학교구에서 초·중 일관교육을 실시하고 있는 것이다. 구레시는 초·중 일관교육의 실시 형태를 각 중학교구 내 중학교와 초등학교의 입지조건에 따라 '일체형'과 '분리형'의 두 가지 타입으로 구분하고 있다. 시내 26개 중학교구 중 22개 중학교구에서 분리형 일관교육을 실시하고 있으며, 일체형 일관교육을 실시하는 중학교구는 4개에 불과하다.

구레시가 실천하는 초·중 일관교육의 목표는, 의무교육의 목적을 달성하기 위한 수단으로서 9년간을 통해서 학생들의 확실한 학력과 사회성을 기르는 것이다. 학생들의 학습의욕 저하, 왕따, 등교거부 등의 과제, 초등학교와 중학교의 차이, 초등학교와 중학교 교직원이 9년간을 전망해서 학생을 지도한다는 관점의 결여 등 초등학교와 중학교의 연계·접속 방법에도 큰 과제가 있었다. 이러한 과제 해결을 위해 새로운 의무교육의 모습 창조를 목표로, 초등학교 및 중학교의 교직원이 9년 동안 함께 키우는 체제를 구축하기 위한 수단으로서 초·중 일관교육을 중요시하고 있다.

구레시가 실천하는 초·중 일관교육은 연구개발학교 등의 연구를 통해 다음과 같은 성과를 도출하였다. ① 의무교육 9년간을 전망하여 학생의 발달 상황에 맞는 지도를 실시함에 따라 학력을 향상시킬 수 있고, ② 등교거부 등 학생지도상의 여러 가지 과제를 해결할 수 있고, ③ 자존감을 향상시킬 수 있고, ④ 초등학교에서 중학교로 진학할 때 불안을 해소할 수 있으며, ⑤ 교직원의 의식을 변화시킬 수 있다.

이러한 성과를 근거로 하여 구레시에서는 초·중학교 교직원이 의무교육 9년간을 통해서 학생을 키우는 의식을 가지고 학생의 성장·발달의 상황에 맞는 교육과정을 편성·실시함에 따라, 지·덕·체 균형이 있는 의무교육을 수료하는 데 적합한 학력과 인간관계의 힘 등을 육성하는 동시에, 학생의 배움에 대한 불안 해소와 자존심의 향상을 도모하기 위해 초·중 일관교육을 추진하고 있다(吳市 教育委員会, 2011 : 14).

구레시에서는 학생의 심신 발달의 변화, 문제 행동의 발생률, 사고의 발달단계를 근거로 의무교육 9년간을 '4-3-2'로 구분하여 지도하고 있다. 이 '4-3-2' 구분에 의한 지도는 현재 구레중앙학원인 구 니코우(二河) 중학교구가 연구개발 학교의 위촉을 받아 수행한 초·중 일관교육의 연구에 의거한 것이다. 학생들의 심신 발달, 학생지도상의 여러 과제, 학력형성상의 특질을 고려할 때, '6-3'제보다 '4-3-2'제로 구분하여 지도하는 것이 유효하다는 결론을 내렸다. '4-3-2'의 구분 방법은 다음 [그림 II-5]와 같다.

6·3제	초등학교(6)						중학교(3)		
	1학년	2학년	3학년	4학년	5학년	6학년	7학년	8학년	9학년
초·중일관	전기(4)				중기(3)			후기(2)	

[그림 Ⅱ-5] '4-3-2' 구분에 의한 지도

[출처] 呉市教育委員会(2011). 小中一貫教育のマネジメント-呉市の教育改革-. p.7.

초등학교 1학년부터 4학년까지 4년간을 '전기', 초등학교 5학년부터 중학교 1학년(7년)까지 3년간을 '중기', 중학교 2학년, 3학년(각각 8년, 9년) 2년간을 '후기'로 구분하여 각기의 달성 목표를 다음과 같이 정하고 있다(呉市教育委員会, 2011 : 7).

첫째, 전기는 반복에 의한 기초·기본의 습득 시기이다. 학급 담임에 의한 치밀한 지도를 실시하여 기본적인 생활습관과 읽기·쓰기·계산 등 기초적인 역량을 몸에 익히게 한다.

둘째, 중기는 초등학교에서 중학교로 이행을 하는 시기이다. 초등학교 5학년, 6학년에 일부 교과담임제를 도입하여 보다 많은 교원이 관여해서 교원의 전문성을 살리면서 지식·기능을 활용할 수 있는 역량을 몸에 익히도록 한다.

셋째, 후기는 사회에서 자립하여 살아가는 기초 만들기의 시기이다. 전기 및 중기에서 몸에 익혔던 것을 발전시키며 자립해서 사회에서 살아갈 수 있는 기초가 되는 의무교육 9년간을 수료하는 데 적합한 학력, 사회성을 몸에 익히도록 한다.

특히 크게 인격이 변화하는 시기, 초등학교와 중학교를 접속하는 시기라는 관점에서 중기를 중요시하고 있다. 그 중기 3년간에 '초·중의 차이'를 낮게 하고, 사춘기 초기의 발달단계에 대응하는 지도로 '발달과 커리큘럼의 부정합'을 해결하려고 한 것이다.

각 학교에는 1명씩 '초·중 일관교육 추진코디네이터'를 배치하도록 되어 있다. 이른바 초등학교와 중학교를 연결하는 교원을 말한다. 이 추진코디네이터의 역할은 다음 세 가지로 정리할 수 있다.

첫째, 초·중 합동의 연구추진조직의 연수계획 입안 및 운영을 실시하여 조직과 조직을 연결하는 역할이다.

둘째, 정보 수집과 정보 공유를 위해 초등학교와 중학교 교원을 연결시키는 역할이다.

셋째, 학교 현장과 대학의 연구자 등을 연계시키는 역할이다.

추진코디네이터는 초·중 일관교육을 추진하는 데 있어서 중요한 역할을 담당하게 된다. 때로는 교장의 비전에 입각하여 조직 및 교직원을 움직이게 하는 입장이기도 하고, 때로는 다른 교직원과 함께 학생지도를 맡는 입장이기도 하다. 요컨대, 교장과 교직원의 중간, 초등학교와 중학교의 사이에 위치하는 존재이다(呉市敎育委員會, 2011 : 17~21).

수업을 통해서 초·중 일관교육을 진행하는 것이 구레시의 기본 방침이다. 시에서는 겸임수업(수업교류)을 효과적으로 실시하기 위해 교원이 초·중학교를 겸임할 수 있도록 권장하고 있다. 복수학교 겸직 실시 계획서를 교장이 교육위원회로 신청하고 승인되면 겸직의 사령이 발령된다. 초·중 일관교육을 추진하기 위해 이러한 겸임발령제도를 효과적으로 활용할 수 있도록 하고 있다. 교원면허장과 겸직발령의 관계를 보면 다음 [그림 Ⅱ-6]과 같다.

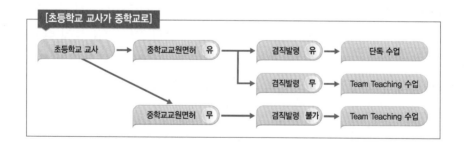

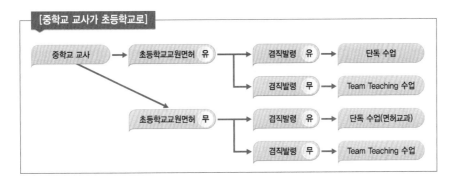

[그림 Ⅱ-6] 교원면허와 겸직발령의 관계

[출처] 呉市教育委員会(2011). 小中一貫教育のマネジメント－呉市の教育改革－. p.29.

　겸직발령을 받으면 학교운영의 교무분장조직의 구성, 학년소속, 지도학년 등 교과지도의 교원면허를 제외하고 학교의 인적구성에는 문제가 발생하지 않는다. 그러나 겸임수업(수업교류)을 1시간 하게 되면 약 3시간가량의 시간이 필요하고, 초등학교와 중학교 간의 거리가 좀 있는 중학교구에서는 실시 시간에 한계가 있다.

　이러한 상황을 개선하기 위해 2010년도부터 구례시의 비용으로 비상근 강사를 비교적 규모가 큰 4개 중학교구에 배치하여 실시시수의 현격한 증가를 도모하고 있다. 또한 구례시의 경우 초등학교와 중학교 간의 거리가 있는 중학교구가 대부분이다. 교육위원회에서는 '수업 만들기의 기초·기본'과 '배우는 방법의 매뉴얼'이라는 두 가지 지도 자료를 작성하여 지도방법을 일관시키는 데 노력하고 있다(呉市教育委員会, 2011 : 29~31).

　이상과 같이 구례시의 초·중 일관교육은 연구개발학교의 연구 성과에 기초하여 학생들의 발달단계와 커리큘럼을 정합한 '4-3-2'로 구분한 교육과정의 편성, 초등학교와 중학교의 교류를 촉진하기 위한 일관교육 추진코디네이터를 배치한 조직 구축, 교원의 겸직발령과 시비로 비상근 강사의 적극적 배치 등을 시행하였고, 전국 공립 초·중 일관학교의 모델로서 발전시켜 온 것이다.

2) 중·고 일관학교 운영 사례 : 미야자키현립 고카세(五ヶ瀨)중등교육학교

고카세중등교육학교는 1994년 전국 최초의 공립 중·고 일관학교로 설립되었다. 자연친화적인 환경 속에서 교육활동을 실시하고 있다. 학생 수 240명, 교직원 수 43명, 한 학년 40명의 기숙형 학교이다. 1~6학년(1~3학년생을 전기생, 4~6학년생을 후기생이라고 함) 학생 전체가 학교시설 내 기숙사에서 공동생활을 하고 있으며, 교사 6명(가족 포함)이 같이 거주하여 학생의 생활습관 육성이나 야간학습 지도를 실시하고 있다.

40명이 한 학급으로 6년간 고정되지만 4학년부터는 소인원 수업(20명 규모)으로 진행된다(단 교과에 따라서 10명 전후의 소인원 수업을 진행함). 특히 체험학습활동을 중요시하고 있으며, 자신의 과제를 설정, 탐구, 발표하는 방식으로 진행하는 Forest-pia(Forest : 숲, 삼림과 Utopia : 이상향을 합친 조어)학습을 전개하고 있다. 다양한 현실 속에서 자신의 테마를 찾아내고 표현하면서 사람과 자연과의 커뮤니케이션 능력을 몸에 익히는 것을 목표로 하고 있다. 강사는 지역주민으로 연간 70명 정도 참여하고 있으며, 삼림이라는 자연을 교육의 필드로 하여 풍요로운 인간성, 창조력, 협조성을 기르면서 주체적으로 살아가는 인간의 육성을 도모하고 있다.

뛰어난 재능의 발견이나 개성의 신장은 성장이나 변화가 큰 청년기의 6년간이 중요하고, 그러한 의미에서 전기과정과 후기과정을 연결해서 지도 효과를 높일 수 있다. 중학교 교육과 고등학교 교육의 접속을 원활하게 함에 따라 안정적인 학교생활을 보낼 수 있게 되고, 6년간의 계획적이고 접속적인 교육지도에 의해 효율적, 일관적인 교육을 가능하게 한다. 고카세중등교육학교에서는 6년간 일관교육을 통해서 학생을 조직적으로, 계속적으로 파악할 수 있으며 학생의 개성·적성 등에 맞는 교육과정의 편성이나 학습지도 및 진로지도를 실시하고 있다. 특히 1학년생부터 6학년생까지 연령이 다른 집단에 의한 6년간의 학교생활 체험을 통해서 사회성, 인간성, 지도성 등을 폭넓게 육성할 수 있는 동시에 인간으로서 보다 좋은 본연의 모습, 살아가는 방법 등을 체득시키고 있다. 또한 기숙형 학교의 생활체험을 통해서 사회성, 자기관리능력, 자주성, 자립성, 협조성, 인내력, 지도력 등을 폭넓게 육성하고 있는 것이 특징적이다.

일본 농촌 소규모학교 교육정책 동향

1. 교육정책의 전개와 추진과제

1990년대 후반부터 교육정책 답신(答申)의 방향성이 구체적으로 전환하기 시작하였으며, 이 기본방향의 전환에 특히 벽지교육의 가능성을 향상시키는 내용들이 포함되었던 것이다(玉井康之, 2008 : 26).

중앙교육심의회 답신 '21세기를 전망한 우리나라 교육의 본연의 자세에 대해서'(1996년)에서는 이전의 추상적인 목표나 제도를 파악하려고 하는 내용과 달리, 구체적으로 학교 커리큘럼(교육과정)의 내용을 제안하였다. 구체적인 내용으로 커리큘럼의 엄선, 지방의 소재를 활용한 교과의 응용, 발견학습, 자연체험학습, 농어업체험, 환경학습 등 종합적 학습, 지역봉사활동, 자원봉사, 왕따·이지메 문제에 대한 지역연계 대응, 고령화 사회에 대한 대응, 다른 연령으로 구성되는 교육집단 등의 필요성을 제기하였다. 이들의 항목은 벽지 환경 및 벽지교육의 특성을 제시하는 것이었다.

정부의 '교육개혁 프로그램'(1997년)에서는 정부 전체의 답신으로서 교육개혁의 방향성을 제시하였다. 특히 학교 외 체험활동의 추진을 강조하여 농림어업 체험, 환경보전체험, 복지체험 등이 있었는데, 각각의 관계기관과 협력해서 추진할 필요성이 제기되었다.

중앙교육심의회 답신 '새로운 시대를 개척하는 마음을 키우기 위해서'(1998년)에서는 정의감, 윤리관, 배려하는 마음을 키우는 교육의 중요성을 지적하였다. 특히 가정의 역할을 강조하고, 또한 연령이 다른 집단에서의 활동과 자연체험활동을 중시하여 그 사례로서 산촌유학이나 장기 자연체험활동의 중요성을 제기하였다.

중앙교육심의회 답신 '향후 지방교육행정의 본연의 모습에 대해서'(1998년)에서는 지역 커뮤니티와 열린 학교 만들기를 제시하였다. 즉, 특색이 있는 지역 만들기와 학교 만들기를 추진하는 것을 목적으로 하였다. 지역성에 맞는 커리큘럼을 작성하기 위해서 지방교육행정의 권한을 주시하여 지역에 맞는 독자적인 교육시책을 권고하였다.

생애학습심의회 '생활체험·자연체험이 일본의 아이들의 마음을 키우다 − 청소년의 살아가는 힘을 키우는 지역 사회의 충실 방책에 대해서'(1999년)에서는 자연체험이나 도와주는 일이 많은 아이들이 타자에 대한 봉사적인 정신이나 인내력 등이 강한 것을 통계적으로 밝혔다. 이것은 살아가는 힘을 육성하기 위해서도 자연체험이나 생활체험이 필요함을 가르치고 있는 것이다.

이러한 일련의 답신들을 기초로 하여 2000년 교육과정심의회에서 종합적인 학습이나 체험적인 활동을 포함한 신교육과정이 제기되었다. 그 이후 학교교육에서는 지역 사회, 체험활동, 자연환경 등을 중시하게 되었다.

이러한 지역 사회, 체험활동, 자연환경 등을 중시하는 교육정책의 구체화는 문부과학성의 사업을 통해서 구체적인 시책이 제기되어 있으며, 이들의 중요한 정책과제는 다음과 같은 내용이다(玉井康之, 2008 : 27~28).

첫째, 지역에 뿌리내리는 학교 만들기와 학교개방의 추진이다. 이것은 다양한 학교 교육과정과 행사를 통해서 지역과 연결하려고 하는 것이다. 이러한 학교와 지역의 연결도 도시부 학교보다 벽지학교가 연결되는 조건이 있으며, 실제 다방면에 걸쳐서 연결되어 있다.

둘째, 지역소재·지역자원을 살린 커리큘럼의 추진이다. 벽지 지역에서는 축제나 지역산업과 관계되는 지역행사와 체험학습행사가 많다. 지역을 살린 교육과정을 학교 커리큘럼으로 편성할 수 있다. 또한 벽지 지역에서는 지역의 소재를 체험학습이나 지역조사학습으로서 활용해 왔던 전통이 있으며, 이러한 활동에 종합적인 학습 방법을 포함시키면 새로운 교육과정의 창조에 대응할 수 있다.

셋째, 지역 환경교육의 추진이다. 이것은 지역에서 환경보전에 관한 행동을 시작하는 것이 과제가 된다. 생태계 유지와 생명의 육성에 관한 활동을 환경교육의 일관으로서 실시하는 것이 중요하게 된다. 환경교육은 자연환경과 관계되는 활동이 많기 때문에 벽지학교에서 실시되는 내용이 많다.

넷째, 생활체험학습·자연체험학습의 추진이다. 생활체험이나 자연체험은 자율정신, 인내력, 행동력, 사회성 등을 육성하기 위해서 중요한 활동이며, 연령이 다른 집단에서의 활동이 권고되어 있다. 이러한 체험활동도 벽지학교를 중심으로 실시되어 왔다.

다섯째, 농작업 등 근로체험학습의 추진이다. 근로체험학습은 일하는 중요성을 실감적으로 인식하여 사회적인 시야를 넓히는 것이다. 따라서 농작업체험, 어업체험, 근로체험 등을 실천하고, 이를 농촌 등에서 지역산업을 살려서 실시하는 학교가 많다.

여섯째, 고령자와의 교류와 자원봉사활동의 추진이다. 지역의 공공 봉사활동 등도 사회성을 육성하기 위해서 중요한 활동이다. 벽지에서는 일상적으로 고령자와 교류하거나 지역의 공동작업 등에서 협력하고 있으며, 이미 실시하고 있는 이들의 활동을 교육활동으로 자리매김할 수 있다.

일곱째, 밀접한 인간관계의 육성과 마음 교육의 추진이다. 밀접한 인간관계는 아이들끼리는 물론 부모와 자식과의 관계, 지역주민과 아이들과의 관계, 교사와 아이들과의 관계를 종합적으로 포함한다. 벽지학교에서는 개별 학생에 맞는 지도의 전개, 지역의 행사·체험활동 등을 통해서 사람과 사람과의 관계를 깊어지게 하는 조건을 갖추고 있다.

이상과 같은 내용들이 교육정책의 구체적인 중점시책이 된다. 새로운 정책과제이기도 하지만, 이들은 일찍이 어느 지역에서나 존재하고 있었던 내용이다. 경제성장 이후 도시적인 생활양식이 되는 과정 속에서 아이들의 생활환경이 비뚤어졌기 때문에 또다시 환경 만들기가 정책과제가 된 것이다. 이들 교육정책의 기본적 방책은 현시점에서도 벽지 지역에 잔존하고 있으며, 벽지 지역은 현대 교육개혁정책의 선진적인 실천 사례가 되는 가능성을 가지고 있는 것이다(玉井康之, 2008 : 28).

최근에는 농림수산성, 문부과학성, 총무성이 연계하여 '아동 농촌 교류 프로젝트'를 2008년도부터 추진하고 있다. 이 프로젝트는 배우는 의욕, 자립심, 배려하는 마음, 규범의식 등을 육성하여 든든한 아이들의 성장을 지원하는 교육활동으로서 초등학교에서의 농촌 장기 숙박체험 활동을 추진하는 것이다.

전국의 초등학교에서 숙박체험 활동을 전개하는 것을 목표로, 5년 계획으로 ① 초등학교에서의 숙박체험 활동의 추진, ② 농촌 숙박체험 체제의 정비(목표 500지역), ③ 지역 활력을 원조하기 위한 전국추진협의회의 정비 등을 진행하는 것이다.

이 프로젝트의 효과로는 지역에서의 경제효과나 지역 커뮤니티의 활성화 등을 들 수 있다. 또한 초등학교에서는 숙박 수와 숙박 인원 수에 의한 교육효과가 나타나고 있다. 숙박 수에 의한 교육효과의 차이는 숙박 수가 많을수록 교육효과가 높고, 특히 3박 이상을 하면 '인사를 할 수 있게 되었다', '생명의 소중함에 대한 관심이 높아지다', '환경보전의식의 향상' 등의 효과가 비약적으로 향상하고 있다. 한편, 숙박 인원 수에 의한 교육효과는 '생명의 소중함에 대한 관심이 높아진다', '임의활동에 적극적으로 참여하게 된다' 등의 효과를 중심으로, 숙박 인원 수 4~6명 정도가 가장 교육효과가 높다는 결과가 나타나고 있다.

2. 교육격차 해소를 위한 벽지교육 관련법

1) 「벽지교육진흥법」

「벽지교육진흥법」(1954. 6. 1 제정, 2014. 6. 4 최종 개정)은 벽지교육을 추진하는 데 있어서 획기적인 것이었다. 이 법률의 구상과 추진은 국가 주도라고 하기보다는, 오히려 벽지학교에 근무하는 현장 교사들의 열성적인 운동이나 활동에 의한 것이었다.

이 법은 교육격차 해소를 목표로 제정되었으며, 법의 기본이념을 형성한 기초가 된 것은 「교육기본법」(1947년)의 규정이었다. 즉, 「교육기본법」 제2조에서 '교육의 목적은 모든 장소에서 실현되어야 한다'라고 하고, 제3조에서는 '모두 국민은 평등하게 그 능력에 따르는 교육을 받는 기회를 주어야 한다'라고 규정하고 있다.

이러한 「교육기본법」에서 제시하는 '교육의 기회 균등의 원칙' 이념을 근거로 제정된 「벽지교육진흥법」에서는 제1조에서 '교육의 기회 균등의 취지를 기초로 하여 벽지에서의 교육의 특수사정에 비추어 국가 및 지방공공단체가 교육을 진흥하기 위해서 실시해야 할 여러 시책들을 밝히면서, 벽지에서의 교육수준 향상을 도모하는 것을 목적'으로 하고 있다.

벽지학교의 교육 수준의 향상을 도모하기 위해 국가 및 지방자치단체의 책임과 역할을 규정하고 있으며, 벽지학교에 근무하는 교원 및 직원을 위한 급여 혜택을 부과하여 벽지교육의 진흥을 도모하고 있다.

이 법에서 정의하는 벽지학교는 교통조건 및 자연적·경제적·문화적 제반 조건에서 도시보다 소외를 받고 있는 산간, 도서(島嶼) 및 그 이외 지역에 소재하는 공립의 초등학교 및 중학교 또는 중등교육학교의 전기(前期)과정 또는 「학교급식법」(1954년 법률 제160호) 제6조에 규정하는 시설(공동조리장)을 말하고 있다.

법 제3조에서 제5조까지 벽지교육의 진흥을 도모하기 위해서 시정촌, 도도부현, 국가(문부과학대신)가 다해야 하는 임무에 대해서 규정하고 있다. 각각 주요한 임무에 대해서 정리하면 다음 〈표 Ⅱ-6〉과 같다.

〈표 Ⅱ-6〉 벽지교육진흥을 위한 국가 및 지방공공단체의 임무

구 분	임무 내용
시정촌	① 벽지학교의 교재, 교구의 정비, 벽지학교 교원 연수, 벽지교육의 내용을 충실하게 하기 위해 필요한 조치 ② 벽지학교 교원 및 직원을 위한 주택의 건립, 임대 알선, 복리후생에 필요한 조치 ③ 체육, 음악 등 학교교육 및 사회교육(평생교육)을 위한 시설 설치 ④ 벽지학교 교원 및 직원 또는 학생의 건강관리를 위한 여건 조치 ⑤ 벽지학교 학생들의 통학을 용이하게 하기 위해 필요한 조치
도도부현	① 벽지교육의 특수사정에 맞는 학습지도, 교재, 교구 등 필요한 조사, 연구를 실시하거나 자료를 정비 ② 벽지학교에 근무하는 교원에 대한 연수 시설(재교육 시설)을 설치 ③ 시정촌에 대한 적절한 지도, 조언 및 원조를 실시함 ④ 벽지학교에 근무하는 교원 및 직원의 정원 결정에 대한 특별한 배려 ⑤ 벽지학교에 근무하는 교원의 연수기회의 제공과 필요한 경비 확보를 위한 노력
국가	① 벽지교육에 필요한 조사, 연구의 실시, 자료의 정비 ② 지방공공단체의 임무 수행에 대해 적절한 지도 및 조언 또는 알선

또한 제5조에서는 벽지학교에 근무하는 교직원에 대한 벽지 수당 지급에 대해서 규정하고 있다. 도도부현에서는 문부과학성령(省令)이 정하는 기준에 따라 벽지학교에 근무하는 교원 및 직원에 대해 별도의 벽지 수당을 지급하고 있다. 벽지수당은 기본 급료와 각종 수당을 모두 합한 총액의 25%를 초과하지 않는 범위 내에서 문부과학성령이 정하는 기준에 따라 조례로 정하고 있다. 그리고 교통조건 및 자연적·경제적·문화적 제반 조건에서 도시보다 소외 받고 있는 산간, 도서 등의 지역에 소재하는 공립 초등학교 및 중학교에 근무하는 교원 및 직원의 정신적·경제적인 부담이나 생활의 불편에 대처하여 벽지학교에 우수한 교원 및 직원 배치를 용이하게 하고 인사이동을 원활하게 하기 위해 마련된 것이다.

제6조에서는 국가 보조금의 교부에 대해서 규정하고 있다. 국가는 벽지학교의 설치자가 수행하는 사무에 필요한 경비(벽지학교의 교재, 교구 등의 정비에 관련되는 부분, 벽지학교에 근무하는 교원 및 직원을 위한 주택 건축에 관련되는 부분 및 다른 법률에 근거하여 국가가 부담 또는 보조하는 부분을 제외함)에 대해서 그 2분의 1을 보조하는 것으로 하고 있다. 또한 국가는 도도부현 임무 중의 하나인 벽지학교에 근무하는 교원양성시설 설치 사무에 필요로 하는 경비(타 법률에 근거하여 국가가 부담 또는 보조하는 부분을 제외함)에 대해서 그 2분의 1을 보조한다.

이 보조금은 이하 제시하는 항목에 해당하는 경우에는 해당 연도의 그 이후 지급되는 보조금의 전부 또는 일부를 반환시킬 수 있다. 즉, ① 보조금의 보조목적 이외의 목적으로 사용하였을 경우, ② 정당한 이유 없이 보조금 교부를 받은 연도 내에 보조 대상 시설을 설치하지 않을 경우, ③ 보조 대상 시설을 정당한 이유 없이 보조 목적 이외의 목적으로 사용할 경우 또는 문부과학대신의 허가를 받지 않고 처분하였을 경우, ④ 보조금 교부 조건에 위반한 경우, ⑤ 허위의 방법으로 보조금 교부를 받은 것이 밝혀진 경우에 반환시킬 수 있다.

보조금에 대해서는 국가가 전면적으로 책임을 다하고 있는 것이 아니라 지자체의 재량에 맡기고 있는 것이다.

2)「과소지역자립촉진특별조치법」

1960년대 이후의 고도경제성장에 따라 젊은 사람들을 중심으로 농촌 지역에서 도시 지역으로 큰 인구이동이 일어났으며, 도시 지역에서는 인구집중에 의한 과밀문제가 발생하는 반면, 농촌 지역에서는 주민의 감소에 의해 지역 사회의 기초적 생활 조건 확보에도 지장을 초래하는 이른바 과소문제가 발생하였다. 고도경제성장기에 생긴 도시와 농촌 지역의 지역진흥정책의 격차로 도시부중심 정책에 대한 지방자치체의 불만이 높아졌다.

이러한 지방행정의 압박에 대하여 1970년 의원입법에 의한 10년간의 시한입법으로서「과소지역대책긴급조치법」이 제정되었다. 이 법률에서는 연율 2%를 넘는 인구 감소가 계속되는 가운데 급격한 인구 감소에 의해 지역 사회의 기반이 변동

되고 생활수준 및 생산기능의 유지가 어려운 지역(과소지역)에 대해서 긴급하게 생활환경, 산업기반 등의 정비에 관한 종합적 또는 계획적인 대책을 실시하기 위해 필요한 특별조치를 강구하였다. 이 특별조치를 통해서 인구의 과도한 감소를 방지하는 동시에 지역 사회의 기반을 강화하고, 주민복지의 향상과 지역 격차의 시정에 기여하는 것을 목적으로 하였다.

「과소지역대책긴급조치법」에서는 국가 보조의 특례로서 국가는 시정촌계획을 기초로 하는 사업 중에서 공립 초등학교 또는 중학교를 적정규모로 하기 위해 통합하는 동시에, 필요하게 된 공립 초등학교 또는 중학교에 근무하는 교직원을 위한 주택의 건축에 필요한 경비에 대해서는 해당사업을 하는 과소지역의 시정촌에서 필요한 경비의 3분의 2를 보조할 수 있도록 규정하였다.

1975년 이후 인구 감소는 진정되었지만 인구가 현저하게 감소함에 따라 지역 사회의 기능이 저하되고 생활수준 및 생산기능이 다른 지역과 비교해보면, 과소지역이 낮게 나타나는 것으로 파악되었다. 이러한 지역의 진흥을 도모하여 주민복지의 향상, 고용 증대 및 지역 격차 시정에 기여하는 것을 목적으로, 「과소지역대책긴급조치법」은 1980년 「과소지역진흥특별조치법」에 재편제되었다. 이 법에서는 새롭게 '소규모학교에서의 교육의 충실'이라는 항목이 신설되었다. 그 항목에서는 '국가 및 지방공공단체는 과소지역에 소재하는 소규모 초등학교와 중학교에서의 교육의 특수사정에 비춰서 그 교육을 충실하게 하기 위한 적절한 배려를 한다'라는 항목이 명시되었다.

1980년 「과소지역진흥특별조치법」은 1990년 「과소지역활성화특별조치법」으로 재편성되었다. 이 법에서는 「과소지역대책긴급조치법」에서 규정된 국가 보조의 특례 즉, 공립 초등학교 또는 중학교를 적정규모로 하기 위한 통합에 따라 필요하게 된 공립 초등학교 또는 중학교에 근무하는 교직원을 위한 주택 건축에 필요로 하는 경비의 10분의 5.5를 보조한다고 개정하였다.

「과소지역활성화특별조치법」은 2000년 「과소지역자립촉진특별조치법」으로서 재편성되었다. 당초 2010년까지 10년간 시한입법으로서 시행되었지만, 과소대책 등 일정한 성과 등을 근거로 하여 실효 기한이 6년간 연장되어 현행법으로서 기능하고 있다. 「과소지역진흥특별조치법」에서 추가되었던 '소규모학교에서의 교육의 충실'이라는 항목은 '교육의 충실'이라는 항목으로 변경되었으며, '과소지역에서의 교육의 특수사정을 고려하여 학교교육 및 사회교육의 충실에 노력하는 동시에 지역 사회의 특성에 맞는 평생학습의 진흥에 이바지하기 위한 시책의 충실에 대해서 적절한 배려를 한다'라고 그 내용을 변경하였다.

지금까지 과소지역 진흥(과소지역 자립촉진)을 위한 지방채에서는 공립 초등학교 또는 중학교를 적정규모로 하기 위한 통합에 따라 필요하게 된 학교건물, 실내 운동장, 기숙사, 교직원을 위한 주택 및 학생들의 통학을 쉽게 하기 위한 자동차 또는 선박시설 등을 지방채를 발행하는 예로서 제시하고 있다.

3. 벽지·소규모학교 존속을 위한 제도

1) 산촌유학제도

산촌유학제도는 도시 지역의 초·중등학생들이 1년 단위로 부모 곁을 떠나, 혹은 부모와 함께 자연이 풍부한 농촌에 이사하여 자연체험이나 인간체험을 할 수 있도록 현지의 학교에 전학하는 제도이다. 산촌유학의 교육이념은 도시부의 아이들에게 자연체험이나 농촌생활체험을 통해서 자연·생물과 공생하는 가치관, 지립심 및 사회성 있는 생활태도를 육성하려는 것이다(山本光則, 2005 : 36).

이렇게 농촌학교로 통학하면서 다양한 자연체험이나 농촌 생활을 체험하는 산촌유학은 1976년 나가노현 야사카무라(長野縣八坂村)에서 시작하였다. 원래 산촌유학의 발단은 1968년 공립학교 교원 한 사람이 도시부에서 생활하는 아이들에게 가장 필요한 것이 자연체험이나 농촌생활체험인 것을 통감하여 교직을 그만두고 사회교육단체(현재는 재단법인 키우는 모임)를 설립한 것이었다. 방학 및 주말을 활용한 자연체험이나 농가생활체험은 큰 반향을 불러일으켰고 참여자 수도 해마다 증가되어 왔다. 산촌유학제도는 학교 소인원화, 복식학급화, 더 나아가서는 학교 존속이라는 문제에 직면한 지자체 및 그 지역에서 생활하고 있는 사람들에 의해 주목을 받으면서 과소지역 활성화 대책으로서 주목을 받게 되었다(山本光則, 2005 : 26).

농촌의 어른들이 도시 아이들의 부모이자 교사 역할을 하면서 또 하나의 가족과 농촌 공동체 문화, 자연체험을 도와주는 것이다. 초등학교 1학년부터 중학교

3학년을 대상으로 하고, 활동 등 체험내용은 지역의 특성을 살리면서 다양하게 실시되고 있다. 원칙적으로 산촌유학 기간은 4월부터 3월까지 1년간이며, 비용은 단체 혹은 생활 형태에 따라 차이는 있지만 월 35,000엔~80,000엔 정도이다.

산촌유학의 운영주체는 지자체, 시정촌 교육위원회, 학교와 지역 사회 주민으로 구성된 운영위원회(산촌유학추진협의회 등) 등 다양하다. 프로그램 운영의 주체 등을 기준으로 산촌유학의 유형은 4가지로 구분된다. 첫째, 현지 수양부모 방식이다. 연간을 통해서 현지 수양부모 가정(농가, 어부집)에서 홈스테이 하면서 지역의 학교에 통학하는 방식을 말한다. 둘째, 기숙사 방식이다. 연간을 통해서 기숙사(산촌유학센터)에서 집단 생활하면서 지역의 학교에 통학하는 방식을 말한다. 셋째, 학원 방식이다. 한 달의 3분의 1 혹은 2분의 1을 복수의 전문지도원이 상주하는 기숙사(산촌유학센터)에서 집단생활하고, 나머지는 현지 수양부모 가정에서 홈스테이 하면서 지역의 학교에 통학하는 방식을 말한다. 넷째, 가족유학 방식이다. 가족의 일부 혹은 전 가족이 이사하여 이전과 같이 가족으로 생활하면서 지역의 학교에 통학하는 방식을 말한다.

벽지·소규모학교의 통폐합 문제에 직면해서 전입하는 학생 수를 증가시키는 것으로 학교를 유지하려는 제도가 산촌유학제도이며, 학교를 유지시키고 싶은 농촌 지역의 의향과 자연 속에서 교육환경의 개성이나 인간성 회복을 원하는 도시부 학부모의 의향이 연결된 것이다. 이 산촌유학제도는 벽지 통폐합의 가능성이 있는 학교를 활성화시키며 그것이 지역의 활성화로 연결되는 의미에서도, 또한 자연 등 교육환경을 요구하는 도시부 학생과 학부모에 대해서 교육적 영향이 있다는 의미에서 오늘날 다양한 특성을 가진 학생들에게 대응한 제도인 것이다(玉井康之, 2008 : 55~56).

2) 소규모특별인가학교제도

소규모특별인가학교는 소규모교 존속의 특별한 의의를 찾아내고, 소규모학교에 한정해서 학구를 탄력적으로 운영하여 시정촌 내의 타 학구에서 통학할 수 있게 하는 제도이다. 소규모학교에 한정된 제도이며, 일반적인 학교선택제도와는 다르다. 소규모학교에 한정된 이유는 소규모학교를 존속시키는 의미와 소규모

특성의 교육적 의의를 인정하기 때문이다. 이 제도의 도입 목적은 첫째, 학교 통폐합을 회피하는 동시에 대규모학교의 매머드화를 회피하는 것이다. 둘째, 복식교육을 도입하고 있는 학교의 학생 수를 증가시키고 단식교육으로 전환하는 것이다. 셋째, 시가지의 학생들을 자연체험·농업체험을 실시하고 있는 벽지·소규모학교로 통학시키고 보다 많은 학생에게 체험활동을 제공하는 것이다(玉井康之, 2008 : 56).

지자체 내부에서 특정 지역의 학교가 극단으로 소규모화하여 학교의 입지조건에서 봤을 때 통합이 어려운 경우 가장 빈번하게 활용되는 방법의 하나는 통학구역의 탄력화이다. 학교선택제도는 지자체 내 모든 학교를 대상으로 하는 것이 통상이지만, 특별인가학교제도는 특정 지정학교만을 대상으로 하고 있다. 지정되는 학교는 소규모학교인 경우가 많기 때문에 소규모특별인가학교라고 부르고 있다(葉養正明, 2011 : 336).

이 소규모특별인가학교제도는 학부모가 제도의 취지 및 목적에 따라서 소규모학교의 특색 있는 환경 속에서 아이들을 교육 받을 수 있게 해 주고 싶은 경우, 특별 통학 학교의 변경 신청을 할 수 있는 제도인 것이다. 따라서 신청 후 심사를 거쳐서 교육위원회가 지정하는 소규모특별인가학교로 입학 또는 전학이 인정되는 것이다.

4. 학교 통폐합 정책 : 학교 적정규모·적정배치

초·중학교에서는 일정 정도 집단규모를 확보하는 것이 바람직하다. 그렇기 때문에 문부과학성에서는 「학교교육법시행규칙」 및 「의무교육시설비부담법시행령」을 근거로 공립 초·중학교 적정규모를 12~18학급으로 하고, 적정배치에 대해서는 통학거리를 초등학교 4km 이내, 중학교 6km 이내로 정하고 있다.

저출산의 흐름에 따라 최근 10년 동안 공립 초·중학교 수는 10% 정도에 해당되는 3,000개교 정도가 감소되는 동시에, 표준 규모를 충족시키지 못하는 학교가 절반 정도 존재하고 있는 것이 현실이다. 앞으로 저출산의 진전에 따라 학교의 소규모화로 인해 수반되는 교육적 약점의 현실화에 대한 우려가 높아지고 있다.

한편, 학교 통합이 어려운 지리적 특성이나 지역 커뮤니티의 중심이 되는 학교의 중요성에 대한 배려도 요구되고 있다(文部科学省, 2019 : 180).

과거 학교 통폐합의 추진은 1956년 문부사무차관통달 '공립 초·중학교의 통합방책에 대하여'를 발표한 후, 1957년 '학교 통합 실시의 길잡이'를 작성하고, 1958년에는 초·중학교 학교규모(학급 수)의 표준을 정하는 등 지역의 실상에 맞는 학교규모의 적정화가 추진하여 왔다. 또한 1973년에는 학교규모에 집착한 나머지 무리한 학교 통합을 추진하는 경우가 있어서, 지역주민의 이해와 협력을 얻어 실시하도록 하고, 소규모학교의 강점을 살리고 존치하는 것이 타당한 것으로 사려된 점 등이 통지되었다(文部科学省, 2015 : 1).

문부과학성에서는 학교 통합을 통해 매력이 있는 학교 만들기, 소규모학교의 약점을 극복하고 지속가능한 학교 만들기, 휴교가 된 학교의 재개 등을 지자체에서 검토할 때 지침이 되는 기본적 방향성이나 고려해야 할 요소, 유의점 등을 정리한 '공립 초등학교·중학교의 적정규모·적정배치 등에 관한 길잡이'(2015. 1. 27)를 작성·보급하고 있다. 이 길잡이에서는 약 60년 만에 공립 초등학교·중학교의 적정규모·적정배치 기준을 재검토하고 있다. 주요 내용은 다음과 같다.

학교규모의 적정화에 대해서는 반 바꾸기 가능 여부를 판단 기준으로 초등학교 6학급 이하, 중학교 3학급 이하 학교에서는 신속히 통폐합을 검토할 필요가 있다고 명기하였다. 또한 학교 적정배치에 대해서는 초등학교 4km 이내, 중학교 6km 이내로 하는 종래의 기준을 유지시키면서 스쿨버스 통학 등을 상정하고 대체로 1시간 이내라는 기준을 새롭게 정하고 있다. 통학시간의 관점을 도입하고, 광범위하게 학교 통합이 가능하도록 조건이 완화되었다.

한편, 지리적 사정과 지역 커뮤니티의 중심 공간인 소규모학교를 존속시키는 선택도 존중되어야 할 필요가 있다고 강조하고 있다. 소규모학교를 존속시키는 경우 다른 학교와의 합동수업, 초·중 일관교육의 도입 등 대응책을 제안하고 있다.

학교 통합을 통해 매력이 있는 학교 만들기, 소규모학교의 약점을 극복하고 지속가능한 학교 만들기, 휴교가 된 학교의 재개, 저출산에 대응한 활력이 있는 학교 만들기의 추진을 위해 문부과학성에서는 다음과 같은 학교교육 지원대책을 세우고 있다.

첫째, 통합학교의 교육환경 정비 지원이다. 학교 통합을 통해 매력이 있는 학교를 만들기 위해 ① 시설정비에 대한 보조, ② 교원의 추가 배치, ③ 시정촌의 니즈와 실상에 의거한 도도부현의 적절한 지도, 조언, 지원, ④ 스쿨버스·보트 구입비 보조, ⑤ 학교 통합을 통해 매력이 있는 학교를 만들기의 모델 창출·보급 등을 지원한다.

둘째, 소규모학교를 존속시키기 위한 교육활동의 고도화 지원이다. 소규모학교의 약점을 극복하고 장점을 살리기 위해 ① 소규모학교에 대한 교원 추가 배치, ② 시정촌의 니즈와 실상에 의거한 도도부현의 적절한 지도, 조언, 지원, ③ 통합이 어려운 지역에서의 교육환경에 충실한 모델의 창출·보급 등을 지원한다.

셋째, 휴교가 된 학교의 재개 지원이다. 학교 재개에 있어서 ① 시설의 대규모 개조와 장수시설로 개량하기 위한 보조, ② 스쿨버스·보트 구입비 보조, ③ 학교 재개에 관한 상담창구의 원스톱화를 촉진한다.

넷째, 지역 커뮤니티의 유지·강화를 위한 지원이다. ① 커뮤니티 스쿨 등을 통한 학교를 중심으로 한 지역력 강화 추진, ② 폐교의 유효활용을 위한 지원, ③ 문화·스포츠 등 지역진흥을 위한 사업 소개 등을 지원한다.

이상과 같이 저출산으로 인해 수반되는 학교 소규모화라는 과제 해결과 지역 커뮤니티의 중심이 되는 매력이 있는 학교 만들기가 적극적으로 검토·진행되고 있는 것이다.

제5절 일본 일관학교의 특징과 시사점

일본에서는 유·초, 초·중, 중·고의 연계·일관교육의 움직임이 주목을 받고 있으며, 특히 중·고 연계·일관교육은 초·중 연계·일관교육보다 선행해서 진행되어 왔다. 중·고 일관교육은 중등교육을 다양화하기 위해 중학교와 고등학교의 6년간을 접속하여 6년간의 학교생활 속에서 계획적·계속적인 교육과정을 전개함에 따라 학생의 개성과 창의성을 신장시키는 것을 목표로 도입된 제도이다. 교육과정도 특색 있는 커리큘럼 편성과 학습지도요령의 범위를 넘은 지도를 할 수 있게 되었다. 중·고 일관교육의 실시 형태는 '중등교육학교', '병설형', '연계형'의 세 가지 형태가 있지만, 각 학교의 특색을 살리면서 학생과 학부모의 요구, 지역 상황에 따라서 지자체와 학교법인 등 설치자가 그 형태를 판단·결정한다.

한편, 초·중 연계·일관교육은 '초1문제'와 '중1갭'이라는 유·초 및 초·중 접속 관계의 과제, 학생들의 발달·지도상의 과제, 학력격차와 학교규모에 대한 대응, 그리고 공립학교의 다양화 등이 주장되면서 전국에서 도입되고 있다. 지역의 실상을 고려한 교육개혁으로서 초·중 일관교육을 추진하는 것은 아이들의 발달에 맞는 실천을 창출하고 지역과의 연계를 통해 아이들의 학습과 발달을 지원해 나가는 새로운 학교교육의 가능성을 안고 있다(藤江康彦, 2019 : 244).

일본에서는 초·중 일관교육에 대해서 아직 모색 단계에 있지만, 초·중 일관교육 및 중·고 일관교육의 현황과 운영 사례를 통해 몇 가지 시사점을 정리하면 다음과 같다.

첫째, 일관교육은 '목적'이 아니라 '수단'이다. 초·중 일관교육의 경우 중·후기 시기에 실질적인 문제행동 등을 억제하거나 의무교육 9년간을 통해서 학력과 사회성을 육성해 나가는 것이다. 이것은 '목적'이 아니라 의무교육의 목적을 달성하기 위한 '수단'이 되는 것이다. 따라서 학생들의 발달·성장을 도모하기 위해 도움이 되는 것을 실현가능한 것부터 하나씩 실시해 나가는 것이 중요하다고 할 수 있다.

둘째, 시설을 공유하는 등 물리적인 조건에 관계없이 교직원이 연계하여 초·중 9년간 및 중·고 6년간의 연속성을 도모하는 것이 필요하다. 모든 교직원이 학력관, 지도관, 평가관 등을 공유화하면서 일관 커리큘럼에 기초하는 일관교육을 추진하는 것이 요구된다. 교직원 전체가 학생들의 과제를 인식하는 동시에 지도하였을 때 그 효과가 크게 나타나는 것이 기대된다. 또한 각 학교급 단계에서는 학생들의 발달의 차이, 지도방법이나 지도내용에도 큰 차이가 있다. 이러한 학교문화의 차이를 이해하고 공동적인 과제를 도출하여 교직원 간의 공통 이해를 도모하는 것이 일관교육을 효과적으로 추진하기 위해 필요할 것이다. 즉, 교직원 간의 일체감·연대감을 구축하여 서로가 협동하는 환경을 조성하는 것이 필요하게 될 것이다.

셋째, 일관교육의 교류수업을 도입할 수 있다. 교류수업 등을 통해서 학생들의 의욕과 수업에 대한 즐거움을 향상시킬 수 있고, 초등학교 교육에서 중학교 교육으로 원활한 접속을 도모할 수 있다. 교직원들에 있어서도 초·중 또는 중·고 간의 교류가 증가되면 학생들을 중심으로 한 학교 간 연계 본연의 모습에 대한 공통 이해를 깊게 할 수 있다. 또한 수업 만들기를 함께 실시함에 따라 교직으로서의 전문성을 향상시키는 연찬의 장이 될 수도 있다.

넷째, 일관교육의 또 하나의 상징적인 특징으로서 교사 상호 교환수업이나 교과담임제가 있다. 중학교 교사가 초등학교에서 지도를 하고, 초등학교 교사가 중학교에서 지도를 하는 교사 상호 교환수업이나 교과담임제 등 일관교육을 추진하기 위해 교직원의 겸임발령을 고려할 수 있다. 겸임발령의 방법으로 전교직원 겸임발령, 일부 교직원 겸임발령, 교장 겸임발령 등을 다양하게 생각할 수 있다. 학교 실상에 따라 학생지도 등 특정 분야에서 겸임발령을 실시할 수 있고, 초등학교와 중학교 양쪽 자격증을 소유하지 않아도 가능한 것이 많을 것이다. 전교직원이 겸임발령을 받게 되면 초·중 구별 없이 계속적으로 지도할 수 있는 체제가 구축될 수 있으며, 9년간을 통해 학생들을 키우겠다는 의식의 함양을 도모할 수 있을 것이다.

다섯째, 일관교육은 초등학교와 중학교 그리고 고등학교 간의 상호 관계, 학교와 지역의 관계를 재검토 및 재구축 하는 것을 제기하고 있다. 지금까지 조직문화의 차이가 강조되면서 관계를 구축하는 것이 쉽지 않다는 것이 일반적인 현상이다. 학교가 지원을 받지 않고 단독으로 운영하는 것은 어렵게 되어 있으며, 상호의존적인 연계·협력 관계를 구축하는 것이 요구되고 있다. 이러한 상호의존적인 관계를 초·중, 중·고 간에서 구축하는 것이 일관교육을 추진하는 데에 있어서 필요하게 될 것이다.

참고문헌

임연기 외(2012). 초·중·고 통합운영학교 발전방안. 교육과학기술부.

安彦忠彦. (2009). 新教育課程における連携·一貫教育の課題は何か. 高階玲治(編), 幼·小·中·高の連携·一貫教育の展開. 東京：教育開発研究所.

梶川裕司. (2009). 連携·一貫教育にどのような形態があるか. 高階玲治(編), 幼·小·中·高の連携·一貫教育の展開. 東京：教育開発研究所.

呉市教育委員会. (2011). 小中一貫教育のマネジメントー呉市の教育改革ー. 東京：ぎょうせい.

国立教育政策研究所. (2016). 国研ライブラリー小中一貫[事例編]. 東京：東洋館出版社.

玉井康之. (2008). 子どもと地域の未来をひらくへき地·小規模教育の可能性. 東京：教育新聞社.

葉養正明. (2009). 成長環境を豊かにー連携·一貫教育の導入の背景. 高階玲治(編), 幼·小·中·高の連携·一貫教育の展開. 東京：教育開発研究所.

葉養正明. (2011). 人口減少社会の公立小中学校の設計ー東日本大震災からの教育振興の技術ー. 東京：協同出版.

藤江康彦. (2019). 教師の学習の契機としての小中一貫教育. 東京大学教育学部教育ガバナンス研究会(編), グローバル化時代の教育改革ー教育の質保障とガバナンス. 東京：東京大学出版会.

村上祐介. (2017). 教育行政. 河野和清(編), 現代教育の制度と行政. 東京：福村出版.

文部科学省. (2018). 平成29年度文部科学白書. 東京：文部科学省.

文部科学省. (2019). 平成30年度文部科学白書. 東京：文部科学省.

山下政俊·黒見隆久. (2009). 子どもの学びをひらく小中一貫教育の可能性. 島根大学教育学部附属教育臨床総合研究センター, 島根大学教育臨床総合研究, 8, 127~142.

山本光則. (2005). 山村留学の軌跡と現状. 山村留学の現状と課題. 東京：農林水産政策研究所.

[홈페이지]

高野町立富貴小中学校. 小中一貫研究紀要(2006~2008). http：//www.koya.ed.jp/fuki-e/kennkyuukiyou08.html에서 2018. 9. 23. 인출

千葉市教育センター(2011. 3. 24.). 小中の連携を深めるために一貫教育を見据えた教職員研修プログラム. http：//www.cabinet-cbc.ed.jp/data/kenkyu_itiran/h22_kenkyu/ikkan10/program.pdf에서 2018. 9. 23. 인출

中央教育審議会初等中等教育分科会学校段階間の連携・接続等に関する作業部会. (2011. 7). 中高一貫教育制度に関する主な意見等の整理. https://www.mext.go.jp/b_menu/shingi/chukyo/chukyo3/045/houkoku/__icsFiles/afieldfile/2011/07/27/1308954_1_1.pdf에서 2018. 9. 23. 인출

中央教育審議会初等中等教育分科会学校段階間の連携・接続等に関する作業部会. (2012. 7. 13.). 小中連携, 一貫教育に関する主な意見等の整理. https://www.mext.go.jp/component/b_menu/shingi/toushin/__icsFiles/afieldfile/2012/09/10/1325226_1.pdf에서 2018. 9. 23. 인출

練馬区教育委員会. (2008). 練馬区立小中一貫教育校設立に関する基本方針. https://www.city.nerima.tokyo.jp/kosodatekyoiku/kyoiku/gakko/ikkan/suisinhosin/secchi.files/2syou.pdf에서 2018. 9. 23. 인출

宮崎県立五ケ瀬中等教育学校 http://gokase-h.com/

文部科学省. 中高一貫教育Q&A. http://www.mext.go.jp/a_menu/shotou/ikkan/10/1315510.htm에서 2018. 9. 23. 인출

文部科学省(2015.1.27.) 公立小学校・中学校の適正規模・適正配置等に関する手引－少子化に対応した活力ある学校づくりに向けて－. https://www.mext.go.jp/component/a_menu/education/micro_detail/__icsFiles/afieldfile/2015/07/24/1354768_1.pdf에서 2020. 1. 31. 인출

文部科学省(2016. 4. 8.) 小中一貫教育等についての実態調査の結果. https://www.mext.go.jp/a_menu/shotou/ikkan/__icsFiles/afieldfile/2016/04/08/1369584_01.pdf에서 2018. 9. 23 인출

文部科学省(2016.12.26.) 小中一貫した教育課程の編成・実施に関する手引. https://www.mext.go.jp/component/a_menu/education/detail/__icsFiles/afieldfile/2019/08/29/1369749_1.pdf에서 2020. 2. 7. 인출

文部科学省(2017. 9. 8.) 小中一貫教育の導入状況調査について. https://www.mext.go.jp/a_menu/shotou/ikkan/__icsFiles/afieldfile/2017/09/08/1395183_01.pdf에서 2018. 9. 23. 인출

文部科学省(2019. 9. 9.) 教員免許制度の概要. https://www.mext.go.jp/a_menu/shotou/kyoin/__icsFiles/afieldfile/2019/09/09/1339300_1.pdf에서 2020. 1. 30. 인출

文部科学省(2020. 3. 11.) 現職教員の新たな免許状取得を促進する講習等開発事業公募要領. https://www.mext.go.jp/a_menu/shotou/kyoin/1367300_00001.htm에서 2020. 3. 13. 인출

제 3 장

호주의
통합학교

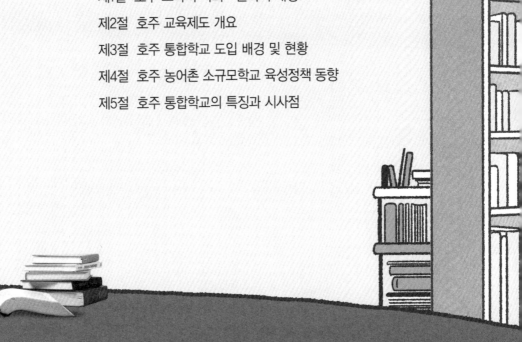

제3장

호주의 통합학교

 제1절 호주 교육의 사회·문화적 배경

1. 역사·정치적 개요

호주의 영토는 약 770만km²로 대한민국 국토의 약 37배 정도에 해당하는, 세계에서 6번째로 큰 땅을 가진 나라이다. 전체 인구는 2019년 기준으로 약 25.7백만 명 정도이며[1], 이들의 약 2/3는 시드니와 멜버른 등 대도시 지역에 거주하고 있다. 나머지는 해안선을 따라 형성된 중소도시와 농어촌 지역, 내륙의 고립된 지역에서 살아가고 있다. 호주의 인구는 호주에서 태어난 백인 호주인이 약 70% 정도이며, 30% 정도는 200여 개 나라에서 이주해 온 이민자들로 구성되어 있는 다인종·다문화 국가이다(ABS, 2019).

호주는 19세기 중반인 1868년까지 영국의 죄수 수용 식민지였다. 그 이후에는 양모 산업과 금광의 발견 등으로 인해 유럽에서 많은 자유민들이 이주하여 왔다. 따라서 호주의 문화적 전통은 기본적으로 영국을 포함한 유럽 사회에 그 뿌리를 두고 있다. 제2차 세계 대전 이후 현대의 호주 사회는 미국과의 상호 교류 증대를 강화하고 있으며, 영국 및 미국의 정치·사회적 삶의 특징을 받아들이면서 호주식 사회·문화적 전통을 만들어 가고 있다.

최근에는 호주의 경제적 및 국제 외교적 입지가 크게 강화되고 있다. 특히 53개의 회원국을 가지고 있는 영연방국가(Commonwealth Countries)모임에서 주도적 역할을 수행하고 있으며, 아시아 제국의 일원을 표방하며 국가적 영향력을 아시

---

1) https : //countrymeters.info/en/Australia (검색일 : 2020. 01. 25.)

아로 확대시켜 가고 있다. 호주는 건국 이래 고수해 오던 백호주의(white Australia) 정책을 1973년에 포기하고, 공평성(Equity)을 호주 사회의 기본 가치로 하는 다문화 사회를 천명하고 있다.

호주 연방정부의 수립 과정

영국의 탐험가이며, 해군 대령인 Captain Cook이 1788년 1월 26일 11척의 배에 영국의 죄수와 간수 등 약 1,500여 명을 태우고 시드니 항에 도착하면서 호주의 역사는 시작된다. 이때부터 호주는 영국의 죄수 수용을 위한 식민지(Penal colonies)로 역사를 시작하게 된다.

영국의 식민지로 시작된 호주의 역사는 1901년 6개의 자치주(state)와 2개의 준주(Territory)가 모여 수도를 캔버라(Canberra)로 하는 연방정부의 수립과 함께 시작되었다. 현재 호주는 영국의 국왕(현재는 엘리자베스 2세)이 국가수반인 입헌군주국이며, 영국 국왕이 임명하는 호주 총독이 형식적인 국가 최고 기관이다. 호주 총독의 임명은 호주 연방정부 수상의 제청으로 영국 여왕이 임명한다. 이러한 호주의 입헌군주국 형태는 호주 연방정부 수립 과정을 보면 그 이유를 짐작할 수 있다.

1776년 영국과의 전쟁을 치르면서 독립을 쟁취한 미국의 경우와는 달리 호주는 영국과 평화적 방법으로 국가의 독립을 이룩하였다. 대영 제국의 식민 지배 당시 6개로 분리운영하던 식민지구의 대표들이 모여 호주 연방정부 헌법 초안을 작성하고, 식민지 주민들의 전체 국민투표를 거쳐 호주 헌법 초안을 통과시켰다. 주민들이 동의한 호주 헌법 초안을 최종적으로 영국 의회에서 「호주 연방정부 헌법에 관한 법률(The Commonwealth of Australia Constitution Act)」로 승인함으로써, 이에 근거하여 1901년 독립 호주 연방정부를 수립하였다.

호주 연방정부 수립을 위한 헌법이 호주인들에 의해 만들어졌음에도 불구하고 형식적으로 보면 호주 연방정부 헌법은 영국의회의 법안으로 최종 확정되었다는 점에서 호주와 영국의 관계를 짐작할 수 있을 것이며, 호주라는 국가 수립 과정의 특수성을 이해할 수 있을 것이다. 호주 연방정부 헌법에 의해 호주는 6개의 자치주(states)와 2개의 자치구(territories)로 구성되었다. 호주 연방헌법에 의하면, 연방정부는 외교, 무역, 국방 및 이민 관련 정책을 관장 사무로 하며, 교육과 의료, 교통과 주택 등의 사무는 주정부의 책무성에 속하게 되었다.

호주 연방정부의 헌법은 영국의회의 법률로 제정된 성문헌법이며, 개정하기 까다로운 경성헌법이다. 또한 각 주의 합의를 토대로 만들어졌다는 점에서 미국과 같이 국약헌법이라고 볼 수 있다. 따라서 호주의 헌법을 개정하기 위해서는 3개 집단의 동의를 모두 받도록 되어 있다. 즉, 호주 연방정부 헌법을 개정하기 위해서는 첫째, 전 유권자의 과반수가 찬성해야 한다. 둘째, 6개의 주 중에서 적어도 4개 이상의 주에서 과반수가 찬성해야 한다. 또한 헌법 개정에 영향을 받을 수 있는 특정 주가 있을 경우, 그 주에서는 반드시 과반수의 지지를 받도록 규정하고 있다. 이처럼 3개의 집단에서 모두 동의할 경우에만 헌법이 개정될 수 있도록 개정 절차를 매우 어렵게 규정하고 있다. 1901년 이래 총 44회의 개정 요구가 있었으나 오직 8번만 개정될 수 있었던 것도 이처럼 헌법 개정을 위해서는 복잡한 과정을 거쳐야 하기 때문이다.

헌법 개정과 관련된 최근의 논란은 호주의 국체를 현재의 입헌군주제에서 공화제로 개정하자는 이슈이다. 20여 년 전에 호주에서는 국체를 입헌군주제에서 호주인이 실질적이고 형식적인 국가 최고 수반이 되는 공화제로 개정하자는 국민투표가 실시되었으나, 호주인들의 과반수가 입헌군주제를 지지하여 결국 공화제 개헌안은 부결되었다. 그러나 최근에 다시 공화제로 개정하자는 의견이 확산되고 있어서 향후 어떤 결과가 나올지 주목된다.

호주 총독은 영국 여왕을 대신하여 호주의 국가원수 역할을 수행한다. 호주 헌법에 나타난 총독의 주요 역할을 요약하면, 각료 임명 및 해임권, 판사의 임명권(해임권은 의회에 있음), 호주군 통수권, 의회 개원, 휴회 및 해산권, 총선 일정 결정권 및 양원을 통과한 법률에 대한 거부 혹은 수정요구권 등이다. 이러한 대부분의 권한은 연방정부 수상의 권고에 의해 집행되고 있다.

2. 학교교육제도의 배경

호주는 연방정부 헌법에 의해 학교제도 및 교육과정 운영, 교원양성과 채용 등 학교교육과 관련된 모든 사무는 주정부의 1차적 책무성에 속한다. 따라서 교육정책의 자치적 운영권을 가지고 있는 주정부들은 오랫동안 상호 독립적인 교육제도와 교육정책을 추진해 왔다. 따라서 각 주에 따라 교육제도와 교육과정 등에 상당한 차이가 있었다.

그러나 21세기 무한경쟁의 국제적 상황 변화에 따라서 호주에서는 교육체제의 수월성과 국가적 표준화의 필요성을 절감하였으며, 이를 위한 교육개혁 정책들이 수행되었다. 이처럼 최근의 호주 교육제도 혁신 과정 및 특징은 국가적 수준에서의 우수한 교육 프로그램 개발 및 전국적 수준에서의 통일된 수용과 적용이라 요약할 수 있을 것이다. 호주 국가 교육과정 개발 및 적용, 국가 수준에서의 학생평가 체제 구축과 교사 자격기준의 개발 등은 이러한 국가 수준에서의 교육의 표준화 전략을 반영하고 있는 대표적인 사례라 할 것이다(김순남, 2013).

국가 수준에서의 교육정책의 수월성 추구와 표준화 정책의 출발점은 1999년에 호주의 연방정부와 주정부, 뉴질랜드 등의 교육부 장관들이 South Australia의 주도인 Adelaide에서 공포한 '21세기 호주 학교교육의 목표 선언(National Goals for Schooling in the Twenty—First Century)'이었다. 10여 년이 지난 2008년에는 또 다시 교육부 장관들이 빅토리아 주의 주도인 멜버른에 모여 호주 학교교육목표를 선언하였다.

멜버른 교육목표 선언은 '세계 수준의 교육과정 개발 및 평가체제 구축'을 호주 국가 수준에서의 중요한 학교교육 정책 목표로 설정하고 있다. 이러한 정책 목표를 구현하기 위하여 호주에서는 호주교육과정평가청(Australian Curriculum, Assessment and Reporting Authority : ACARA)이란 기관을 설립하였다.

3. Melbourne 선언과 학교교육의 목표[2]

호주에는 연방정부와 각 주정부의 교육부 장관들이 모여 교육 관련 의제를 협의하고 국가 수준에서 통일적 정책 수행을 위한 협의체가 있다. 2008년 당시의 교육부 장관 협의체였던 MCEETYA(Ministerial Council on Education, Employment, Training and Youth Affairs)[3]에서는 그해 12월 Victoria 주의 주도인 Melbourne 에 모여 '멜버른 교육목표 선언(Melbourne Declaration on Educational Goals

---

2) 이 절의 내용은 MCEETYA(2008), 'Melbourne Declaration on Educational Goals for Young Australians'의 주요 내용을 요약·정리함.
3) 교육부 장관협의체의 명칭과 기능은 연방정부 구성의 변화에 따라 변화된다. 멜버른 선언이 있던 2008년의 교육부 장관협의체 명칭은 MCEETYA였다.

for Young Australians)'을 채택하였다. 이 선언은 호주의 학교교육의 목표와 정책 구현의 우선순위 등을 결정하기 위한 연방정부와 주정부 교육정책 당국의 법적 근거가 되고 있다.

멜버른 교육목표 선언의 목적은 새로운 국제환경의 변화에 호주 학교들이 능동적으로 대처하며, 미래의 불확실한 상황에서 호주의 지속적인 발전과 번영을 추구하기 위하여 학교 교육이 추구해야 할 방향과 목표를 제시하는 것이다(박삼철, 2013). 또한 학교에서는 학생과 학부모, 지역 사회와 협력하여 학생들의 지적, 신체적, 사회적, 정서적, 도덕적, 정신적, 심미적 발달 등을 위하여 노력해야 하며, 학생들의 복지를 위해서도 적극적으로 노력해야 한다고 선언하고 있다.

멜버른 교육목표 선언에서 제시하고 있는 호주 학교의 교육목표는 다음과 같다.

멜버른 선언문에 나타난 호주 학교 교육목표

교육목표 1 : 호주의 학교제도(schooling)는 공평성(Equity)과 수월성(Excellence)을 증진시키기 위해 노력한다.

교육목표 2 : 모든 호주 학생들은
 – 성공적인 학습자가 된다.
 – 자신감 있고 창의적인 개인이 된다.
 – 적극적이고 교육 받은(informed) 시민이 된다.

멜버른 선언에 나타난 호주 학교 교육목표의 보다 구체적인 내용 및 추진 방향을 소개하면 다음과 같다.

교육목표 선언 1에서는 향후 10여 년 동안 호주의 학교교육에서 추구해야 할 가장 중요한 가치로 공평성(Equity)과 수월성(Excellence)을 설정하고 있다. 즉, 학교에서는 공평성의 가치가 존중되어야 하며, 또한 우수한 수준의 수업지도를 통하여 학생들이 높은 수준의 학습결과를 얻을 수 있도록 노력해야 한다는 것이다. '공평성과 수월성'이라는 학교교육의 목표를 달성하기 위해서 멜버른 선언문에서 규정하고 있는 호주 정부와 학교들이 담당해야 할 주요 책무성 및 역할을 요약하면 다음과 같다.

첫째, 모든 학생들이 우수한 교육을 받을 수 있도록 공평한 교육기회가 제공되어야 하며, 지리적 조건이나 사회·경제적 조건, 성, 언어, 문화, 인종, 건강, 장애 등에 의해 차별받지 않도록 노력해야 한다는 것이다(MCEETYA, 2008). 이를 구현하기 위해 선언문에서 규정하고 있는 주요 내용은 다음과 같다.

① 학교는 지역 사회 문화 창조에 기여해야 하며, 교육의 모든 영역에서 지역 사회와 학교가 파트너십을 가지고 공동으로 노력할 수 있도록 해야 함.

② 원주민 학생의 교육성취 수준이 일반 학생들의 성취도와 유사한 수준에 접근할 수 있도록 노력해야 함.

③ 사회·경제적 조건이 교육결과의 의미 있는 결정자가 되는 것을 막을 수 있도록 해야 함.

④ 소외계층 학생들에게 교육적 불이익을 주는 장애, 난민상태, 벽지 등과 같은 조건들의 효과를 감소하기 위해 노력해야 함.

⑤ 학생들이 자신의 교육 성취에 대해 높은 기대감을 가질 수 있도록 해 주어야 함.

⑥ 모든 학생들이 자신의 소질과 역량을 발전시키고 탐색할 수 있도록 도전적이고 자극적인 학습 경험과 기회를 제공하여 모든 학교에서 수월성의 문화를 증진시키도록 함.

이상과 같이 교육목표 1에서 선언하고 있는 내용을 정리하면, 우선 학교교육은 학교 혹은 정부의 노력만으로는 그 효과를 담보하기 어려우므로 지역 사회와의 파트너십 구축을 통해 공동의 책무성을 가지고 노력해야 한다는 것을 선언하고 있다. 즉, 학교와 지역 사회가 공동으로 노력할 때 학교교육의 목표는 보다 성공적으로 구현될 수 있다는 것이다.

둘째, 호주 학교교육의 중요한 목표는 공평성의 추구와 수월성 있는 교육을 제공하는 것이라는 점이다. 공평성의 가치란 사회·경제적 조건, 거주 지역과 신분상태, 장애 등과 같이 정상적인 교육활동과 교육결과에 영향을 줄 수 있는 요인들의 효과를 최소화하여 모든 학생들이 공평한 교육결과를 얻을 수 있어야 한다는 것이다. 이를 위해 학교와 지역 사회, 국가가 공동의 노력을 해야 한다는 것이다 (MCEETYA, 2008).

셋째, 학교교육의 수월성 추구는 모든 학생들이 자신의 학습 성과에 대한 높은 기대감을 가질 수 있도록 해 주어야 한다는 것이다(MCEETYA, 2008). 즉, 학생들은 자신의 학업성취 결과에 대한 높은 기대감과 긍정적 태도를 가지고 있을 때 보다 성공적인 학습경험을 얻게 될 가능성이 높을 것이다. 이러한 교육목표를 달성하는 것은 어느 한 부분의 노력에 의해 달성될 수 있는 것이 아니다. 정부와 학교, 개별 학생과 학부모, 지역 사회 등 호주 모두의 공동 노력에 의해 달성될 수 있다고 선언하고 있다.

다음으로 교육목표 선언 2에서는 3개의 세부적인 실천 목표로 제시되어 있다. 즉, 모든 호주 학생들을 성공적인 학습자, 자신감 있고 창의적인 개인, 그리고 적극적이고 교육 받은(informed) 시민이 되도록 해야 한다는 것이다(MCEETYA, 2008).

첫째, 세부 목표는 모든 학생들을 성공적인 학습자로 만든다는 것이다. 성공적인 학습자란 자기주도적 학습능력을 가지고 자신의 학습 환경에서 능동적으로 지식과 정보를 습득하고 학습하는 능력을 발전시켜 갈 수 있는 자를 말한다. 따라서 성공적인 학습자는 학교에서 배운 학문적 지식을 기본으로 하여 삶 속에서 나타나는 여러 현상들에 대한 정보 수집 및 종합과 평가 등을 능동적으로 할 수 있어야 한다. 이러한 성공적인 학습자가 갖추어야 할 능력은 다음과 같다.

① 문해 능력과 수리 능력
② 계속 새롭게 발전되고 있는 정보처리 기술과 ICT 기술 등을 활용할 수 있는 능력

둘째, 모든 학생들을 자신감 있는 창의적인 학습자로 성장시켜야 한다는 것이다. 여기서 자신감을 가진 창의적 학생의 의미를 보다 구체적으로 정리하면 다음과 같다.

① 자아존중감, 개인적 정체성을 확립한 자
② 자신의 정서적·정신적·종교적 및 신체적 안정을 조절하고 관리할 수 있는 자
③ 자신의 미래에 대해 낙관적이고 긍정적인 자세를 갖춘 자
④ 정직성과 상호 존중, 동정심, 쾌활과 건강 등의 태도를 갖춘 자

셋째, 적극적이고 교육 받은(informed) 시민으로 만든다는 것이다. 여기서 교

육 받은 시민의 덕목에 속하는 내용들을 살펴보면 다음과 같다.

① 도덕적이고 윤리적으로 행동함

② 호주사회의 가치와 문화 등을 존중하고 이해함

③ 민주주의와 공평성, 정의와 호주의 시민 생활에 능동적으로 참여함

④ 아시아의 문화와 국가를 이해하고 관계 증진에 노력함

⑤ 세계 시민으로서의 책무성을 가짐

이상과 같은 호주 학교의 교육목표 구현을 위해 학교와 지역 사회, 국가가 추진해야 할 정책 영역을 크게 8가지로 구분하고 있다. 구체적인 8개의 영역은 다음과 같다.

① 학교와 지역 사회, 국가 간에 보다 강한 파트너십 구축 및 발전

② 우수한 수업지도가 이루어지며, 학교 리더십이 발휘될 수 있도록 지원

③ 초기 아동 교육(early childhood : K-2) 강화

④ 초등학교 및 중학교 단계 학생의 발달 증진

⑤ 학교교육 후기과정 학생 지원

⑥ 세계 최고 수준의 교육과정과 평가체제 구축

⑦ 소외계층 학생의 교육결과 제고(원주민, 사회경제적 조건, 지리적 조건 등)

⑧ 책무성과 투명성(transparency) 강화 : 학교와 학생, 학부모와 지역 사회 등
   의 관계자에게 명확하고 분명한 정보를 제공하는 것이 매우 중요함

제2절 호주 교육제도 개요

1. 학제 및 학교 유형

1) 학제

호주의 학교제도가 [그림 Ⅲ-1]에 묘사되어 있다. [그림 Ⅲ-1]에서 볼 수 있는

것처럼 호주학제는 각 주에 따라 약간씩의 차이가 있으나 대체로 초등학교인 Primary school 과정이 6~7년이다. 초등학교 과정은 유치원 과정을 포함한 (K−6)의 통합학교의 형태로 운영되고 있다. 각 주에 따라 초등학교 기간은 1년 정도의 차이를 보인다. 중학교와 고등학교를 통합한 High school 과정은 7학년에서 12학년까지의 6년간의 기간으로 운영되고, 중학교와 고등학교의 구분은 없으며, 교육과정 유형에 따라 Junior High 혹은 Senior High 과정 등으로 구분된다. 고등교육과정인 대학(University)은 학과의 성격에 따라 3~5년 과정으로 운영된다. 이와 함께 직업교육(Vocational Education and Training : VET) 과정이 고등학교과정과 고등교육과정 단계로 설치되어 있다.

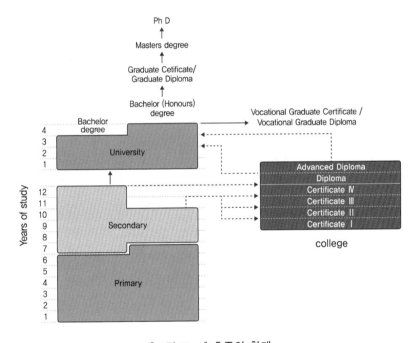

[그림 Ⅲ−1] 호주의 학제

　호주의 중등학교(High school) 과정은 각 주에 따라 약간씩의 차이는 있으나 대체로 7학년부터 12학년까지의 6년 과정이다. 이 기간은 교육과정의 유형에 따라 다시 학교자격과정(7~10학년)과 후기중등과정(11~12학년)의 2개 과정으로 구

분된다. 즉, 한국의 중학교 과정과 유사한 7학년에서 10학년까지는 호주 학교 교
육과정 5단계(stage5)에 해당하며, 이 과정은 모든 학생들이 의무적으로 수학해
야 하는 과정이다. 이 과정을 마친 후 학생들은 주정부 교육표준원4)에서 주관하
는 졸업시험을 치러야 하며, 주정부 교육표준원에서 수여하는 공식적인 졸업장
(Record of School Achievement : RoSA)을 받게 된다. 이 졸업장은 의무교육을
마치고 학교를 떠나는 학생들이 직업을 선택할 경우 필요한 공식적인 학교 졸업
증명서로 활용된다.

10학년까지의 의무교육과정을 마친 학생들은 학교를 떠나 직업을 선택하거나
혹은 대학 진학을 위하여 11학년과 12학년의 후기 중등교육과정5)으로 진학한다.
혹은 직업교육과정(VET)을 제공하는 TAFE6)이나 College 등에 진학하여 직업교
육을 받기도 한다. 호주의 직업훈련과정(VET)은 11학년부터 대학원 과정까지의
다양한 단계의 교육과정을 제공하며, 후기중등과정에서의 직업교육과정 이수 결
과는 대학입학을 위한 성적 산출에 반영될 수 있다.

2) 학교 유형 및 현황

호주의 학교는 설립주체별, 제공하는 교육과정 유형별 및 특성화 형태 등에 따
라 구분될 수 있다. 첫째로 학교에서 제공하는 교육과정의 단계에 따라 학교를
구분할 수 있다. 즉, 유치원에서 초등 2학년까지의 교육과정 단계를 제공하는 유
아학교(Infants School), 초등학교, 중등학교, 통합학교, 후기중등학교 등으로 구
분된다. 둘째는 설립별로 학교를 유형화하는 것이다. 학교는 설립 주체에 따라
3유형으로 구분되는데, 주정부에서 설립한 한국의 공립학교와 같은 정부학교
(government schools), 천주교 교단에서 자체의 행정 관리 체제를 통해 운영하고

---

4) NSW 주의 경우 NSW Education Standards Authority(NESA) https : //educationstandards.
   nsw.edu.au/wps/portal/nesa/11-12/leaving-school/record-of-school-achievement
   (검색일 : 2020. 01. 25.)
5) 후기중등과정은 각 주에 따라 서로 다른 명칭을 사용하며 운영하는 방식에 약간의 차이가
   있다. 본고에서는 NSW 주와 ACT 주의 후기중등과정을 중심으로 소개한다.
6) TAFE은 Technical and Further Education의 약자로 호주의 대표적인 직업교육기관이
   다. 우리나라의 전문계 고등학교 과정부터 대학 과정까지 다양한 수준에서 기술교육 프로
   그램을 제공하고 있다.

있는 천주교 학교(Catholic schools), 그리고 비교적 자율적으로 교육과정을 편성하고 운영할 권한이 부여된 일반 사립학교(Independent schools) 등으로 구분된다. 마지막으로 호주에서 학교의 종류를 구분하는 준거는 학교의 설립 목적이다. 이에 따라 일반 교육을 담당하는 학교, 예체능을 담당하는 학교, 기술교육과 외국어 등을 제공하는 학교 등으로 구분될 수 있다.

(1) 교육과정 단계에 따른 학교 유형

호주 「교육법」(Education Act 1990)은 학교가 제공하는 교육과정의 단계에 따라 학교 종류를 규정하고 있다. 즉, 「교육법」의 part 6 정부학교(government schools), 제29조 1항에는 호주의 학교 종류를 다음과 같이 규정하고 있다.

① 유아학교(infants schools)
② 초등학교(primary schools)
③ 중등학교(secondary schools)
④ 통합학교(composite schools)
⑤ 후기중등학교(senior secondary schools)

이들 중에서 유아학교와 통합학교는 한국의 학교 종류에 없는 것으로 약간의 설명이 필요하다. 유아학교는 유치원과 초등학교 저학년이 통합되어 있는 K-2 교육과정을 제공하는 독립적인 학교 유형이다[7]. 유아학교는 유아의 특성에 맞는 전문적 교육과정 제공 및 어린 아동들의 안전하고 짧은 통학거리 유지를 위하여 매우 소규모화된 학교이다.

호주의 유아학교는 학교와 주택이 멀리 떨어져 있는 지형학적 특성을 반영하여 어린 학생들의 통학에 따른 어려움을 완화시켜 주고자 하는 목적으로 설립된 학교 유형이다. 유치원 과정에 진학해야 하는 어린 아동이 있는 학부모는 일반 초등학교와 유아학교 중에서 자신의 상황에 가장 적합한 학교를 선택할 수 있다. 초등

---

7) 호주에서는 13년의 학교교육과정을 6개의 단계로 구분하고 있다. 구체적인 소개는 다음 절에 제시되어 있다.

학교 2학년까지의 교육과정 1단계를 마치게 되면 인근의 초등학교 3학년 과정으로 진학하게 된다.

한국의 학교 종류에는 없는 호주의 또 다른 학교는 통합학교(composite schools)이다. 이 학교는 유치원 과정에서 고등학교 3학년까지의 13년의 전 학교과정을 모두 제공하는 학교이다. 2018년 기준으로 호주에는 전체 학교의 약 14.2%에 해당하는 1,341개교의 통합학교가 설치 운영되고 있다.

호주의 통합학교는 호주 「교육법」에 의거하여 설치되어 있는 학교의 종류이다. 그러나 통합학교는 기능적 특성에 따라 몇 가지로 구분된다. 우선 사립 통합학교의 경우에는 주로 College 혹은 School 등과 같은 교명을 사용하고 있으며, 학교 설립 이래 통합 교육과정을 제공하고 있다. 한국의 공립학교에 해당하는 공립 통합학교의 경우에는 초등학교와 중등학교 등의 전통적인 학교 종류와는 다른 통합 교육과정을 제공하는 학교이다. 이들은 주정부에 따라 약간씩 다른 명칭을 사용하고 있다. 예를 들어, NSW 주와 ACT 주 등에서는 'Central School' 혹은 'Community school' 등의 학교 명칭을 사용하고 있으며, Victoria 주에서는 'P-12 school'이라는 통합학교 명칭을 사용하고 있다(박삼철, 2012). 호주의 NSW 주 정부학교에서 사용하고 있는 'Central School' 혹은 'Community school'은 학교 성격에 약간의 차이가 있다. 두 학교 간 의미의 차이는 호주 통합학교의 역사적 배경 부분에서 보다 자세히 소개할 것이다.

2017년 기준으로 호주에는 9,477개 학교가 있다. 〈표 Ⅲ-1〉에서 볼 수 있는 것처럼 전 학교의 약 70%인 6,646개교가 공립학교이며, 천주교 학교가 1,753개교(18.5%), 1,078개교(11.4%)가 일반 사립학교이다. 이들 중에서 약 66%인 6,240개교가 초등학교이며, 중등학교는 1,414개교로 전체의 약 15%를 차지하고 있다. 통합학교(combined school)는 1,341개교로 전체의 약 14%를 차지하고 있다.

통합학교의 경우 사립학교의 약 65%가 통합학교로, 공립학교나 천주교 학교에 비해 그 비율이 월등히 높음을 알 수 있다. 이처럼 호주 사립학교의 대부분은 통합학교의 형태로 설립 운영되고 있다.

〈표 Ⅲ-1〉 호주의 설립별 및 학교급별 학교 수와 비율

설립별		초등학교	중등학교	통합학교	특수학교	계
공립학교	학교 수	4,778	1,043	494	331	6,646
	%	(71.9)	(15.7)	(7.4)	(5.0)	(100.0)
천주교 학교	학교 수	1,246	323	144	40	1,753
	%	(71.1)	(18.4)	(8.2)	(2.3)	(100.0)
사립학교	학교 수	216	48	703	111	1,078
	%	(20.0)	(4.5)	(65.2)	(10.3)	(100.0)
합 계	학교 수	6,240	1,414	1,341	482	9,477
	%	(65.8)	(14.9)	(14.2)	(5.1)	(100.0)

[출처] ABS, Cat. No. 4221.0, Schools, Australia 2018의 자료를 재구성함.

(2) 설립 주체에 따른 학교의 유형

호주의 학교는 설립 주체에 따라 크게 3종류로 구분된다. 첫째, 주정부에서 설립하고 통제하는 공립학교(government schools)가 있다. 둘째, 천주교 교단에서 설립한 천주교 학교(Catholic schools)들이다. 이들은 주정부에서 관리하는 학교 교육과정을 이수해야 하나, 대부분의 학교 운영은 독립적인 교육행정 체제에 의해 운영된다. 셋째, 일반 사립학교(Independent schools)들이다. 이 학교들은 주로 기독교 재단에서 설립한 학교(Christian schools) 혹은 호주 이민자들에 의해 설립된 학교들이며, 오랜 역사와 전통을 가지고 있는 명문 사립학교들이 많이 있다. 호주의 학부모들은 무상으로 제공되는 공립학교에 비해 상당한 수준의 수업료를 납부하면서도 사립학교에 보내는 것을 선호하고 있다. 사립학교들은 공립학교에서 제공하지 않는 다양하고 수월성 있는 교육과정을 제공하고 있기 때문이다. 이처럼 설립 주체가 다른 학교들은 교육목적과 교육철학, 종교적 기반이 서로 상이하기 때문에 학부모와 학생들은 자신의 사회·경제적 환경과 교육 욕구에 따라 다양한 학교들 중에서 자신의 교육적 필요에 적합하다고 생각되는 학교를 선택하고 있다.

(3) 특성화에 따른 학교의 종류

호주도 한국의 학교처럼 다양한 특성화 교육을 위하여 학교가 설치되어 있다. 호주의 특성화된 학교에서는 일반적인 학교에서 제공하고 있는 교육과정을 운영하고 있으며, 이에 더하여 특성화된 교육과정을 추가적으로 제공하고 있다. 따라서 특성화 학교에 재학한다고 하더라도 학생들은 일반 교과를 일반 중등학교 학생들과 동일한 수준에서 학습해야 한다. 호주 「교육법」(Education Act 1990) 29조에 규정되어 있는 특수목적 학교들의 종류는 다음과 같다.

① 장애학생들을 위한 특수학교

② 기숙시설을 갖추고 있는 기숙학교

③ 특별한 능력이 있는 학생들을 대상으로 하는 선발중등학교

④ 농업과 기술 교육 등을 제공하는 전문계 중등학교(specialist secondary schools)

⑤ 남학교와 여학교 등 단성학교

호주의 학교제도에는 한국과는 다른 특수한 형태의 학교가 있다. 첫째, 19세기부터 설립 운영되고 있는 선발중등학교(selective secondary schools) 제도이다. 이 학교제도는 학업성적이 우수한 학생들을 미리 선발하여 도전적인 학습경험을 제공할 목적으로 운영되고 있다. 선발중등학교는 주정부 학교에만 설치 운영되었으나, 최근에는 Queensland 주에서 사립학교도 선발중등학교로 설립 운영되고 있다.

둘째, 전문계 중등학교(specialist secondary schools)들이 있다. 구체적으로 호주에 설립 운영되고 있는 전문계 중등학교의 종류에는 기술(혹은 공업계) 중등학교(Technology High Schools), 체육중등학교(Sports High Schools), 외국어중등학교(Language Schools), 예술중등학교(Creative and Performing Arts High Schools), 특수학교(Schools for Specific Purposes)와 원격 교육 학교(Distance Education school) 등이 있다[8].

---

8) https : //education.nsw.gov.au/public-schools/going-to-a-public-school/high-school
   (검색일 : 2020. 03. 15.)

셋째, 한국의 고등학교와 유사한 학교 유형으로, 11학년과 12학년의 후기중등 과정만을 제공하는 후기중등학교(Senior Secondary schools)가 설치되어 있다는 것이다. 대부분의 중등학교(high school)들은 7학년에서 12학년까지의 교육과정을 제공하는 형태로 운영되고 있다. 그러나 일부의 학교들은 교육과정 마지막 단계인 11학년과 12학년의 6단계 교육과정만을 제공하는 형태로 운영되기도 한다. 이처럼 호주에서는 제공되는 교육과정의 단계 및 범위에 따라 다양한 학교들이 존재한다.

2. 교육과정의 구조

호주에서는 정기적으로 출석하는 일반 학교나 원격교육학교의 구분 없이 모든 학생들은 학교에서 제공한 교육과정을 이수하고 자격증을 받아야 한다. 호주 교육과정 평가청(Australian Curriculum, Assessment and Reporting Authority : ACARA)에서는 국가 수준의 교육과정을 개발하고, 각 주정부의 협력기관(교육과정 담당기관)[9]에서는 국가 수준에서 개발된 교육과정을 주정부 상황에 맞게 재구성하여 각급 학교가 활용할 수 있도록 관련 자료와 지침을 제공한다. 구체적인 호주 학교 교육과정 단계를 살펴보면 다음과 같다.

1) 교육과정 단계 및 명칭

호주의 학교교육은 유치원에서 고등학교 3학년에 해당하는 12학년까지의 K-12 교육과정으로 구성되어 있다. 13년간의 학교 교육과정 단계를 요약하면 〈표 Ⅲ-2〉와 같다. 다음 표에서 볼 수 있는 것처럼, 호주의 학교 교육과정은 유치원 과정인 Early Stage 1에서부터 마지막 단계에 해당하는 후기중등과정인 Stage 6까지 7개 단계로 구분된다.

---

9) 각 주정부에는 교육과정 운영을 담당하는 기관이 설치되어 있다. 예를 들어, NSW 주의 경우 NSW Education Standard Authority라는 기관이 설립 운영되고 있다.

〈표 Ⅲ-2〉호주의 학교급별 교육과정 명칭 및 단계

학교급	학 년	교육과정명	교육과정 단계
초등학교	K	Early Child	Early Stage 1
	1~2학년	Primary	Stage 1
	3~4학년		Stage 2
	5~6학년		Stage 3
중등학교 (High School)	7~8학년	RoSA	Stage 4
	9~10학년		Stage 5
	11~12학년	후기중등과정(HSC 과정)	Stage 6

[출처] http://educationstandards.nsw.edu.au/wps/portal/nesa/home (검색일 : 2020. 01. 30.)

호주의 의무교육기간은 10학년까지이다. stage 5 교육과정을 이수한 학생들은 RoSA(The Record of School Achievement)라는 일종의 의무교육 수료증을 받는다. 90% 이상의 학생들은 stage 6에 해당하는 대학입학 준비과정(HSC)에 진학한다. 이 과정은 대학입학을 하고자 하는 11~12학년 학생들을 위한 과정이다. 이 과정 동안 학생들은 주정부 교육표준원에서 개발한 필수과목인 영어와 Category 1과 Category 2에 속한 110여 개 이상의 교과목들 중에서 3~4개 과목을 선택하여 이수한다. 이 과정의 학교 내 학업성취 결과는 일종의 내신성적이 되며, 이 점수와 주정부 교육표준원에서 실시하는 외부 시험을 합산하여 대학입학전형 성적을 산출한다. 이 성적은 대학입학을 결정하는 매우 중요한 전형요소로 활용된다.

도시의 대규모 중등학교들은 대체로 학생의 요구를 반영하여 여러 교과목을 개설할 수 있는 반면, 농어촌의 소규모학교들은 학생들이 원하는 교과목을 개설하지 못하는 경우가 많이 있다. 따라서 농어촌 소규모학교의 stage 6을 이수하는 학생들은 원격교육을 통해 자신들이 원하는 교과목을 선택하여 학습하곤 한다.

2) 학습영역

중등학교의 교육과정 내용은 단계별로 차이가 있다[10]. 교육과정 단계별 학습

---

10) http://educationstandards.nsw.edu.au/wps/portal/nesa/home

영역을 요약·정리하면 다음 〈표 Ⅲ-3〉과 같다. 이 표에서 볼 수 있는 것처럼 7~8학년의 교육과정은 8개 학습영역으로 구성되어 있으며, stage 5부터는 직업교육(VET)이 추가되어 9개 학습영역으로 구성되어 있다. 여기서 학습영역은 교과목을 의미하는 것이 아니라 여러 교과목을 포함하는 교과목군을 의미한다. 예를 들어, 창의예술 영역은 댄스, 드라마, 음악, 미술 등 6개 과목으로 구성되며, 사회 및 환경 영역은 원주민 연구, 상업, 지리, 역사 등 5개 교과목으로 구성된다.

〈표 Ⅲ-3〉 중등과정의 교육과정 단계별 학습영역

학 년	교육과정 단계	주요 학습영역(Learning areas)	
7~8학년	Stage 4	영어, 수학, 과학, 외국어, 창의예술, 사회 및 환경, 개인 개발 및 체육, 기술	8개 영역
9~10학년	Stage 5	영어, 수학, 과학, 외국어, 창의예술, 사회 및 환경, 개인 개발 및 체육, 기술, 직업교육(VET)	9개 영역
11~12학년	Stage 6		

[출처] http://educationstandards.nsw.edu.au/wps/portal/nesa/home (검색일 : 2020. 01. 30.)

3) 국가 수준 평가 프로그램(National Assesment Program)

앞에서 소개한 호주의 미래 학교교육 목표인 '멜버른 교육목표 선언'의 구현을 위하여 호주에서는 국가 수준에서 학생들의 기초학습역량을 측정하고 있다. NAPLAN은 호주의 국가 수준 학업 역량을 측정하기 위한 표준화 시험이다. 이 시험은 문해력 및 수리력 등 기초 학습 영역을 각 교육과정 단계별로 어느 정도 수준에 도달하고 있는지를 측정하고 평가하는 국가 수준의 기초학력시험이다. 이 시험의 성적표에는 측정 영역별로 성취 단계(Band)와 획득 점수가 제공된다. 학생별 성취 수준을 표시하는 영역별 밴드(Band)는 6개의 전체 학교 교육과정 단계를 10개의 성취 수준별 집단으로 구분한 표준화 집단군을 의미한다. 예를 들어, 초등학교 3학년의 성취 밴드 3과 5학년의 성취 밴드 3은 동일한 수준의 학업 역량을 가지고 있다는 것을 의미한다. 이 정보에 의해 교육 주체들은 학생 수준, 학교 및 국가 수준에서의 성취 정도를 확인하고 그에 따른 교육정책 방향을 설정할 수 있게 된다. NAPLAN의 측정 과목은 읽기, 쓰기, 수리력과 스펠링, 문법 등 5개의 과목이며, 교육과정 단계별로 약간씩 차이가 있다[11].

NAPLAN 시험 결과는 학년 구분 없이 총 10단계의 표준(Standards) 척도로 구분된다. 즉, 학생들은 각 측정 영역별로 6단계(Band) 중의 한 단계 평가 점수를 받는다. 예를 들어, 다음 〈표 Ⅲ-4〉에서 볼 수 있는 것처럼, 5학년 학생들은 3~8단계 중 하나로 평가되며, 중학교 1학년 과정은 4단계에서 9단계까지의 등급으로 사정된다.

NAPLAN의 평가 방식은 표준기반평가로 개발·운영되고 있다. 따라서 NAPLAN 성적은 측정일에 관계없이 동일한 점수는 모두 동일한 수준의 학업성취도를 의미한다. 예를 들어, 2017년도의 band 7과 2019년도의 band 7은 동일한 수준의 학습 성취도를 가지고 있음을 의미한다.

〈표 Ⅲ-4〉 NAPLAN의 교육과정 단계별 평가 척도(Standards)

학 년	교육과정 단계	적용 학년	평가 표준 단계	최소 기준
3	Stage 2	3~4학년	1~6단계	2단계
5	Stage 3	5~6학년	3~8단계	4단계
7	Stage 4	7~8학년	4~9단계	5단계
9	Stage 5	9~10학년	5~10단계	6단계

[출처] www.nap.edu.au의 내용을 요약함.

3. 교육행정제도

호주의 학교교육 행정체제는 연방정부의 교육부(Department of Education)와 각 주정부 교육부 및 사립학교 연합회 등과의 협력 체제로 관리·운영되고 있다. 앞에서 언급한 바와 같이 학교교육은 기본적으로 주정부의 관할 사항이다. 호주 연방정부는 주정부 혹은 사립학교 연합회와의 협의를 통하여 국가 수준에서 나아가야 할 학교교육의 방향과 정책을 수립하고 이를 효율적으로 구현하기 위한 행정적·재정적 지원을 한다. 각 주정부 교육부는 학교교육 전반에 대한 책무성과

---

11) www.nap.edu.au

자율성을 가지고 교육과정, 교원, 학생, 시설과 재정 등 학교교육의 모든 영역에 대한 정책 수립과 집행 및 실질적 관리 운영 업무를 담당하고 있다.

호주의 고등교육 체제는 다른 나라와 구별되는 특이한 통제 구조를 가지고 있다. 호주의 고등교육을 관장하는 연방정부 부서는 교육부(Department of Education)이며, 여기에서 호주의 고등교육과 관련된 프로그램 및 정책을 개발한다[12]. 호주 연방정부는 고등교육에 대한 재정적·정책적 책임을 가지고 있으며, 주정부는 대학 설립법 등 주요한 법적 책임과 재정 지원, 대학의 위원회(Board) 구성원의 지명과 기타의 책무성을 가지고 있다. 이렇게 볼 때 호주의 대학들은 주립의 성격과 국립의 성격을 모두 가지고 있는 이중적 특성을 가지고 있다.

국가 수준에서의 교육과 관련된 호주의 정책 결정은 자치적 권능을 가지고 있는 6개의 주정부와 2개의 준주(territory) 정부, 그리고 연방정부를 포함하는 협의체에 의해 결정된다. 즉, 교육에 관한 자치권을 가지고 있는 8개의 주(혹은 준주) 정부는 관할 지역의 독립적인 교육행정 체제를 가지고 있다. 이러한 독립적인 각 주별 교육행정제도는 자율성의 장점이 있는 반면, 국가 수준에서의 통일성과 표준화 확보에 어려움이 있어서 21세기 세계화 전략과 동떨어진 측면이 있다. 특히 교육 재정, 교원의 전문성 수준, 각종 자격증의 국가적 인증 방법 등에서 일관성과 통일성을 확보하기 어려울 뿐만 아니라, 급변하는 국제사회에 국가 수준에서 능동적으로 대응하기 어려운 문제점 등이 있다.

이러한 문제점을 해소하기 위하여 연방정부 교육부 장관과 각 주정부 교육부 장관들의 협의체가 구성·운영되고 있다. 이 협의체를 통해 국가 수준에서 일관된 교육정책을 수립하고 추진하고 있다. 이처럼 호주의 교육행정 체제는 각 정부의 교육부 장관들과 연방정부 교육부 장관들의 모임에서 국가적 교육정책의 큰 틀을 정하고, 각 자치 정부는 이 틀을 기본으로 하여 구체적인 적용 방법을 개발·적용하고 있다. 호주의 교육정책 결정 구조를 요약하면 [그림 Ⅲ-2]와 같다.

---

12) https : //www.education.gov.au/ (검색일 : 2020 .01. 26.)

[그림 Ⅲ-2] 호주의 교육정책 결정 및 집행 구조

1) 호주 정부협의회(The Council of Australian Governments : COAG)

호주 정부의 최상위에 있는 기관은 호주 정부협의회(The Council of Australian Governments : COAG)이다. 호주 정부협의회(COAG)는 호주 정부의 정책을 결정하는 최고 의결 기구이며, 연방정부 수상(the Prime Minister), 각 주의 주지사(State Premiers)와 호주 지방정부 연합회의 의장(the President of the Australian Local Government Association : ALGA) 등이 참여한다.

COAG 회의는 정기 회의와 임시 회의로 구성된다. 정기 회의는 1년에 1회씩 회의를 개최한다. 임시 회의는 정책적으로 필요한 경우 연방정부 수상인 의장에 의해 소집된다. 이 협의회의 기능은 자치적인 주정부들의 의견을 모아 국가 수준의 효율적 정책 결정과 추진을 하도록 하는 것이다. 호주 정부 평의회의 의제는 하위 위원회에서 상정된 의제 혹은 국제조약으로 인하여 주정부에 영향을 미칠 수 있는 의제들이다.

2) 교육부 장관협의회(Education Council)

호주 정부협의회(COAG) 산하에는 국가의 주요 통치 영역을 담당하는 8개 부처의 장관협의회가 있다. 이들 중 하나인 교육부 장관협의회(Education Council)는 각 주정부에서 제기한 정책 의제들을 협의하며, 국가 수준에서의 공동의 노력을 위한 전략을 협의하여 호주 정부협의회(COAG)의 의제로 상정한다. 또한 장관협의회는 COAG에 의해 인준된 교육정책을 집행하고 관리한다.

3) 각 주 교육행정 담당자 협의회(AESOC)

교육부 장관협의회(Education Council)는 산하에 행정적 지원 조직을 가지고 있다. AESOC는 교육부 장관협의회를 위한 행정적 지원 조직이다. 호주 교육행정 담당자 협의회(AESOC)의 구성원들은 각 주정부 교육부의 담당 국장급(chief Executive Officers)들로 구성된다. AESOC는 교육부 장관 협의회의 상임위원회(standing committee)적인 성격을 가지고 있다. 구체적으로 AESOC의 기능은 다음과 같다.

① 교육부 장관협의회에서 고려되는 정책 아젠다에 대해 정책적 자문의견 제시
② 학교교육 관련 주요 현안 연구에 대한 검토, 조정 및 협조
③ 장관협의회의 원만한 진행을 위하여 사전에 의견 조정 및 협의
④ 장관협의회 결정 사항의 구체적 집행 방안 마련 및 주정부 간 협력적 관계 유지
⑤ 호주 정부협의회를 통과한 교육정책 집행을 위한 주정부 수준에서의 재정 계획 조정과 관리
⑥ AESOC의 의사결정은 만장일치 합의제

4. 교원양성 및 채용 제도[13]

1) 예비교사 선발 제도

최근 호주의 교원양성제도 변화의 핵심적인 사항은 교원양성과정의 신입생을 엄격하게 선발하고자 하는 것이다. Aitsl(Australian Institute for Teaching and

---

13) 박영숙(2017). 교직환경 변화에 따른 교원정책 혁신과제 (1)의 내용 중 저자가 집필한 호주 사례의 일부를 수정 보완함.

School Leadership)에서 2015년에 제시한 예비교사 선발 가이드라인에 의하면, 교사교육 프로그램을 제공하는 모든 대학들은 신입생 선발을 위해 학문적 영역과 비학문적 영역을 평가하여 선발해야 하며, 선발절차의 투명성을 확보하기 위하여 선발절차, 입학최소 기준 및 예외적 사항 등과 같은 대학의 선발 절차 관련 정보를 공개하도록 하고 있다(Aitsl, 2015).

2015년 호주의 교육부 장관협의회에서는 교원양성기관에 입학하는 입학생들이 유능한 교원으로 성장, 발전하기 위해서 학문적 역량과 문해 능력, 인성(personal characteristics) 등을 종합적으로 평가하여 입학생을 선발할 수 있는 입학생 전형방법(Selection Guidelines)을 개발하였다. 보다 구체적으로 예비교사 선발제도의 혁신적 개혁 내용을 살펴보면, 예비교사 선발절차는 선발 요소의 다양화, 문해능력 검사 도입 및 각종 장학금 제도 마련 등 크게 3가지 특징을 가지고 있다(박영숙, 2017). 새롭게 개발되어 적용하고 있는 호주 교원양성기관의 신입생 선발 방법을 구체적으로 살펴보면 다음과 같다.

(1) 지원자의 역량 종합 평가

교원양성과정 신입생 선발 전형요소에 지원자의 학문적 성과와 비학문적 요소(academic and non-academic factors)를 포함하여 종합적으로 판단하도록 혁신하였다. 먼저 지원자의 학문적 역량평가 준거에는 개인의 인지능력과 언어적 논리력 등이 포함되며, 지원자의 고등학교 학업성취도와 기타 수학능력 정도 등이 포함된다. 구체적인 학문적 역량평가 준거는 12학년에서의 대학수학능력 고사 점수, 수학능력시험 최소기준[14], 기타 고등교육기관에서의 과정 이수 결과 등이다.

이러한 수학능력에 더하여 교직적성(teaching aptitude), 교직 입직 동기, 직업 경험과 삶의 경험, 대인관계 및 의사소통 기술, 학습 동기, 회복력(스트레스 극복 능력), 자아효능감, 성실과 인성, 기획력이나 조직력 등 비학문적 요소들도 교직과정 입학자 선발을 위한 측정 항목이다.

---

14) 대학수학능력 시험의 최저기준은 영어를 포함한 적어도 3과목 이상에서 최소 5등급(6등급 만점) 이상을 받아야 한다는 것이다.

(2) 교원양성과정 입학을 위한 문해력 시험 성적(LANTITES)

지원자의 학문적 성과와 비학문적 요소 이외에도 호주에서는 모든 교사교육 프로그램에 진입한 신입생들에게 문해 능력 시험(Literacy and Numeracy Test for Initial Teacher Education Students : LANTITES)을 치르도록 요구하고 있다[15]. 이 시험의 목적은 예비교사들의 기본 능력을 검증하는 것이며, 이러한 검증과정을 통과한 경우 교사양성과정에 성공적으로 적응하고 효과적인 교사가 될 가능성이 높다고 본다. 예비교사 과정의 학생들은 입학 전 혹은 적어도 졸업 전까지 시험을 통과해야 한다. 시험 통과 수준은 호주 성인 인구의 상위 30% 이내에 드는 정도의 역량 수준을 의미한다(Aitsl, 2015).

2) 교원양성 프로그램[16]

호주의 교사양성 프로그램은 학교급에 관계없이 3년의 학사학위 과정을 수료한 후 1년의 디플로마 과정(Graduate diploma in Education)을 이수하거나, 한국의 교육대학원과 같은 과정인 교육학 석사(Master of Teaching) 과정을 통해 교사자격을 취득하는 경우가 있다. 또한 한국의 사범대학이나 일반대학 교직과정과 유사하게 일반학사 과정과 교육학사 과정(Bachelor of teaching)을 복수로 전공하거나 혹은 교육학사 과정(Bachelor of education, primary 혹은 secondary)을 통하여 교사자격을 취득하는 경로 등이 있다(박영숙, 2017).

한국과 호주의 교원양성과정의 큰 차이점은 호주에서는 초등과 중등 구분 없이 하나의 종합대학에서 학과로 구분하여 교사를 양성하고 있다는 점이다. 한국의 교육대학과 사범대학 과정은 전혀 다른 성격을 가진 대학에서 엄격히 구분되어 운영되고 있다. 반면에 호주에서는 하나의 종합대학 내에 설치된 교원양성 프로그램에 초등전공과 중등전공으로 구분되어 있으며, 양성과정별로 학생의 특성과 지도하는 교과의 성격에 따라 초등과 중등 교원양성 프로그램의 내용에 약간의 차이가 있을 뿐이다. 호주의 학교급별 교원양성 프로그램을 간략히 살펴보면 다음과 같다.

---

15) https : //teacheredtest.acer.edu.au (검색일 : 2017. 06. 25.)
16) https : //educationstandards.nsw.edu.au/wps/portal/nesa/teacher-accreditation의 주요 내용을 요약 정리함. (검색일 : 2020. 03. 15.)

(1) 초등교사 양성제도

한국의 초등교사 자격과 마찬가지로 호주의 초등학교 교사자격증 소지자도 초등학교 1학년부터 6학년까지의 학생들을 지도할 수 있다. 호주 초등학교 교사자격을 취득하기 위한 과정을 요약하면 다음과 같다(박영숙, 2017).

① 4년의 초등 교육학사(Bachelor of Education, Primary)
② 일반 학사과정과 초등교육학사 과정의 복수 학위 과정
③ 학부 과정을 마친 후 적어도 1년 이상의 초등 교육과정의 교수법을 포함하는 초등 교육학 석사 과정

호주 초등교사 양성과정의 큰 변화 중 하나는 한국 초등교사의 심화과정처럼 교사들도 학생들의 주요 학습영역(Key Learning Areas : KLA) 중에서 최소 한 과목에 대한 교과 전문성을 갖도록 의무화하였다는 점이다. 따라서 초등학교 교사자격을 취득하고 교사로 임용되기 위해서는 한 과목 이상의 교과 영역에 대한 전문성을 갖추도록 심화과정을 이수해야 한다. 이처럼 초등학교 교사들은 초등학교 학생들을 지도하기 위한 일반적인 학습지도 능력뿐 아니라 핵심교과 중의 하나 이상에서 보다 전문화된 교과 전문성을 갖추어야 한다(박영숙, 2017).

(2) 중등교사 양성제도

한국의 중등교사 자격증과 마찬가지로 호주의 중등교사 자격증도 중학교 1학년에 해당하는 7학년 과정부터 고등학교 3학년 과정에 해당하는 12학년 과정까지를 가르칠 수 있다. 호주에서 중등학교 교사자격증을 취득하기 위해서는 최소 4년 이상의 대학과정 이수가 요구된다. 호주의 중등학교 교사자격증 취득 과정을 요약하면 다음과 같다.

① 4년의 중등 교육학사 (Bachelor of Education, Secondary) : 한국의 사범대학 과정과 유사한 과정으로 교과 내용학 및 교과 지도학 등의 이수를 통해 졸업과 동시에 교육학사 자격과 함께 중등 교사자격을 취득하는 경로
② 복수전공(전공 관련 학위＋교육학사(중등)) : 한국의 일반대학 교직과정과 유사한 교원양성 경로이며, 3년의 학사학위 과정을 졸업한 후에 1년 이상의

교사교육 프로그램을 이수하는 경로. 예를 들어, 대학에서 3년 과정의 수학과를 졸업한 후에 1년 과정의 교육학사(중등) 과정을 이수하여 교사자격을 취득하는 경로

③ 교육학 석사학위(중등) : 대학에서 중등학교 교과와 관련된 전공으로 학사학위를 취득한 후, 대학원에서 동일 교과에 관한 교육학 석사과정을 이수하여 교사자격을 취득하는 경로

3) 신규교사 채용제도[17]

호주의 신규교사 채용제도(Graduate Recruitment Program)는 주 교육부의 교원충원 자료에 의해 직접 단위학교에 임용·배치하는 방식(Central Appointment)과 학교장의 추천에 의해 교육부에서 임용·배치하는 방식(Local Choice)의 두 가지로 구분된다(박영숙, 2017). 교육부에서 신규 교원을 직접 임용하는 교원은 일반적으로 정규직 교원을 선발하는 방식이라 할 수 있으며, 일선 학교에서 학교장의 추천에 의해 임용되는 교원은 일정 기간의 수습 기간을 거쳐서 정규직으로 전환되는 일종의 수습교원 임용제도라 할 수 있을 것이다. 즉, 학교장 추천에 의해 특정학교에서 기간제 교사로 임용되는 교사들은 2년 정도의 기간을 근무한 후에 교원 평가를 거쳐 정규직 교사로 전환된다. 신규교사 채용제도에 대해 구체적으로 살펴보면 다음과 같다.

(1) 신규교사 채용 전 검증제도

호주에서 교사자격을 취득하였다고 해서 바로 교사로 임용될 수 있는 것은 아니다. 대학의 교원양성과정을 마친 후 정식 교사로 임용되기 위한 필수 조건으로 NSW 주 아동보호청(NSW Office of the Children's Guardian)의 범죄경력 검증을 받아야 한다. 미성년의 아동들과 학교에서 함께 생활해야 하는 교사들은 보다 철저하게 일반 범죄뿐 아니라 아동관련 범죄 전과에 대한 검증을 받아야 한다.

---

17) https : //educationstandards.nsw.edu.au/wps/portal/nesa/teacher-accreditation의 주요 내용을 요약함. (검색일 : 2020. 03. 15.)

아동의 안전이 가장 중요한 조건이기 때문이다. 이를 통해 모든 예비교사들은 정식 교사로 채용되기 전에 아동의 안전을 담보할 수 있는지에 대한 최소한의 검증을 받게 된다.

예비교사들은 아동보호청에서 검증하는 WWCC(Working With Children Check)라는 검증과정에 이상이 없을 때에 신규교사로 임용될 수 있는 자격을 갖추게 된다. 호주에서는 아동과 관련된 직업에 종사하고자 하는 모든 사람들은 누구나 이 기관으로부터 검증을 받아야 하며, 검증의 주요 내용은 크게 2가지로 다음과 같다.

① 범죄경력 조회(national criminal history check)
② 직장에서의 잘못된 행동 여부 검증(a review of findings of workplace misconduct) 등

(2) 신임교사 인증제도(Graduate Teacher Accreditation)

호주의 교사자격제도는 4단계로 구성되어 있으며, 이러한 교사자격 인증제도를 관리하고 운영하는 기관으로는 호주교사자격인증원(AITSL)과 각 주정부 담당 기관이 있다[18]. 호주교사자격인증원에서는 교사의 자격 단계를 대학을 졸업하고 처음 교사가 된 졸업교사(Graduate teacher), 숙련교사(Proficient teacher), 성취교사(Highly Accomplished teacher), 그리고 마지막 최고 높은 단계인 지도자교사(Lead teacher)로 구분하고 있다(AITSL, 2015).

대학에서의 교원양성과정을 성공적으로 마친 후 교사가 되고자 하는 졸업생들은 호주교사자격인증원(AITSL)의 실질적 관리 운영 업무를 담당하는 주정부 기관으로부터 교사자격 인증의 첫 단계에 해당하는 졸업교사(Graduate Teacher) 인증을 받아야 한다. 예를 들어, NSW 주의 학교에서 교사가 되기 위해서는 NSW 주 교육표준청(NESA)에서 졸업교사(Graduate teacher) 자격 인증을 받은 후에 정식 교사로 임용될 수 있다.

---

18) NSW 주의 경우에는 NSW 교육표준청(NSW Education Standards Authority : NESA)이 업무를 수행하고 있다.

(3) 기타 신규교사 채용을 위한 검증 내용

이와 같은 법적 검증과 교사로서의 기본적 자격 인증 이외에도, 호주에서는 호주의 학교교육이 추구하는 공평성의 가치 구현을 위하여 신규교사들이 반드시 인지하고 있어야 하는 교육적 기회균등의 영역에 대한 전반적 이해를 요구하고 있다. 구체적인 공평성 인식의 영역으로 다음과 같은 영역에서 폭넓은 지식과 실천적 태도를 요구하고 있다.

① 원주민 학생들에 대한 이해
② 다문화 학생에 대한 이해와 관심
③ 저소득층 학생, 농어촌 지역 학생 및 영재 학생 등 소수 학생에 대한 지식과 이해
④ 남녀평등에 대한 문제 등

이상과 같은 신규교사 채용 전 조건을 요약하면 다음 〈표 Ⅲ-5〉와 같다.

〈표 Ⅲ-5〉 신규교사 임용 전 자격조건 및 요구사항

구 분	내 용
필수 조건	• 졸업교사 자격 인증 • 아동과 생활하기 위한 범죄경력 조회(Working With Children Check)
기타 요건	• 다문화 학생의 교육적 요구사항에 대한 이해와 관심 • 저소득층 학생과 농어촌 지역 학생들의 교육적 요구에 대한 이해 • 영재 학생의 교육적 요구에 대한 이해 • 남녀평등에 대한 문제들에 대한 이해 • 효과적인 수업을 위한 기술을 활용하는 능력 등

[출처] 박영숙, 2017.

(4) 신규교사 채용 방법(Graduate Employment Program)

호주의 학교에서 교원을 충원하는 방법은 크게 두 가지로 구분된다. 하나는 교원 전출 절차에 의해 타 학교에 근무 중인 교원을 받아들이는 방법이다. 또 하나의 방법은 교육부로부터 신규교원을 배정받는 방법이다(NSW DE, 2018). 주정부 교육부에서는 매년 교원노동조합과 단체협약을 체결하여 신규교사 임용 숫자를 결정한다. 이러한 신규교원 임용 절차를 졸업교사 임용 프로그램(The Graduate

Recruitment Program : GRP)이라고 한다. GRP를 적용하는 목적은 대학을 갓 졸업한 졸업생들에게 정규직 교사로 임용될 기회를 제공해 주기 위한 것이다. 일반적으로 단위학교 학교장들은 학교에 필요한 교원을 충원해야 할 경우, 유경험 교원들을 선호하기 때문에 현직 교원의 전출 프로그램을 활용하려고 한다. 그럴 경우 갓 졸업한 신규 교원들의 임용 기회가 제한될 수밖에 없을 것이다. 따라서 이러한 문제점을 보완하기 위하여 교육부와 교원노조에서는 협상을 통해 매년 신규로 임용할 교원의 규모를 정하고 있다(NSW DE, 2018).

이처럼 호주의 단위학교 교원 충원 방법은 교육부 임용 방법과 단위학교 임용 방법, 두 가지 방식이 적용되고 있다(NSW DE, 2018). 교육부에서 직접 임용하는 방법은 전체적인 교원 노동시장의 수요와 공급을 고려하여 신규 임용 규모를 조정할 수 있는 장점이 있다. 그러나 교육부에서 일괄 임용하여 배치하는 중앙집중식 교원 배치 방식은 학교별 필요를 충족시키기 어려운 단점을 가지고 있다(박영숙, 2017). 이러한 문제점을 보완하기 위하여 단위학교가 추천하고 교육부가 확인·채용하는 보완적 채용 방법을 병행하여 운영하고 있다(NSW DE, 2018).

 ## 제3절 호주 통합운영학교 도입 배경 및 현황

1. 통합학교의 의미와 도입 배경

1) 통합학교의 의미

호주 통합학교 운영 사례를 소개하기 위해서는 우선 호주에서 사용되고 있는 통합학교의 의미를 명료하게 해야 할 것이다. 국가에 따라 통합학교의 개념을 다르게 규정하여 사용하고 있기 때문이다.

한국에서의 통합운영학교란 초등학교와 중학교, 중학교와 고등학교, 혹은 초·중·고등학교 등 학교급이 다른 2개 이상의 학교가 통합되어 운영되는 학교로 규정될 수 있다. 이처럼 통합학교의 개념을 '2개 이상의 학교급이 통합되어 공동으로 운영되는 학교 유형'으로 규정할 경우, 호주의 모든 학교들은 통합학교라고 할 수 있다(박삼철, 2012). 호주의 학교들은 모두 통합적 성격을 가지고 있기 때문이다.

예를 들어, 호주의 초등학교들은 일반적으로 유치원 과정과 초등학교 과정을 통합한 'K-6' 학제로 운영되고 있다. 또한 호주의 중등학교들은 7학년부터 12학년까지의 과정을 포함한 중학교와 고등학교의 통합 형태로 운영되고 있다. 마지막으로 호주의 「교육법」(Education Act, 1990, 제29조 1항)에 규정되어 있는 통합학교(composite schools)는 K-12 교육과정, 즉 초등학교와 중등학교 과정 모두를 통합하여 운영하고 있다(박삼철, 2012). 이러한 통합학교들은 대체로 사립학교들이며, 학교 설립 시부터 전 교육과정을 제공하는 형태로 운영되고 있다.

학생 수 감소로 초등학교와 중등학교 등 독립적인 학교로 운영하기에 어려움이 있는 농어촌 지역에서는 소규모학교의 통합운영을 위해 초등학교와 중등학교를 통합한 학교들을 설치 운영하고 있다. 이들 학교를 NSW 주에서는 Central 혹은 Community school 등이라 한다. 한국의 통합학교 운영 사례와 보다 유사한 호주의 사례는 Central school과 Community school이다. 따라서 이 글에서는 Central school의 사례를 중심으로 소개하고자 한다.

2) 통합학교 도입 배경

앞에서 소개한 바와 같이 호주에서는 모든 학교들이 통합학교의 성격을 가지고 있다. 이처럼 통합학교의 성격을 가지고 있는 모든 호주 학교급의 도입 배경을 소개하는 것은 호주의 역사적 전통과 관련되어 있는 광범위한 주제이며, 본 연구와도 의미 있는 관련성을 찾기 어렵다. 그러므로 이 글에서는 한국의 통합학교와 관련된 시사점을 발견할 수 있는 호주의 유아학교(infants schools, K-2학교라고도 함)와 Central school의 도입 배경을 중심으로 간단히 소개하고자 한다.

(1) 유아학교(K-2학교) 도입 배경

K-2학교로 한국에 알려져 있는 호주의 유아학교(infants schools)란 유치원 과정과 초등학교 2학년까지의 저학년 학생들을 위해 설립된 작은 규모의 초등학

교 형태이다. 이 학교를 수료한 아동들은 초등학교 3학년 과정으로 진학하게 된다. 유아학교가 처음 호주에 도입된 해는 1880년경이라고 한다[19]. 유아학교가 호주의 학교 유형으로 설치된 배경은 어린 아동이 최초로 부모를 떠나 다른 아동들과 함께 생활해야 하는 적응의 어려움을 최소화하기 위한 것이며, 어린 유아들이 먼 거리에 위치한 초등학교까지 통학해야 하는 위험함과 불편함을 해소해 주기 위한 것이다.

첫째, 호주 유아학교 도입 배경은 아동들이 처음으로 가정을 떠나 학교생활을 시작하면서 학교생활에 잘 적응할 수 있도록 하기 위하여 거주지 근처에 가정보다는 약간 큰 한 학급 규모의 학교를 만들면서 시작되었다(김현자, 2019). 한 학급 규모의 작은 학교는 선생님의 직접적인 지도와 돌봄이 유리하기 때문이며, 보호자의 참여가 보다 효과적으로 이루어질 수 있기 때문이다.

둘째, 지리적으로 먼 거리에 위치한 초등학교까지 어린 아동들이 통학해야 하는 위험이나 어려움을 완화시켜 주기 위하여 도입되었다. 호주는 지리적으로 한국의 37배에 해당하는 광활한 영토를 가지고 있으나 인구는 약 2,100만 명 정도에 불과하며, 인구의 대부분은 해안 도시를 중심으로 분포되어 있다. 따라서 내륙지방에는 인구밀도가 희박한 편이며, 학교도 대부분 인구 밀집 지역에 위치하고 있어서 학교와 거주지가 멀리 떨어진 경우가 많이 있다. 이런 상황에서 어린 아동들은 학교 통학 시 많은 위험과 어려움에 직면하게 된다. 특히 유치원 과정이나 초등학교 저학년 과정의 어린 아동들은 학교와 거주지가 멀리 떨어져 있는 경우에 통학 과정에서 위험에 노출될 가능성, 혹은 통학 소요 시간으로 인한 부적응 등의 현상이 발생될 수 있다. 이런 상황을 고려하여 호주에서는 초등학교 저학년 학생들을 위한 유아학교를 1880년경부터 도입·운영하고 있다[20].

---

19) https : //education.nsw.gov.au/about-us/our-people-and-structure/history-of-government-schools/media/documents/glossary_AA.pdf (검색일 : 2019. 08. 15.)

20) https : //education.nsw.gov.au/about-us/our-people-and-structure/history-of-government-schools/media/documents/glossary_AA.pdf (검색일 : 2019. 08. 15.)

(2) K-12 통합학교 도입 배경

호주의 통합학교 도입 배경은 크게 두 가지로 설명할 수 있다. 첫 번째는 통합학교(Composite schools)라는 전통적인 College 개념의 유럽식 학교 형태로서 학교 설립 초기부터 유치원에서 고등학교까지의 전 과정을 모두 제공할 목적으로 설립된 학교들이다. 이들 학교의 설립 주체는 주로 일반 사립학교와 천주교 재단이며, 농어촌 지역에는 주정부에서 설립한 공립학교도 있다.

두 번째는 'Combined School'이라고도 하는 농어촌 지역의 통합학교이다. 농어촌 지역의 인구 감소로 말미암아 학교가 통폐합되면서 여러 학교급을 하나로 묶어서 통합학교로 전환한 경우이다. 비교적 최근에 국제적인 외환위기 등을 겪으며 호주에서도 농어촌 지역이나 벽지 지역에서 학생 수 감소로 말미암아 학교가 통폐합되는 현상이 심화되고 있다(박삼철, 2015). 한 지역의 학교가 폐교되는 것은 지역 사회의 발전에 심각한 저해요인이 될 수 있기 때문에 학교를 폐교하는 대신에 소규모 초등학교와 중등학교를 하나의 통합학교(Combined School)로 전환하는 정책이 추진되고 있다(박삼철, 2014). 이런 맥락에서 소규모학교들을 통합·운영하는 학교를 호주 NSW 주에서는 'Central School' 혹은 'Community School'로 분류하고 있으며, Victoria 주에서는 P-12 school이라는 학교로 분류하고 있다(박삼철, 2012).

호주의 농어촌 지역에는 Central school 혹은 Community school이란 명칭으로 운영되는 공립 통합학교가 있다. 이들 학교는 학생 수가 적은 농어촌 지역에 위치한 학교라는 점에서 공통점이 있으나 서로 다른 배경을 가지고 출발하였으며, 그 의미도 약간 차이가 있다.

1944년부터 설치 운영되고 있는 Central school은 초등과정과 중등과정을 모두 운영하고 있는, 농어촌 지역에 위치한 통합학교 유형이다. 이들 학교는 처음에는 중등학교로 설치되었으나 지역에 중등학생의 숫자가 감소함에 따라 폐교 위기에 처하게 되었다. 이러한 상황을 극복하고 중등학교를 그 지역에 존치시키기 위하여 초등학교 과정을 함께 개설하여 운영하게 된 학교를 Central school이라 한다(NSW DE, 2019).

[그림 Ⅲ-3] 호주 Central school 상징

[출처] NSW 교원노조 홈페이지[21]

Community school은 학생 수 부족에 의해 설립된 학교라기보다는, 하나의 학교 울타리에서 K-12의 전 학교 교육과정을 제공할 목적으로 설치된 학교 유형이다. 이 학교들은 1992년 이래 호주의 농어촌 지역에서 지역과 함께 하는 학교 형태로 운영되고 있다(NSW DE, 2019).

2. 통합학교 현황

앞 절의 〈표 Ⅲ-1〉에서 확인할 수 있는 것처럼 2018년을 기준으로 호주의 통합학교 현황은 총 1,341개교로, 전체 학교 수의 14% 정도를 차지하고 있다. 학교 설립 주체별로 통합학교 현황을 살펴보면, 전체 공립학교 중에서 통합학교는 약 7%인 494개교였으며, 천주교 학교의 약 8%인 144개교, 사립학교의 65% 정도인 703개 학교가 통합학교이다. 이처럼 통합학교는 모든 설립 주체에 의해 설립·운영되고 있다. 특히 사립학교의 절대 다수인 약 65% 정도의 학교가 통합학교의 형태로 설립 운영되고 있음을 알 수 있다. 이러한 결과는 호주의 사립학교들이 유럽의 문화적 전통을 이어받아 하나의 울타리에서 전체 교육과정을 제공하는 학교의 형태로 설립되었음을 시사하고 있다. 이들 초·중등 통합학교들은 학교(school)라는 명칭 대신에 college라는 학교 명칭을 사용하는 경우도 있다.

---

21) https://www.nswtf.org.au/pages/central-schools.html (검색일 : 2020. 03. 15.)

공립학교는 설립 초기에 대체로 초등학교와 중등학교를 구분하여 설치하였으나, 앞에서 언급한 바와 같이 농어촌 지역의 학생 수 감소로 말미암아 1944년부터 초등학교와 중등학교 과정을 하나로 통합한 학교들이 출현하기 시작하였다. 이런 점에서 호주 공립학교의 통합학교인 Central school은 한국의 통합운영학교 설치 배경과 유사하다는 점에서 학교 운영의 특징을 탐색할 필요가 있을 것이다.

3. 통합학교 운영 사례

1) 통합학교 운영의 일반적 특징

앞에서 언급한 바와 같이 호주의 모든 학교들은 통합학교의 형태와 특징을 가지고 있다. 따라서 서로 다른 학교급의 학생들이 공동으로 하나의 학교 울타리에서 생활하기 위해서는 학교 교육과정의 수준을 뛰어넘어 모든 학생들에게 일반적으로 적용되어야 하는 운영상의 원리가 있다. 호주 통합학교의 몇 가지 운영 원리를 간단히 소개하면 다음과 같다.

(1) 교육과정 통합운영

호주의 모든 학교는 학교급에 관계없이 4학기제(4terms)로 운영되고 있으며, 학교의 수업일정도 교육부에서 제공하는 기본 일정을 참고로 조직된다. 즉, 주정부 교육부에서는 매 학년 초에 school calendar라는 학교 학사일정을 발표하며, 공사립을 포함한 모든 학교들은 이 일정표를 기본으로 하여 학사일정을 구성한다. 학교의 사정에 따라 약간의 차이는 있으나 큰 틀에서의 방학기간과 학기 시작 일정 등을 준수하고 있다. 참고로 [그림 Ⅲ-4]는 NSW 주 교육부에서 발표한 2018학년도 학사일정이다.

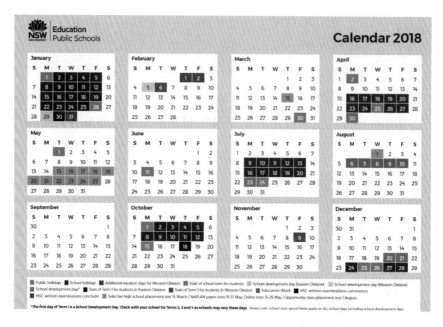

[그림 Ⅲ-4] 호주 NSW 주의 학사일정표 2018[22)]

통합학교의 하루 일과표는 학교별로 자율적으로 결정·운영한다. 예를 들어, 초등학교와 중등학교 학생들에게 각각 독립된 학습 공간 및 생활 공간을 제공하기 어려운 소규모학교에서는 학교급 모두 동일한 일과표에 의해 수업을 진행한다. 반면에 공간과 시설이 상대적으로 넓은 사립학교에서는 학교급에 따라 독립된 공간을 확보하고 있어서 학교급에 따라 서로 다른 일과표에 의해 수업을 진행하고 있다.

학교급 구분 없이 모든 학년의 학생들이 거의 유사한 일과표에 의해 학교생활을 하는 사례가 [그림 Ⅲ-5]에 요약되어 있다. 이 그림에서 볼 수 있는 것처럼, K-6 교육과정과 7~12학년의 중등학교 교육과정을 거의 비슷한 일과표로 운영하고 있다.

---

22) https : //education.nsw.gov.au/public-schools/going-to-a-public-school/calendars (검색일 : 2019. 08. 10.)

Time	K-6	K-12 Wednesday only	Time	7-12
09 : 00 09 : 10	Morning Assembly		08 : 50 09 : 50	Period 1
09 : 10 09 : 50	Period 1	As usual till after recess		
09 : 50 10 : 50	Period 2		09 : 50 10 : 50	Period 2
10 : 50 11 : 20	Recess (30 min)		10 : 50 11 : 20	Recess (30 min)
11 : 20 11 : 40	Mon : Peer Support T. W. Th. F : Peer Reading	11 : 20 ~ 12 : 20 Period 3	11 : 20 11 : 40	Mon : Assembly T. W. Th. F : Peer Reading
11 : 40 12 : 40	Period 3	12 : 20 ~ 1 : 20 Period 4	11 : 40 12 : 40	Period 3
12 : 40 1 : 30	Period 4	1 : 20~1 : 50 Lunch (1 : 10 ~ 1 : 20 K-6 eat in class)	12 : 40 1 : 40	Period 4
1 : 30 1 : 40	Lunch (eat in class)			
1 : 40 2 : 10	Lunch (30 min)	1 : 50 ~ 3 : 10 SPORT	1 : 40 2 : 10	Lunch (30 min)
2 : 10 3 : 10	Period 5		2 : 10 3 : 10	Period 5

[그림 Ⅲ-5] 유사한 하루 일과표에 의해 운영되는 통합학교 사례

이와는 달리 교육과정 단계의 특성을 반영하여 학교급의 일과표를 다르게 운영하는 학교 사례도 있다. 이들은 대부분 학교규모가 큰 사립학교들이며, K-12 교육과정을 모두 제공하는 학교들이다. [그림 Ⅲ-6]에는 학교급별로 서로 다른 일과표에 의해 운영되는 통합학교의 사례가 제시되어 있다.

이 그림에서 볼 수 있는 것처럼, 유치원 및 초등 교육과정 단계에서는 일과표가 블록 단위로 설계되었으며, 이수해야 할 교과목이 많은 중등 교육과정은 세분화된 시간 단위로 설계되어 있다. 즉, 유치원 및 초등학교 과정의 아동들은 블록 타임제를 적용하여 활동과 놀이 중심의 학습활동을 하고 있으며, 여러 필수 교과목에 대한 학문적 탐구를 강조하는 중등학교 과정은 세분화된 일과표를 적용하여 다양한 교과를 학습하도록 설계되어 있다.

초등학교 일과표		중등학교 일과표	
08 : 30	등교 시간	08 : 30	등교 시간
8 : 55 ~ 10 : 50	오전 수업(Session 1)	8 : 50 ~ 9 : 40	1교시
		9 : 40 ~ 10 : 30	2교시
		10 : 30 ~ 10 : 50	학급 시간
10 : 50 ~ 11 : 10	휴식	10 : 50 ~ 11 : 10	휴식 시간
11 : 10 ~ 12 : 40	중간 수업 (Session 2)	11 : 10 ~ 12 : 00	3교시
		12 : 00 ~ 12 : 50	4교시
12 : 40 ~ 13 : 30	점심시간	12 : 50 ~ 13 : 30	점심시간
13 : 30 ~ 14 : 55	오후 수업 (Session 3)	13 : 30 ~ 14 : 20	5교시
		14 : 20 ~ 15 : 10	6교시
15 : 15	하교 시간	15 : 15	하교 시간

[그림 Ⅲ-6] 학교급에 따라 서로 다른 일과표를 사용하는 통합학교 사례

[그림 Ⅲ-5]와 [그림 Ⅲ-6]에서 확인할 수 있는 흥미로운 사실들 중 하나는 유치원, 초등학교, 중등학교 등 학교급에 상관없이 모든 학생들의 등교 시간과 하교 시간이 거의 동일하다는 점이다. 한국 학교에서는 학교급에 따라 등교 시간과 하교 시간이 다르게 설정되어 있다. 그러나 호주에서는 모든 학교급의 등교와 하교 시간이 동일하게 설정되어 있다.

이처럼 호주에서 모든 학교급의 등하교 시간을 동일하게 설정하고 있는 이유는 호주의 교육사회·문화적 맥락을 반영하고 있기 때문이라고 보인다. 보다 구체적으로 그 이유를 살펴보면 첫째, 놀이와 돌봄 중심의 유치원 및 초등학교 교육과정 운영으로 아동의 학교생활 부담이 적으며, 비록 중등학교 학생일지라도 하루에 일정한 시간 만큼만 학교생활을 해야 한다고 생각하기 때문이다. 둘째, 형제자매를 둔 학부모들이 승용차를 통해서 자녀들을 등하교시키는 편리성을 반영하고 있으며, 마지막으로 모든 학생들이 무료로 이용하는 공공 통학버스[23]의 효율적 운영 등을 고려한 정책이라 할 수 있을 것이다.

---

23) 주정부에서 비용을 지불하는 통학버스 제도

(2) block time제 운영

통합학교에서는 수업시간을 block time제로 운영하여, 학교급(교육과정 단계)의 차이에 따른 서로 다른 시간 배정에서 오는 혼란을 최소화하고 있다(박삼철, 2012). 즉, 호주의 통합학교 일과는 초등학교와 중등학교 등과 같은 교육과정 단계를 구분하지 않고 모든 학생들이 동일한 시간에 등교하고 하교하며, 수업시간도 일정하게 조직되어 있다. 다음 [그림 Ⅲ-7]은 A Central school의 block time제에 의해 만들어진 일주일 단위의 학교 일과표이다.

AM	Mon 1	Tues 1	Wed 1	Thurs 1	Fri 1	Mon 2	Tues 2	Wed 2	Thurs 2	Fri 2
FORM ASSEMBLY	FORM JF A2		FORM JF A2		FORM JF A2	FORM JF A2		FORM JF A2		FORM JF A2
PERIOD 1	GER HBE C8	HMN JRS A2	ENG JRS A2	HMN JRS A2	MUS GD A3	GER HBE A2	HMN JRS A2	MATH JF A2	PE JF ECA	MUS GD A3
RECESS										
PERIOD 2	ENG JRS A2	PE JF ECA	SCI JF X10	GER HBE A2	PE JF A2	SCI JF E8	WOOD RR T5	HMN JRS A2	GER HBE A2	PE JF A2
PERIOD 3	MATH JF A2	MATH JF A2	MATH JF A2	WOOD RR T5	ENG JRS A2	MATH JF A2	ENG JRS A2	SCI JF X10	ART TDU D8	ART TDU D8
LUNCH 1										
LUNCH 2										
PERIOD 4	SCI JF E7	WOOD RR T6	PE JF ECB	MATH JF A2	HMN JRS A2	ENG JRS A2	MATH JF A2	PE JF ECA	WOOD RR T5	ENG JRS A2
PM										

[그림 Ⅲ-7] 호주 통합학교의 시간표 사례

(3) 통합학교 교원 배치 방법

호주 통합학교에 근무하는 교원의 종류와 정원은 주정부 교육부의 교원정원배치기준(Teacher Staffing Entitlement)에서 정한 포뮬러 방식에 의해 산출된다(NSW DE, 2018). 호주의 학교급별 교원정원배치기준에 의하면, 통합학교에 배치되는 교원은 초등학교 과정 담당 교원 수와 중등학교 과정 담당 교원 수를 각각 계산하여 교원을 배치하는 복합 산출 방식이다. 이러한 방식은 통합학교의 교육적 특성과 상황을 반영하지 못하기 때문에, 통합학교를 위한 단일의 교원배치기준을 제정해 달라는 요구가 교원노조 등을 중심으로 전개되고 있다.

호주의 학교급별 교원정원 산출 방식에서 고려되는 요소는 전체 학생 수와 재학하는 학생의 연령 등이다. 예를 들어, K−6 과정의 학생들을 지도하는 초등학교 과정 교원 산출은 유치원 과정과 초등학교 저학년, 초등학교 고학년 학생 각각의 집단별 학생 수를 반영하여 교원정원을 산출한다. 즉, 유치원 과정 학생 수, 초등학교 1~2학년의 저학년 과정 등록 학생 수, 그리고 3학년부터 6학년까지의 학생 수가 반영되고 있다.

이처럼 유치원 과정의 학생과 초등학교 2학년까지의 어린 학생들이 많을수록 교원정원을 더 배치하는 것은, 통합학교의 형태를 갖추고 있는 호주의 초등학교에서 학생들의 성장과 발달 측면을 고려하여 교사정원을 신축적으로 조정하고자 하는 의도가 반영된 것이다. 이외에도 어린 아동들의 교육활동과 안전 지도를 위하여 추가적으로 보조교사들이 배치된다.

호주의 경우에도 한국의 경우와 마찬가지로 교원자격증 제도가 엄격하게 적용되고 있어서 교사자격증에 표시된 학교급에 대한 교육만을 담당할 수 있다. 예를 들어, 초등학교 교사자격증을 소지한 교사들은 초등학교 교육과정을 지도해야 하며, 중등교사 자격증 소지 교사는 중등 교육과정을 지도할 수 있도록 하고 있다.

그런데 유치원 과정과 초등학교 교육과정 운영의 경우에는 한국의 경우와 현격한 차이가 있다. 호주의 유아교육 교사자격증은 유치원에서 초등학교 2학년까지를 지도할 수 있기 때문이다. 따라서 초등학교에 배치된 유아교사는 유치원 과정을 포함하여 초등학교 2학년 아동까지를 가르칠 수 있기 때문에, 유아교육 교사와 초등학교 교사들은 하나의 울타리에서 자연스럽게 완전한 통합의 형태로 교직생활을 하게 된다.

호주 통합학교의 교원 배치는 각 교육과정 운영에 필요한 초등학교와 중등학교 교원을 일반 학교와 동일한 공통기준을 적용하여 각각 배치하고 있다. 따라서 통합학교의 교사들은 앞에서 언급한 바와 같이 초등과정부(primary department) 혹은 중등과정부(secondary department)에 속하게 된다.

일반적으로 호주에서 교육과정 운영을 위한 교직원의 유형과 배치기준은 각 주의 「교육법」(Education Act), 「교원법」(Teaching Service Act) 및 「교직원 보수 규정」(Crown Employees salaries and conditions award) 등을 통해 명시하고 있다. 이러한 규정 혹은 노사합의문에 나타난 교직원의 유형(명칭)은 각 주에 따라 다르다. 그러나 대부분의 주에서는 교육부 및 학교 소속 교직원으로 구분하고 있으며, 관련 직무에 따라 학생지도 업무와 직접적으로 관련된 학생지도 담당직원 (teaching staff)과 학생을 직접적으로 지도하지 않는 직원(Non-teaching staff) 으로 구분하고 있다. 호주의 교직원 유형을 학교급별로 구분하여 살펴보면 다음 과 같다.

중등과정부(secondary department)의 교직원 배치

중등과정부에 배치되는 교원직의 유형과 주요 직무를 살펴보면 다음과 같다.

학교장(Principal)은 학교교육 및 경영에 관련된 모든 영역에 대한 책임을 진 다. 학교장의 주요 직무에는 학생들의 교육과 복지, 교육 프로그램, 학업성취도, 교직원의 관리와 복지증진, 학교의 재정 관리, 학교자산 관리, 학교와 지역 사회 간의 협력관계 증진 등이 포함된다. 중등학교의 학교장은 경력에 따라 2등급(PH1 과 PH2)으로 구분된다.

교감(Deputy Principal)은 학교장을 보좌하여 학교 교육활동을 지도하고 경영 하는 업무를 수행한다. 교감은 학교의 일상적인 교육활동을 조직하고, 학생 및 교직원의 복지 등에 대해 책임을 지며, 일정 시간 교실 수업을 담당한다.

부장교사(Head teachers)는 우리나라의 부장교사와 유사한 역할을 한다. 즉, 영어와 수학, 과학 등 특정 교과의 리더로 교육 프로그램 및 학습 성과 등을 관리 하며, 학생 복지, 교직원 복지, 학교발전과 학교경영, 학교와 지역 사회 간의 협 력관계 등의 영역에서 학교장의 위임을 받아 직무를 수행한다. 학교행정과 학생 복지 등에 관련된 학교행정을 담당하기도 한다.

수업교사(Classroom teachers)는 교실에서 실제 수업을 진행한다. 교육과정을 개발하고 운영하며, 과제지도, 평가 및 학생 성적표 작성 등의 직무를 수행한다.

학년담당교사(Student Advisers) 또한 보직으로 임명된다. 학년담당교사는 한국의 담임교사와 비슷한 업무를 수행하는데, 용어에서 알 수 있는 것처럼 학년 전체 학생의 학교생활 관련 사무를 수행한다.

진로 상담교사(Careers Advisor)는 중등학교에 배치되어 있다. 이들은 학생들의 선택과목 선정, 대학진학을 위한 전공 및 학교선택, 경력계획 등에 대하여 학생 및 학부모들에게 조언한다.

사서교사(Librarian)는 librarian 혹은 teacher-librarian이라 불리며, 학생과 교사들의 학습활동 및 교수활동을 지원하는 역할을 수행한다. 즉, 학급에서 가장 효과적인 학습활동이 이루어질 수 있도록 학생들과 교사들에게 적절한 교수-학습 자료들을 준비하여 제공한다.

이외에 중등학교에 배치될 수 있는 교사 유형에는 상담교사(School Counsellor)와 사회복지사(Social worker), 언어교정사(Speech Pathologist) 등이 있다. 사회복지사는 사회적, 경제적 어려움에 처한 학생 및 학생들의 가정을 위해 사회의 각종 사회사업 단체와 협력하여 다양한 지원 활동을 하게 된다.

통합학교에는 교원직의 교육활동을 지원하기 위해 행정직원 및 보조 직원들이 배치되어 있다. 학교의 교육활동을 지원하는 비교원직의 유형 및 주요 직무를 간단히 살펴보면 다음과 같다. 모든 학교와 마찬가지로 통합학교에도 학교행정실장(School Administrative Manager 혹은 Senior School Assistant)이 배치되며, 우리나라의 행정실장과 유사한 직무를 수행한다. 즉, 학교장을 도와 학교의 관리와 재정 및 행정활동에 책임을 지며, 행정 및 보조 직원을 관리·감독한다.

학교행정직원(School Administrative Officer) 혹은 학교행정지원직원(School Support Officer)은 학교장과 행정실장을 도와 학교의 일상적인 업무를 처리하며, 장부 및 문서 정리 등의 사무직, 시설관리와 비품 구입 및 관리 등을 담당한다. 이와 함께 교사보조(Teachers Aide)가 배치되어 있다. 이들은 교사의 감독과 지시하에 학교 일과를 도와주는 역할을 수행한다.

중등과정부의 교원배치기준은 초등학교급에 비해 훨씬 더 복잡하다. 중등교사의 경우 교원정원 산출을 위해서는 학교의 크기와 part-time으로 등록한 학생 수, 중등학교 과정과 후기중등학교 과정 등 교육과정의 단계를 고려하기 때문이다. 중등과정부의 교사정원 산출을 위해 고려되는 사항들은 다음과 같다.

① 7~10학년의 학생 수
② 11~12학년의 학생 수
③ 파트타임(part-time)으로 등록한 학생 수의 조정치
④ 기타

이와 같은 사항들을 고려하여 교원정원을 산출하는 방식을 간단히 소개하면 다음과 같다.

우선, 7~10학년의 전체 등록 학생 수에 0.05272를 곱함 ···················· (A)

둘째, 11~12학년 학생 수에 대한 교사정원을 산출함 ························· (B)

마지막으로 7학년부터 12학년까지 개설된 학교의 교원정원을 계산한다. 이러한 과정을 통해 산출된 중등과정 교사의 정원은 다음과 같다.

중등과정 교사의 정원=(A)+(B)

이런 방식으로 산출된 교원정원 이외에, 다양한 학생활동을 지도하기 위하여 중등과정 등록 학생 100명당 0.1명의 교원이 추가로 배치된다. 또한 초·중등 통합학교에는 학교 크기에 관계없이 의무적으로 1명의 사서교사가 배치되며, 학생 수가 1,200명 이상인 학교에는 1.2 혹은 1.4명의 사서교사가 배치된다.

초등과정부(primary department)의 교원 배치

통합학교의 초등과정부에는 중등과정부에 배치되는 진로 상담교사(Careers Advisor), 중등학교의 담임교사 역할을 하는 학생담당교사(Student Advisers)와 부장교사(Head teachers) 등이 배치되지 않는다. 중등과정 교원과 구별되는 초등과정의 교원 유형을 살펴보면 다음과 같다.

첫째, 초등과정 교육의 특성상 특정 교과를 책임지는 부장교사(Head teacher)가 배치되지 않는다.

둘째, 보조교장(Assistant Principal)을 두어 학교장의 직무 수행을 보좌하며, 수업 교사의 행정적 지원을 한다.

셋째, 초등학교의 경우 ESL Teacher(English as a Second Language)를 두는데, 이들은 비영어권에서 이민 온 학생들에게 영어를 지도한다.

초등과정 교사의 정원은 통합학교에 등록한 총 학생 수를 기초로 하여 산정되며, 대부분의 통합학교들이 농산어촌 등 벽지 및 고립 지역에 위치하고 있기 때문에 부가적인 교원이 배치될 수 있다. NSW 주에서 등록 학생 수가 159명 이하인 소규모 초등과정의 경우에는 등록 학생 수에 따라 별도의 교사배치기준이 마련되어 있다(NSW DE, 2018). 예를 들어, 재학생 정원이 159명인 학교의 교원정원은 정규직 교사 6명과 보조교사(relief teacher) 0.252명이며, 0.3명의 시간제 교사를 추가로 배정받을 수 있다. 사서교사는 앞에서 언급한 바와 같이 모든 통합학교에 배치되어 초등 및 중등교사의 교육활동을 지원하고 있다. 초등과정의 교원 수를 계산하는 공식은 다음과 같다.

$$교원정원 = K \times 0.0513 + Y_1 \times 0.0435 + Y_2 \times 0.0345$$
$$+ (Y_3 \sim Y_6) \times 0.0333 + SS \times 0.0333$$

위의 교원정원을 산출하는 공식에서 볼 수 있는 바와 같이 유치원 과정 등록 학생 수, 1학년 및 2학년의 학생 수와 3~6학년의 등록 학생 수 등 교육과정의 단계에 따라 구분하여 교원정원을 산출하고 있으며, 장애아 등 도움이 필요한 학생들(SS : Student Support)이 등록한 경우에는 교원정원 산출에 추가적인 고려를 하고 있다.

(4) 교원자격에 따라 초등교사와 중등교사의 역할을 엄격히 규정

호주의 통합학교에서도 교원자격증에 표시된 학교급만을 지도할 수 있다. 즉, 초등학교 교원으로 배치된 교사와 중등학교 교원으로 배치된 교사들은 각각의 교육과정 단계만을 가르쳐야 한다(박삼철, 2012). 예를 들어, 초등학교부로 배치된 교원들은 초등학교 교육과정을 가르쳐야 하며, 중등학교 교사 자격을 소지한 교사들은 중등학교 교육과정만을 지도한다. 학교급을 넘나드는 교차지도는 인정되지 않는다.

(5) 복식학급 운영의 활성화

본 연구의 주요 대상인 농어촌에 위치한 소규모 통합학교들은 배치된 교원의 부족과 학생 수 부족 문제 등에서 비롯된 교육과정 운영의 어려움을 완화하기 위하여 복식학급 운영이 활성화되어 있다. 일반적으로 단일 학년으로 구성된 일반학급 학생에 비하여 여러 학년의 학생들이 하나의 학급으로 구성된 복식학급 학생들이 사회성과 인성 발달이 더 효과적으로 이루어지고 있으며, 학업성취도에도 두 집단 간에 큰 차이를 보이지 않는다(박삼철, 2012). 호주에서 수행된 한 연구에 의하면, 학생들의 학업성취를 결정하는 주요 요인은 교사 요인이기 때문에, 복식학급을 지도할 수 있는 우수한 역량을 갖춘 교사를 양성하고 복식학급 운영을 위한 교사의 전문성 계발에 더욱 관심을 가져야 한다고 주장하고 있다(박삼철, 2012).

 제4절 호주 농어촌 소규모학교 육성정책 동향

1. 농어촌 소규모학교 육성정책의 배경

한국에서는 1980년대 이후 급속적인 산업화와 인구의 도시집중 현상으로 인하여 농어촌의 인구가 급격하게 감소하기 시작하였다. 농어촌의 인구 감소는 계속해서 농어촌 학생 수의 감소로 이어지고 학교들의 소규모화와 통폐합 현상이 출현하였다. 호주는 적은 인구와 드넓은 영토라는 사회·지리적 상황에 의해 오래전부터 농촌 및 벽지 지역의 교육문제에 관심을 가져 왔다.

앞에서 소개한 호주 교육목표 선언인 멜버른 선언에 의하면 "학생들은 성별, 언어, 문화, 인종, 종교, 장애, 사회·경제적 차이 혹은 지리적 위치(geographic Location)등에 의해 불이익을 받아서는 안 된다."고 선언하고 있다. 이 선언은 농어촌 거주 학생들도 자신의 능력 밖의 조건으로 인하여 사회적·교육적으로 불이익을 받고 있기 때문에 이들에 대한 배려가 있어야 한다는 것이다. 이것은 호주의 농어촌 지역 교육을 추진하기 위한 정책 추진의 법적 근거가 되고 있다(박삼철, 2012).

호주에서는 농어촌 지역에 거주하는 학생들이 교육적 공평성의 측면에서 도시의 학생들에 비하여 교육적 불이익을 받지 않도록 하는 Country Areas Programme 등을 포함하여 여러 지원정책들을 개발하여 시행하고 있다. 특히 2000년 이후에는 호주에서도 농어촌에 거주하던 많은 사람들이 보다 주거환경이 양호한 도시로 이주하면서, 농어촌 지역의 공동화 현상과 학교 통폐합 문제가 사회적 문제로 제기되고 있다. 이러한 농어촌 교육 문제를 해소 혹은 완화시키기 위하여 호주에서는 연방정부와 주정부가 협력하여 전략적인 접근을 하고 있다.

호주에서는 앞에서 언급한 바와 같이 학교교육이 주정부의 관할 사무이기 때문에 각 주별로 자체적인 농어촌 교육 육성정책을 추진하고 있다. 연방정부에서는 농어촌 교육문제를 지원하기 위하여 「학교지원법」(Schools Assistance Act)이나 「학생지원법」(Students Assistance Act) 등에 농어촌 학교와 학생 지원을 위한 조항을 제정하여 학교와 학생들을 지원하고 있다.

2. 농어촌 소규모학교 현황

호주에서도 1970년 대 이후 농어촌의 급격한 인구 감소에 따라 학생 수가 감소하고 있어서 농어촌 학교의 소규모화가 진행되고 있으며, 학교 통폐합 등의 문제도 사회적 이슈로 대두되고 있다. 〈표 Ⅲ-6〉은 1996년부터 2010년까지 학생 수 100명 이하의 호주 소규모학교 현황을 보여 주고 있다.

이 표에서 볼 수 있는 것처럼 학생 100명 이하의 소규모 초등학교는 1996년 2,275개교에서 2010년 2,114개교로 줄어들었다. 반면에 20명 이하의 학생들이 재학하고 있는 극소규모의 농어촌 학교들은 1996년 397개교에서 2010년 424개교로 증가하였다. 소규모 중등학교는 1996년 473개교에서 2010년 537개교로 증가하였다. 이 표에서 확인할 수 있는 것처럼 호주도 농어촌의 극소규모 학교들이 계속 증가하고 있는 추세에 있으며, 이들 학교의 교육력과 학교의 미래에 대한 우려와 관심이 지속되고 있다.

〈표 Ⅲ-6〉 학생 수 100명 이하의 호주 극소규모 학교 수(1996~2010년) (단위 : 학교 수)

연 도	20명 이하		21~35명 이하		36~100명 이하		총합계	
	초등	중등	초등	중등	초등	중등	초등	중등
2010	424	152	461	127	1,229	258	2,114	537
2005	422	148	459	113	1,327	285	2,208	546
2001	386	123	490	98	1,340	281	2,216	502
1996	397	116	503	85	1,375	272	2,275	473

[출처] ABS, 2012 자료를 재구성함.

호주의 소규모 농어촌 학교들도 한국의 경우와 마찬가지로 도시 학교에 비해 매우 열악한 교육 경쟁력을 보이고 있다. 호주에서 수행된 여러 선행 연구들에 의하면 호주의 농어촌 학교들이 가지고 있는 교육적 문제는 학생의 낮은 학업성취도와 중등학교 졸업 비율, 학교 및 기타 교육서비스 접근의 어려움, 선택 교과의 제한, 교사 확보 문제와 학교 운영에 소요되는 경비의 비효율성 등이라 분석하고 있다(박삼철, 2012; ACER, 2011).

이러한 농어촌의 교육문제를 완화하기 위해 호주 연방정부 및 주정부에서는 CAP프로그램 등 각종 농어촌 지역 및 학교발전 지원 프로그램을 개발·실행하고 있다. 이와 함께 호주의 교육행정 당국에서는 일정한 법적 요건을 충족하는 경우 소규모학교를 이웃 학교나 다른 학교급에 통폐합하는 경우도 있다. 물론 호주에서도 이러한 학교 통폐합 정책에 대해 지역의 정주 여건 열악화와 교육적 효과의 문제, 재정적 효율성에 대한 근거 부족 등의 논리를 제시하며 통폐합을 반대하는 사례도 많이 발견되고 있다.

3. 소규모학교 육성정책 사례

호주에서도 적정규모에 미치지 못하는 소규모학교에 대해서는 통폐합과 존치 등 선택의 문제로 고심하고 있다. 농어촌의 소규모학교 존재 여부는 지역주민의 삶에 영향을 줄 수 있으므로 학교 통폐합은 교육 영향평가 등을 통해서 신중하게 접근하고 있다(박삼철, 2015).

호주의 소규모학교에서는 화상회의 장비를 활용한 수업모형 개발, ICT를 활용한 원격교육 프로그램 도입 등을 통하여 학교의 교육력을 높이기 위해 노력하고 있다. 또한 운영 경비 절감을 위하여 행정직원을 배치하는 대신에 교육부 수준에서 교무행정 업무를 원격으로 지원하고 있다. 이 절에서는 호주의 소규모학교 육성을 위한 주요 운영방안을 소개한다.

1) 행정 집중화를 통한 소규모학교 운영비 절감

호주에서는 학생 수 20명 이하의 소규모학교는 통폐합 대상이 되거나 혹은 1교사 학교(one teacher school)로 존치시킨다. 이처럼 매우 작은 규모의 학교를 폐교하지 않고 지역 사회에 유지시키는 경우에는 행정집중화와 교직원 최소 인원 배치 등을 통하여 학교 운영비를 절감하고 있다. 즉, 작은 규모의 학교에는 학교장과 교감 등 학교 관리자를 배치하지 않으며, 행정직원도 배치하지 않는다. 단지 정규 교사 1명과 교사의 교육활동 및 일상적인 잡무를 도와주는 교무보조의 역할을 하는 교사보조원(Teacher Aide) 1명만을 배치한다.

정규 교사는 학생 수업 지도와 생활지도 등과 같은 교사 본연의 업무를 수행하며, 교사보조원은 교사의 업무를 지원하거나 학교의 시설 관리 등을 담당한다. 교무행정과 관련된 일체의 학교행정 활동은 해당 학교를 관할 구역으로 하는 교육부 지청(Regional Office)에서 처리한다. 즉, 모든 행정 사무와 업무는 교육부 지청의 담당 장학사와 행정직원이 담당하여 처리한다.

2) 학교 종류 다양화를 통한 농어촌 교육 정상화 노력

호주에서는 도시 지역에 비하여 인구밀도가 낮은 농어촌 지역이라고 하더라도 학생의 교육적 선택 기회를 확대해 주기 위해 다양한 유형의 학교들을 설치하여 운영하고 있다. 농어촌 지역에서 설치 운영되고 있는 학교의 종류는 다음과 같다 (박삼철, 2012).

① 유치원에서 초등학교 2학년까지의 어린 학생들을 위한 유아학교(infants schools)
② 초등학교와 중등학교
③ 초등과정과 중등과정을 모두 제공하는 Community school과 Central school
④ 원격교육 학교

3) 복식학급의 효과적 운영 전략

앞에서 언급한 바와 같이 규모가 작은 호주의 학교들은 정상적인 학년별 학급 구성에 맞는 교원을 배치하지 않고 있다. 따라서 2개 내지 3개의 학년을 하나의 학급으로 통합한 복식학급을 구성하여 운영하고 있다. 호주의 작은 학교에서는 복식학급 구성 및 운영이 일반적이기 때문에, 교원양성기관의 교육과정에도 복식 학급의 이해와 운영 전략에 대한 교육과정을 편성하여 예비교사들에게 미리 준비 를 시키고 있다. 예비교사뿐 아니라 소규모학교의 교원들도 복식학급에 적합한 교수－학습 방법 계발 및 적용, 복식학급의 관리와 운영, 이질 집단으로 구성된 학급 운영 기술 등에 대한 전문성 계발 연수를 받고 있다.

일반적으로 다학년 학생들로 구성된 복식학급의 학생들이 한 개 학년 학생들로 구성된 일반적인 학급의 학생들에 비하여 학업성취 결과에 있어서는 약간 낮은 것으로 알려져 있다. 반면에 사회성과 인성 발달의 영역에서는 복식학급의 학생 들이 일반학급 학생들에 비하여 더 긍정적인 결과를 보인다고 한다(박삼철, 2012). 이처럼 복식학급 구성이 항상 단점만 있는 것은 아니다. 다양한 능력과 발달단계에 있는 학생들을 대상으로 맞춤형 수업지도가 이루어진다면, 복식학급 의 단점을 보완할 수 있을 것이다. 그리고 그러한 과업은 복식학급 전문성을 가진 교사의 역량에 달려 있을 것이다.

4) 학교 통폐합 영향평가제[24]

호주에서도 한국의 경우와 마찬가지로 소규모학교 통폐합은 지역 사회뿐 아니라 사회적 이슈가 되고 있다. 지역 사회에서 학교가 없어지면 그만큼 지역주민의 정주 여건이 심각하게 나빠지기 때문이다. 따라서 학교를 통폐합하기 전에 반드시 제3자에 의한 학교 통폐합 영향평가를 실시하고, 그 결과를 참고하고 주민의 의견을 수렴하여 통폐합 의사 결정을 하게 된다.

예를 들어, 호주의 수도가 위치한 「ACT지역 교육법」(ACT Education Act 2004) 제20조에는 교육부 장관이 학교 통폐합을 결정하기 위해서는 독립적인 통폐합 위원회를 설치하여 통폐합 영향평가를 실시하고 그 결과를 공개해야 한다고 규정되어 있다(임연기 외, 2012). 이 법이 규정하고 있는 학교 통폐합 영향평가의 영역에는 교육, 재정, 환경 및 사회 분야 등이 포함되며, 이들 영역에 대한 통폐합 영향평가 결과와 통폐합 이외의 다른 대안도 함께 제시하도록 하고 있다. 호주에서 학교 통폐합 영향평가 수행의 영역별 주요 내용은 다음과 같다(ACT Education Act 2004).

① 교육 영향평가 내용 : 학교 교육과정의 범위와 수준, 학교시설 및 자원의 수명과 상태, 학부모의 학교 참여 정도, 저소득 계층 자녀의 학업성취도와 주변 공립학교에 접근 정도, 등록 학생 수 등

② 재정적 영향평가(impacts) 내용 : 경상비와 자산 비용 및 수익금, 통학비와 학교 방문 경비 및 시간 등에 대한 재정 충격 정도, 지역 경제에 미치는 영향력 정도

③ 환경 영향평가(environmental impacts) 내용 : 교통 혼잡 평가, 공기 오염, 온실가스 방출량 평가, 소음 정도, 학교 인접 지역의 녹지 정도 등에 대한 평가 결과

④ 사회적 영향평가(social impact) 내용 : 취학 아동을 가진 학부모의 인구학적 추계, 저소득 계층에 주는 영향력과 지역의 고용에 미치는 영향 정도 등

---

24) 이 절의 내용은 임연기 등(2012)의 연구와 박삼철(2014)의 내용을 요약·정리하였음.

호주에서 학교 통폐합 이전에 통폐합 영향평가를 요구하는 목적은, 학교 통폐합은 특정 집단의 이익을 위한 것이 아니라 국가 전체적 수준에서 납세자인 시민에게 이익이 되는 결정인지를 검토해야 하기 때문이라는 것이다(ACT Department of Education, 2011). 학교 통폐합 영향평가를 실시한 후 그 결과를 참고로 독립적으로 구성된 통폐합위원회에서는 지역주민과 학부모의 의견 등을 수렴하여 학교 통폐합에 대한 의견을 교육부 장관에게 보고하고, 교육부 장관은 최종 결정을 하게 된다.

5) 원격교육 강화

호주 교육부의 원격교육(Distance Education) 홈페이지에는 원격교육을 '지리적으로 고립되었거나 혹은 개인적 여건 등으로 말미암아 규칙적으로 학교에 출석할 수 없는 학생들을 위한 공평성 프로그램(Equity Program)'이라고 설명하고 있다 25). 이처럼 호주의 원격교육체제 도입은 학교교육의 공평성 추구라는 가치의 구현을 위한 방안이다.

호주에서는 농어촌 소규모학교의 교육력을 높이기 위한 방안으로 원격교육을 적극 활용하고 있다(박삼철, 2012). 호주에서는 오래 전부터 지리적으로 고립된 지역에 거주하는 학생들에게 공교육 기회를 제공하기 위하여 통신교육과 원격교육 등을 발전시켜 왔다(박삼철, 2019). 최근에는 보다 집중적이고 전략적으로 접근하기 위하여 원격교육의 분산화를 추구하고 있다. 원격교육의 분산화란 전통적인 중앙집중형 원격교육센터에 의한 교육송출 방식이 아니라, 농어촌 거점 지역에 원격교육학교를 설립하여 그 학교에서 독립적으로 원격교육 프로그램을 운영하는 방식이다(박삼철, 2019).

이러한 지역 사회 맞춤형 원격교육 제공 학교(Distance education school)에서는 다양한 교과를 개설하기 어려운 소규모학교 재학생들에게 학교에서 개설하지 못한 교과목을 수강할 수 있는 학습 기회를 제공해 주고 있다. 예를 들어, Access Program은 후기중등과정(HSC) 학생들에게 교육과정 선택의 기회를 확대해 주

---

25) https : //education.nsw.gov.au/teaching-and-learning/curriculum/rural-and-distance-education/distance-education

는 프로그램이다. 농어촌 작은 학교의 경우 교원 부족 및 전문성 부족 등으로 학생이 선택하고자 하는 다양한 교과목을 개설할 수 없다. 따라서 여러 소규모학교들이 함께 교과목을 공동 개설하여 온라인으로 학생들이 학습할 수 있도록 하는 원격교육 프로그램이다(정광희 외, 2018).

또한 Aurora College라는 프로그램이 있는데, 이 프로그램은 최신의 ICT 시설을 활용하여 농어촌 벽지 지역에 거주하는 우수한 학생들에게 전문적이고 깊이 있는 교과지도 및 학습기회를 제공하는 일종의 수학 및 과학 영재교육 프로그램이다(정광희 외, 2019).

이러한 원격교육 지원 방법 이외에도 학급별로 화상회의 장비를 구축하여 여러 학교와 연결하여 공동수업을 전개하기도 하며, 지리적 한계로 말미암아 학교 밖의 다양한 전문가를 직접 학교로 초빙하지 못하는 경우에 화상회의 장비를 활용하여 직접적이고 전문적인 학습경험을 제공해 주고 있다.

 ## 제5절 호주 통합학교의 특징과 시사점

지금까지 소개한 호주의 사례에서 알 수 있는 것처럼 호주의 「교육법」에서는 통합학교를 학교의 종류(kinds of schools)로 유형화하고 있다. 호주 통합학교 형태인 Central school과 Community school은 농어촌 지역의 학교로 지역 사회에 봉사하고 있다. 농어촌 지역의 통합학교는 지역의 인구 감소에 따른 학교 통폐합의 결과로 2000년 이후 그 수가 증가하고 있다(ABS, 2010). 호주의 농어촌 지역에 설립되어 운영되고 있는 통합학교들은 한국의 통합운영학교의 설치 운영과 상황적 맥락을 공유하고 있다. 따라서 호주의 농어촌 지역에서 운영되고 있는 Central school과 Community school 등 통합학교(combined school)의 사례 분석은 한국의 통합운영학교 운영의 혁신 방안 마련을 위한 몇 가지 의미 있는 논의 주제를 제공해 줄 수 있을 것이다.

1. 초·중등교육법 개정을 통한 통합학교의 학교 유형화

한국의 초·중등교육법에는 통합학교가 학교의 종류로 규정되어 있지 못한 실정이다. 즉, 한국의 「초·중등교육법」 제2조(학교의 종류)에는 초등학교와 중학교, 고등학교, 특수학교와 각종학교 등이 학교의 종류로 분류되어 있다. 따라서 이 조항에 의하면 한국에서는 통합학교가 존재할 수 없다. 다만, 동법 제30조(학교의 통합·운영)에서는 "학교의 설립자·경영자는 효율적인 학교 운영을 위하여 필요하면 지역 실정에 따라 초등학교·중학교, 중학교·고등학교 또는 초등학교·중학교·고등학교의 시설·설비 및 교원 등을 통합하여 운영할 수 있다."고 규정하고 있다(「초·중등교육법」 제30조 제1항). 따라서 한국의 통합학교는 완전한 통합학교로 운영되기에는 법률적으로 미흡한 측면이 있다. 하나의 학교로 완전한 통합체라 할 수 없으며, 단지 효율성을 위하여 서로 다른 학교급의 시설과 설비, 교원 등을 공유할 수 있는 부분적인 통합운영하는 학교라 할 수 있을 것이다(박삼철, 2012).

한국의 사례와는 달리 호주의 통합학교는 호주 「교육법」에 명백하게 학교의 한 종류(kinds of schools)로 규정되고 있다. 이처럼 법적으로 명확한 위치를 확보하고 있는 통합학교는 다른 학교의 종류와 비교되는 자체의 교육적 정체성과 특징을 확립할 수 있다. 다양한 교육적 필요를 가지고 있는 학생과 학부모는 여러 학교들 중에서 자신의 교육적 요구에 적합한 학교를 선택할 수 있을 것이다. 이러한 요구를 반영하여 농어촌 지역에서도 통합학교가 설치 운영되고 있다.

이런 맥락에서 보면, 한국에서도 통합학교의 법제화를 시급히 추진해야 할 것이다. 통합학교가 법제화된다면 지역 사회와 학생 및 학부모 등의 교육적 요구를 수용하면서 독자적인 학교운영 모델을 개발할 수 있을 것이다. 통합학교 제도를 효과적으로 도입·운영하기 위해서는 보다 체계적이고 장기적인 안목을 가지고 법적·제도적 근거를 시급히 마련할 필요가 있다.

2020년 기준으로 한국의 통합운영학교는 비정상적인 상태에서 운영되고 있는 학교의 모습이다. 관련 제 규정이 효과적으로 정비되어 있지 못하기 때문에 이를 운영하는 교육청과 일선 학교에서는 여러 어려움을 토로하고 있다. 통합학교에 관한 제 규정을 합리적으로 정비하고 통합학교 운영 모델을 정교화하여 도시 및 농어촌의 통합학교들을 모두가 행복한 학교로 발전시켜야 할 것이다. 이를 위하여 반드시 통합학교가 학교의 한 종류로 법제화되어야 할 것이다.

2. 학생 수 감소의 전략적 대안으로 통합학교 육성 방안 마련

농어촌 지역뿐 아니라 도시의 소규모학교들도 학교 통폐합의 위기에 직면하고 있다. 학교 통폐합에 따른 지역의 학교 부재는 그 지역의 발전에 심각한 위협요소로 작용하고 있다. 따라서 통폐합 위기에 직면한 소규모학교들을 폐교시키는 대신, 보다 적극적으로 통합학교로 재구조화하는 방향을 적극 고려할 필요가 있을 것이다.

학교가 한번 폐교되면 그 지역 사회에 매우 심각한 부정적 영향을 주게 된다(박삼철, 2014). 즉, 지역 사회에서 중요한 사회적 자본으로 기능하고 있는 학교가 사라진다는 것은 주민들의 정주 여건과 삶의 질을 현저하게 떨어뜨리는 요인으로 작용한다. 정주 여건이 나빠진 지역에서는 인구 감소가 더욱 심화되어 결국에는 지역의 황폐화와 공동화 현상이 나타나게 된다. 이처럼 학교 폐교에 따른 지역 황폐화 사례는 한국은 물론 미국과 유럽 등 여러 곳에서 어렵지 않게 찾아볼 수 있다.

학교 폐교에 따른 지역의 몰락 현상을 완화시킬 수 있으며, 미래의 지역 발전 기반을 흔들지 않기 위한 방안으로 소규모학교들을 통합한 형태의 학교로 존치시키는 방안을 적극 검토해야 할 것이다. 학교가 지역에 남아 있는 것은 지역의 안정성과 공동체 의식, 문화적 특성의 유지 등을 위해 반드시 필요한 조건이라 할 수 있기 때문이다(박삼철, 2014).

3. 통합학교의 학교급 간 교차 수업 신중히 검토

한국과 마찬가지로 호주에서도 교사양성은 초등교사 양성과정과 중등교사 양성과정이 엄격하게 구분되어 있으며, 교사자격도 엄격하게 구분되어 있다. 따라서 호주에서는 비록 통합학교라고 하더라도 교사자격별로 전문적 지도 영역이 다르기 때문에, 초등과정 교사와 중등과정 교사들은 서로 다른 학교급의 학생들을 지도할 수 없도록 되어 있다. 또한 교사 배치에 있어서도 학교급의 특성을 반영하여 서로 다른 배치 방식을 적용하고 있다.

비록 통합학교로 운영한다고 하더라도 교원의 자격과 전문성의 영역을 존중하여 학교급 간 교차 지도와 지원의 문제는 신중하게 접근해야 할 것이다. 교원의 부족에 따라 학교급 간 교수 시간 배정의 차이가 발생할 수 있으며, 근무 시간과 업무 강도의 차이도 발생할 수 있다. 또한 서로 다른 학교급의 교육적 차이에 대한 이해 부족으로 교원 간에 갈등이 발생할 수도 있을 것이다. 그러나 이러한 문제들을 해결하기 위한 초등교육과 중등교육의 특수성을 외면하는 교차수업 인정은 오히려 더 큰 혼란과 문제점을 야기할 수 있을 것이다. 따라서 교원자격제도와 초·중등 교육의 전문성을 인정하는 범위 내에서 대안을 찾아보아야 할 것이다. 복식학급 운영과 보조교사제 도입이 그 대안이 될 수 있을 것이다.

4. 통합학교의 복식학급 효율적 설계 및 활성화 방안 마련

한국 통합운영학교의 경우 초등학교급의 교사들은 중등학교급 교사들에 비해 더 많은 수업시간과 업무 부담을 호소하고 있다. 호주의 경우, 이러한 문제를 완화시키기 위해 초등학교급 학생들은 복식학급 위주로 학급을 구성하고 있으며, 복식학급의 효과적 운영을 위한 다양한 연구와 수업지원 노력이 이루어지고 있다. 2~3명에 불과한 학급 규모는 교사뿐 아니라 학생들도 유의미한 학습활동을 하기에 미흡한 인원이기 때문이다. 따라서 한국의 통합학교에서도 초등학교급의 경우 복식학급의 문제점을 극복하고 장점을 최대한 살릴 수 있는 농촌학교의 복식학급 활성화 방안에 대해 연구할 필요가 있다. 이러한 연구에 기초하여 농촌 통합학교의 초등학교급이 갖고 있는 교사 수급 문제와 소인수 학급 구성에 따른 무기력한 학습분위기 등과 같은 교육력 저해 요인을 극복할 수 있을 것이다.

5. 저학년 학생들을 위한 일과 전 학교(Before School) 프로그램 개발·운영

호주의 유아학교에서는 정규 과정 이외에 일과 전 및 방과 후 돌봄 기능을 활성화하여 가정의 아동 돌봄으로 인한 어려움을 완화해 주고 있다. 현재 한국의 초등학교에서도 방과후 돌봄 프로그램을 제공하고 있다. 이와 함께 일과 전 프로그램(Before School Program)의 도입을 적극 검토할 필요가 있을 것이다. 맞벌이 부부의 경우 아침 일찍 출근하거나 출장을 가야 하는 경우가 생길 수 있다. 이런 일이 갑자기 발생하는 경우 아동을 맡길 곳이 없어서 애를 태우는 젊은 가정 이야기를 자주 듣게 된다. 따라서 초등학교의 아동 돌봄 기능을 확대한, 일과 전 학교(Before School) 프로그램의 도입 방안을 적극 검토할 필요가 있을 것이다.

참고문헌

김순남(2013). 창의인재 육성을 위한 학생평가 정책 연구 : 국제 사례를 중심으로. 한국교육 개발원 연구보고서(OR 2013-09).

김현자 외(2019). 유치원, 초등·저학년 통합학교 모델 연구. 경기교육연구원 정책보고서.

박삼철(2005). 호주의 농어촌 교육 육성정책. **교육행정학연구**, 24(4), 118~138.

_____(2012). 한국과 호주의 통합학교 운영 사례 비교 연구. **비교교육연구**, 22(2), 107~128.

_____(2013). 호주 IBP프로젝트가 한국교육에 주는 시사점 : 자유학기제 운영에 주는 시사 점을 중심으로. 한국교육개발원 정책보고서(CP2013-01-4).

_____(2014). 학교통폐합 정책의 주요 쟁점과 과제. **교육행정학연구**, 32(4), 1~21.

_____(2015). 미국과 호주의 학교통폐합 교육영향평가제 비교 연구. **비교교육연구**, 25(6), 1~22.

_____(2018). 호주의 교원양성체제와 교원전문성 자격기준, 한국교원교육학회 발표원고 (2018. 06. 23., 제주도).

_____(2019). 분산화를 추구하는 호주의 방송통신학교 운영 사례 및 정책적 시사점. **비교교 육연구**, 29(1), 29~50.

박영숙(2017). 교직환경 변화에 따른 교원 정책 혁신 과제 : 교원양성 및 채용정책의 혁신 과제. 한국교육개발원 연구보고서(RR2017-06).

임연기 외(2012). 초·중·고 통합운영학교 발전방안. 교육과학기술부 연구보고서.

정광희(2018). 중등교육 온라인 개방형 교육체제 구축 방안. 한국교육개발원 연구보고서 (RR2018-15)

AITSL(2015). Action Now : Selection of entrants into initial teacher education : Guide lines. https : //www.aitsl.edu.au/docs/default-source/default-document-lib rary/aitsl-selection-guidelines.pdf?sfvrsn=cef9ec3c_0 (검색일 : 2020. 01. 25.)

_____(2019). *The Australian Professional Standards for Teachers*. (https : //www.aitsl.edu.au/ 검색일 : 2019. 07. 20.)

Australian Bureau of Statistics. (2019). 4221.0-Schools, Australia, 2018.

MCEETYA(2008). *Melbourne Declaration on Educational Goals for Young Australi
ans.* (http : //www.curriculum.edu.au/verve/_resources/) (검색일 : 2019. 07. 22.).

NSW Government. Education Act 1990 No 8.

NSW Department of Education(2018). *Staffing Procedure for the Teaching Service
in NSW Public Schools.* (https : //www.teach.nsw.edu.au/documents/pro
cedures.pdf (검색일 : 2018. 07. 12.)

NESA(2015). Accreditation of Early Childhood Teachers Policy. https : //educations
tandards.nsw.edu.au/ (검색일 : 2019. 08. 01.)

[홈페이지]

Australian Institute for teaching and School Leadership. https : //www.aitsl.edu.
au/ (검색일 : 2019. 07. 20.)

Australia Curriculum (https : //www.australiancurriculum.edu.au/)

Department of Education, Australia. (https : //www.education.gov.au/) (검색일 : 2019.
07. 28.)

NSW Department of Education (https : //education.nsw.gov.au)

NSW Education Standards Authority (http : //nesa.nsw.edu.au)

NSW Department of Education(2017). Crown employees (Board of Studies, Teaching
and Educational Standard—Educational Officers) Salaries and Conditions Award
2017.

NSW Teachers Federation. https : //www.nswtf.org.au/

제4장

미국의
통합학교

제4장
미국의 통합학교

 제1절 **미국 교육의 사회·문화적 배경**

　미국은 북쪽의 캐나다, 남부의 멕시코, 그리고 멕시코만 사이에 위치한 연방 공화국이다. 50개 주와 1개 연방 지역, 그리고 수도인 워싱턴 D.C로 구성되어 있다. 전체 중 48개 주는 이른바 '미국 본토(the Continental United States)'에 위치하고 있다. 나머지 2개 주 중, 알라스카 주는 캐나다와 북극해 연안과 인접해 있으며, 하와이 주는 태평양 중부에 위치하고 있다. 냉전 시대 종식 이후, 전 세계 국가 중 가장 강력한 군사력을 갖춘 나라로 여겨지며, 총 인구 수는 대략 3억 3천만 명으로 전 세계에서 세 번째로 인구가 많은 나라이다. 더불어 IT산업을 포함한 제조업, 금융업 등에서 높은 생산성을 보이고 있으며, 세계에서 가장 부유하고, 강한 정치력을 가진 국가로 알려져 있다. 또한 학생 수 및 기관 수 등을 기준으로 절대적인 규모를 살피면, 전 세계에서 두 번째로 큰 규모의 고등교육 체제를 구축하고 있다(Loo, 2018).

　미국 정부의 중요한 특징 중 하나는 연방주의(federalism)를 채택하고 있다는 점이다. 유럽의 국가들과 비교하면, 미국은 연방정부의 권한이 약하며, 연방정부 차원의 적극적인 개입과 통합이 적다. 미국의 지방 계층 구조는 주마다 각기 다른 양상을 보이지만, 일반적으로 연방 수준, 주 수준, 그리고 카운티(county) 수준으로 나누어져 있다. 카운티는 주정부 아래에 지리적 구획에 따라 나뉜다. 2018년 미국 센서스 자료에 의하면 미 연방은 50개 주와 3,142개 카운티로 이루어져 있다. 주정부는 지방자치의 자율성을 침해 받지 않으면서 연방정부의 기간산업 투

자, 「아동낙오방지법」(No Child Left Behind) 등의 거시적 교육정책과 같은 국가
수준의 정책에 동조한다. 카운티는 일반적으로 주 정책을 실행하는 행정 보조 단
위이다. 주법에 따라 그 역할을 부여 받으며, 경우에 따라서는 자치권을 행사하기
도 한다. 한편, 주로 교육에 관한 구체적인 운영은 교육구(school district)에서
이루어지며, 교육구는 하나의 특별 목적 지방정부로서 기능한다. 교육구를 운영
하는 교육위원회는 일반적으로 해당 교육구 주민의 선거로 직접 선출되며, 해당
구역의 재산세 배분액을 바탕으로 교육 업무를 수행한다(Wolman, McManmon,
Bell & Brunoi, 2008).

이러한 연방주의는 미국이 다른 국가의 교육체제와 구별되는 특징을 갖는 데
연관이 깊다. 역사적으로 주정부에 대한 중앙정부의 개입이 제한적일 뿐만 아니
라, 민간 경쟁에 대한 오랜 공감대가 형성되어 있어 교육체제에 대한 국가 수준의
압력이 적은 편이다. 비교적 최근에는 「아동낙오방지법」(NCLB)과 Race to the
Top과 같이 학생들의 학업성취도를 전반적으로 향상시키기 위한 정책을 추진하
면서 연방정부의 권한을 증대하고 표준화한 교육체제를 지향하는 움직임을 보이
고 있다. 그러나 여전히 실제적인 학교 운영의 권한은 학교 교육구의 교육위원회
에 있다. 특히 교육 예산과 집행을 각 학교 교육구의 교육위원회가 담당하고 있으
며, 학교 운영 예산은 주로 해당 지역의 재산세로부터 오기 때문에 학교 운영의
권한은 지역 단위로 상당 부분 이양되어 있다. 교육구는 위치에 따라 그 규모 역
시 다양하다. 소규모 지역 혹은 농촌의 한 카운티를 포괄하기도 하며, 때론 거대
한 도시 전체를 담당할 정도로 큰 경우도 있다. 교육위원회는 해당 교육구의 교육
정책을 조정하고, 지역 사회의 교육에 대한 요구를 반영한 교육 계획을 수립한다.
경우에 따라 교육위원회는 학교 운영과 교육과정 수립 등에 있어서의 독립적인
권한을 개별 학교에 위임하기도 한다.

미국의 통합학교 관련 주요 교육제도

1. 학제

미국의 가장 일반적인 학제는 유치원 과정 1년(K), 초등학교 5년(1~5학년), 중학교 3년(6~8학년), 그리고 고등학교 4년(9~12학년)이다. 모든 학생은 12학년까지 무료로 학교를 다닐 수 있는 권리가 있으며, 워싱턴 D.C.와 더불어 15개 주의 경우 의무적으로 유치원 과정을 다니도록 보장하고 있다. 물론, 지방 자치적으로 학교를 운영하는 미국의 교육체제 특성상, 학제는 학생이 재학 중인 교육구(school district), 혹은 넓은 단위의 주(state)에 따라 다른 경향을 보인다. 그럼에도 불구하고 앞서 언급한 학제를 가장 보편적으로 따르고 있으며, 한국의 학제와 같이 초등학교 6년, 중학교 3년, 그리고 고등학교 3년의 형태를 띠는 곳도 있다. 보편적인 학제를 따르는 학생들의 경우 상급 학교로 진학하면서 새로운 학생, 교사들과 함께 새로운 공간에서 학교를 다니게 된다. 이와는 대조적으로 초등학교와 중학교가 결합한 K-8학년 통합학교, 혹은 중학교와 고등학교가 결합한 통합학교(combined junior and senior high school)에 재학 중인 학생들은 한 단계 더 높은 학교급에 진학하더라도 계속해서 같은 학생들과 같은 공간에서 교육을 받게 된다(Synder, Brey, & Dilow, 2019).

2. 교육과정 운영

다음으로 교육과정 운영에 있어서 미국은 한국에 비해 대체적으로 개별 학교와 교사에게 교육과정 운영의 자율성을 보다 더 많이 부여한다. 각 학교의 교사는 교과서, 교육 내용, 교육 방법 등을 자율적으로 선택하고 수업을 진행할 수 있다. 그러나 최근에는 교육과정 기준(Common Core State Standards)과 같은 표준화된 교육과정 편성 및 운영의 기준이 제시되고 있다. 2009년 48개 주의 교육감 및 관련 부처장들의 승인과 함께, 현재는 대학에 진학하는 학생이 적절한 지적 수준을 갖출 수 있도록 수학, 영어 등의 교과에서 과거에 비해 교육과정 운영에 보다 더 엄격한 표준(standard)을 제안하고 있다. 각 학년별 학습 목표 및 수업 내용이 제시되며, 공립학교들은 이 기준을 따라야 한다. 요컨대, 한국에 비해 미국의 각 학교들과 교사들은 교육과정 운영에 있어 여전히 높은 자율성을 보장 받고 있음에도 불구하고, 그 수준은 과거에 비해 상대적으로 줄어들었다고 볼 수 있다.

유치원 단계의 교육과정은 주로 기본적인 독해 및 연산 기술에 중점을 두고 있으며, 추가적으로 기초 과학, 미술, 음악과 같은 다른 분야를 포함하고 있다. 초등학교 단계에서의 가장 일반적인 핵심 과목은 언어(영어 읽기, 쓰기, 문법 및 철자법), 수학, 과학 및 사회(지리, 주 역사, 미국 역사, 세계 역사)이다. 또한 예술, 음악, 연극, 체육, 컴퓨터, 과학 및 기타 과목을 정규 교사 혹은 전문 교사로부터 교육 받게 된다. 중·고등학교의 교육과정은 영어, 수학, 과학, 사회, 예술, 체육을 핵심 과목으로 포함한다. 중학교와 고등학교 학생은 매년 하나 혹은 여러 개의 과목을 선택하여 수강하며, 선택과목은 핵심 과목과 관련되어 있거나, 시각예술, 음악, 연극, 토론과 같은 학생의 관심과 능력에 중점을 둔 과목이 있다 [26].

3. 교원 교육과 훈련[27]

교원 교육 역시 연방정부 차원의 확정된 기준을 바탕으로 실시되기보다 주마다 각기 다른 기준을 바탕으로 실행된다. 주마다 어느 정도 차이는 있지만, 일반적으로 교원 교육은 크게 두 가지 경로를 통해 이루어지고 있다. 첫 번째는 전통적인 경로이다. 주(state)의 교원 임용 조건에 맞추어 교육에 중점을 둔 특정 과목, 혹은 교육학 학점을 취득한 뒤 해당 조건에 맞는 주요 과목 혹은 초등교육 교원이되는 과정을 이수하는 것이다. 두 번째는 대안적인 경로이다. 어떤 과목을 전공하였는지에 관계없이 학사 학위 이후 교원 인증 프로그램, 혹은 석사 학위를 통해 교원이 되는 과정을 밟는 것이다. 이는 학사 학위 중 늦게 혹은 졸업 후에 교원으

26) "Curriculum and Content Standards". https://www2.ed.gov/about/offices/list/ous/international/usnei/us/edlite-structure-us.html. (검색일 : 2020. 1. 29.)

27) https://www.ecs.org/50-state-comparison-teacher-leadership-and-licensure-advancement/ (검색일 : 2020. 01. 29.)

로 진출하고자 하는 예비교원에게 일반적인 방법으로 통용된다.

대부분의 주에서는 위의 두 경로 모두 교사 준비 프로그램(Teacher Preparation Programs)으로서 기능한다. 학사를 졸업한 이후, 예비교원은 교원자격증을 받기 위해 각 주에서 제정한 필수 요건을 추가적으로 충족해야 한다. 먼저 대부분의 주에서는 학사 학위 이후 교사 준비 프로그램을 이수하기 위해 읽기, 쓰기, 수학 과목에 대한 입학시험을 통과하도록 요구하고 있다. 비영리 기업인 Educational Testing Services(ETS)가 제공하는 Praxis를 입학시험으로 가장 널리 활용하고 있다. 또한 학사 학위 이후 교원자격증을 받기 위해 특정한 수업을 이수하도록 하는 경우도 있다. 한국의 교생실습과 같은 수습 기간 역시 이러한 자격 요건에 포함되어 있다. 교사 준비 프로그램을 통해 주에서 제시하는 여러 요건을 충족하였을 때 해당 주에서 학생들을 가르칠 수 있는 자격증을 수여 받는다.

4. 교원 배치[28]

교원 배치에 있어서 미국의 경우 주마다 그 기준은 다르지만, 일반적으로 교장은 초등교육과 중등교육 구분 없이 임용될 수 있다. 또한 현장의 교사 선발에 있어서도 예체능과 같은 과목의 경우, 중등교원 자격과 초등교원 자격의 구분 없이 임용될 수 있다. 일부 주에서는 주지교과의 경우 초등교원 자격과 중등교원 자격을 엄격하게 구분하여, 교차 임용이 가능하지 않은 경우가 있다. 교원자격증 역시 학년 수준에 따라 구분하여 관리한다. 예를 들어, 다양한 과목의 수업을 가르칠 수 있는 교사에게 필요한 교사자격증 중 유아 교사자격증(Early childhood teacher certification)은 유치원에서 3학년을, 초등학교 교사자격증(Elementary teacher certification)은 유치원에서 6학년을, 중학교 교사자격증(Middle grades teacher certification)은 초등학교 5학년에서 9학년을 대상으로 한 수업을 진행할 수 있도록 한다. 특정 과목을 가르치는 교과 담당 교사의 경우 해당 과목에 대한 교사자격증이 있어야 하며, 이 경우 일반적으로 7학년에서 12학년까지 가르친다.

---

28) https : //www.ecs.org/50-state-comparison-teacher-recruitment-and-retention/
(검색일 : 2020. 01. 29.)

한편, 교장과 교원의 역할은 분리되어 있는 특징이 있다. 교장은 일반적으로 학교 전반의 행정 및 교육과정 구성, 그리고 부모 상담 등의 업무를 담당한다. 반면, 교사의 경우 교육과정 운영 및 편성에 참여하고, 교수 활동을 주로 한다. 그러나 이러한 구분이 미국 전체에 일관적으로 나타난다고 보기는 어려우며, 교육구(school district) 혹은 학교의 사정에 따라 교감 없이 교장 한 명이 교감의 일을 함께 담당하는 경우도 있다.

5. 학사일정

학년도(academic year)는 모든 초·중등교육 기관에서 8월 중순에서 9월 중순 사이부터, 5월 중순에서 6월 중순까지이다. 봄에는 보통 1주일 방학이 있으며, 3월이나 4월에도 부활절 혹은 국가 공휴일을 앞뒤로 봄 방학이 있는 경우가 있다. 겨울에는 성탄절과 연말연시 기간을 포함하는 1주에서 3주간의 짧은 방학이 있다. 학년도가 마무리되는 5월에서 6월 중순 사이에서 다음 학년도가 시작되기까지의 기간이 여름 방학이다. 한편, 분기 시스템(quarter system)을 활용하는 학교도 있다. 이러한 학교들의 경우 일반적으로 10주를 간격으로 분기별로 학교를 운영한다. 겨울 방학은 대개 가을과 겨울 분기 사이이며, 봄 방학은 겨울과 봄 분기 사이에 실시된다(Loo, 2018).

6. 교육 주체별 역할 : 연방정부, 주정부, 지방정부[29]

미국 연방정부의 교육부는 그들의 역할을 ① 연방 재정 지원을 활용하는 연방정부 차원의 정책 수립 및 자금 분배, ② 미국 학교에 대한 데이터 수집 및 연구 전파, ③ 주요 교육 문제에 대한 국가적 관심 집중으로 제시하고 있다. 「연방교육법」과 대통령의 교육정책을 집행하는 역할을 담당하고 있으면서 주 및 개별 학교에 연방 기금을 분배하는 일을 주로 한다. 또한 교육과학연구소(Institute of Education Sciences), 시민권리 연구소(Office for Civil Rights) 등을 운영하면서 교육과 관

---

29) https://www2.ed.gov/about/landing.jhtml (검색일 : 2020. 01. 29.)

련한 자료를 수집하고 연구를 수행하고 있다.

주정부는 관할권 내의 교육 문제에 대한 직접적인 책임을 가지고 있으며, 대부분 주법에 교육에 관한 조항이 포함되어 있다. 미 연방 교육부는 주정부의 역할을 다음과 같이 정리하고 있다. 첫째, 커리큘럼 지침과 성과 표준 개발, 둘째, 학군 및 학교에 기술 지원, 셋째, 사립학교 운영에 관한 허가 관리, 넷째, 교원 및 관리자(교장, 교육장) 자격증 관리, 다섯째, 고등학교 졸업과 관련한 최소 요구 조건 정립, 여섯째, 연간 최소 학교 일수 설정이다. 대부분의 주에서 주 교육위원회는 일반적으로 주 의회의 의견에 따라 교육정책을 결정하며, 주 교육위원회 위원은 주지사나 주 의회에 의해 임명되거나 선출된다.

교육 업무를 담당하는 지방 정부의 단위는 교육구(school district)로, 교육구는 관할 구역 내 모든 초·중등 공립학교 운영에 관여한다. 대개의 경우 지방정부의 하나인 카운티와 그 경계가 비슷하게 구성되어 있지만 상황에 따라 교육구의 경계는 다양한 형태로 나누어진다. 교육구는 일반적으로 해당 지역에서의 교육정책을 수행하며, 교원 구성, 교육과정 구성, 예산 및 교육 프로그램 운영 등에서 상당한 자율권을 부여받는다. 또한 지방 재산세를 통해 자금을 조달할 책임을 가지고 있다. 일반적으로 교육구의 교육위원회는 선거로 선출된 구성원으로 구성되며 해당 학군을 관리하고 정책을 입안한다. 일상적인 운영은 교육구 교육위원회가 임명한 교육장(superintendent)이 담당하고 책임진다.

제3절 미국 통합학교 도입 배경 및 현황

1. 통합학교 도입 배경

1) 농촌 지역 통합학교 도입 배경

미국의 통합학교는 주로 농촌 지역에서 먼저 도입되었다. 미국 농촌 지역에 통합학교가 도입되고, 그 수가 증가한 것은 1930년대에서 1970년대 사이 진행된 급속한 도시화와 무관하지 않다. 이 시기에 농촌인구는 도시 이주로 인해 3천만 명가량 줄어들었다. 결과적으로 농촌 지역 학생 수가 줄어들면서 농촌 지역 교육 구(district)는 학교 운영에 재정적인 어려움을 겪게 되었으며, 이를 극복하기 위해 학교를 통합하는 움직임이 발생하였다. 많은 농촌 지역에서 부족한 재정과 자원을 효율적으로 활용하기 위해 소규모학교들을 폐교시키고, 하나의 통합된 학교로 학생들이 통학하도록 하였다. 학생들은 과거에 비해 광범위한 지역에서 통학하게 되었다. 이러한 흐름은 the Nation at risk report 발간과 함께, 교육이 사회 경제 발전에 이바지할 수 있는 학생을 배출해야 한다는 교육 개혁 노선이 공고히 된 1980년대 이후 보다 더 강화된 경향이 있다. 정책 입안자와 교육 담당자 사이에 효율적인 교육체제 개편을 위해 학교를 통합하는 과정이 필요하다는 인식이 공공연해졌기 때문이다(Bard, Gardener, & Wieland, 2006).

최근에도 많은 농촌 지역과 주민은 부족한 자원을 지역 전체에 공유하기 위한 방법으로 분산되어 위치한 소규모학교를 통합하는 것에 호의적이었다. 지역적으로 살펴보면 미국의 남동부와 중동부 지역에서는 소규모학교를 폐쇄하고 통합학교를 설립하는 움직임이 활발하였다(Johson, et al., 2014). 이와 같은 지역에서는 특히 주 차원에서 재정 지원을 통해 변화를 유도하여 왔다. 예를 들어, 최소 학생 수, 그리고 이와 관련한 직원 배치 및 건물과 관련한 법률을 제정하는 방법을 통해 소규모학교의 통폐합을 유도하였다(Howley, Johnson, & Petrie, 2011).

그러나 모든 농촌 지역에서 학교를 통합하려는 시도를 한 것은 아니었다. 교육 구에 실질적인 재정을 지원하는 공동체(community)에서 학교 폐쇄 혹은 통합으로 인한 '공동체의 정체성 상실'을 우려하는 경우, 소규모학교들을 존속시키는 경우도 적지 않았다(Bard, et al., 2006). 특히 이러한 경향은 미국의 동북부 지역과 중부 지역에서 두드러지게 나타났다(Johnson, et al., 2014). 일부 교육구에서는 학교를 통합하는 방안이 통학 버스 및 학교 관리에 있어서 지출을 증가시켜 전체적으로 보면 소규모학교를 운영하는 것이나 통합학교를 운영하는 것이나 재정적으로 교육구(district) 차원에서는 큰 차이가 없다는 비판도 함께 하였다. 예를 들어, 웨스트버지니아 주의 경우 학생들은 매우 긴 통학시간을 감내해야 하는데, 이를 운영하기 위해 학교들은 비효율적인 통학버스 비용을 지불해야 하였다. 결과적으로 교육에 사용해야 할 비용을 학교 통학 비용에 활용해야 하기 때문에 오히려 비효율적이라는 지적이다(Howley, et al., 2011). 이는 지역에 따라 통합학교의 재정적 효율성이 저하될 가능성과 경우에 따라서는 학생을 대상으로 한 교육지원에 문제가 발생할 가능성을 보여 준다.

농촌 지역 통합학교 운영에 대한 일부 부정적인 시선에도 불구하고, 미국의 농촌 지역의 통합운영 사례는 지속적으로 늘어나는 추세에 있다. 여전히 매년 대략 1,000개교가량이 학생 수 감소와 재정 운영 문제 등의 이유로 계속해서 폐교되고 있으며, 이를 극복하기 위한 현실적인 방안으로 학교를 통합하는 노력이 지속되고 있다(Showalter, et al., 2019).

2) 도시 지역 통합학교 도입 배경[30]

미국 사회에서 통합학교는 1980년대에 본격적으로 등장하여 지속적으로 증가하는 추세에 있다. 1980년대 이전 미국에서 낮은 단계의 중등 교육(Lower-Secondary Education)을 담당하는 교육기관은 다양한 형태로 존재하였다. 이 시기에는 중·고등학교(junior-high school)란 이름으로 7학년부터 8학년, 7학년부터 9학년, 6학년부터 8학년, 6학년부터 9학년 등 학교별 학생의 구성이 각 교육구(district) 및 학교의 형편에 따라 다양하였다. 1980년대 미중학교육협회(The Association for Middle Level Education)가 This We Believe를 통해 6학년부터 8학년까지의 교육을 담당하는 현재의 중학교 형태를 미국 중학교 교육의 기준으로 제시하면서, 6~8학년을 대상으로 하는 중학교를 제외한 대부분의 형태의 중·고등학교(junior- high school)의 수가 줄어들었으며, 이러한 흐름과 함께 초·중등을 통합운영하는 K-8 통합학교의 숫자 역시 줄어들었다. 그러나 1990년대 이후, K-9 통합학교의 수는 미국의 농촌 지역뿐만 아니라, 도시 지역에서도 증가하고 있다. 도시 지역 역시, 도시 공동화 현상으로 인한 인구학적 변화로 절대적인 학생 수가 감소하면서 학교 운영의 효율성을 높이기 위해 학교를 통합하는 방안이

---

30) 도시 지역 통합학교와 관련한 내용은 연구진이 앞서 발표한 연구(임연기 외, 2018)를 수정 보완하여 제시하였다.

현실적인 대안으로 제시되었다. 1980년대 중반 2,000개에 불과하였던 K-8 통합학교의 수는 2010년에 들어서 약 6,500개로 증가하였다. 이는 미 전역에 운영중인 8,000개의 중학교 수와 비교해도 적지 않은 수이다(Hough, 2010).

나아가 여러 연구들은 학부모의 적극적인 지지가 도시 지역 통합학교의 증가와 관련되어 있다고 주장한다. 예를 들어, K-8 통합학교에 다니는 자녀는 일반적인 초등학교보다 더 오래 같은 학교에 머물기 때문에, 학부모로서 학교 운영에 보다 더 관심을 가질 수 있게 되고, 궁극적으로 학교 환경을 보다 더 좋게 만든다고 인식하는 것으로 나타났다. 뿐만 아니라, 학부모들은 통합학교가 좀 더 가족적이고 안전한 학교 환경을 조성하는 데 유리하다고 인식하고 있었다. 교원들 역시 통합학교에 다니는 학생들은 다양한 연령대의 학생들이 한 공간에 있기 때문에, 상급생에게 사회적 역할이 강조되고 더 어린 학생들에 대한 책임감을 보다 더 느끼는 경향이 있다고 인식하였다(Howard, 2005).

미국의 「아동낙오방지법」(NCLB) 실시에 따른 기존의 중학교 모형에 대한 비판 역시 도시 지역에 통합학교가 과거와 달리 적극적으로 운영되는 현상과 관련이 있다. 아동낙오방지법이 실시된 이후 미국의 학교들은 매해 보다 더 나은 교육적 성과를 거두기를 요구 받는다. 이 과정에서 학생들의 학업성취도에 대한 정보가 이전과 달리 활발하게 공유되고 공개되었다. 이를 바탕으로 학생들의 학업성취도 향상에 대한 보다 더 과학적이고 체계적인 분석이 활기를 띄게 되었다. 초기 「아동낙오방지법」이 실행되었을 당시 여러 연구에서 중학교(middle school)에 재학하는 학생이 초등학교와 고등학교 학생에 비해 상대적으로 낮은 학업성취를 보이는 경우가 많고, 특정 과목의 숙달 수준(proficiency level)에 다다르는 경우가 적다는 논의가 제기되었다(Bedard & Do, 2005). 뿐만 아니라 다양한 학교생활 부분에서 발생하는 문제 역시 지적되었다. 중학교 학생에게서 발견할 수 있는 상대적으로 낮은 출석률, 높은 빈도의 비행 행동, 낮은 자존감, 학교교육에 대한 학부모의 무관심, 바람직하지 않은 학교 환경 등이 지속적으로 해결되고 있지 않다는 것이다(Blair, 2008).

제기된 여러 문제들을 해소하기 위한 하나의 방편으로, 중학교 당사자들에게서 초등학교와 중학교를 통합하는 방안이 논의되었다(Hough, 2010). 물론 이 과정에서 중학교 모형 지지자 간의 갈등이 있었다. 6학년에서 8학년 시기는 학생의 발달단계를 고려하면 특별히 신경 써야 할 특성이 있기 때문에, 중학교에서 별도의 교육을 해야 한다는 것이었다. 특히 전통적인 중학교 학년 체제를 유지하고 있는 학교 교장들의 경우, 통합학교 운영에 호의적이지 않은 것으로 나타난 바 있다(Valentine, et al., 2002). 그러나 적지 않은 중학교 당사자들이 통합학교가 기존의 중학교보다 교육적으로 더 좋을 수 있다는 근거를 바탕으로 중학교를 통합학교로 바꾸는 일을 지속하였다. 특히 여러 경험 연구에서 6학년에서 8학년까지의 통합학교 학생들이 같은 학년의 중학교 학생들에 비해 보다 더 높은 학업성취도를 보일 뿐만 아니라, 더 활발한 학교 참여 및 지역 사회와의 연계를 맺고 있는 것으로 나타났다(Blair, 2008; Delisio, 2003; Hough, 2004; Klump, 2006). 나아가 도시형 통합학교는 특히 미국의 전통적인 취약계층에게도 효과적인 것으로 확인되었다. 도시형 통합학교의 인구 구성 비율을 살펴보았을 때 저소득, 그리고 소수인종 학생의 비율이 상대적으로 높았음에도 불구하고 통합학교 학생들이 학업성취도와 학교생활에서 중학교 학생들에 비해 보다 더 긍정적인 결과를 보여주었다(Hough, 2010).

요컨대, 도시 지역의 통합학교가 늘어난 것은 인구 수 감소, 혹은 재원 조달 환경 변화와 같은 인구학적(demographical) 변화에 대응하기 위해서 뿐만 아니라, 교육적인 이유가 함께 맞물려 있다. 특히 단위학교에 책무성을 강화해 왔던 미국의 지난 교육정책의 흐름과 밀접한 연관을 맺고 있으며, 한편으로는 보다 더 안전하고 나은 교육환경을 제공하려는 노력과 함께 하고 있다.

3) 통합학교 운영의 난점과 해결 노력

미국에서 통합학교의 수는 최근 들어 지속적으로 증가하고 있지만 기존의 학교를 통합학교로 전환하는 데 어려움이 없는 것이 아니다. 먼저 통합학교 전환에는 이를 실제적으로 경험하는 행위 주체들을 위한 적절한 배려가 수반되어야 한다는 지적이 있다(Herman, 2004). 단순히 물리적인 통합이 능사가 아니라, 통합학교 전환으로 영향을 받는 학생과 학부모와 더불어, 해당 가정에 미치는 경제적 문화적 영향 등에 대한 종합적인 배려가 있어야 한다는 것이다. 뿐만 아니라 기존 학교 활용 여부 혹은 신축 학교 건설 여부 등과 관련한 민주적인 의견 수렴이 요구되며, 이와 관련한 비용 문제도 해결해야 한다고 보고 있다. 나아가 새로이 통합될 학교들이 속한 지역 공동체의 맥락(context)을 적절하게 고려하여 통합학교 운영의 목표가 설정되어야 할 필요성을 제기한다. 마지막으로, 이러한 통합 절차가 다른 지역 사회에 미칠 영향까지 전체적으로 고려할 필요가 있는 것으로 논의된다.

미국의 통합학교 현황 및 운영 실태를 정리한 Hanover 보고서(Hanover Research, 2014)에 따르면, 학교급이 다른 학교를 통합하는 경우, 기존의 학교들을 통합하기 위해서는 단순히 물리적인 결합이 아닌 유기적인 결합이 요구된다. 통합학교 전환은 초등학교와 중학교, 혹은 고등학교를 모두 통합하는 형태로 진행되기도 한다. 이 경우에 단순히 학교를 물리적으로 결합하는 것을 넘어서 유기적으로 통합해야 할 필요가 있다는 주장이다. 예를 들어, 저학년과 고학년이 같은 공간을 공유함으로써 발생할 수 있는 다양한 문제들을 사전에 예상하고 예방하기 위한 노력이 필요하다. 특히 초등학교와 중학교 교사들의 경우, 각기 다른 학교급의 학생들을 가르쳐 온 경험으로 인해 학교급이 다른 학생들을 마주할 때 학교생활과 학생 지도에 있어서 어려움에 처할 수 있다. 예컨대, 초등학교에서 주로 교육을 해 왔던 교사의 경우, 중학교 혹은 고등학교를 대상으로 초등학교 학생들에게 어울리는 생활지도를 실시할 가능성이 있다(Hanover Research, 2014).

통합학교의 다양한 학년을 지도해야 하는 교사에게 추가적인 교원 연수 또한 필요한 것으로 지적된다. 실제로 통합학교 교사는 일반 초등학교 혹은 중학교 교사에 비해 비교적 강도가 센 교원 연수 프로그램을 받을 때, 그 효과가 보다 더 큰 것으로 나타난 바 있다(Sinclair, Naizer & Ledbetter, 2011). 때로는 초등학교 교사에게 중학교 교과 내용과 관련된 훈련이 이어지기도 하며, 중학교 교사에게는 학생 중심의 교실 운영과 관련된 연수가 진행되기도 한다. 이러한 교원 연수를 받은 교사들은 그렇지 않은 교사들에 비해 보다 더 높은 효능감(efficacy)을 보였으며, 보다 더 다양하고 학생 중심적인 교수법을 활용하는 것으로 나타났다.

또한 여러 통합학교들은 방과후활동 또는 연장수업(extended day)에 참여할 수 있는 학생의 자격을 학생들의 나이 수준에 따라 제한하는 방식을 통해, 학년이 높은 상급반 학생들과 학년이 낮은 하급반 학생들이 같은 공간에서 교육을 받을 때 발생할 수 있는 갈등을 최소화하고 있다. 예를 들어, 신시내티 시의 Deer Park Community City 중·고 통합학교는 중학교 학생에게 학교생활 적응 프로그램을 제공하고 있는 반면, 고등학교 학생에게는 학교의회, 사진반, 신문반, 심화반(National Honor Society)에 가입하여 활동할 수 있는 기회를 제공한다. 또한 예체능 활동의 경우 중학교 단계 학생과 고등학교 단계 학생이 각기 독립적으로 활동을 할 수 있도록 배려하고 있다.

학생 또한 새로이 구성된 환경 안에서 적절하게 적응할 수 있도록 배려가 필요하다. 통합학교 학생은 두 개 이상의 학교급을 연속성을 가지고 다니기 때문에, 일반 학교들에 비해 새로운 환경에 적응해야 하는 부담이 더 적을 가능성이 있다. 그러나 초등학교에서 중학교 단계에 접어드는 학생은 재학 중인 학교급과 관계없이 이전과는 다른 신체 및 교육 내용의 변화를 경험하게 된다. 초등단계보다 더 어려워지는 교과교육 과정, 책무성 정책의 자장(磁場) 안에서 치르는 다양한 시험, 2차 성징으로 인한 신체 변화 및 성적 관심 증가, 보다 더 엄격한 학교 규율, 새롭게 만나는 교사 집단 등이 그것이다. 이러한 다양한 변화를 통합학교에 다니는 중등교육 단계 학생은 초등교육 단계 학생과 동일한 공간 안에서 경험하기 때문에, 이에 대한 적절한 배려가 이루어지지 않을 경우, 일반 학교와는 다른 양상으로 학교 부적응이 나타날 가능성이 있다(Herman, 2004).

한편, 통합학교는 다른 지역의 규모가 큰 학교들에 비해 학생들에게 다양한 교육 경험을 할 수 있는 기회를 제공하는 데 어려움이 있는 것으로 나타난다. 미국의 학교교육에서 선택과목 이수와 방과후학교 활동은 다양한 교육적 체험을 할 수 있는 중요한 요소로 여겨진다. 그러나 비교적 규모가 작은 통합학교의 경우, 일반적으로 다른 지역의 일반 학교에 비해 규모가 작고 제한된 자원을 활용하다 보니 상대적으로 적은 선택과목 기회를 제공하는 문제가 있다. 실제로 전국 수준으로 통합학교와 일반 학교 간의 선택과목 개수를 비교한 결과, 통합학교의 학생들은 일반 학교의 학생들에 비해 더 적은 수의 선택과목이 개설된 학교에 다니는 것으로 나타났다(McEwin, Dicknson & Jacobson, 2004). [그림 Ⅳ-1]에서 볼 수 있듯이, 이 연구에서 통합학교에서 평균적으로 유일하게 많이 개설한 과목은 악

단(band)이었으며, 이를 운영한 통합학교의 비율도 7학년 기준 57%로 일반 학교의 93%보다 낮았다. 다음으로 많이 개설한 합창 과목 또한 오직 39%의 통합학교가 7학년에 합창 과목을 운영하였으며, 이는 75%의 일반 학교가 운영한 사례와 대비된다. 이러한 사례 외에도 통합학교는 대부분의 선택과목에서 일반 학교에 비해 그 과목을 개설하는 비율이 더 낮았다. 이러한 문제는 소규모 통합학교들이 겪는 문제로 주로 논의되며, 이를 해결하기 위해 지역 사회 자원을 적극 활용하는 방안이 제기된다.

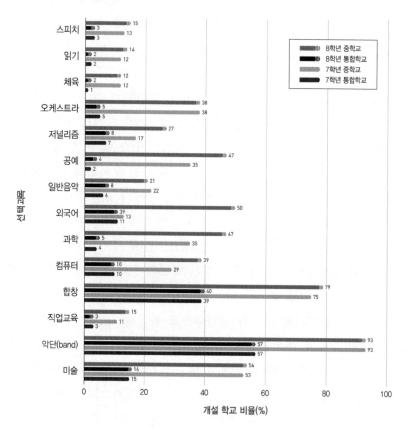

[그림 Ⅳ-1] 7, 8학년 선택과목 개설 학교 비율 : K-8 통합학교, 중학교

[출처] McEwin C. K., Dickinson, T. S., & Jacobson. M. G. (2004). *Programs and Practices in K-8 Schools : Do They Meet the Educational Needs of Young Adolescents?*, pp.10~11의 내용을 재구성함.

미네소타 주의 여러 통합학교들은 위와 같이 자원 부족으로 인해 발생할 수 있는 다양한 문제점들, 예컨대, 충분치 않은 선택과목, 운동 종목 개설 등의 문제를 지역 사회와 대학 간의 협업을 통해 해소하였다(Bosma, et al., 2010). 학생들에게 다양한 교육 경험을 제공하고 충분한 동기를 부여하기 위해 통합학교 교원 외에 지역 사회 활동가, 미네소타대 예방 연구 센터 구성원 등과 협력하여 중학교 학년인 6, 7, 8학년 학생들에게 다양한 교육 프로그램을 제공하였다. 특히 원활한 협업을 이끌어 낼 수 있었던 배경으로 ① 정기적인 의사소통, ② 의사 결정 과정 공유, ③ 협업에 필요한 자원 공유, ④ 각 참여자들의 전문성 및 신뢰성 확보, ⑤ 관계 형성을 위한 충분한 시간, ⑥ 학교장의 적절한 프로그램 조율과 지원, ⑦ 학교 외 참여자들의 실질적 참여, ⑧ 돌발 상황에 대한 유연한 대처, ⑨ 학생발달에 대한 각 참여자들의 충분한 학습, ⑩ 각 참여자들 간의 각기 다른 참여 목적에 대한 존중을 꼽았다.

2. 통합학교 현황

1) 전체 통합학교 현황

미국에서 통합학교에 다니는 학생의 규모는, 전통적인 학제를 따르는 학생의 규모에 비하면 여전히 작은 편이지만, 그 규모는 꾸준히 증가하는 추세이다. 미국의 통합학교 운영 실태에 대해 대규모로 조사한 Hanover 보고서(Hanover Research, 2014)에 따르면, 미국의 통합학교는 꾸준히 그 규모를 유지해 오다 2000년 무렵부터 운영 규모가 증가하고 있는 것으로 나타났다. 뿐만 아니라 지난 10년간 통합학교 재학생 수는 전국 단위로 보면 대략 35%가량 증가한 것으로 확인된다.

2013~2014년 미국 교육통계센터가 Common Core of Data(CCD)에 기반을 두어 발표한 자료에 따르면(NCES, 2019), 미국 전체 공립학교 중 7%에 해당하는 5,640개의 학교가 통합학교 형태로 운영되고 있으며, 전체 학생 중 대략 6%에 해당하는 190만 명의 학생이 통합학교에 재학 중에 있었다. 중·고등학교 단계로 나누어 보면, 2015년 기준 공립 중·고등학교 통합학교 수는 전체 공립 중·고등

학교 수의 20%를 차지하고 있었다(NCES, 2019). 특히 보다 더 나은 교육적 환경을 조성하고자 하는 움직임에 조응하여 최근에는 학생 수가 적은 농촌 지역 뿐만 아니라, 비교적 인구 규모가 큰 도시 지역에서도 통합학교를 운영하는 사례가 늘고 있다(Hough, 2010).

2) 농촌 지역 통합학교 현황

〈표 Ⅳ-1〉은 2013~2014학년도 학교 인구 조사 자료를 바탕으로 구성한 학교 규모별 전미 공립학교 및 학생 수 대비 농촌 지역 공립학교 및 학생 수 비율을 보여 준다. 살펴보면, 농촌 지역 학교 수는 전미 학교의 27.8%를 차지하고 있으며, 농촌 지역 학생 수는 전미 학생 수의 18.4%를 구성하고 있다. 중요하게도, 200명 이하의 소규모학교에 다니는 농촌 학생 수의 비율은 같은 크기의 소규모학교에 다니는 학생 중 대략 55%를 차지하였으며, 200명에서 399명 사이는 33.4%를 차지하였다. 이는 농촌 지역 학생들이 상대적으로 소규모학교에 다니는 비율이 높다는 것을 보여 준다. 반면, 2,000명 이상의 큰 학교에 재학 중인 농촌 지역 학생 수는 해당 크기에 재학 중인 전체 학생 중에서 약 5%만 차지하고 있었다.

미국 전체 통합학교 중 35%가량이 농촌 지역에 위치해 있었으며, 통합학교에 재학 중인 학생 수 중 농촌 지역에 재학 중인 학생 수는 26.7%를 차지하였다. 전체 농촌 지역 학생이 전미 학생 수 비중에 차지하는 경향과 비슷하게 200명 이하의 통합학교에 재학 중인 학생은 비슷한 규모의 통합학교에 재학 중인 전체 학생의 36.3%를 차지하였다. 또한 200명 이상 399명 이하 규모의 통합학교 재학생 중 농촌 지역 학생이 차지하는 비율은 46.7%였다. 통합학교의 학교규모가 전반적으로 크지 않음에도 불구하고, 농촌 지역 통합학교에 다니는 학생들이 다른 지역의 학생들보다 더 작은 통합학교에 다니는 경향이 뚜렷하게 발견된다고 보기는 어렵다. 다만, 농촌 지역 통합학교의 학교규모는 다른 지역 통합학교보다 더 작은 경향이 있는 것으로 파악되며, 실제로 큰 규모의 통합학교 중 농촌 지역 통합학교가 차지하는 비율은 10% 미만으로 낮은 편이었다.

〈표 Ⅳ-1〉 학교규모별 전미 공립학교 및 학생 수 대비 농촌 지역 공립학교 및 학생 수 비율

학교규모 및 학교급	학교규모별 전미 공립학교 및 학생 수 대비 농촌 지역 공립학교 및 학생 수 비율							
	둘레(Fringe)		멂(Distant)		외짐(Remote)		전 체	
	학교 수	학생 수	학교 수	학생 수	학교 수	학생 수	학교 수	학생 수
전 체	10.5%	10.5%	10.7%	5.8%	6.6%	2.1%	27.8%	18.4%
200명 이하	8.1%	7.8%	21.2%	25.2%	23.7%	22.1%	53.1%	55.2%
200명 ～ 399명	11.0%	11.0%	17.3%	16.4%	6.6%	6.0%	34.9%	33.4%
400명 ～ 799명	11.2%	11.3%	5.4%	5.0%	1.1%	1.0%	17.7%	17.2%
800명 ～ 1,199명	11.4%	11.4%	1.8%	1.7%	0.1%	0.1%	13.3%	13.3%
1,200명 ～ 1,999명	10.1%	10.1%	0.6%	0.6%	0.0%	0.0%	10.7%	10.7%
2,000명 이상	4.8%	4.5%	0.3%	0.3%	0.0%	0.0%	5.2%	4.8%
초등학교	10.2%	10.2%	9.9%	5.8%	5.1%	1.8%	25.3%	17.8%
200명 이하	8.4%	9.1%	27.7%	30.0%	26.0%	21.5%	62.1%	60.6%
200명 ～ 399명	11.1%	11.1%	15.2%	14.3%	5.0%	4.5%	31.3%	29.9%
400명 ～ 799명	10.5%	10.5%	4.2%	3.8%	0.8%	0.7%	15.5%	15.1%
800명 ～ 1,199명	9.1%	9.0%	1.0%	0.9%	0.1%	0.1%	10.1%	10.0%
1,200명 ～ 1,999명	6.5%	6.6%	0.0%	0.0%	0.0%	0.0%	6.5%	6.6%
2,000명 이상	5.0%	4.2%	5.0%	5.8%	0.0%	0.0%	10.0%	10.0%
중학교/고등학교	11.6%	11.5%	12.3%	5.1%	9.5%	2.0%	33.4%	18.6%
200명 이하	7.2%	5.7%	17.9%	22.3%	24.8%	25.1%	50.0%	53.1%
200명 ～ 399명	11.6%	12.2%	25.2%	24.4%	11.3%	10.5%	48.1%	47.1%
400명 ～ 799명	16.3%	16.3%	10.9%	10.1%	2.1%	1.9%	29.3%	28.2%
800명 ～ 1,199명	16.5%	16.5%	2.5%	2.4%	0.1%	0.1%	19.0%	18.9%
1,200명 ～ 1,999명	11.1%	11.0%	0.6%	0.6%	0.0%	0.0%	11.7%	11.6%
2,000명 이상	4.8%	4.6%	0.1%	0.1%	0.0%	0.0%	4.9%	4.7%
통합학교	8.5%	7.3%	13.6%	12.7%	12.5%	6.7%	34.6%	26.7%
200명 이하	9.2%	7.4%	9.9%	11.3%	14.9%	17.6%	34.1%	36.3%
200명 ～ 399명	5.8%	5.7%	24.2%	24.5%	17.7%	16.5%	47.6%	46.7%
400명 ～ 799명	9.3%	9.3%	16.9%	16.0%	6.6%	6.3%	32.7%	31.5%
800명 ～ 1,199명	9.1%	8.7%	10.3%	10.1%	1.4%	1.2%	20.9%	20.1%
1,200명 ～ 1,999명	6.3%	6.6%	3.1%	3.1%	0.0%	0.0%	9.4%	9.6%
2,000명 이상	4.9%	3.1%	4.9%	3.2%	0.0%	0.0%	9.8%	6.3%

㈜ NCES 자료를 재구성하였다. 2013～2014년 Common Core of Data(CCD)를 기반으로 구성된 자료이다. 원자료는 https：//nces.ed.gov/surveys/ruraled/tables/b.1.a.-2.asp에서 확인 할 수 있다.

3. 도시 지역 통합학교 통계

[그림 Ⅳ-2]는 2009년 기준 K-8 통합학교를 운영하고 있는 지역을 나타낸다. 지도에서 볼 수 있듯이 대도시가 없는 몇몇 주를 제외하고 대부분의 주에서 K-8 통합학교가 운영되고 있다. 특히 뉴욕, 시카고, 로스엔젤레스, 필라델피아 등 미국의 주요 대도시가 있는 대부분의 주, 예를 들어, 뉴욕, 캘리포니아, 펜실베니아 등에서 통합학교를 운영하고 있는 것을 알 수 있다. Look(2001)은 2000년대 이후 중학교를 K-8 통합학교 형태로 운영하기 시작한 대도시가 늘어나고 있으며, 특히 이러한 경향이 학생들의 교육적 성취를 보다 더 증진시키기 위한 제도적 노력과 함께 하고 있다고 지적한다. 구체적으로 볼티모어, 보스턴, 덴버, 디트로이트, 해리스버그, 하트퍼드, 팜 비치, 신시내티, 클리브랜드, 필라델피아, 피닉스 등에서 이러한 움직임이 보고되었다.

최근에도 도시 지역에서의 통합학교 운영에 대한 관심은 지속되고 있다. 예를 들어, 미시간 주 디트로이트 시에서는 2007년 이후 중학교에서 K-8 통합학교로 전환하는 사례가 늘어나고 있으며, 이러한 경향은 뉴욕, 덴버, 콜로라도, 세인트루이스 등에서도 확인되고 있다. 뿐만 아니라 북미 지역의 대도시 중 하나인 캐나다의 토론토에서도 중학교와 초등학교를 통합하여 운영하는 방안에 대한 연구를 시행하고 있다(Hough, 2010).

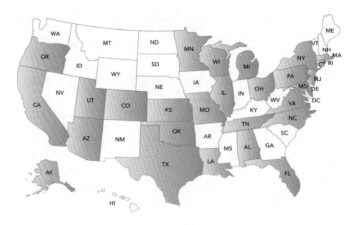

[그림 Ⅳ-2] 2009년 기준 K-8 통합학교 운영 지역(음영 처리)

[출처] Hough. 2010. "National Database Findings". p.147. 해당 그림을 재구성.

NCES(2019)에 따르면, 2013~2014학년도 기준, 미국 전체 통합학교 중 31% 가량이 도시 지역에 위치하고 있었으며, 학생 수는 대략 39%가 분포하고 있었다. 흥미롭게도 도시 지역의 일반 초등학교와 중학교의 규모는 대체적으로 큰데 반해 도시 지역 통합학교의 규모는 작은 경향을 보였다. 일반 초등학교와 중학교의 경우 200명 이하의 학교 수가 각각의 전체 학교 수에서 차지하는 비율은 초등학교에서 7%, 중학교에서 24%에 불과하였지만, 통합학교의 경우 전체 통합학교 중 200명 이하의 학교가 차지하는 비율이 33%에 달하였다. 그 외 비교적 작은 규모의 학교의 비율 역시 통합학교가 더 높은 것으로 나타났다. 이는 도시 지역 통합학교의 경우 같은 지역 일반 학교보다 학교규모가 더 작은 경향이 있는 것을 보여준다.

4. 통합학교 운영 사례

구체적인 미국의 통합학교 운영 사례를 살펴보기 위해 연구진은 2018년 11월과, 2019년 10월 2회에 걸쳐 미국 뉴욕 주 서부 지역 버팔로 시를 중심으로 도시와 농촌 지역에 위치한 통합학교를 각각 2군데, 그리고 3군데를 조사하였다. 연구진은 각 해당 지역의 연구 참여자를 확보하기 위해 지목 표집방법(targeted sampling)을 활용하여 사례를 표집하였다. 미국 NCES에서 제공하는 공립학교 검색 사이트[31]를 통해 도시(urban) 지역과 농촌(rural) 지역에서 통합운영하는 학교를 검색한 후, 해당하는 학교의 행정가에게 면담을 요청하였으며, 최종적으로 면담을 허용한 학교를 방문하였다. 방문 시, 해당 학교 견학과 연구 참여자와의 면담을 진행하였다. 도시 지역 학교의 경우 2018년에 면담을 실시하였으며, 농촌 지역 학교는 2019년 면담을 실시하였다.

버팔로 시 도시 지역의 통합학교는 모두 K-8 통합학교의 형태로, 초등학교와 중학교를 통합하여 운영하고 있다. 농촌 지역의 경우 중학교와 고등학교(junior-senior high school)가 통합운영되고 있으며, 한 부지 내에 초등학교가 같이 운영되고 있다. 따라서 이 학교들은 초등학교와 중·고등 통합학교가 한 건물 안에서

---

31) https∶//nces.ed.gov/ccd/schoolsearch. (검색일∶2018. 09. 01.)

운영되고 있다. 여기에서는 도시 지역과 농촌 지역 통합학교의 사례를 각각 소개한다. 해당 지역 통합학교에서 보편적으로 확인할 수 있는 특징과 그 외 학교에 따라 특수하게 발견된 특징들을 기술한다.

물론, 소개하는 연구 참여자와 학교가 미국의 도시 지역과 농촌 지역 통합학교의 일반적인 모습을 온전히 대변한다고 보기 어려울 수 있다. 그럼에도 불구하고, 연구에 참여한 도시 지역 통합학교가 뉴욕 주에서 두 번째로 규모가 큰 비교적 큰 규모의 도시의 도심 지역에 위치하고 있다는 점에서 확보한 자료의 유용성 및 적합성이 크게 문제되지 않을 것이라 판단하였다. 또한 뉴욕 주의 경우, 농촌 지역 학생 수가 미국 전체 주에서 여섯 번째로 많을 만큼 농촌 지역에 학교가 많이 분포되어 있으며, 뉴욕 주의 농촌 지역 주요 산업은 농업이다(Showalter, et al., 2019). 따라서 농촌 지역에서 연구진이 확보한 자료 역시 미국의 농촌 지역 통합학교 운영 사례를 보여 주기에 적합하다고 판단하였다.

다음으로, 보다 더 다양한 미국의 통합학교 운영 사례를 살펴보기 위해 앞선 통합학교 사례들이 포괄하지 못하는 사례를 중심으로 추가적으로 소개하겠다. 먼저, 대도시의 도시형 통합학교 사례로 뉴욕 시의 초·중등 통합학교와 중·고등 통합학교 사례를 소개한다. 이 학교들의 사례에서 미국 대도시 지역에서의 통합학교 운영 체제, 교육과정 운영 방식, 업무 분장 등에 대해 주로 정리한다. 다음으로, 샌프란시스코 아래 실리콘 밸리가 있는 산호세에 위치한 통합학교를 소개한다. 이 학교는 캘리포니아 주에서 성공적인 이중언어 교육을 하고 있는 통합학교로 잘 알려져 있다. 또한 초등학교에서 통합학교로 변환한 사례로써 통합학교 운영의 지속 가능성과 관련한 시사점을 줄 것이라 기대한다. 마지막으로, 농촌 지역에서의 소규모 초·중등 통합학교 사례로 미국의 농촌 지역을 대표하는 주인 아이다호 주에 소재한 통합학교를 소개한다. 해당 학교들에 대한 정보는 각 학교가 공개하고 있는 보고서를 기준으로 수집하였으며, 보고서에서 찾을 수 없는 정보는 학교가 제공하는 홈페이지, 그 외 학술자료와 보도 자료를 통해 확인하였다.

1) 뉴욕 주 서부 지역 도시형 통합학교 운영 사례

버팔로 시는 인구 수로 약 90만 명의 경제권을 형성하고 있는 중간 규모의 도시

이며, 인구 및 경제 규모로 뉴욕 주에서 뉴욕 시 다음의 규모를 보인다. 소개하는 도시형 통합학교 모두 버팔로 시의 도심(downtown) 지역에 위치하고 있으며, 일반 공립학교이다. 연구진은 버팔로 시 도시 지역에 위치한 두 학교를 방문하였으며, 두 군데 학교 모두 K-8 통합학교로 운영되고 있었다.

한 학교의 경우 학생 수가 대략 450명으로 버팔로 지역의 나머지 K-8 학교와 비슷한 수준의 규모이다. 학생 구성을 보면 흑인 학생이 대략 5분의 3을 차지하고 있다. 그 다음으로 백인과 라틴계 학생이 많고, 아시아계 학생도 10%정도 된다. 다른 여타 뉴욕 주 서부 지역의 학교와 비교하였을 때 학업성취도가 높지 않은 편에 속하지만, 주변 버팔로 시의 도시 지역 학교와 비교하였을 때는 학업성취도가 비슷한 수준이다.

나머지 한 학교의 경우 대략 1000명으로 비교적 규모가 큰 통합학교이다. 학생 구성을 보면 흑인 학생이 대략 50%를 차지하고 있다. 그 다음으로 백인 학생이 20%로 많고, 라틴계 학생이 15%를 차지하고 있다. 다른 여타 뉴욕 주 서부 지역의 학교와 비교하였을 때 학업성취도가 비슷한 편에 속하며, 주변 버팔로 시의 도시 지역 학교와 비교하였을 때는 학업성취도가 높은 수준이다. 예를 들어, 영어, 수학의 숙련 수준(proficiency)에 도달한 학생의 비율이 주변 버팔로 도시 지역 학교에 비해 전 학년에 걸쳐 높게 나타났다.

방문 학교의 익명성을 보장하기 위해 소규모 통합학교를 도시A 학교, 그리고 비교적 큰 규모의 통합학교를 도시B 학교로 명명한다. 도시A 학교의 경우 교장을, 도시B 학교에서는 교감과 면담을 진행하였다.

(1) 도시형 통합학교 교육과정 운영

교육과정 운영의 경우, 두 학교 모두 뉴욕 주에서 제시하고 있는 교육과정 기준(Common Core Standard)을 준수하며 운영하고 있었다. 특별히 초등학교 과정과 중학교 과정 간의 교육과정 수준 차이를 고려한 교육과정 운영은 하고 있지 않았다. 각 학년별로 제시된 교육과정 기준을 준수하고, 이를 적절하게 이수하는 것이 기본적인 방안이었다.

다만, 도시A 학교의 경우, 세부과목의 특성에 따라 초등학교 단계와 중학교 단계로의 이행이 원활하도록 학생의 순차적인 학습(scaffold learning)을 장려하고 있었다. 예를 들면, 영어교육의 경우 비교적 낮은 학년에서는 소설 부문 위주로 수업을 진행하고, 높은 학년에서는 비소설 위주로 읽기 지문을 편성하였다. 이와 같은 과정은 초등학교 학생 담당 교사와 중학교 담당 교과 교사 간의 협의를 기본으로 하고 있었다.

한편, 초등학생과 중학생이 같이 수업을 듣는 경우는 공식적으로 없었다. 다만, 도시B 학교는 공부를 잘하는 상급생이 하급생의 수업을 도와주는 경우는 있었다. 이러한 과정을 통해 저학년과 고학년 간의 네트워크를 강화하고 있었다. 단순히 수학, 영어와 같은 주요 교과뿐만 아니라, 다양한 과목에서 이러한 교류를 촉진시키고자 하였다.

(2) 도시형 통합학교 시종

시종의 경우 두 학교 모두 같은 시간에 학교를 시작하여 같은 시간에 마쳤다. 또한 초등학교 교사와 중학교 교사가 각기 다른 근로기준을 가지고 있기 때문에, 각 학교급 교사의 근로 시간과 시수에 맞추어 시간 일정을 조정하였다. 구체적인 운영에 있어서는 두 학교 간에 차이가 있었다. 먼저 도시A 학교의 경우 학년별 시간표가 몇 분의 차이는 있었지만, 큰 차이는 없었다. 점심시간은 전 학년이 같은 시간에 실시하였다. 한편, 도시B 학교의 경우 학년 수준에 따라 각기 다른 시간 일정을 운영하고 있었다. 점심시간을 30분씩 각각 4번 학년별로 달리 실시하며, 각 층별로 각기 다른 시간표를 운영하고 있었다. 점심시간 지도는 해당 시간에 지도가 가능한 교사들이 순번을 정하여 번갈아 가면서 실시하고 있었다.

(3) 도시형 통합학교 학교 규율

도시 지역에 위치한 학교는 비교적 가난한 지역에 위치하게 된다. 학생에 대한 학부모의 지원 및 관심이 덜 하며, 학생의 안전 문제가 제기된다. 그럼에도 불구하고 두 학교는 각기 학교 규율 면에 있어서 긍정적인 결과를 얻고 있었다. 먼저 도시B 학교의 경우 교장의 리더십과 교사들의 적극적인 참여로 긍정적인 교육 변화를 경험하였다. 학생의 안전을 최우선의 과제로 하여 학교의 생활지도에 중점을 두었으며, 이를 위해 교사들 전체가 노력하여 전체 학교 출석률 및 졸업률에 유의미한 성과를 거두었다. 교장의 경우 행정 지원 및 장학활동에 중점을 두고 활동을 하고 있었으며, 교감은 학생 지도에 중점적인 역할을 수행하고 있었다.

도시A 학교의 경우 과거 생활지도에 있어서 문제를 경험한 것으로 조사되었다. 연구 참여자의 응답에 따르면 대략 6년 전 이 학교는 낮은 출석률, 성적 그리고 학생들의 잦은 비행으로 교육환경과 결과가 취약하였다. 이와 관련하여 학교급에 따른 교사 간의 불신도 심하였다고 한다. 중학교 단계의 교과교사는 초등단계 교사가 적절한 교육을 하지 못해서 학교의 문제가 심각해지고 있다고 생각하고, 초등학교 교사는 중학교 교과교사가 자신처럼 학생과 밀접하게 생활하지도 않으면서 불평한다는 불만이 있었다. 교사의 열의도 매우 낮은 상태였고, 학생과 학부모 또한 이러한 학교 상태에 불만이 매우 많은 상태였다. 또한 학교에 대한 기대 역시 매우 낮은 수준이었다.

이 학교 교사들의 행동에 변화가 생기고, 학생, 교사, 부모, 지역 사회의 관계가 회복된 것은 이 학교가 낮은 교육 성과로 폐교 권고를 받게 되면서부터였다. 이른바 '학교 살리기'를 위해 학교 구성원이 적극적으로 학교 운영에 참여하였고, 결과적으로 학교 구성원 간의 관계가 회복되기 시작하면서 통합학교로서의 장점이 두드러질 수 있었다. 학교 구성원 간의 적극적인 움직임과 함께, 학생은 유치원부터 8학년까지 10년을 한 학교에서 생활하기 때문에 고학년으로 올라갈수록 학생의 학교에 대한 몰입(involvement)이 보다 더 강하게 나타났다. 연구 참여자는 이러한 과정을 통해 학교가 좀 더 안전해졌으며, 학생들의 졸업률 역시 높아졌다고 판단하고 있었다.

도시B 학교는 매우 엄격한 생활지도 방침을 유지하고 있었으며, 학생은 항상 교사의 시야 안에 있도록 노력하고 있었다. 교사는 학생에게 교실, 복도, 화장실, 등 각 공간에서 어떠한 행동을 취할 수 있는지 교육하고 있었다. 이를 통해 학생이 지켜야 할 규칙을 만들었다. 학생이 항상 일정한 일상을 보낼 수 있도록 노력하고 있는 셈이다. 물론 이러한 규칙을 엄격하게 만들고 관리하기까지 많은 노력이 필요하며 다양한 문제를 경험하였다. 그럼에도 불구하고 학교생활의 세세한 부분을 규정하는 규칙들을 학교 구성원들이 모두 공유하도록 노력하고 있었다.

연구 참여자는 이러한 토대(structure)를 구축하기 위해 학교 구성원 모두의 적극적인 노력이 요구된다고 강조하였다. 교장, 교사, 학생 모두 지켜야 하는 원칙을 바탕으로 서로를 대하며, 원칙을 준수해야 한다는 태도를 가지려 노력해야 한다는 것이다.

또한 이 학교에서는 학교 폭력 문제를 해결하는 근본적인 노력을 통해 나이 차이에서 발생하는 생활지도의 문제를 해결하고 있었다. 학생에게 비행으로 인한 책임을 강도 높게 교육하고, 학생이 학년에 걸맞은 책임감과 학교에 대한 공헌에 대해 배우도록 노력하였다. 연구 참여자는 이를 통해 저학년 학생들은 보다 더 어른스럽게 행동하는 고학년의 모습을 보고 긍정적인 교육 효과를 얻게 되고, 고학년 학생들은 과거 자신들보다 학년이 더 높았던 학생들에게 받았던 감정적 혜택을 더 낮은 학년들에게 다시 돌려주어야 한다는 생각을 가지게 된다고 평가하였다.

(4) 도시형 통합학교 교원 운용

초등학교 교사와 중등학교 교사 간의 유기적인 활동에 대해서도 두 학교가 비슷하였다. 먼저 두 학교 모두 원칙적으로 중학교 교사와 초등학교 교사는 서로 학교급을 교차하여 가르치고 있지 않았다. 일반적으로 유치원에서 6학년까지는 초등학교 교육 자격증이 있는 교사들이 가르치며, 7학년에서 8학년까지는 중학교 교육 자격증이 있는 교사들이 가르치고 있었다. 또한 학교급별 교사의 업무 공간이 구분되어 있었으며, 이에 따른 물리적 접촉이 드물었다. 따라서 초등학교와 중등학교 교사 간 갈등은 거의 없는 것으로 나타났다. 교사 간 문제가 발생하면, 교장이 해당 문제를 중재하는 것을 원칙으로 하고 있었다.

특이점 중 하나로, 도시B 학교의 경우 교사들 간의 소통을 촉진하기 위해 교사들이 스스로 만들어 가는 백서를 활용하고 있었다. 교사들은 각자가 가지는 백서를 통해 자신이 가지고 있는 정보 혹은 고민거리 등을 다른 교사와 공유하고 있었다. 이를 통해 교사가 스스로 자신의 교육활동을 발전시킬 수 있는 여지를 제공하고, 교사 간 상호 발전을 독려하였다. 특히 7학년 교사들이 학생 지도 혹은 수업에 어려움을 느낄 때, 해당 학생을 가르쳤던 6학년 교사의 경험을 통해 해당 문제를 해결하는 데 도움을 받도록 장려하고 있었다.

뒤에 살펴볼 농촌 지역 통합학교와 대비되는 점은, 이 지역 도시형 통합학교의 경우 다양한 선택과목을 개설하기 위해 교원을 충원하는 데 큰 문제를 겪고 있지 않았다는 점이다. 도시B 학교의 경우, 과학 과목 중 생물, 화학, 물리 과목을 세부 선택과목으로 제공하고 있었으며, 교사 고용에 있어서도 재정적인 문제를 겪고 있지 않았다. 농촌 지역과 달리 교사 자원이 많은 영향이 있었으며, 나아가 해당 지역 교육청에서 교원 임용 과정에 대한 행정 지원을 실시하고 있었다. 교육청이 임용 정보를 제공하는 웹사이트를 운영하면서 해당 학교가 필요한 선택과목 교사를 요청하면, 임용 절차를 대리하여 행정상의 편의를 제공하고 있었다.

2) 뉴욕 주 서부 지역 농촌형 통합학교 운영 사례

연구진은 미국 뉴욕 주 서부의 대표적 도시인 버팔로 시와 로체스터 시에서 대략 100~160km가량 떨어져 있는 농촌 지역의 통합학교를 세 군데 방문하였다. 세 학교 중 두 학교는 한 교육구(district) 내에서 오직 하나의 통합학교로 운영되고 있었으며, 나머지 한 학교는 한 교육구 내에서 운영하는 두 개의 학교 중 하나였다. 참여한 뉴욕 서부 지역 농촌형 통합학교는 모두 일반 공립학교이며, 초등학교와 중·고등 통합학교가 한 건물 안에서 운영되고 있었다. 초등학교와 중·고등 통합학교에는 각각 교장이 한 명씩 부임하고 있다. 이른바 중앙학교(Central School)란 명칭을 활용하고 있었으며, 세 학교 모두 1930년대 뉴욕 주 농촌 지역에서 진행된 학교 통폐합 과정에서 설립된 학교이다. 당시 뉴욕 주에서는 농촌 지역에 산재에 있던 작은 규모의 학교들을 폐교시키고, 각 교육구별로 중앙학교(Central School)을 설립하는 데 적극적인 움직임을 보였다. 참여 학교의 익명성을 보장하기 위해 세 학교를 각각 농촌A, 농촌B, 농촌C 학교로 명명한다. 참여한 모든 학교에서 교장과 면담을 진행하였다.

(1) 농촌형 통합학교 학교 소개

농촌A 학교는 초·중·고등학교 학생이 같은 건물을 사용하고 있으며, 중·고등학교 과정으로 7학년에서 12학년까지 학생들이 다닌다. 중·고등학교 학생을 기준으로 2018년 총 161명의 학생이 학교를 다녔다. 대략 80% 학생들이 백인이었으며, 최근 남미 출신 이주민이 늘어나면서 히스패닉 계열의 학생 수가 20% 가까이 되었다. 다른 여타 뉴욕 주 농촌 지역과 비교하였을 때 학업성취도가 높은 편에 속하였다. 점심 급식 지원 대상자는 대략 44%로, 낮지 않은 비율의 학생들의 가정 소득 수준이 높지 않은 것을 알 수 있다. 학생당 교사 비율은 9 : 1로 매우 낮은 수준이었다.

다음으로, 농촌B 학교는 4학년에서 12학년까지 학생들이 같은 건물을 사용하는 중앙학교이다. 4학년부터 6학년까지의 과정과 7학년부터 12학년까지의 과정이 나누어져 있다. 4학년에서 6학년 과정은 초등교육 담당 교원이 학생들을 가르치며, 7학년에서 12학년은 중·고등학교 통합학교 형태로 운영된다. 2018년 기준, 중·고등학교 과정에 총 139명의 학생이 학교를 다녔다. 학생 구성을 보면 백인 학생이 96%를 차지하고 있었다. 다른 여타 뉴욕 주 서부 지역의 학교들과 비교하였을 때 학업성취도가 낮은 편에 속하였다. 영어, 수학의 숙련 수준(proficiency)에 도달한 학생의 비율이 주변 뉴욕 주 학교들에 비해 전 학년에 걸쳐 낮았다.

마지막으로, 농촌C 학교는 중·고등 통합학교이며 초등학교와 같은 건물을 사용한다. 2018년 기준, 중·고등 통합학교에는 총 339명의 학생이 학교를 다녔다. 학생 구성을 보면 백인 학생이 90%를 차지하고 있었다. 다른 여타 뉴욕 주 서부 지역의 학교들과 비교하였을 때 학업성취도가 높은 편에 속하였다. 영어, 수학의 숙련 수준(proficiency)에 도달한 학생의 비율이 뉴욕 주 학교들에 비해 전 학년에 걸쳐 높게 나타났다. 또한 평균 졸업률 역시 높은 편이었다. 교사당 학생 수 비율은 15대 1이었으며, 점심 급식 지원을 받는 학생 수 비율은 44%였다.

(2) 농촌형 통합학교 교육과정 운영

세 농촌 지역 통합학교들은 기본적으로 뉴욕 주에서 제시하고 있는 교육과정 기준(Common Core Standard)을 골자로 교육과정을 운영하고 있다. 따라서 매 학년 별로 수업 목표와 내용이 일정 정도 정해져 있다. 특히 수학, 영어에 대한 학문적인 기준이 비교적 엄격하게 정해져 있다. 세 통합학교는 모두 초등학교와 같은 공간을 활용하고 있어, 전체적인 K-12 교육과정의 얼개를 만들 때 각 학교

교사진과 교장이 함께 만나 이를 구성하고 있었다. 교육과정 기준(Common Core Standard)을 기본으로 따르면서 교육내용에 있어서 학교급별로 연계가 원활하게 이루어질 수 있도록 교육과정을 구성하였다. 특히 평가가 이루어지지 않는 과목들의 경우, 학교와 교사의 재량으로 교육과정을 보다 더 많이 자율적으로 구성하고 있었다.

예를 들어, 농촌C 학교의 경우, 사회 과목은 10학년까지 시험 없이 교육과정을 운영하고 있고 다루어야 할 주제들이 제시되는 수준에서만 교육내용이 강제되기 때문에, 교사들이 보다 더 자유롭게 교과서, 교육내용 등을 구성하고 있는 것으로 나타났다. 농촌B 학교의 경우 6학년까지는 학교 성적을 받지 않으며, 숙제 또한 부여 받지 않지만, 7학년부터는 학문적으로 엄격한 교육과정을 따르게 되며 평가 또한 시행하고 있었다. 이러한 변화에 학생들이 적절히 적응할 수 있도록 7학년에서 새롭게 바뀌는 점들에 대해 예비교육을 실시하고 있었으며, 학교급 간 교사 사이의 활발한 회의를 통해 긴밀한 협조가 이루어질 수 있도록 하고 있었다.

한편, 농촌A 학교의 경우 농촌 지역의 특성을 반영하여 농업 교육을 교육과정에 포함하고 있었다. 이 과목은 중·고등학교 학생뿐만 아니라 초등학교급 학생 모두 수강할 수 있었다. 물론 수업의 난이도가 차이 나기 때문에 학생들을 학년 혹은 수준에 따라 다르게 수업에 배정하였다. 수업 내용은 작물 재배부터 동물을 키우는 부분까지 다양한 영역을 포괄하였다. 학생이 자신이 속한 지역을 보다 더 많이 이해하고, 자부심을 고양하는 것이 이 프로그램의 목적이었다. 단순히 농업에 대해 소개하는 것뿐만 아니라, 농업과 관련한 다양한 과학적, 인문학적 지식을 함께 다루고 있었다.

흥미로운 점은 농촌C 학교의 경우, 매우 엄격한 교육과정을 실시하여 주변 지역의 학생을 유치하는 데 성공하였다는 점이다. 학교의 긍정적인 교육환경과 교육성과가 외부에 알려지면서 비교적 먼 거리의 학생이 이 학교에 입학하는 사례가 증가하였으며, 이로 인해 학교의 학생 수가 줄지 않고 오히려 증가하는 추세에 있었다.

(3) 농촌형 통합학교 재정 운영

세 농촌 지역 통합학교는 기본적으로 해당 지역의 재산세(property tax)와 주정부의 지원금을 바탕으로 재정 운영을 하고 있었다. 원칙적으로 농촌 지역이라는 이유로 재정 운영에 있어서 주(state)로부터 특별한 지원을 받지는 않았다. 따라서 재정이 충분하지 않은 경우 다양한 선택과목 혹은 특수과목을 학교에서 제공하는 데 어려움을 겪고 있다. 예를 들어, 농촌C 학교는 기술 혹은 의학 분야에 특화된 교육과정을 제공하려 하였지만, 재정적인 이유로 포기하였다. 지역 공동체의 재산 수준이 높으면 재정 운영에 있어 조금 여유는 있을 수 있으나 그 정도가 크지는 않았다. 주(state)정부의 지원 정도가 지역 공동체의 재산세와 규모와 연동되기 때문이다. 또한 상대적으로 농촌 지역의 경우 재산세의 규모가 다른 지역에 비해 적기 때문에 전체적인 재정 운영 금액의 수준이 적은 편이었다.

세 학교 모두 교육장(superintendent)이 초등학교와 중·고등학교의 재정을 동시에 담당하고 있었으며, 교감이 없는 채로 2명의 교장이 각각 초등학교와 중·고등학교의 행정 및 재정을 담당하고 있었다. 달리 말하면, 중앙학교의 건물 전체에 대한 재정 운영은 교육장이 담당하면서, 중앙학교 내의 초등학교와 중·고등학교는 각각의 교장이 따로 재정을 운영하고 있는 것이다. 농촌B 학교의 경우 초등학교와 중·고등학교 교장들의 업무를 보조하는 비서를 공동으로 활용하고 있었으나, 초등학교와 중·고등학교의 행정실은 각기 독립적으로 구성되어 운영되고 있었다. 다른 두 학교의 경우는 초등학교와 중·고등학교가 완전히 분리된 채로 행정실이 운영되고 있었다.

한편, 농촌A 학교의 경우, 한화 1억 2천만 원가량의 추가 재원을 주(state)로부터 지원 받아 운영하고 있었다. 이는 이 학교에서 적극적으로 프로그램을 구성하고 주정부에 지원금(grant)을 신청하여 얻어낸 것이었다. 방과후활동을 비롯한 다양한 교육 사업을 지원하고, 학생들의 더 많은 참여를 이끌어 내는 데 이 자원을 주로 활용하고 있었으며, 학부모들의 요청에 따라 급식의 질을 향상시키는 데 사용하고 있었다. 이 지원금의 경우 학교에서 주정부에 제출한 지원금 신청서에 기입한 용도에 한해서 활용할 수 있었다.

(4) 농촌형 통합학교 학교 통합 절차

뉴욕 주의 농촌 지역에서는 교육구별로 하나의 중앙학교(central school)를 운영하는 지역이 많으며, 뉴욕 주 교육부는 더 나아가 더 많은 교육구들을 통합하여 중앙학교 간 통폐합을 장려하고 있다. 이를 위해 새로운 학교 건립을 위한 재정을 모두 지원하고, 향후 운영에도 특별한 재정 지원을 약속하고 있다. 통폐합을 원하는 두 개의 교육구가 각 교육구의 학교를 폐교하고 하나의 통합된 학교를 만들기 위해서는 두 교육구 지역 사회 일원들의 동의가 선결되어야 한다. 각 교육구의 교육위원회가 학교 통합 의제를 채택하고, 이것이 해당 지역 지역 사회 일원들의 지지를 얻는다면, 두 교육구 간 통합이 진행될 수 있다. 마지막으로 뉴욕 주 교육부는 각 교육구의 교육위원회로부터 통합학교 설립과 관련하여 합의된 사항을 다룬 보고서를 승인하게 된다.

연구 참여자들은 통합학교를 더 작은 형태의 분교로 설립하는 방안에 대해 대체로 부정적이었다. 가장 큰 문제는 재정적인 부분에 있다고 보았다. 학교가 작아지고 학생 수가 줄어든다고 해도, 학교를 운영하는 데 기본적으로 필요한 재정 운영 규모가 있는데, 이를 감당하기 위해서는 재원을 충당하기 위한 재산세(property tax)의 세율을 더 높여야 하기 때문이다. 뿐만 아니라 작은 학교에서는 교사들이 다양한 과목을 가르쳐야 할 가능성이 높고, 더불어 수준 높은 교사의 질을 유지하는 것도 어렵다고 보았다.

(5) 농촌형 통합학교 교원 운영

세 통합학교는 초등학교와 같은 공간을 활용하면서 유기적으로 교육과정을 운영하고 있지만, 교사의 업무 공간은 학교급별로 분할되어 있으며, 담당하는 학년 역시 고정되어 있다. 초등학교는 학년별로 담당교사가 배치되는 반면, 중학교 단계부터는 특정과목을 위주로 학생들이 이동하면서 수업을 듣게 된다. 또한 초등교육과 중등교육 자격증이 나누어져 있어 수학, 영어, 사회와 같은 주요 과목의 경우 중등학교 교사와 초등학교 교사가 각기 서로의 영역에 대한 교육을 담당하게 된다. 예외적으로 음악, 체육, 제2외국어 등과 같이 주요 과목에 해당하지 않는 과목들의 경우, 한 교원이 초등학교뿐만 아니라 중·고등학교에서도 교육활동을 하였다. 이는 초등학교와 중·고등학교를 하나의 건물 안에서 함께 운영하는 이유이기도 하였다. 재정이 충분하지 못한 상황에서 한정적인 교사 자원을 최대한 효율적으로 활용하고 있는 것이다.

또한 세 학교 연구 참여자 모두 해당 학교의 교사가 다른 지역의 교사에 비해 업무량이 많다고 응답하였다. 학교 내의 절대적인 교사 수가 적으며, 이로 인해 한 교사가 다양한 과목을 담당해야 하는 경우가 적지 않다는 것이다. 수업시수가 같다고 하더라도 다른 교육 내용을 준비하기 위해서는 추가적인 수업 준비 시간이 요구되기 때문에 교사의 업무량은 적지 않은 편이었다. 또한 다양한 선택과목을 개설하려고 하더라도, 재정 문제와 함께 이를 담당해 줄 교원을 임용하는 데 제한이 따른다고 하였다. 주로 해당 학교에서 멀리 떨어지지 않은 지역에 거주하는 예비교원이 채용에 지원하고 있기 때문에, 상대적으로 인력후보군이 넓지 않은 농촌 지역에서 수준 높은 교원을 확보하는 데 어려움을 겪고 있었다.

학교 내 교사들이 모든 수업을 준비하는 데 어려움을 겪는 경우에는 주변 지역 학교들 간에 파트너십을 체결하여 수업을 진행하는 경우도 있었다. 특히 교과 외 활동에서 이러한 경향이 뚜렷이 나타났다. 예를 들어, 농촌A 학교의 경우 다른 학교들과 연합하여 스포츠팀을 운영하고 있었으며, 필요한 시설 역시 공유하고 있었다. 기술 교육과 같은 보다 더 많은 자원이 요구되는 수업의 경우 각 교육구 보다 한 단계 위의 교육구에서 운영하는 직업교육 프로그램에 위탁교육을 실시하고 있었다.

초등학교와 중·고등학교 교원 간에 독립된 교육활동이 보장되어 있었지만, 농촌A 학교의 경우, 특별히 초등학교 교원과 중·고등학교 교원 간에 긴밀한 업무 협력이 이루어지고 있었다. 중·고등학교 교장과 초등학교 교장이 각 학교급을 교차하여 서로 장학활동을 하였다. 이를 통해 각 학교급의 교장이 다른 학교급의 교사와 더 많은 소통을 하고 있었으며, 이를 통해 긴밀한 관계를 형성하고 있었다. 또한 작은 학교가 겪을 수 있는 적은 예산과 소규모 학생 수로 인한 다양한 문제점을 각 학교급 교사 간의 원활한 협업으로 가능한 한 해결하고자 하였다. 이러한 관계를 형성하는 데 K-12 모든 단계를 가르칠 수 있는 중·고등학교 교장의 스페인어(제2외국어) 교육 자격증과 교육 경험이 큰 공헌을 한 것으로 보였다. 해당 교장은 교사들의 반발이 일어나지 않는 가장 큰 이유가 자신이 초등학교급에 필요한 교수법(pedagogy)에 대해 나름의 지식과 경험이 있기 때문이라고 밝혔다.

(6) 농촌형 통합학교의 학교 규율

세 학교 모두 학교 규율에는 큰 문제가 없는 것으로 응답하였다. 교사와 교장뿐만 아니라 학부모, 학생들의 만족도 역시 높은 것으로 확인되었다. 먼저 세 학교 모두 초등학교급과 중·고등학교급 간의 공간을 독립적으로 구분하여 나이 많은 학생과 적은 학생 간의 접촉을 최대한 줄이고 있었다. 특히 농촌C 학교의 경우 [그림 Ⅳ-3]에서 볼 수 있듯이, 2차 성징이 주로 일어나는 7학년과 8학년이 학습하는 공간을 독립적으로 분할하여 급격한 성적 성숙과 정서 변화로 인해 발생할 수 있는 비행 문제를 보다 더 적극적으로 관리하고 있었다.

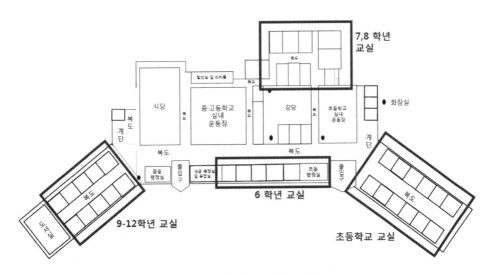

[그림 Ⅳ-3] 농촌C 학교의 1층 공간 구조

무엇보다 학생들의 부모들이 같은 지역에서 오랜 기간 관계를 지속한 경우가 많아 학생들 간의 유대감도 높은 편이었다. 또한 학생들이 한 학교에 오래 다니기 때문에 교사와 학생 간의 유대감이 높고, 이러한 관계가 높은 학교급까지 자연스럽게 유지되기 때문에 학교 규율에 있어 큰 문제가 발생하고 있지 않았다.

그럼에도 불구하고, 고학년의 비행에 저학년들이 쉽게 노출될 수 있기 때문에 이를 방지하기 위한 노력을 하고 있었다. 농촌A 학교와 농촌C 학교 모두 고학년의 담배 이용에 대해 부정적인 태도를 취하고 있었으며, 가장 큰 이유로 저학년이 비교적 어린 나이에 담배 이용에 노출이 될 수 있다는 점을 꼽았다. 이와 관련해서 농촌C 학교는 담배뿐만 아니라, 전자 액상 담배를 학교 내에서 사용하지 못하도록 규정하고 있었다.

한편, 통학버스를 다양한 학년들이 동시에 이용하고 있기 때문에 이로 인한 문제가 발생할 수 있는 부분에 대해 각 학교들은 주의 깊게 이 문제를 주시하고 있었다. 학생이 통학 버스를 이용하는 시간 동안 교사가 학생 간의 일에 관여하기 어려운 만큼, 통학 버스 안에서 학생들 간 육체적 또는 정신적 갈등, 고학년과 저학년 간의 충돌이 일어나지 않게 관심을 가지고 있었다. 예를 들어, 농촌C 학교는 통학버스에서 지켜야 할 규칙을 세밀하고 엄밀하게 정하여 학생들이 지키도록 하고 있었다.

농촌B 학교 경우, 지역 사회의 보안관(Sheriff Department)과 연계하여 학교 규율 수준을 향상시키고 있었다. 이 학교의 경우, 학교 내부에서 일어나는 학교 규율과 관련한 일은 교장 및 교사가 담당하여 처리하고, 학교 외부에서 일어나는 비행과 관련한 업무는 지역 사회의 보안관이 담당해 주고 있었다. 보안관은 지역 사회와 긴밀하게 연결되어 있을 뿐만 아니라, 해당 지역에 대한 오랜 경험으로 학교 외부에서 일어나는 다양한 비행 활동을 적절하게 포착하고 계도하는 데 큰 도움이 된다고 보고 있었다.

3) 기타 통합학교 운영 사례

(1) 대도시 초·중등 통합학교 운영 사례 : Future Leaders Institution(뉴욕 시)

Future Leaders Institution(이하 FLI)은 뉴욕 맨하탄 도심지에 위치하고 있는 공립 차터 학교(public charter school)로서, 유치원(Kindergarten)에서부터 중학교 단계인 8학년까지 학생들에 대한 교육을 실시하고 있다. FLI는 유치원(Kindergarten) 과정부터 4학년까지 학생을 초등학교 과정 학생, 5학년부터 8학년까지 학생을 중학교 과정 학생으로 구분한다. 각 학년당 학생 수는 40명 남짓으로 2015학년도 기준 총 373명의 학생이 재학 중에 있었으며, 수업 교사는 29명으로, 교사 1명당 학생 수는 13.4명이었다(NCES, 2017). 학생의 대다수는 흑인 학생으로 구성되어 있었다. 학생 모집의 경우 학생의 성적이 아닌 추첨방식을 통해 학생을 선발한다.

FLI는 초등학교와 중학교를 통합하여 운영하고 있지만 초등학교 교육을 담당하는 교사와 중학교 교육을 담당하는 교사는 엄연히 분리되어 있다. 학교 운영 조직도를 보면, 1명의 교장 아래 초등학교 교감(LS AP : Lower School Associate Principal), 중학교 교감(MS AP : Middle School Associate Principal), 교육과정 관련 업무를 담당하는 교과과정 디렉터(DOCI : Director of Curriculum and Instruction), 그리고 학교 내 소통(예를 들어, 부모와 교사 간, 교사와 교사 간 등) 업무를 담당하는 마케팅 디렉터(DOCM : Director of Communication and Marketing)가 업무를 각각 담당하고 있다. 미국의 대부분의 주(state)에서 초등교육 혹은 중등교육을 구분하여 교장 자격증을 취득할 필요 없이, 교장 자격증을 발급 받으면 초·중등 구분 없이 교장으로 활동할 수 있는 자격을 얻는다. 따라서 미국 통합학교의 교장은 전통적인 초등학교(K-5) 혹은 중학교(6-8) 교장과 비슷한 학교 행정 및 서비스 업무를 수행하게 된다. 다음으로 업무조직 구성상, 교육과정 디렉터와 마케팅 디렉터는 초등학교와 중학교 구분 없이 통합적으로 업무를 처리하는 것으로 확인된다. 반면, 초등학교와 중학교의 경우 각각 교육단계에 따라 교감(Associate Principal)이 독립적으로 배치되어 있으며, 학교별 학생회(Student Affiliate Association), 상담사(counselor), 수업 교사(Instructional Staff) 또한 학교급별로 각각 분리되어 배치되어 있다.

각각 독립적으로 활동하는 초등학교 교감과 중학교 교감은 교감으로서의 비슷한 역할을 수행하면서도, 각기 다른 주안점을 두고 있다. 초등학교 교감과 중학교 교감의 주된 역할은 학생, 교사, 학부모들에게 적절한 지원을 해 주는 데 있다. 또한 이사회의 의결 내용을 충실히 이행하고 교장을 보좌하는 역할을 한다. 일반적으로 교감의 지원 업무는 교과 관련 업무와 학교생활 업무로 나뉜다. 교과 관련 업무의 경우 교육과정 개발, 교과서 선정, 교사 장학활동 등이 포함되며, 학교생활 업무의 경우 교사 복지, 학생 생활지도, 학부모 면담 등이 포함된다.

그러나 초등학교 교감의 경우 중학교 교감에 비해 교육과정 개발, 교사의 교수법 지도, 학생 평가 등 학교 내 교육활동에 보다 더 많이 개입한다. 또한 부모와의 상호 소통 역시 중학교 교감에 비해 더 많이 하도록 요구 받는다. 반면, 중학교 교감의 경우 교사들의 교육활동 관련 지원보다는 학생들 사이에서 발생하는 문제를 해결하는 데 좀 더 많은 시간을 할애한다. 초등학교 학생과 달리 중학교 학생의 경우 활발한 호르몬 분비로 인한 돌발행동과 자유(일탈)에 대한 갈망이 증가한다. 따라서 초등학교 교감에 비해 문제 행동에 대한 징계 처분 업무에 좀 더 집중하게 된다.

뉴욕 시의 다른 차터스쿨과 마찬가지로 FLI는 공립학교임에도 불구하고 교육과정 운영에 있어 뉴욕 시 교육부로부터 상당 부분 자율성을 부여받고 있다. 먼저 학교규모가 작기 때문에 초등학교 교실에는 최대 3명의 교사가 입회하며, 중학교 교실에는 최대 2명의 교사가 입회하여 학생들이 가능한 한 효과적인 학습을 할 수 있도록 한다. 또한 학년별로 학생들을 맡아 지도하는 일반적인 미국의 초등학교와 달리, 초등학교 단계의 각 학년별 학생들은 세부 과목을 가르치는 교사들로부터 수업을 받는다. 학생들은 영어, 수학, 과학을 중심으로 학습을 하며, 교육과정 구성은 미국의 '교육과정 기준(Common Core Standard)'을 따른다. 추가적으로 미술 교육은 방과후학교 과정을 통해 학교 밖 협약을 맺고 있는 장소에 위탁하고 있다. 초등학교 교육과정 구성과 비슷하게 중학교 과정 역시 미국의 '공통교육과정'을 기본으로 따른다. 고등학교 진학에 필요한 필수과목인 영어(English Language Art), 수학, 과학 수업에 집중하며, 7학년과 8학년의 경우 스페인어를 제2외국어로 배운다. 또한 학생의 학교 참여를 장려하고, 지도력을 향상시키기 위해 학생운영위원회(Student Council)를 운영하고 있다.

FLI에서는 유치원생을 제외하고 1학년부터 8학년까지 모든 학생들이 의무적으로 연장수업(Extended Day) 프로그램을 이수해야 한다. 일반적으로 연장수업 또한 정규수업과 같이 초등학교 학생과 중학교 학생이 분리되어 수업을 받게 된다. 특히 중학교 학생에게는 사립 고등학교 입학시험, ISEE, 또는 SSAT 시험 준비를 위한 수업이 마련된다. 비슷한 맥락으로 초등학교 학생에게는 영어 교사가 매일 한 시간의 추가 수업을 실시한다. 한편, 모든 연장수업 프로그램을 일률적으로 이수하는 초등학교 학생과 달리 중학교 학생들은 개설된 여러 수업 중 3개의 과정을 택하여 수업을 듣는다. FLI는 차터스쿨로서 매해 학업성취도 향상과 관련한 학교 평가를 강력하게 받기 때문에, 적극적인 연장수업을 통해 각 학교급별로 필요한 교과지식을 향상시키는 데 주안점을 두고 있다.

재정 운영 방식은 일반적인 초등학교 혹은 중학교 차터스쿨과 크게 다르지 않다. 달리 말하면 통합학교 운영을 하고 있지만, 초등학교 단계 교육과 중학교 단계 교육을 나누어 재정을 따로 운영하지는 않는다. 납입금의 80% 가까이를 뉴욕 시로부터 조달 받는 금액으로 충당한다. 이때 납입금의 정도는 학생들의 학업성취도 향상 수준, 취약 계층에 대한 교육성과에 따라 차등 지급 받는다.

(2) 대도시 중·고등 통합학교 운영 사례 : New Heights Academy(뉴욕 시)

New Heights Academy(이하 NHA)는 뉴욕 시 맨하탄 북단에 위치하고 있는 공립 차터스쿨(charter school)이다. NHA는 앞서 살펴본 FLI와 마찬가지로 뉴욕 시 교육부로부터 재원을 조달 받고 있지만, 교육과정 및 학사 운영에 자율성을 보장 받고 있다. 더불어 학교 책무성 평가 결과에 기반을 두어 지속적인 재원 조달을 보장 받는다. 2017년 기준 751명의 학생이 재학 중에 있었으며, 5학년에서 12학년까지의 학생이 재학 중이다. 교사 1인당 학생 수 비율은 1대 14명이며, 학생의 대다수는 히스패닉 학생으로 구성되어 있다. 2006년에 해당 지역 9학년 학생들이 입학할 만한 고등학교가 없었기 때문에 5학년에서 9학년 학생들을 가르치는 학교로 설립되었다. 이후 점차 고등학교 학년을 확대하였다.

일반적으로 학생들은 추첨을 통해 5학년에 입학하게 된다. NHA는 하나의 기관에서 New Heights Academy Middle School과 New Heights Academy High School을 명목상 구분하여 운영하고 있다. 학생들은 뉴욕 주 교육부가 정한 중학교 졸업 요건을 충족하게 되면 고등학교로 월반하게 된다. 뉴욕 시의 여타 공립학교와 같이 이 학교의 고등학교 단계에서 가장 핵심적인 교육목표는 고등학교 졸업과 대학 진학 준비이다. 먼저, 학생들은 고등학교 졸업장을 수여 받기 위해서 뉴욕 시 교육부가 실시하는 영어, 수학 등의 고등학교 졸업 자격시험을 통과해야 한다. 또한 더 경쟁력 있는 대학 진학을 장려하기 위해 대학교 수준의 Advanced

Placement(AP) 과목들을 개설하여 운영하고 있다. 학생들이 대학에 적절하게 진학할 수 있도록 연장수업(extended day schedule)과 대학 준비 과정 역시 학생들에게 제공하고 있다.

NHA의 2016학년도 조직도를 보면, 1명의 총괄 책임자(Excecutive Director) 아래 학생들에게 상담 및 교육 프로그램 등을 제공하는 교육서비스 팀이 운영되고 있으며, 중학교와 고등학교가 각각 2명의 교장의 지휘 아래 운영되고 있다. 중학교와 고등학교는 각기 독립적으로 교원을 운용하고 있다. 예컨대, 영어, 수학, 과학, 사회 등의 과목에서 각 학교급별 담당 교사가 해당 과목을 가르치며, 중학교와 고등학교 수업을 동시에 담당하는 경우는 없다.

NHA의 소개에 따르면 총괄 책임자는 면학 분위기 조성, 뉴욕 주가 제시하고 있는 학업성취도 기준에 도달하기 위한 로드맵 제시, 지역 사회와 협력 체제 구축 등의 역할을 수행한다. 특히 재원 마련 부분에 대한 역할을 강조하고 있으며, 다양한 교육 프로그램을 운영하기 위한 재원 개발 및 모금 활동 업무를 담당한다.

학생 교육서비스를 담당하는 부서들은 통합적으로 운영되고 있다. 먼저 장애가 있는 학생들에게 적절한 교육서비스를 제공하는 특수교육 관련 부서는 중학교와 고등학교에서 각기 운영하지 않고 통합적으로 운영하고 있는 것을 볼 수 있다. 구체적으로 특수교육 코디네이터, 특수교육 교사, 언어 치료사, 사회 복지사가 여기에 속해 있다. 영어 문해 교육을 지원하는 부서 또한 통합적으로 운영되고 있다. 독서 지도사(Reading Specialist), 독서지도교원(Reading Intervention Teacher), 교사들에게 조언을 해 주는 역할을 하는 지도 코치(Instructional Coach)가 이 부서에 속해 있다.

교육과정 운영을 보면 중학교와 고등학교 교육과정을 종합적으로 고려하여 순차적인 학습활동(scaffold learning)이 이루어질 수 있도록 하고 있다. 예를 들어, 영어 과목의 경우 중학교 시기에는 시민권, 공생, 경제, 정체성, 환경보전에 이르기까지 다양한 주제에 대한 비문학 분야의 글을 주로 다루고 있다. 고등학교 시기에는 세계 문학, 영미 문학 등 주로 문학 분야의 글들을 배우는 데 집중한다. 수학과 과학의 경우에도 학생들은 중학교 시기까지의 학업 수준에 따라 고등학교 단계에서는 더 어려운 과정을 이수할 수 있는 기회가 제공되며, 역으로 학력 보충을 위한 수업을 이수할 수 있는 기회 역시 제공 받는다.

(3) 중소도시 지역 초등학교에서 초·중등 통합학교 변환 사례
: River Glen Elementary & Middle School(산호세 시)

River Glen Elementary & Middle School(이하 River Glen)은 공립 마그넷 학교(Magnet school)이며, 앞서 살펴본 FLI와 마찬가지로 유치원에서부터 중학교 단계인 8학년까지 학생들이 재학 중에 있다. 마그넷 공립학교의 특성상 교육구와 관계없이 미국 전역으로부터 학생들의 입학 지원을 받을 수 있으며, 이 학교의 경우 언어 교육에 중점을 두고 있어 교육과정 운영상 이중언어 교육에 대한 강조를 많이 하고 있다. River Glen은 이중언어 몰입 교육(dual language immersion)을 실시하는 학교로 수업시간에 영어와 함께 동시에 스페인어를 사용한다. 단적인 예로, 수업 중 학생이 영어로 표현을 하면, 이를 스페인어로 되물어 주고 스페인어로 답을 해 주는 식이다. 따라서 교육과정 운영에 있어 영어와 스페인어의 활용 비중을 동등하게 두는 독특한 교육과정을 운영하며, 학생들은 한 개 이상의 언어를 사용할 줄 알고 각각의 언어를 존중하는 자세를 배우게 된다.

초기 설립 당시 River Glen은 유치원 과정과 초등학교 1학년까지의 학생만 모집하는 작은 학교 프로그램으로 당시 학생 수는 88명에 불과하였다. 설립 초기에 이중언어 몰입 교육은 특히 저학년 단계 학부모들에게 거부감을 주었지만, 지속적인 이중언어 교육의 성공으로 현재는 유치원 과정에서 중학교 과정까지 학생을 모두 모집하는 독립된 학교로 성장하였다. 2006년 기준으로 학생 수는 520명이며, 학교의 3분의 2 이상이 히스패닉 학생들로 구성되어 있다.

특이점 중 하나는 River Glen은 학부모들의 적극적인 요청과 학계의 이론적 뒷받침을 통해 통합학교로 전환한 사례라는 점이다. 초등학교에서 이중언어 몰입 교육을 마치고 각기 다른 중학교로 학생들이 진학하다 보니 이중언어 몰입 교육의 효과가 떨어지고 있다는 학부모들의 요청에 따라, 유치원에서 5학년까지 교육을 담당하던 초등학교에서 6학년에서 8학년까지 학생들을 포괄하는 통합학교로 전환을 시도하게 되었다. 뿐만 아니라 긴밀한 업무 협약을 맺고 있는 산호세 주립

대학의 언어학자들 역시 이중언어 교육을 받는 중학교 학생들이 일반 중학교 학생들에 비해 언어 능력이 한 학년 수준 높다는 연구 결과를 통해 위의 움직임을 뒷받침해 주었다.

River Glen이 성공적인 통합학교로 자리 잡을 수 있었던 이유는 재학생들의 높은 학업성취도 향상과 이를 뒷받침하기 위한 학교 구성원들의 노력 때문이다. 특히 교사들의 경우 학생들의 높은 학업성취도 향상에도 불구하고 백인 학생과 히스패닉 학생 간의 학업성취도 격차를 줄이기 위해 지속적인 노력을 하고 있으며, 교원 연수 또한 엄격하게 실시하고 있다. 뿐만 아니라 산호세 주립 대학에서 이중언어 몰입 교육을 연구하는 학자들과 긴밀하게 연계하여 관련 이론에 대한 학습을 지속하고, 현장에서의 피드백을 거쳐 교육의 질을 향상시키고 있다.

River Glen은 초기 초등학교와 현재의 통합학교 운영의 차이를 다음과 같은 〈표 Ⅳ-2〉를 통해 제시하고 있다. 통합학교로 전환하는 과정에서 눈에 띄는 변화는 전반적으로 학교 구성원들의 참여가 보다 더 활발해졌다는 것이다. 교육과정 수립 및 운영, 학부모 참여, 학교 운영 면에서 초등학교만 운영하던 시기에 비해 학교 구성원 전체의 적극적인 참여가 보다 더 활발하게 이루어지고 있는 것으로 보인다. 또한 학습 계획을 수립하는 기준에 있어서도 과거에는 각 학년별로 학습 계획을 수립하는 경향이 있었다면, 통합학교 전환 후에는 각 학년별 수립 계획뿐만 아니라 학년과 학년 간의 차이를 고려하는 장기적인 교육과정을 운영하고 있는 것으로 확인된다.

〈표 Ⅳ-2〉 River Glen Elementary & Middle School의 통합학교 이전 시기와 현재 특성

시 기	초등학교 시기	통합학교 전환 후
	1986년	2006년
규 모	유치원 2학급, 1학년 1학급(Washington 초등학교 내 이중언어 몰입 교육 프로그램으로 시작), 1989년 K-5 초등학교로 확장	유치원 ~ 8학년
학생 수	88명	520명
재 원	90% Title 1	49% Title 1

시 기	초등학교 시기	통합학교 전환 후
	1986년	2006년
교육과정	과목별 교원 재량 교과서를 활용한 주제별 교육	교육구에서 규정하는 교과서에 따른 교육과정 구성
학습 계획 수립 기준	학년별 계획	학년 및 범-학년(cross-grade) 계획 구현
교사 훈련 주체	경력교사(수업 전략에 있어서)	학교 전체 구성원(교육구 규정 및 해당 지역 주제에 따라)
학생 평가	평가 연구(10년) 영어 및 스페인어 평가	주(state) 규정 평가 스페인어 평가
부모 참여	학교에서 제공하는 프로그램을 지지하는 부모 위주	학교 프로그램에 대한 활발한 부모의 참여
학생 모집	학생 모집에 애로	대기자 많음, 유명한 학교이며 교육구 지원 받음
협동 방식	프로그램별 협동	학교 전체 협동

☞ 위의 표는 River Glen Elementary & Middle School에서 제시하고 있는 자료를 인용한 미국 교육부 (U.S. Department of Education, 2008)의 보고서를 저자가 재구성한 것이다.

2017년 현재 River Glen의 교육과정은 이중언어 몰입 교육이 초등학교에서 중학교 단계까지 꾸준히 이루어질 수 있도록 구성되어 있다. 먼저 초등학교 단계인 1학년에서 5학년 단계까지는 모든 과목이 스페인어로 진행된다. 제1언어인 영어를 활용한 수업시간은 1학년 40분에서, 5학년 2시간까지 점차적으로 늘어난다. 중학교 단계에서는 영어로 수업하는 시간이 늘어나며 스페인어로 수업하는 시간이 줄어든다. 기본적으로 대부분의 과목은 영어로 진행하며, 6학년 시기에는 사회 과목과 스페인어 과목만 스페인어로 수업한다. 7학년에는 스페인어와 한 학기 사회 과목, 한 학기 과학을 스페인어로 수업한다. 마지막으로 8학년에는 사회와 과학을 포함한 주요 모든 과목을 영어로 수업하고, 스페인어만 스페인어로 수업한다. 초등학교에서 중학교까지 이중언어 몰입 교육 이론에 입각하여 일관된 철학을 바탕으로 한 교육과정을 운영하고 있는 것으로 보인다.

교사 구성을 보면 초등학교 학생들을 가르치는 교원과 중학교 학생들을 가르치는 교원이 분리되어 있는 것으로 보인다. 전통적인 초등학교와 중학교의 교사 구성을 보이고 있는 셈이다. 초등학교의 경우 각 학년별로 2명의 교원이 배치되어 이들이 각 학년의 교육을 담당하는 것으로 확인된다. 반면, 중학교의 경우 수학, 과학, 사회, 영어, 스페인어 등 각 과목별로 담당 교사가 해당 과목에 대한 교육을 담당하고 있다.

(4) 농촌 지역 소규모 초·중등 통합학교 사례 : Upper Carmen School(아이다호 주)

아이다호 주에는 대략 40%의 학교가 농촌 지역에 위치하고 있으며, 농촌 지역의 교육구 중 약 60%가 작은 농촌 지역구로 분류되어 있다. 아이다호 주 전역에서 농촌 지역 학생이 차지하는 비율은 대략 25%에 불과하다. 학생이 거의 없는 광대한 토지 지역에 운영 중인 농촌 지역 학교가 많아 농촌 지역의 학교 수 대비 학생 수가 적다. 미국 주 전체 농촌 지역 중 빈곤 수준은 7위이며, 학생에게 투자하는 교육비는 가장 낮다. 또한 학생들의 학업성취도 수준 또한 다른 주에 비해 낮은 것으로 나타난다(Showalter, et al., 2019).

Upper Carmen School은 아이다호 주 북부 농촌 지역에 위치한 공립 차터스쿨(charter school)이다. 유치원(Kindergarten)에서부터 중학교 단계인 8학년까지 학생들에 대한 교육을 실시한다. Upper Carmen School은 2005년에 개교하여 초기에는 유치원에서 3학년 단계의 학생들을 대상으로 운영하였다. 성공적인 학교 운영으로 현재는 유치원 단계에서 8학년까지를 대상으로 확대 운영하고 있다. 2019년 기준 전체 학생 수는 85명이며, 학생 대 교사 비율은 17대 1이다. 학생 모집은 학생 성적을 기준으로 하지 않고 지원자 중 추첨 방식을 통해 이루어진다.

아이다호 주의 다른 농촌 지역 학교와 대비되어, Upper Carmen School의 학업성취도는 매우 높은 것으로 나타난다. 2017~2018학년도 기준 주 단위 학업성취도 평가에서 90%의 학생이 수학과 읽기에서 능숙함(proficiency) 단계의 평가를 받았다. 이 학교는 매해 학생들의 학업성취도 수준을 고려하여 학년을 나누고 다학년(multi-grade) 학급으로 학교를 운영하고 있다. 이때 최대한 개별화된 수업을 강조함으로써 학생 개개인의 학업성취도를 향상시키는 데 노력하고 있다.

즉, 학생의 학업성취도를 고려하여 적절히 다학년 학급에 나누어 배정한다. 이때 학년을 고정하지 않고 다학년 학급으로 운영함으로써 학업성취가 높은 학생들에게는 리더십을 발휘할 수 있도록 하며, 학습에 있어 교사와 함께 롤 모델(role model)로서의 역할을 담당하도록 동기부여 한다. 학업성취도가 상대적으로 낮은 학생들에게는 고정된 학년 수준이 지정되지 않기 때문에 낮은 성적으로 인한 낙인효과가 발생하지 않도록 하고 있다. 이러한 맞춤형 교육을 통해 학업성취도가 낮은 학생에서부터 높은 학생들까지 학교 수업에 대한 몰입 수준을 높이고, 적극적인 학교 참여를 이끌어 내고 있다.

아이다호 주 대부분 농촌 지역의 통합학교들은 부족한 재정과 학교 위치의 문제 등으로 교원 수급에 곤란을 겪고 있는데 반해, Upper Carmen School은 교원자격증 유무와 별개로 교원을 임용하는 방식을 통해 이 문제를 해결하였다. 교육위원회를 설득하여 같은 지역 내에서 학생을 가르칠 수 있는 능력이 있는 지역주민을 교원자격증이 없더라도 교사로 고용할 수 있도록 한 것이다. 같은 지역에 기반한 교사들이 학생과 그 가족의 요구를 더 잘 이해하고 대응할 수 있으며, 애교심이 더 강할 수 있다는 판단이었다.

교원자격증이 없거나 경력이 짧은 교원들의 전문성을 제고하기 위해 Upper Carmen School은 다양한 학교 내 연수과정을 개발하고 수행하고 있다. 우선적으로 교장을 중심으로 교원들의 전문성 향상을 위한 훈련 과정을 진행하고 있으며, 이를 위한 체계적인 연수과정을 정립하고 있다. 특히 비교적 전문성이 높은 교원들을 중심으로 교실 수업에 필요한 사안을 중점적으로 지도하도록 하고 있다.

또한 적은 교원으로 학교를 효율적으로 운영하기 위해 이 학교의 교원은 학교 교장을 포함해서 모두가 행정가이자 교사의 역할을 하고 있다. 교원들은 학생을 가르치는 일뿐만 아니라, 점심 식사 및 청소 지도, 학교서비스 일 등을 담당하고 있다. 더불어 교장은 학교 운영 및 교통 문제 등을 관리하는 일뿐만 아니라, 교원과 마찬가지로 학생 수업을 담당한다. '학교의 모든 일이 곧 우리의 일'이라는 기치 아래 교원들이 업무를 수행하고 있는 것이다.

미국 농촌 교육정책 동향

1. 농촌 지역(rural area)의 특징

미국에서 농어촌 지역은 일반적으로 'rural area'(농촌 지역)로 통용된다. 미국의 농촌 지역에 대한 확립된 정의는 없다. 다만, 도시화된 지역 외의 지역은 농촌 지역으로 통용된다. 2011년과 2015년 사이에 조사된 미국 인구 조사(American Community Survey)의 자료에 따르면, 이들이 분류한 미국의 농촌 지역은 미국의 97%의 토지를 차지하고 있으며, 여기에는 인구의 19.3%가 거주하고 있다[32]. 미국의 대다수 지역이 농촌 지역으로 분류되어 있지만, 인구 밀도는 상대적으로 매우 낮은 특징을 지닌다.

미국 국토의 대부분을 차지하고 있는 만큼 미국의 농촌 지역을 단일하게 이해하는 것은 어렵다. 먼저 교통·통신의 발달과 함께 미국의 농촌 지역은 농업, 임업, 광업을 담당하던 과거의 역할을 넘어서, 지역에 따라 다양한 역할을 요구 받고 있다. 예를 들어, 현재는 제조업으로의 노동력 공급, 위험한 사업 활동 및 폐기물 저장을 위한 부지 제공, 관광과 레저를 위한 자연 환경을 제공하는 등의 역할을 한다. 다음으로 농촌 지역은 인구 감소나, 산업의 성장 정도에 있어서 단일하지 않다. 자원의 유무, 대도시와의 접근성, 인종 구성 등 다양한 배경에 의해 일관적인 특성을 발견하기 어렵다. 또한 평균적으로 미국 남동부의 농촌 지역이 다른 지역에 비해 비교적 빈곤한 것으로 알려져 있지만, 모든 농촌 사람의 사회·경제적 수준이 일정하다고 보기 어렵다. 따라서 미국의 농촌 지역을 일반적으로 관통하는 정치적·교육적 요구가 있다고 보기 어려우며, 각 지역의 맥락에 따라 필요한 요구가 특수하게 제기되는 환경에 처해 있다(Pigg, 2019).

그럼에도 불구하고, 미국의 농촌 지역은 다른 여타 지역과 비교하였을 때 다음과 같은 특징을 띤다. 첫째, 경제적으로 다른 지역에 비해 열악한 특징을 지닌다.

---

32) https://data.census.gov/cedsci/?# (검색일 : 2020. 01. 29.)

둘째, 농촌 지역의 인구 밀도는 다른 지역에 비해 낮은 경향이 있다. 셋째, 전통적으로 천연자원(석탄, 소금, 천연 광물 등)에 의존하여 유지되던 농촌 지역은 다른 산업의 발달과 함께 쇠퇴하는 경향이 있다. 넷째, 비교적 교육과 기술 수준이 낮은 농촌 지역 노동자들은 노동 시장에서의 경쟁력을 확보하는 데 어려움을 겪는 경향을 보인다. 다섯째, 농촌 지역의 고령화 경향은 다른 지역에 비해 더 강한 경향이 있으며, 이로 인해 학교 교육을 포함한 공공 서비스 제공에 어려움을 겪고 있다. 전반적으로 미국의 농촌 지역은 다른 지역에 비해 경제적으로 어려움을 겪고 있으며, 이러한 위기를 극복하기 위해 교육을 통한 보다 더 숙련된 노동자의 양성, 새로운 첨단 산업 유치 등의 정책적 대안이 제기된다(Moore, 2001).

2. 농촌 지역 학교 구분

미국에서 농촌 지역을 구분하는 명확한 기준이 없는 만큼, 미국의 농촌 지역 학교를 구분하는 명확한 기준 역시 없다. 다만, 미국의 농촌 지역 학교 구분은 일반적으로 NCES의 기준을 활용한다. NCES는 학교의 위치 및 제반 사항과 관련한 정보를 가지고 있는 The Common Core of Data(CCD)를 바탕으로 학교가 속한 지역을 구분하고 있다. 다음 〈표 Ⅳ-3〉은 NCES에서 제시하고 있는 학교의 지역 구분 정보이다 [33]. NCES의 구분을 보면 도시화된 지역에서 일정 정도 이상 떨어진 지역을 농촌 지역으로 구분하는 것을 볼 수 있다. 이는 대개 행정구역을 기준으로 농촌 지역을 정의하는 한국의 구분 방법과 차이를 보인다. 이러한 NCES의 분류 기준은 인구 규모에 따라 학교의 지역을 구분하였던 과거의 분류 체계와 달리 대도시 중심지에 근접해 있는 도시 지역과 농촌 지역을 특정할 수 있는 장점이 있다. 또한 도시에서 상대적으로 멀리 떨어진 농촌 지역의 학교와 도시 중심 지역과 가까운 지역에 위치한 농촌 지역의 학교를 구분할 수 있다.

---

33) https : //nces.ed.gov/pubs2007/ruraled/exhibit_a.asp (검색일 : 2020. 01. 29.)

〈표 Ⅳ-3〉 NCES 도서 지역 구분

지역 대분류	지역 소분류	정 의
도시 (City)	큼	도시화된 지역, 인구 250,000명 이상
	중간	도시화된 지역, 인구 100,000명 이상 250,000명 이하
	작음	도시화된 지역, 인구 100,000명 이하
교외 (Suburban)	큼	도시 외곽 지역, 인구 250,000명 이상
	중간	도시 외곽 지역, 인구 100,000명 이상 250,000명 이하
	작음	도시 외곽 지역, 인구 100,000명 이하
소도시 (Town)	둘레 (Fringe)	도시화된 지역에서 10마일 이하인 도시 군집 내 영역
	멂 (distance)	도시화된 지역에서 10마일 이상 35마일 이하인 도시 군집 내 영역
	외짐 (remote)	도시화된 지역에서 35마일 이상 떨어진 도시 군집 내 영역
농촌 (Rural)	둘레 (Fringe)	도시화된 지역에서 5마일 이하, 인구 조사 정의상 농촌 지역 및 도시 군집에서 2.5마일 이하로 떨어져 있는 지역
	멂 (distance)	도시화된 지역에서 5마일 이상 25마일 이하, 인구 조사 정의상 농촌 지역 및 도시 군집에서 2.5마일 이상 10마일 이하로 떨어져 있는 지역
	외짐 (remote)	도시화된 지역에서 25마일 이상, 인구 조사 정의상 농촌 지역 및 도시 군집에서 10마일 이상 떨어져 있는 지역

※ 도시화된 지역 구분은 미국의 도시화 통계 자료를 참고로 하였다.

3. 농촌 지역의 학생 분포

미국 전체 공립학교에서 농촌 지역 학교에 재학 중인 학생의 비중은 전체 학생 중 대략 19%를 차지하고 있으며, 12개 주는 30% 이상의 학생이 해당 주 전체 학생 중에서 농촌학교에 재학하고 있는 것으로 나타났다(Johnson, et al., 2014). [그림 Ⅳ-4]는 하와이를 제외한 미국의 주(state)별 농촌 지역 학생 비중을 나타낸다. 그림에서 확인할 수 있듯이, 메인 주와 버몬트 주의 경우 50% 이상의 학생이 농촌 지역 학교에 재학 중인 것으로 나타났다. 이는 미국에서도 농촌 지역 학교에 다니는 학생들의 규모가 상당하다는 것을 나타내며, 이들 학생들을 위한 적절한 교육적 접근이 요구된다는 것을 보여 준다.

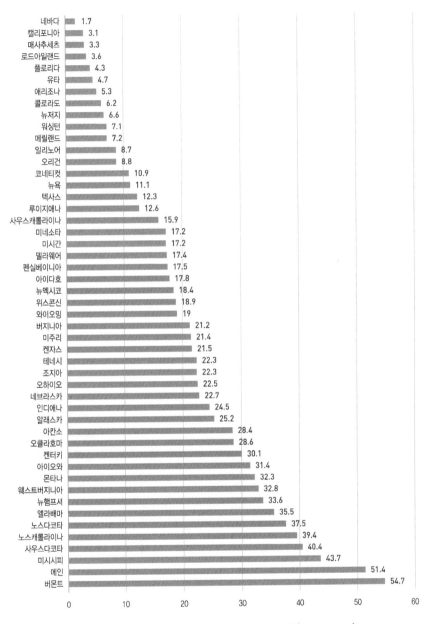

[그림 Ⅳ-4] 주(state)별 농촌 지역 학생 비율(2013~2014)

㈜ Showalter, Klein, Johnson과 Hartman(2017)의 자료를 재가공하였다. 공립학교 자료를
기준으로 하였다. 농촌 지역 학생 비율을 기준으로 낮은 순으로 정렬하였다.

2016학년도 공립학교 기준, 절대적인 학생 수에 있어서 미국 전체 농촌 지역 학생 중 대략 절반의 학생이 단 10개 주의 농촌 지역 학교에 재학 중에 있었다. 이 중 텍사스 주에서 가장 많은 학생이 농촌 지역 학교에 재학하고 있었으며, 다음으로 차례대로 노스캐롤라이나, 조지아, 오하이오, 테네시, 뉴욕, 펜실바니아, 버지니아, 앨러바바, 인디애나 주에서 많은 학생들이 농촌 지역의 학교에 다니고 있었다(Showalter, et al., 2019).

또한 미국의 농촌학교들은 학교규모가 작은 특징을 보인다. 미국 농촌 지역 학교의 학생 수 중위값(medium value)은 494명에 지나지 않는다. 심지어 23개 주에 있는 농촌 지역 반 이상의 학교들이 494명보다 더 적은 수의 학생 수를 보인다. 몬타나, 노스 다코다, 버몬트 주의 경우 농촌 지역 90% 이상의 학교에서 494명 미만의 학생 수가 재학 중에 있었다. 반면, 웨스트 버지니아, 플로리다, 메릴랜드, 델라웨어, 루이지애나, 노스캐롤라이나, 앨라배마 주의 경우 학생 수가 적은 농촌 지역 학교는 없었다. 이들 주의 경우는 카운티의 크기가 비교적 넓은 특징이 있으며, 관련해서 교육구의 크기 역시 넓은 특징을 보인다(Showalter, et al., 2019).

4. 농촌 지역 학교의 과제

미국 농촌 지역 학교들이 겪는 가장 큰 어려움 중 하나는 충분하지 않은 재정 지원 규모이다. 농촌 지역은 주(state)로부터 평균적으로 연 재정 운영 규모의 대략 17%를 지원 받고 있는데, 이는 농촌 지역의 열악한 교육환경을 고려하면 재정적으로 충분하지 못하다는 지적이다(Showalter, et al., 2017). 특히 농촌 지역은 도시 지역에 비해 꾸준히 빈곤률이 더 높았으며, 이와 관련해서 Schaefer와 그의 동료들이(2016) 도시(urban) 지역의 경우 47%의 카운티가 높은 아동 빈곤률을 보이고 있는 데 반해, 농촌 지역은 64%의 카운티가 높은 아동 빈곤률을 보이고 있다고 보고한 바 있다. 뿐만 아니라 최근 들어 비숙련 노동자 계층 출신의 히스패닉 이주민이 농촌 지역에 늘어나면서, 농촌 지역은 제2언어로써 영어 교육을 추가적으로 실시해야 하는 부담을 지고 있는 추세이다. 특히 제2언어로써 영어 교육을 담당할 수 있는 교사를 임용하는 데 있어 어려움을 겪는 것으로 보고된다

(Player, 2015). 히스패닉 출신 이주민과 자녀의 인구 규모는 향후에 보다 더 커질 것으로 예상되기 때문에 이에 대한 적절한 지원이 요구되는 상황이다. 그러나 농촌 지역은 주(state)로부터 이러한 교육적 문제를 해소할 수 있을 만한 충분한 재정 지원을 받기 어려운 상황에 직면해 있다. 뿐만 아니라 연방정부로부터 지원금(grant)을 확보하는 일도 이에 지원하기 위한 전문적인 인력이 부족한 상황에서 연방정부의 지원금을 적극적으로 활용하기를 기대하는 것도 어려움이 있다(Johnson, Mitchell, & Rotherham, 2014).

다음으로, 수준 높은 교사의 질을 유지하는 데 어려움을 겪고 있다. 무엇보다 농촌 지역 학교는 해당 지역 내에서 교사를 충당하는 경향이 강하기 때문에, 새로운 교사 인재를 찾고 개발하는 데 있어 어려움을 겪고 있다. 실제로 Miller(2012)의 연구에 따르면, 농촌 지역 교사의 80%가 자신의 출신 지역에서 13마일 이내에 머무르고 있는 것으로 나타났다. 자신의 출신 지역 학교에서 교사를 하는 경향이 강한 셈이다. 따라서 해당 지역 내에서 우수한 교사를 양성하지 못하는 환경이 조성되어 있는 경우, 새로운 유능한 교사를 확보하는 데 어려움을 겪게 되는 경향이 있다(Miller, 2012). 뿐만 아니라 농촌 지역 출신의 우수한 학생이 높은 수준의 교육을 받고 수준 높은 교육을 실시할 수 있는 교사가 된 경우에도, 이들은 농촌 지역으로 돌아오기보다 직업 만족도와 보수 수준이 더 높은 교외 지역으로 취업을 하는 경향이 있었다(Fowles, Butler, Cowen, Streams, & Toma, 2014).

무엇보다 큰 문제는 상기한 농촌 지역의 교육 현안들이 도심(urban) 지역의 학교가 받는 관심에 비해 학계와 정책 논의에서 후순위로 밀려 있다는 데 있다. 미국의 교육정책 및 개혁은 상대적으로 취약한 계층을 대상으로 이루어지고 있지만, 교육정책 관계자의 대략 60%가량이 농촌 교육을 위한 정책이 중요하지 않다고 응답한 바 있다(Johnson et al., 2014). 뿐만 아니라 Schafft(2016)에 따르면, 학계에서도 농촌 교육은 도심 지역의 교육보다 덜 관심을 받아 왔으며, 실제로 '도심(urban)'이란 용어가 '농촌(rural)'보다 약 16배 더 자주 다루어지고 있다고 지적한다. Johnson과 Howley(2015)는 이러한 도심 중심적인 접근 방식은 농촌 지역의 교육적 현안과 문제를 살피는 데 한계가 있으며, 결과적으로 농촌 지역의 현실을 적절하게 반영하지 못하는 정책이 입안되는 배경이 된다고 비판한다.

5. 농촌 지역 학교와 관련 정책

앞서 지적한 농촌 지역 학교들의 문제점들을 해소하고, 이 지역 학생의 학업성취도를 향상시키기 위해 미 연방 교육부는 두 가지 대표적인 교육지원정책을 실시하고 있다. 이 두 정책에 대한 재원은 미국의 「아동낙오방지법」(No Child Left Behind)에 근거하여 마련되고 있으며, 미국 농림부(US Department of Agriculture) 또한 일정 정도 기여한다.

첫째, 미 연방 교육부는 이른바 소농학교 성취도 프로그램(The Small, Rural School of Grant Program)을 통해 농촌 지역 학생들의 학업성취도 향상을 목표로 하는 다양한 교육활동들에 대한 재정적인 지원을 제공하고 있다. 자원이 부족한 소규모학교에 대한 지원을 주로 한다. 소규모 농촌학교가 교육의 질을 향상시키는 데 있어 미 연방정부의 자원을 효과적으로 활용할 수 있도록 고안된 프로그램이다.

지역교육기관(Local Educational Agency) 중 지역적으로 해당 지원을 받을 수 있는 여건을 갖추었을 경우, 신청 요건을 충족하면 미 연방정부로부터 재정 지원(grant)을 받을 수 있다. 해당 요건을 충족하는 학교는 다음과 같다. 첫째, 학교의 규모가 작아야 한다. 구체적으로 학생 수가 600명 이하이거나, 1제곱마일당 인구밀도가 10명 이하인 지역에 위치한 학교여야 한다. 둘째, 학교는 미 연방 교육부로부터 농촌 지역으로 규정된 위치에 있거나, 주정부로부터 농촌 지역으로 규정된 위치에 있어야 한다.

재정 지원은 매년 갱신되며, 그 규모는 미 연방 교육부가 정한 공식에 따라 결정된다. 해당 공식은 다음과 같다. 먼저 전체 학생 수에서 50명을 제한 뒤 학생 수당 100달러의 지원금을 할당한다. 또한 이 프로그램에 참여할 경우 20,000달러의 재정 지원이 기본으로 추가된다. 마지막으로 최대로 지원 받을 수 있는 금액은 60,000달러이다. 2016학년도부터 2018학년도까지 매해 대략 9천만 달러의 재정을 농촌 지역 학교에 지원하였다.

둘째, 미 연방 교육부는 빈농학교 지원 프로그램(The Rural and Low-Income School Program)을 운영하고 있다. 이 프로그램은 미국 농촌 지역의 저소득 학교의 재정적 필요에 따라 고안되었다. 특히 농촌 지역 저소득 학교 학생들의 학업성취도를 효과적으로 향상시키는 데 그 목적이 있다. 소농학교 성취도 프로그램과 비슷한 정책적 요구와 환경에 맞추어 수행되고 있다.

　재정 지원(grant)은 지원 학교 간 경쟁을 통해 선별되는 것은 아니며, 일정한 자격을 갖추게 되면 재정 지원을 받을 수 있다. 이때 자격은 관련 법령에 의거하여 결정된다. 이 프로그램에 지원할 수 있는 학교는 다음과 같은 요건을 갖추어야 한다. 첫째, 5세에서 17세의 학생 중 20% 이상의 학생이 빈곤층(poverty line) 이하의 소득을 보여야 한다. 둘째, 학교는 연방정부가 규정한 농촌 지역에 위치해야 한다.

　앞선 소농학교 성취도 프로그램과 비슷하게 매년 재정 지원(grant)의 수준과 여부가 갱신된다. 2015학년도부터 2018학년도까지 매해 대략 9천만 달러 수준의 재정을 해당 학교들에 지원하고 있다.

　이와 같은 농촌 지역을 대상으로 한 재정 지원 정책에도 불구하고 Johnson과 Howley(2015)는 농촌 지역의 행정 담당자들이 연방정부에 재정 지원을 신청하는 일에 익숙하지 않은 문제로, 많은 농촌학교들이 자격을 갖추고 있음에도 위에서 언급한 재정 지원을 충분히 받지 못하고 있다고 지적한다. 이는 행정 인력이 부족한 농촌 지역의 특수성을 반영한 추가적인 정책적 관심이 필요한 점을 보여 준다.

　한편, 미국 연방정부는 2013년 각 학교에 높은 수준의 인터넷 회선을 설치하도록 지원하는 ConnectED 정책을 입안하여 실시하였다. 특히 농촌 지역에서 이 정책은 자원이 비교적 부족한 농촌 지역 학교들이 적극적으로 디지털 학습을 촉진하는 데 도움이 될 것으로 기대되었다. 이후 5년간, 연방정부는 ConnectED 정책을 통해 미 전역 대부분의 공립학교에 빠른 회선의 인터넷 망을 설치하였다. 이를 통해 교수-학습 자료에 대한 원활한 접근이 보장되었으며, 새로운 기술을 도입하는 데 충분한 기반을 구축하지 못한 농촌 지역에서 새로운 기술을 활용할 수 있는 여건이 마련되었다(Johnson, Mitchel, & Rotherham, 2014).

　또한 연방정부는 농촌 지역 학교에 대한 체계적인 지원을 위해 농촌 지역 교육에 대한 연구 지원을 실시하고 있다. 「2002년 교육 과학 개혁 법안」(The Education Sciences Refom Act of 2002)이 통과된 이후, 연방정부는 지역 교육 실험실(Regional Educational Laboratories)을 발족하여 지역 사회에서 필요한 연구들을 지원해 오고 있다. 주로 WestEd와 같은 비영리 연구법인들에게 연구를 발주하여 농촌 지역에서 필요한 연구를 지원하고 있다. 뿐만 아니라 교육 과학 개혁 법안에 의거하여 국가 및 지역의 '종합센터(comprehensive center)'에서 교육구 혹은 주 수준에서 필요한 연구 및 기술을 지원하도록 하고 있다. 총 7개의 국가 수준, 그리고 15개의 지역 수준 종합센터를 운영 중이다(Johnson, Mitchel, & Rotherham, 2014).

학생 수가 적은 학교를 통합하여 운영하는 방안은 주로 주정부 차원에서 장려되고 있다. 학생 수가 과도하게 적기 때문에 발생하는 다양한 문제들, 예를 들어, 충분한 선택과목 개설 및 관련 교원 충원의 어려움, 직원 및 시설 운영을 위한 재원의 부족 등을 효율적으로 해소하기 위해 학생 수가 적은 교육구 간 통합 학교 운영을 권장하고 있는 것이다. 두 교육구 간 통합 학교를 개설할 경우, 몇몇 주에서는 학교 설립 비용을 전액 지원하고, 설립 이후 일정 기간 동안 추가적인 재정 지원을 하는 등의 유인책을 활용하고 있다(Howley, Johnson, & Petrie, 2011). 그러나 여전히 통합운영보다 소규모학교 형태로 여러 지역에서 운영하는 것이 각각의 지역에 유용하다는 주장이 제기되며, 실제로 많은 지역에서 통합운영에 대한 부정적인 입장을 취하고 있다. 미농촌교육협회(National Rural Education Association) 또한 주정부 차원에서 통합운영을 법적으로 강제하는 방안을 지지하지 않아 왔으며, 각 농촌 지역 교육구의 독자적인 판단을 존중해 왔다. 따라서 최근의 통합운영에 대한 권고는 인구가 지속적으로 감소하여 단일 학교를 통해서는 일정 수준의 교육의 질이 불가피하게 담보되지 못하는 지역에서 주로 고려되고 있다(Bard, et al., 2006).

제5절 미국 통합학교의 특징과 시사점

미국의 통합학교 현황을 바탕으로 한국의 통합학교 운영에 주는 시사점을 정리하면 다음과 같다. 우선, 학교의 재정과 통합운영과 관련하여 미국은 한국에 비해 지방 자치에 보다 더 크게 의존하고 있기 때문에, 이에 대한 세밀한 접근이 필요하다. 미국은 지역 사회에서 선출된 교육위원회가 폐교 및 통합 여부를 결정하고, 한 해의 재정 운영 규모를 결정한다. 따라서 주(state)정부 차원에서 농촌 지역 교육구 간 혹은 교육구 내에서의 학교 통합을 추진하려 해도 지역 공동체에 기반한 교육위원회에서 이를 승인하지 않을 경우 학교 통합은 이루어지지 않게 된다. 이때 학교 통합에 대한 반대 요소로 지역 공동체의 정체성 상실, 통학 거리의 증가 등이 제기된다. 한국은 미국에 비해 중앙정부의 정책적 강제력이 비교적 강한 편에 속하지만, 지역 사회의 의견은 학교 통합에 있어서 여전히 중요한 부분 중 하나이다. 미국의 농촌 지역 사례와 같이 효율적인 통학 지원, 적극적인 재정 보조 등의 방식으로 지역 사회의 지지를 이끄는 것이 통합학교 운영에 중요한 요소로 보인다.

교육과정 운영에 있어서 앞서 살펴본 미국 통합학교 사례들은 대체적으로 한국에 비해 교육과정 운영에 자율성을 보장 받고 있다. 특히 급격하게 교육과정의 내용이 변하는 시기에 대한 대비를 충분히 할 수 있다는 점에서 통합학교 운영에 장점이 있을 것으로 보인다. 또한 교육과정 운영에 있어 상당 부분 자율성을 보장 받고 있기 때문에, 해당 학교 교사들은 다양한 교구와 자료를 활용할 수 있는 장점이 있다. River Glen의 경우에는 이중언어 교육을 특성화하여 초등학교와 중학교의 교육과정을 구성함으로써 일관된 교육철학을 통해 학생들의 교육 성취를 효과적으로 높이고 있다. 한국의 경우도 일정 정도의 지침을 제시하면서, 학교의 사정에 따라 자율적인 교육과정 운영을 장려할 필요가 있어 보인다. 물론 교육과정에 자율성을 어느 정도 보장하는 만큼, 전반적인 교육과정이 전 학년에 걸쳐 적절하게 운영되고 있는지에 대한 지원 및 감독이 수반되어야 할 필요가 있다. 추가적으로 농촌 지역의 경우 해당 지역의 특색을 반영할 수 있는 특별한 프로그램을 운영하여 학교 구성원의 학교와 지역에 대한 소속감을 고양시킬 필요가 있다.

미국의 통합학교는 학교 규율의 문제에 있어 비교적 자유로운 것으로 보인다. 비교적 학생 수가 적고 지역공동체 내에서의 유대감이 강한 것이 요인으로 지목된다. 한국의 경우도 이와 크게 상황은 다르지 않을 것으로 예상된다. 그럼에도 불구하고 앞서 살펴보았듯이 급격한 신체 변화 및 정서 변화를 경험하는 시기의 학생들을 적절히 지도하기 위해 미국 농촌 지역의 통합학교들은 다양한 방안을 마련하고 있다. 기본적으로 학교급에 따라 공간을 독립적으로 구성하거나 필요한 경우 특정 학년의 공간을 분리하였다. 고학년의 비행 행동을 저학년이 모방하는 문제를 줄이기 위해 강도 높은 학교 규칙을 만들고 수행하고 있었다. 또한 필요한 경우 교원 연수를 적극적으로 실시하고 있었다. 한국 역시 여러 학년들이 섞이는 과정에서 발생할 수 있는 다양한 갈등을 줄이기 위해 학교 공간 배치에 대해 숙고하고, 학생의 연령대 차이에 따른 생활지도 방법에 대한 교원 연수를 제공할 필요가 있다.

다음으로 교원 배치에 관련하여, 한국은 미국에 비해 초등교육과 중등교육 간의 교원 배치에 있어서 보다 더 엄격한 규정을 가지고 있기 때문에 이에 대한 좀 더 세밀한 접근이 요구된다. 미국은 그 기준이 일률적이진 않지만 대체적으로 교장 자격을 취득한 경우 초등학교와 중등학교에서 모두 교장으로 활동할 수 있다. 또한 현장의 교사 선발에 있어서도 중등교육의 특정 과목에 전문성이 있는 교사가 초등교육을 일부 가르친다 하더라도 법적으로 저촉이 되지 않는 경우도 있다. 한국 사회보다 더 탄력적으로 교사를 운영할 수 있는 조건이 갖추어져 있는 셈이다. 그럼에도 불구하고 미국의 도시형 통합학교 운영 사례에서 볼 수 있듯이, 미국의 통합학교는 초등학교와 중등학교 교사 간의 활동이 서로 독립적으로 이루어질 수 있도록 배려하고 있다. 한국의 사정을 고려하더라도 이와 같은 초등교육과 중등교육 간의 독립적인 교사 배치가 가능할 것이라 기대한다. 교장의 경우, 미국의 도시형 통합학교에서는 일반적으로 학교 전반의 행정 및 서비스 업무를 한 명의 교장이 담당한다. 한국의 사정을 반영한다면 해당 통합학교의 운영 취지에 적합한 교장을 공모하여 선발하는 방식을 활용할 수 있을 것이다.

한편, 농촌 지역의 경우 대체로 소득 수준이 낮은 경향이 있기 때문에 재정적으로 학교를 운영하는 데 있어 어려움을 겪고 있는 것으로 확인된다. 결과적으로 미국의 농촌 지역 통합학교는 재정을 효율적으로 활용하는 방안을 적극적으로 개진하고 있다. 예를 들어, 예체능 교과의 교사들에게 초등학교와 중·고등학교 수업을 모두 일임하거나 지원금(grant)을 신청하고, 방과후학교 프로그램을 다른 학교와 연계하여 진행하고 있다. 한국의 경우 학교 운영에 필요한 재정을 비교적 온전히 보장해 주고 있기 때문에 미국의 사례에서 볼 수 있는 문제에서 비교적 자유로울 것으로 보인다. 그러나 이러한 재정적 어려움이 없는 환경 탓에 재원을 효율적으로 활용하는 방안에 대한 고민이 소극적일 수 있다는 점은 숙고할 만하다. 또한 재원의 규모와 무관하게 학생 수가 적을 경우 교사의 절대적 수가 부족할 수 있으며, 학교에서 운영할 수 있는 교육 프로그램에도 제한이 생길 수 있다. 이러한 문제를 해결하는 데 있어 미국의 통합학교와 같이 학교급 간 충분한 교육 자원의 공유, 교사 자원 활용의 극대화, 지역 사회와의 연계와 같은 다양한 방안들을 참고할 필요가 있다. 한편, 미국 아이다호 주의 소규모 농촌 지역 통합학교 운영 사례는 학생과 교원이 매우 적은 학교라 하더라도 학교 운영에 충분한 재량권을 부여하고, 지역 사회와의 긴밀한 연계를 구축한다면 충분히 교육적 성과를 거둘 수 있다는 시사점을 제공한다.

마지막으로 미국 통합학교의 긍정적인 특징 중 하나는 지역 사회 및 학부모의 적극적인 참여를 이끌어 내고 있다는 점이다. 예를 들어, 농촌 지역 사례에서 볼 수 있듯이, 일부 과목에 대한 수업을 외부 강사의 참여 및 외부 기관과의 연계를 통해 실시하고 있다. 자원 부족으로 발생할 수 있는 여러 문제를 지역 사회의 연계를 통해 적극적으로 해결하고 있는 셈이다. 한국의 경우도 이 문제에서 완전히 자유로울 수 없을 것으로 예상한다. 미국의 경우처럼 지역 사회의 연계를 통한 해결이 필요하다. 다음으로 학부모 참여에 관련하여, 통합학교의 안정적인 정착을 위해 학부모들을 대상으로 한 홍보 활동 및 의견 수렴이 필수적으로 요구된다.

참고문헌

임연기·장덕호·백남진·정현용(2018). 서울형 통합운영학교 모델 및 운영체제 개발 연구. 서울특별시교육청.

Bard, J., Gardener, C., & Wieland, R. (2006). Rural School Consolidation : History, Research Summary, Conclusions, and Recommendations. *Rural Educator*, 27(2), 40~48.

Bedard, K., & Do, C. (2005). Are middle schools more effective? The impact of school structure on student outcomes. *The Journal of Human Resources*, 40(3), 660~682.

Blair, L. (2008, April). Back to the future : The shift to k−8 schools. *SEDL Letter*, 1, 14~19.

Bosma, L. M. Sieving, R. E., Ericson, A., Russ, P., Caverder, Lo. & Bonine, n. (2010). Elements for Successful Collaboration Between k−8 school, Community Agency, and University Partners : The Lead Peace Partnership. *Journal of School Health*, 80(10), 501~507.

Delisio, E. (2003). *Is the time right for "elemiddles?" Education World*. Retrieved from http : //www.educationworld.com/a_admin/amin/admin324.shtml.

Fowles, J., Butler, J. S., Cowen, J. M., Streams, M. E., & Toma, E. F. (2014). Public employee quality in a geographic context : A study of rural teachers. *The American Review of Public Administration*, 44(5), 503~521.

Hanover Research (2014). *Best Practice in K−8 School Configuration*. District Administration Practice.

Herman, B. (2004). The Revival of K−8 Schools. *Phi Delta Kappa Fastbacks*, 519, 1~18.

Hough, D.L. (2004). *Grade span does make a difference [Policy brief]. Springfield*, MO : Southwest Missouri State University, Institute for School Improvement. Retrieved from http : //education.missouristate.edu.

_____(2010). *Findings from the first and only national database on elemiddle and middle school*. In Hough, D.L (Eds.), Research Supporting Middle Grades Practice(141~156). Washington : IAP.

Howard, T.L. (2005, May 25). City district will float idea of K−8 schools. *St. Louis Post−Dispatch*, p C2.

Howley, C., Johnson, J. & Petrie, J. (2011). *Consolidation of Schools and District s : What the Research Says and What It Means*. Boulder, CO : National Education Policy Center.

Johnson, J., & Howley, C. B. (2015). Contemporary federal education policy and rural schools : A critical policy analysis. *Peabody Journal of Education*, 90(2), 224–241.

Johnson, J., Showalter, D., Klein, R., & Lester, C. (2014). *Why Rural Matters 2013~2014 : The Condition of Rural Education in the 50 States*. Washington, DC : Rural School and Community Trust.

Johnson, L. D., Mitchel, A. L., & Rotherham, A. J. (2014). *Federal education policy in rural America*. Retrieved from Rural Opportunities Consortium of Idaho website : http : //www. rociidaho. org/federaleducation-policy-in-rural-am erica.

Johnson, L. D., Mitchel, L. A., & Rotherham, J. A. (2014). *Federal Education Policy in Rural America*. Boise, ID : Rural Opportunities Consortium of Idaho.

Klump,.J. (2006). What the research says (or doesn't say) : About K−8 versus middle school grade configurations. *Northwest Regional Education Laboratory*, 11(3).

Loo, B. (2018). *Education in the United States of America*. Retrieved from https : //wenr. wes. org/2018/06/education-in-the-united-states-of-america 1. 29. 2012

Look, K. (200I). The great K−8 debate. *Philadelphia Public Schools Notebook*. Retrieved from http : //roomnine. org/a/about-us/ThegreatK−8debate. pdf.

McEwin, C. K., Dickinson, T. S., & Jacobson, M. G. (2004). *Programs and practices in K−8 schools : Do they meet the educational needs of young adolescents?*. National Middle School Association.

Miller, L. C. (2012). Understanding rural teacher recruitment and the role of community amenities. *Journal of Research in Rural Education*, 27(13), 1~52.

Moore, R. M.. (2001). *The Hidden America : Social Problems in Rural America for the Twenty−First Century*. Selinsgrove, PA : Susque−hanna University Press.

NCES. 2019. *Number and percentage distribution of public schools and fall enrollment within school urban−centric 12−category locale, by school size and school level : 2013~14*. Retrieved from https : //nces. ed. gov/ surveys/ruraled/tables/b. 1. a. −2. asp, Jan. 30. 2020.

Pigg, K. (2019). *The Future of Rural America : anticipating policies for constructive change.* New york, NY : Routledge.

Player, D. 2016. *The Supply and Demand for Rural Teachers.* Boise, ID : Rural Opportunities Consortium of Idaho.

Schaefer, A., Mattingly, M., & Johnson, K. M. (2016). Child Poverty Higher and More Persistent in Rural America. *National Issue Brief Number 97.* Carsey School of Public Policy.

Schafft, K. A. (2016). Rural education as rural development : Understanding the rural school-community well-being linkage in a 21st-century policy context. *Peabody Journal of Education,* 91(2), 137~154.

Showalter, D., Hartman S. L., Johnson, J., & Klein, R. (2019). *Why Rural Matters 2018~2019 : The time is now.* Washington, DC : Rural School and Community Trust.

Showalter, D., Klein, R., Johnson, J., & Hartman, S. L. (2017). *Why Rural Matters 2015~2016 : Understanding the Changing Landscape.* Washington, DC : Rural School and Community Trust.

Sinclair, B. B., Naizer, G. and Ledbetter C. (2011). Observed Implementation of Science Professional Development Program for K-8. *Journal of Science of Teacher Education,* 22(7), 579~594.

Synder, T. D., de Brey, C., & Dillow, S. A. (2019). *Digest of Education Statistics 2017 (NCES 2018-070).* Washington : National Center for Education Statistics, Institute of Education Sciences, US Department of Education.

U.S. Department of Education. (2008). *Creating and Sustaining Successful K-8 Magnet Schools.* Jessup, MD : U.S. Department of Education.

Valentine, J. W., Clark, D. C., Hackmann, D. G., & Petzko, V. N. (2002). *A National Study of Leadership in Middle Level Schools. Volume I : A National Study of Middle Level Leaders and School Programs.* National Association of Secondary School Principals, 1904 Association Drive, Reston VA 20191-1537.

Wolman, H., McManmon, R., Bell, M., & Brunori, D. (2008). Comparing local government autonomy across states. *George Washington Institute for Public Policy, Washington, Working Paper, 35.*

제5장

핀란드의
종합학교

제5장

핀란드의 종합학교

 제1절 **핀란드 교육의 사회·문화적 배경**[34]

핀란드는 교육에 있어서 매우 압축적이고 빠른 변화의 과정을 겪은 나라이다. 핀란드는 유럽의 다른 나라보다 조금 늦은 1921년에 9년제 의무교육제도를 도입하였고, 1970년대에 이르러 초등학교와 중학교를 통합한 독특한 종합학교 제도를 마련하여 실행하였다. 이러한 변화들은 때로는 전체주의적인 방식으로 매우 빠르게 체계적으로 이루어졌다.

제2차 세계 대전 이후 핀란드는 정치적, 경제적 불안정이 지속되었지만, 한편으로는 핀란드 국민들에게 평등 교육의 이념과 가치를 심어 주는 시기이기도 하였다. 이 시기 핀란드의 경제 변화는 빠르게 진행되었고, 아울러 급속한 사회 변화도 동반되었다. 무엇보다도 교육체제의 변화가 눈에 띄게 나타났는데, 핀란드에서 교육체제의 변화는 결정적 시기에 매우 철저하게 이루어졌다고 할 수 있다 (Simola, 2005).

1950년대까지만 해도 핀란드는 평등한 교육체제를 가지고 있지 않았다. 도시 지역에 있는 부유층 가정의 자녀들만이 문법학교나 중학교에 다닐 수 있었고, 이들을 제외한 대부분의 아이들은 6년 과정의 초등교육만 받고 더 이상 교육을 받지 못하는 상황이었다. 당시 11세 아동의 27% 정도만이 5년제 중학교 과정에 입학할 수 있었는데, 중학교 과정을 마친 학생들이 3년제 고등학교 과정으로 이루어진 공·사립 문법학교에 들어갈 수 있었다. 이들은 또한 대체로 대학에 진학하

---

34) 본 절의 내용은 김병찬(2017)에서 논의한 내용을 본 원고의 특성에 맞게 수정, 보완한 것임.

였고 핀란드 상류 계층으로 자리를 잡아 나갔다. 당시 핀란드에는 338개의 문법 학교가 있었는데, 이 중 약 2/3에 해당하는 217개가 사립학교였다. 한편, 초등학교 6년을 마치고 2~3년 과정의 공민학교(civic school)에 입학하는 또 다른 경로가 있었는데, 이 과정으로 진학하는 학생들은 대부분 핀란드의 중·하층민 자녀들이었다. 그리고 이들은 이후에 대부분 직업학교나 기술학교로 진학하였다.

1950년대에는 중요한 사회적 혁신이 일어났는데, 정부가 사립학교에 재정 지원을 해 주고 학교 운영을 관리·통제할 수 있는 법안이 만들어진 것이다. 교육에 대한 대중들의 증가하는 욕구에 대처하기 위하여 새로운 사립학교들이 만들어졌고, 사립학교들의 재정적 어려움을 국가가 해결해 준 것이다. 국가의 재정 지원이 늘면서 사립학교들은 점차 공립화되어 갔다.

1960~1970년대에는 핀란드 역사상 가장 획기적인 교육개혁이 이루어졌는데, 이때의 교육개혁은 '서구 민주주의 사회의 일원이 되기 위하여, 그리고 전후의 세계 시장경제에 적응하기 위하여 모두 함께 가야 한다'는 국가 및 국민들의 총체적인 비전이 반영된 결과이다. 산업의 발달과 노동자 계층의 증대에 따라 노동자 계층의 목소리도 커지기 시작하였는데, 이들은 자신들의 자녀들을 위해 공교육이 좀 더 확대되기를 원하였다. 1920년대에 처음 제기되었던 '누구든지 다닐 수 있고 차별 없이 함께 배울 수 있는 종합학교 모형'이, 1950년대에 노동자 계층의 적극적인 요구에 의해 다시 살아나 정책 의제가 되었고, 1970년대에 이르러서는 드디어 '종합학교(comprehensive school)'라는 구체적인 형태로 구현된 것이다(Aho et al., 2006).

이 시기까지는 핀란드 교육이 다른 나라의 교육에 비해 우월하거나 특별하지는 않았다. 모든 젊은이들이 정규학교에 다닐 수 있도록 넓고 촘촘하게 학교 네트워크가 구축되어 있고, 누구든 원하는 사람은 중등교육과 고등교육을 받을 수 있었으며, 고등교육에 대한 수요가 증가하고 있는 상황이었다. 그리고 당시 핀란드 학생들의 성취도는 국제비교평가에서 읽기 과목을 제외하고는 중위권 정도 수준이었다(Shalberg, 2011 : 2). 이러한 분위기 속에서 1990년대 초반에 이르러 핀란드 교육은 또 다른 전기를 맞이하게 되었다. 1990년대 초반 국가재정이 파탄 지경에 이를 정도까지 엄청난 경제 위기를 겪게 되자, 국가재정의 불균형을 해소하고

구소련 붕괴로 인해 무너져 버린 수출망을 재구축하기 위하여 과감하고 즉각적인 조치들이 필요하였다. 당시 핀란드 정책 담당자들은 자율과 선택을 기반으로 한 과감한 개혁 조치를 단행하였으며, 그중 가장 큰 변화는 교육거버넌스 체제의 변화였다. 이 시기에 중앙집권적 교육행정 체제를 지자체 중심의 교육자치제로 변화시켜 교육의 실질적인 운영 권한을 지자체에 넘겨주었다. 이를 통해 핀란드에서는 광범위한 교육자치제가 구축되었고, 중앙정부에서는 재정을 지원해 주는 것 이외에는 특별한 간섭이나 통제를 하지 않았다. 이러한 역사적 변화 과정을 거쳐 오늘날 핀란드 교육자치제가 구축되었다. 즉, 전통적으로 오랫동안 귀족교육과 일반서민교육을 분리하여 운영해 오던 핀란드에서 1970년대부터 1990년대 사이, 약 20여 년 동안에 국가의 사회·경제적 변화를 바탕으로 평등교육 및 교육자치제의 기반을 닦으며 오늘에 이른 것이다.

지구상의 수많은 나라 중 교육 분야에 있어서 역사와 전통을 자랑하는 독일, 영국, 미국, 프랑스 등의 많은 나라들이 있지만, 2000년대부터 전 세계적으로 그 어느 나라보다 핀란드 교육이 주목을 받고 있다(Darling-Hammond, 2009; Hargreaves & Shirley, 2009). 핀란드는 국토 면적은 넓지만 인구가 적고 추운 날씨에 지하자원도 풍부하지 않은 척박한 풍토의 나라, 그리고 식민지배, 내전, 외침 등을 겪은 나라임에도 불구하고 세계 최고의 교육 및 경제 강국으로 부상한 나라이다.

핀란드 교육이 주목받기 시작한 것은 OECD에서 실시한 초·중등교육 분야에 대한 학업성취도 비교평가인 PISA 테스트 결과가 발표되기 시작하면서부터이다(OECD, 2001; 2004). 그런데 핀란드는 단순히 초·중등교육 분야의 성취도 수준만 높은 것이 아니라, 대학 경쟁력, 교육제도 경쟁력, 학생 인성지수 등 거의 모든 교육 영역에서 세계 최고의 수준을 보여 주고 있다. 교육 분야뿐만 아니라 경제 경쟁력, 국민행복도, 청렴도, 국가에 대한 신뢰도, 언론의 자유 등 거의 모든 분야에서 세계 최고 수준에 있는 나라이다. 이는 핀란드가 사회 전반적으로 수준 높은 국가이며, 국민 삶의 질 또한 우수하다는 것을 보여 주는 것이기도 하다(Darling-Hammond, 2009; Hargreaves et al., 2007).

이러한 우수한 교육이 뒷받침되고 있는 핀란드는 성인들에 있어서도 삶의 질이 높은 것으로 나타나고 있다. Newsweek(2010)에서 세계 각국을 대상으로 교육, 건강, 삶의 질, 경제경쟁력, 정치적 환경 등 다섯 가지를 기준으로 우수한 국가(best country) 조사를 실시하였는데, 이 조사에서도 핀란드는 스위스, 스웨덴 등을 제치고 세계 1위인 것으로 나타났다. 또한 Forbes(2010)에서 세계 각국을 대상으로 한 국민행복도 조사 결과를 발표하였는데, 덴마크가 1위, 핀란드가 2위를 차지하였으며, 한국은 56위였다. 이는 핀란드의 우수한 교육이 국민들의 삶의 질을 높이고 행복 또한 증진시키고 있음을 보여 주고 있다.

핀란드는 국민들이 높은 수준의 삶의 질을 갖추고 있을 뿐만 아니라, 국민들의 청렴도 역시 세계 최고 수준임을 보여 주고 있다. 국제청렴도기구(TI, 2016)에서 발표한 결과에 의하면 세계 국가들 중에서 청렴도가 가장 높은 나라는 덴마크이고, 핀란드는 그 다음인 세계 2위인 것으로 나타났다. 핀란드는 국민들의 삶의 질도 높고 청렴도 수준도 매우 높은 나라라고 할 수 있다. 이러한 우수한 내적 기반은 국가경쟁력 강화로 이어짐을 알 수 있는데, 세계경제포럼(WEF, 2014)에서 발표한 각 국가별 향후 지속가능한 성장을 위한 국가 차원의 생산성, 수용성 등을 평가하는 글로벌 국가경쟁력 평가에서 핀란드는 세계 4위로 높은 수준의 국가경쟁력을 갖추고 있는 것으로 나타났다. 그리고 이러한 질 높은 교육과 삶을 이끌어 가고 있는 국가(정부)에 대한 핀란드 국민들의 신뢰도는 2014년도에 OECD 국가들 중에서 6위를 하는 등 지속적으로 높은 수준을 보여 주고 있다.

어느 나라에서든 국민들의 삶의 질과 의식 수준은 그 나라 교육의 질과 밀접하게 관련되어 있다(Gayer, 2003). 핀란드 사회가 전반적으로 그 수준이 높은 것은 우수한 핀란드 교육이 뒷받침되었기 때문이다(Valijarvi, 2007). 핀란드는 교육의 수준도 높고 국민 삶의 질도 우수한 가장 모범적인 교육을 운영해 가고 있는 나라라고 할 수 있다. 핀란드 교육은 이러한 측면에서 교육성취도가 향상되지 않아 고민하고 있는 미국, 독일 등이나, 성취도는 높지만 전인교육이 실종되어 가고 있는 한국, 일본 등과 같은 세계 많은 나라들로부터 집중적인 주목을 받고 있다.

특히 주목되는 점은 핀란드는 우수한 교육을 통해 학업성취도 수준이 높을 뿐만 아니라, 교육으로 인해 국민들이 행복해 하고 있다는 점이다(Newsweek, 2010. 08. 17). 핀란드는 PISA 평가에서 세계 최상위권을 유지하고 있는 대표적인 나라이다. 그런데 핀란드 국민들은 PISA 평가에서 우수한 결과가 나왔기 때문에 기뻐하는 것이 아니라, 국가가 베풀어 준 교육 자체에 행복해 하고 고마워 하고 있다(Aho et al., 2006; Pyhalto et al., 2012; Shalberg, 2011). 핀란드 국민들에게 교육은 자신들의 전 재산을 쏟아붓고 매달려야 하는 대상도 아니고 무한경쟁의 과정도 아니다. 이들에게 교육은 자신을 발전시켜 주는 것이고, 자신을 행복하게 해 주며, 자아를 실현시켜 주는 과정이다. 따라서 핀란드 사람들에게 교육이란 부담스럽고 힘든 과정이 아니라 편안하고 즐거운 과정이다.

약육강식의 경쟁이 아니라 지극히 정상적이고 자연스러우면서 교육적인 방법으로 교육을 이끌어 나가면서도 성공할 수 있다는 것을 핀란드 교육이 보여 주고 있다. 이런 점에서 핀란드 교육은 분명 우리에게 시사를 주고 있다. 우리에게 지금 하고 있는 방법 이외에는 도저히 다른 방법이 없을 것 같았던 암담한 현실에서 다른 방식으로도 성공할 수 있다는 것을 보여 준 핀란드 교육은 분명히 의미가 있다. 하지만 핀란드 교육이 아무리 장점이 많다고 하더라도 한국과는 사회·문화적, 또는 역사적 배경이 다르기 때문에 핀란드 교육을 그대로 한국에 적용할 수 없다는 것은 분명하다. 그럼에도 불구하고 핀란드 교육은 미래에 대한 방향조차 잡지 못하고 있는 우리 교육에 하나의 돌파구가 될 수 있으며, 견고하게 화석화되어 있는 우리의 교육 현실에 교육적 상상력을 불어넣어 줄 수 있다는 점에서 분명 의의가 있다.

제2절 핀란드 교육제도

핀란드 교육의 구체적인 모습은 어떠한가? 한 국가 교육의 모습을 살펴보기 위한 접근 방법은 여러 가지가 있을 수 있는데, 여기서는 각 학교급별로 나누어 핀란드 교육의 모습을 살펴보고자 한다. 우선 핀란드 교육체제에 대해 설명하고,

핀란드의 유아교육, 종합학교, 고등학교, 대학교, 성인교육 등의 순으로 핀란드 교육을 살펴본다.

1. 학제

핀란드의 공교육체제는 취학 전 교육단계, 초·중학교 교육단계, 고등학교 교육 단계, 대학 교육단계 등 크게 네 단계로 이루어져 있다. 우선, 취학 전 교육단계는 5세 이하의 아동들을 대상으로 한 유아교육 과정과 6세 아동을 대상으로 한 예비 학교(pre-primary school) 교육과정의 두 과정으로 이루어져 있다. 초·중학교 교육단계는 종합학교(comprehensive school)에서 맡고 있는데, 우리나라의 초등 학교와 중학교를 통합한 학교 형태로 9년제 교육과정이며, 만 7세에 입학하여 15세까지 교육 받는다. 고등학교 교육단계는 대학입학을 준비하는 인문계고등학 교와 직업교육을 실시하는 직업고등학교 둘로 나누어져 있고, 대학 교육단계는 학문 연구에 초점을 둔 일반대학(university)과 직업교육에 초점을 둔 응용과학 대학(University of Applied Science)35)으로 나뉜다. 핀란드는 이러한 공교육체 제 이외에도 학령기를 지난 국민들, 즉 성인 대상의 교육이 발달된 나라인데, 성 인교육은 어느 계층의 국민이나 모두 받을 수 있는 평생교육 과정이다.

핀란드의 공교육체제에서는 일정 교육단계를 이수한 학생들에게 다음 단계의 교육을 받을 수 있는 자격이 주어지는데, 각 단계의 교육의 질은 의회법(Act of Parliament)의 규정에 의해 관리되고 있으며 학생의 권리도 보장되고 있다 (European commission, 2009). 핀란드의 공교육체제를 그림으로 나타내면 다음 과 같다.

---

35) 핀란드에서는 전통적으로 고등 교육단계에서 직업교육에 목표를 둔 대학을 '폴리테크닉대 학'으로 지칭해 왔다. 그러다가 2015년에 명칭에 있어 획기적인 변화가 이루어졌는데, 폴 리테크닉대학이라는 명칭 대신에 '응용과학대학(university of applied science)'이라는 명 칭을 사용하고 있다(Finnish National Agency for Education, 2020). 그런데 핀란드 내 에서는 여전히 폴리테크닉대학이라는 용어를 지배적으로 사용하고 있기 때문에 본고에서 도 핀란드에서 일반적으로 사용하고 있는 폴리테크닉이라는 용어를 그대로 사용한다.

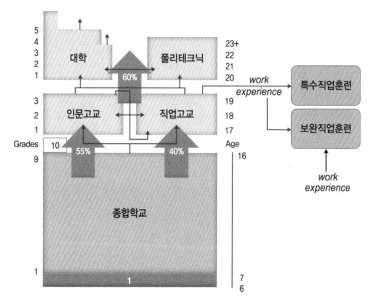

[그림 V-1] 핀란드 학제

* [출처] Finnish Ministry of Education and Culture(2020). p.5

위 그림을 바탕으로 좀 더 자세하게 핀란드 교육체제를 설명하면 다음과 같다. 우선, 핀란드에서 취학 전 교육은 대체로 2~6세 아동을 대상으로 하는데, 2~5세 아동은 유치원에서, 6세 아동은 예비학교에서 가르친다. 학부모 및 아동의 유치원 교육 참여는 자율이지만, 각 지자체에서는 의무적으로 유치원과 예비학교 프로그램을 만들어 제공해야 한다.

의무교육 기간은 10년으로 6세부터 시작된다. 핀란드의 모든 아이들은 예비학교와 종합학교를 통해 이 과정을 이수한다. 핀란드 의무교육 과정의 목표는 인간다움을 향한 아이들의 성장을 촉진하고, 사회 구성원으로서의 책임의식을 기르며, 삶에 필요한 지식과 기술을 갖추도록 하는 데 있다. 핀란드에서는 교육을 미래의 삶에서 스스로를 개발하고 발전시키는 데 필요한 지식과 기술을 획득하는 것으로 생각할 뿐만 아니라, 사회적 평등을 촉진하는 과정으로 보기 때문에 '충분한 평등교육'이 이루어지도록 하는 데 힘을 쏟고 있다(Finnish National Agency for Education, 2020). 핀란드에서 의무교육과정에 해당하는 연령의 아동을 둔

부모들은 반드시 이 규정을 따라야 한다. 다만, 심리학적·의학적 검사를 통해 학교에서의 생활 및 학습 역량을 갖추었다고 인정받은 아이는 1년 먼저 의무교육기관에 입학할 수도 있다. 마찬가지로 유사한 검사를 통해 사정이 있는 경우, 1년 늦게 의무교육기관에 들어가기도 한다. 핀란드에서는 의무교육이라고 해서 꼭 학교에 다녀야만 하는 것은 아니다. 집에서 하는 홈스쿨링을 통해서도 의무교육 과정을 이수할 수 있으며, 이 경우 지자체에서는 학생의 학업 진행 상황에 대해 점검할 의무가 있다. 이와 같이 의무교육 대체 과정으로서의 홈스쿨링이 법적으로 허용되어 있기는 하지만, 실제로 홈스쿨링을 통해 의무교육을 이수하는 경우는 소수이다(European Commission, 2009 : 22~23).

의무교육을 마친 학생들은 학업을 계속 할 수도 있고 직업 세계에 들어갈 수도 있지만, 사회적 분위기상 직업 세계로 곧바로 들어가는 것을 권장하지는 않는다. 따라서 의무교육을 마친 학생들은 대부분 인문고등학교와 직업고등학교 중에서 본인이 선택한 학교에 진학을 한다. 인문고등학교 교육기간은 보통 3년인데, 타당한 이유가 있을 때에는 4년까지 연장할 수 있다. 인문고등학교를 마치면서 학생들은 대부분 대학교육을 위한 기본 자질을 평가하는 대학입학자격시험(Matriculation examination)을 치른다. 인문고등학교에서는 교육부에서 정한 기준을 토대로 자율적으로 학생을 선발한다. 핀란드 인문고등학교의 목적은 학생들이 교양과 인격, 기본의식을 갖춘 사회 구성원으로 성장할 수 있도록 돕는 것이며, 학생들의 다양한 개성과 흥미를 계발하고, 대학교육에 필요한 지식과 기술을 길러 주는 것이다. 또한 이 과정에서는 학생들에게 평생학습 및 미래의 자기개발을 위해 필요한 역량을 길러 주는 데 목적을 두고 있다(Finnish National Agency for Education, 2020).

의무교육을 마친 학생들이 진학하는 또 하나의 과정인 직업고등학교의 교육연한은 3년이다. 직업고등학교의 교육은 학교교육과 현장교육으로 나누어지는데, 20학점(6개월) 이상을 자신의 전공과 관련된 직업 현장에서 이수해야 한다. 한편, 직업기술을 어디에서 배웠느냐에 상관없이 능력기반자격시험(competence-based qualifications)을 통해 직업교육 이수를 인정받기도 한다. 다른 성인교육 훈련과 마찬가지로, 능력기반자격시험은 별도의 법에 의해 운영된다. 직업고등학교의 목표는 학생들에게 직업 역량을 갖추는 데 필요한 지식과 기술을 길러 주고, 미래의 삶과 발전을 위한 잠재 능력을 함양시켜 주는 데 있다(European Commission, 2009 : 29). 인문고등학교나 직업고등학교를 마친 학생들은 모두 대학에 지원할 수 있다.

핀란드의 대학교육은 크게 일반대학(University)과 응용과학대학(University of Applied Science)의 두 유형으로 이루어져 있다. 인문고등학교 출신 학생들은 대학입학자격시험을 통해 대학에서 공부할 수 있는 역량이 검증되고, 직업고등학교 학생들의 경우는 최소 3년간의 직업고등학교에서의 훈련 과정이 대학 진학의 요건이 된다. 응용과학대학에서 공부할 수 있는 역량은 고등학교 과정에서 길러지는데, 인문고등학교에서 받은 일반교육, 직업고등학교에서 받은 직업교육 등이 그 바탕이 된다. 직업고등학교 학생들도 일반대학에 입학할 수 있으나, 현재 일반대학에 입학하는 학생들의 대부분은 대학입학자격시험을 거친 인문고등학교 출신 학생들이다.

성인교육은 시민들에게 각종 교육의 기회를 제공하고 생애 차원에서 필요한 자질을 갖출 수 있도록 하기 위한 교육과정이다. 성인은 자신이 원하는 경우 젊은 학생들과 함께 일반교육기관에서 교육 받을 수 있고, 성인교육을 위해 세워진 교육기관에서 교육 받을 수도 있다. 일반대학이나 응용과학대학에서도 성인교육 프로그램을 제공하고 있으며, 강좌 선택 및 일체의 배움 과정은 성인 교육자 본인의 책임하에 이루어진다(European Commission, 2009 : 29~30).

2. 교육행정 체제

핀란드의 교육행정은 전통적으로 강력한 중앙의 관리와 통제하에 이루어져 왔는데, 1980년대 학교법이 개정된 이후, 지자체 및 지역교육기관들의 의사 결정 권한이 증대되었다(Sahlberg, 2011). 정부기관들에 의한 지방의 교육행정에 대한 통제도 급격하게 줄어들어, 지방의 교육 및 문화 행정은 이제 상급기관의 통제를 거의 받지 않게 되었다. 지방의 교육 및 문화 행정 담당자에 대한 자격 요건도 각 지역에서 자체적으로 정할 수 있도록 하였으며, 교장 직위를 포함하여 의무적으로 두어야 하는 행정 직위들도 폐지할 수 있도록 하였다(Hargreaves et al., 2007). 아울러 핀란드의 지방행정 시스템에서는 일반행정과 교육행정이 통합되어 있어 교육을 위한 정부 교부금이 사회, 건강 등 다른 분야의 교부금과 통합 지원되고 있다. 핀란드에서 지자체 간의 통합도 가속화되고 있는데, 2007년 342개이던 지자체가 2016년 313개로 줄었으며, 향후에도 소규모 지자체들 간의 지속적인 통합이 이루어질 예정이다(Association of Finnish Local and Regional Authorities, 2020).

1) 큰 그림을 그리는 중앙 교육행정기관

핀란드 교육정책은 교육법에 기반을 두고 각종 계획 및 연구보고서, 정부예산 등을 토대로 수립된다. 교육분야 교육정책 수립과정에서 토대가 되는 주요 보고서는 '교육 및 연구 개발 계획'(Development plan for education and research)이다. 이 보고서는 정부의 승인을 받은 보고서이며, 6년간의 국가 교육 개발 및 계획을 담고 있는데, 국가 교육 및 연구 계획, 자원배분 계획, 각 단계 및 각 분야별 교육 계획 등이 담겨 있다(Finnish Ministry of Education and Culture, 2020).

교육정책 수행의 중앙단위 담당기관은 교육부(Ministry of Education and Culture)[36]와 국가교육청(Finnish National Agency for Education)이다. 우선 교육부는 교육 분야의 최고 권위기관이며, 핀란드의 모든 공교육에 대해 책임을 지는 기관이다. 교육부는 교육과 연구를 관할하는데 교육 관련 법률 준비, 의사결정, 예산배분 등의 역할을 맡는다. 핀란드에서 초·중등교육은 지자체 소관인데, 고등교육인 일반대학과 응용과학대학은 교육부가 관할하고 있다. 아울러 교육부는 문화, 종교, 청소년, 스포츠 분야 등도 함께 관장한다. 교육부가 관할하고 있지 않은 외부의 주요 교육 분야는, 아동보육(사회복지건강부), 군사훈련(국방부),

---

36) 핀란드의 '교육부'의 좀 더 정확한 명칭은 '교육문화부(Ministry of Education and Culture)'이다. 즉, 핀란드에서는 교육부와 문화부를 통합한 정부기구를 갖추고 있다. 그런데 이 부서 내에서 교육 관련 업무와 문화 관련 업무를 분리하여 관장하고 있다. 이러한 특성을 반영하여 본서에서는 '교육부'라는 명칭을 사용한다. 따라서 본서에서 특별한 언급이 없는 한 '교육부'는 '교육문화부'를 가리키는 용어이다.

경찰 및 소방·재난구조요원 훈련(내무부) 등이다. 교육부의 과업 수행을 지원해 주는 전문가 단체들도 있는데, 대표적 기관으로는 성인교육위원회, 고등교육평가 위원회, 핀란드교육평가위원회, 국가교육훈련위원회, 국가스포츠위원회, 청소년 복지자문위원회 등이 있다(European Commission, 2009 : 23).

핀란드에서 중앙단위 교육정책을 수행하는 또 하나의 기구가 국가교육청인데, 이 국가교육청은 핀란드 교육정책 연구 및 개발과 관련하여 중요한 역할을 담당 하며, 교육부와 긴밀한 연계 가운데 과업을 수행하고 있다. 국가교육청은 고등교 육을 제외한 초·중등교육 및 성인교육 분야의 국가수준 교육정책 연구 및 개발기 관이다. 국가교육청에서는 교육부와의 수행협약에 따라 초·중등교육 및 성인교 육 분야의 교육목적, 교육내용, 교육방법 등을 연구·개발한다. 또한 국가교육청에 서는 국가핵심교육과정(National core curricula), 각종 자격기준(requirements of qualifications)을 제정하며, 학습결과에 대한 평가를 수행한다. 또한 교육정책 수립과 관련하여 교육부를 돕는 역할도 수행한다. 국가교육청은 운영위원회에 의 해서 운영이 되는데 운영위원회는 교육기관, 자치단체, 교사단체, 사회기관 등을 대표하는 전문가들로 구성되어 있다. 국가교육청의 교육부와의 협약기간은 3년 이며 매해 운영 협의를 하고 있다(European Commission, 2009 : 24).

2) 실질적 교육운영 주체 : 지방자치단체

핀란드에서 지방행정은 지자체가 맡고 있다. 앞에서 언급한 바와 같이 핀란드 에서는 일반행정과 교육행정이 통합되어 운영되는데, 지자체는 자치정부이며 세 금 부과권을 가지고 있으며, 지자체의 운영과 행정은 「지방정부법」에 기반을 두 고 있다. 핀란드에는 앞에서 언급한 대로 2016년을 기준으로 전체 313개 지자체가 있는데, 이들 중 108개는 도시 지역에 위치해 있다. 각 지자체에서 최고의사결정 권한은 지자체의회(municipal council)가 가지고 있으며, 지자체의회 위원은 보 통선거를 통해 선출된다. 지자체 행정부는 「지방정부법」에 있는 행정 및 재정에 관 한 규정을 토대로 지자체 의회에서 구성한다(Association of Finnish Local and Regional Authorities, 2020).

지자체의 교육서비스에 관한 행정도 「지방정부법」의 규정에 따라 이루어진다.

핀란드어와 스웨덴어를 함께 사용하는 지자체에서는 각 언어를 사용하는 행정기구를 분리하여 운영하기도 하고, 통합하여 운영하기도 한다. 지자체는 해당 지역의 의무교육기관을 조직하여 운영할 책임이 있으며, 부분적으로 재정에 대한 책임도 져야 한다. 각 지자체는 지역의 아동을 위하여 의무교육을 제공해야 하는데, 특수아동을 포함하여 누구든지 능력에 따라 교육 받을 수 있도록 할 책임이 있다. 핀란드에서 의무교육을 담당하는 모든 학교는 지자체에 의해 운영된다.

각 지자체는 지역의 아동을 위하여 교육서비스뿐만 아니라 사회복지서비스도 제공할 의무가 있다. 지자체는 통학거리가 먼 학생에게 통학서비스를 제공해 주는 등 특정 복지를 필요로 하는 학생들에게 복지서비스를 제공해 주어야 한다. 학생을 위한 복지서비스에는 학교급식, 학생건강, 치아검진 등이 종합적으로 포함되며 이를 위해 사회복지사, 심리치료사, 학교의사 등 담당 전문가들을 배치하고 있다(European Commission, 2009 : 26).

지자체에 의무교육기관이 아닌 인문고등학교나 직업고등학교를 운영할 법적 책임이 있는 것은 아니다(European Commission, 2009 : 26). 다만, 지역의 고등학교 운영을 위하여 재정을 지원할 의무를 갖게 된다. 각 지역의 인문고등학교는 대체로 지자체 소속 기관이며, 직업고등학교는 지자체, 지자체연합, 국가 혹은 사설기관 등에 의해 운영된다. 최근 들어 국가가 운영하던 직업고등학교의 소속이 대부분 지자체 혹은 사설 운영 기관으로 전환되고 있는 추세이다.

이와 같이 핀란드는 철저히 분권화된 교육행정 체제를 갖추고 있는 것이 특징이라고 할 수 있는데, 다음 장에서는 각 지자체에서 담당하고 있는 유아교육, 종합학교 교육, 고등학교 교육, 그리고 중앙의 교육부에서 관할하고 있는 대학교육 등에 대해 살펴보고자 한다.

3. 교원양성 체제

어느 조직이든지 성공적인 과업 수행을 위해서는 훌륭한 인적자원을 확보해야 하고, 그 인적자원이 역량을 최대한 발휘할 수 있는 여건을 만들어 주어야 한다. 핀란드에서도 국가 교육과정에 매우 다양한 인적자원이 참여하고 있는데, 그중에서도 직접적으로 교육을 담당하고 있는 교사의 역량이 탁월하고 우수하다는 것이 핀란드의 특징이자 장점이다(Darling-Hammond, 2009). 아울러 이러한 교사가 안정적으로 교육활동에 전념할 수 있도록 여건들도 갖추고 있다.

1) 질 높은 교사교육

앞에서 언급한 것처럼 핀란드에서는 우수한 인재들이 교사가 되기 위하여 교사교육기관에 입학을 하는데, 이들은 5년 동안의 석사학위 과정을 통해 철저한 교사교육을 받는다. 핀란드의 교사교육 과정은 학습 강도가 높아 학위 과정은 5년 이지만 대체로 많은 수의 학생이 6~7년 정도 걸려 이 과정을 마치고 있다(Jakku-Sihvonen & Niemi, 2006).

초등교사교육 과정에 있는 학생은 5년 동안의 석사학위 과정을 통해 교육학 석사학위를 받게 되며, 교사교육 프로그램을 병행하여 이수한다. 중등교사교육 과정에 있는 학생은 두 가지 트랙에서 병행하여 함께 교육을 받는데, 석사학위는 교사교육학과가 아닌 자신의 해당 전공 일반학과에서 이수를 하고, 교사교육 프로그램은 교사교육학과에서 이수를 한다. 즉, 일반학문 분야에서 석사학위를 이수하였거나 이수하고 있는 학생 중 교사가 되고자 하는 학생의 지원을 받아 선발한 후, 이들에게 1년 동안의 교사교육 프로그램을 이수하게 하여 교사자격을 부여하고 있는 것이다.

핀란드에서 교사교육 과정에 있는 학생은 각 대학의 교사교육 프로그램에 따라 교육을 받게 되는데, 대학에서 교사교육 강좌 수강뿐만 아니라 학교 현장에서 매우 체계적이고 철저한 교육실습 과정을 거친다. 교육실습은 대체로 약 6개월 동안 세 차례에 걸쳐 이루어진다. 교육실습 전문학교인 '교사훈련학교(teacher training school)'와 지역의 일반 학교에서 함께 교육실습이 이루어지는데, 수업 참관 및 수업 활동, 인턴십 등의 과정으로 구성되어 있다(Jakku-Sihvonen & Niemi, 2006).

교사교육 과정에서는 현장과의 연계를 매우 중시하며, 학교 현장의 학급에서 생길 수 있는 다양한 상황들을 철저히 분석하고 익히게 한다. 예를 들어, 이민자 자녀, 음주나 흡연, 비행 등의 문제를 가진 아이를 어떻게 다룰 것인지에 대해 철저히 배운다. 그리고 핀란드 교사교육 과정에서는 교사를 단순히 교육과정 지식을 전달하는 사람으로 보지 않고, 교과 및 교육활동에 있어 전문성과 자율성을 가진 독립적인 전문가로 보고 교사교육을 시키고 있다(Jakku-Sihvonen & Niemi, 2006; Krzywacki et al., 2011). 또한 교사가 갖추어야 할 높은 수준의 수행 및 교육역량을 길러 주기 위하여 교사양성 과정에서부터 예비교사에게 헌신, 자율, 전문성 등의 의식을 심어 주고 있으며(Hargreaves et al., 2007 : 15~16), 이와 같이 철저하고 체계적인 교사교육을 통해 교직 초기단계에서부터 교사의 질을 확보하려는 것이 핀란드의 전략이다. 30여 년이 넘도록 지속적이고 안정적으로 이러한 전략을 추진해 오면서 오늘날 핀란드 교육 성공의 기반인 우수한 교사를 확보한 것이다(Sahlberg, 2011).

2) 안정적 교육 여건

핀란드에서는 우수한 교사를 길러 내기 위하여 노력할 뿐만 아니라, 교직에 들어 온 교사가 최대한 자신의 역량을 발휘할 수 있도록 하기 위하여 여건을 만들어 주는 데에도 많은 관심을 기울이고 있다(Jakku-Sihvonen & Niemi, 2006; Sahlberg, 2011). 우선 핀란드 교사는 상당히 안정적인 여건에서 학생을 가르치고 있다. 공립학교에서 교사의 학교 이동이 잦은 한국과 달리 핀란드에서는 특별한 일이 없는 한, 처음에 임용된 학교에서 정년퇴직 때까지 근무를 한다. 따라서 교사는 학교 이동에 따른 적응이나 혼란의 문제를 겪지 않으며, 자신의 학교에서 평생 동안 안정적으로 학생을 가르친다. 교사가 학교의 전통이자 역사가 되며, 학생의 뿌리가 되는 것이다. 또한 학년 운영과 관련해서 특히 종합학교 과정에서는 학생의 학년이 올라감에 따라 해마다 담임을 바꾸는 것이 아니라, 같은 교사가 2~3년 동안, 경우에 따라서는 6년 동안 담임을 맡는 경우도 있다. 교사가 같은 아이를 데리고 학년을 올라가기 때문에 안정적이고, 학생 역시 같은 교사로부터 계속 배움으로 교육의 연계성이 높다(Grubb et al., 2005 : 20~21).

여기에 더하여 핀란드 학교에서는 교사의 승진제도가 없기 때문에 승진을 위한 소모적인 경쟁을 하지 않으며, 행정 잡무가 없기 때문에 행정 일에 소진되지도 않는다. 또한 교사평가가 없기 때문에 평가 준비에 따른 에너지가 분산되지도 않고 안정적으로 교육활동에 집중한다(European Commission, 2009 : 169). 한편, 핀란드에서는 대체로 국민의 주거 및 직장이 안정적이어서 주거 이동이 많지 않고, 이사로 인한 학생 전학 문제도 거의 발생하지 않아 학생 역시 안정적이다 (Grubb et al., 2005 : 16). 가르쳐야 할 학생이 자주 바뀌지 않기 때문에 교사는 좀 더 안정적이고 지속적으로 학생을 돌보고 가르칠 수 있는 것이다. 이러한 학교 풍토 속에서 핀란드 교사는 상대적으로 만족도가 높으며, 또한 자신의 과업에도 헌신적이다(Santavirta et al., 2001). 아울러 핀란드 교사는 단위학교 중심의 의사 결정, 다른 분야 전문가와 상호협력, 학생의 개별적인 필요에 대한 고려 등 국가의 교육개혁의 흐름과 방향에 대해서도 대체로 동의하며 적극 따르고 있다 (Webb et al., 2004).

3) 소규모로 편성된 학교와 학급

핀란드에서는 앞에서 살펴본 바와 같이 대체로 학교규모와 학급규모가 소규모이다. 핀란드에서 대부분의 종합학교는 300명 이하의 규모이며, 학급규모는 20명 안팎이다. 대체로 한 학년이 학급 2~3개로 구성되어 있으며, 각 학급에는 약 20명 정도의 학생이 있는데, 이 정도 규모의 학교에서는 교장을 비롯한 학교의 모든 교사가 전교생을 거의 다 파악할 수 있다. 무엇보다도 이러한 적정규모의 학교 및 학급에서는 학생에 대한 개별적인 관심과 돌봄이 가능하며, 학생의 수준과 상황에 맞는 교육이 이루어질 수 있다.

핀란드 학생은 학교나 학급에서 질서정연하며, 규칙이나 규범을 잘 지키는 편이다(Grubb et al., 2005 : 13).[37] 규칙이나 규범의 준수는 단지 학교 교육을 통해서만 이루어지는 것이 아니라, 가정이나 사회에서도 상당히 중요하게 여기고 있다 (Simola, 2005). 물론 핀란드에서도 최근 들어 학생의 질서나 통제 문제에 대한

---

37) 필자가 핀란드 학교 및 교실 방문 과정에서 관찰한 바에 의하며, 핀란드 학급에서는 수업 시작 종이 울리면 대부분의 학생이 자신의 자리에 앉아 교사를 기다린다. 즉, 교사가 수업에 들어와 학생을 조용히 시키거나 질서를 잡기 위하여 별도의 노력을 할 필요가 없다. 물론, 경우에 따라서는 교사가 들어오고 나서 5분 정도 지나 교실로 들어오는 학생도 있었으나 소수였으며, 교사의 수업 흐름을 방해하지는 않는다. 엄격하게 규율을 지키면서도 융통성을 발휘하는 정서를 읽을 수 있었다.

우려가 높아지고 있는 것은 사실이지만, 기본적인 질서는 견고하게 지켜지고 있다(Sahlberg, 2011). 핀란드 학생은 또한 긍정적인 자아를 가지고 있다. 핀란드 학생은 대체로 자기가 다니는 학교와 자기 자신의 미래에 대해 긍정적으로 생각하며(OECD, 2007), 낯선 사람이나 외국인 등과 이야기하면서도 적극적이며 쾌활하다. 타인에 대해 기본적으로 호의적이며 친절한 정서를 가지고 있다(Sahlberg, 2007).

핀란드에서 학생은 학교를 단지 상급학교 진학을 위해 경쟁하는 곳으로 보지 않고, '학교는 엄숙한 곳이고, 주의를 집중해야 하며, 부지런히 공부해야 하는 곳이지만, 동시에 학교는 또한 즐거운 곳이고, 능력 있고 존경 받는 어른들이 돌봐 주는 곳'으로 여기고 있다(OECD, 2007 : 432). 이러한 맥락에서 핀란드 학교에서는 주요 과목만을 강조하지 않고 기술, 가정, 음악, 미술, 체육 등 모든 과목을 중시한다. 그뿐만 아니라 박물관 및 현장 견학 등 다양한 현장 활동을 통해 실질적인 전인교육을 실시하기 위하여 노력하고 있다(Sahlberg, 2011). 학생에게 학교는 엄숙하게 질서를 지키고 배워야 하는 곳이면서, 동시에 즐겁고 행복한 곳이라는 것이 핀란드 학교의 전형적인 모습이다(Simola, 2005). 이러한 여건 속에서 교사는 교육활동에 좀 더 집중할 수 있게 된다.

4) 전 사회적인 교사지원 체제

핀란드는 사회적으로 교사를 신뢰하고 존중하는 문화를 가지고 있을 뿐만 아니라, 국가적으로 교사를 지원해 주는 체제를 잘 갖추고 있는 나라이다. 핀란드에서는 일정 정원 이상의(약 15명 이상) 교사가 모여 방문이나 견학, 안내를 신청하면 정치, 경제, 사회, 문화 등 어느 분야의 기관이든 교사에게 안내하고, 설명해 주는 제도를 가지고 있다(Jakku-Sihvonen & Niemi, 2006; Krzywacki et al., 2011). 이러한 토대 위에서 핀란드 교사는 교육적인 필요가 있으면, 언제든지 국가의 거의 모든 시설이나 기관을 방문하여 무료로 안내를 받고 정보를 얻을 수 있다. 그리고 국가의 이러한 시설이나 기관의 이용은 단지 교사에게 그치는 것이 아니라 학생을 위해서도 동일하게 제공된다. 이와 같이 핀란드 교사는 학생 교육을 위해 필요한 기관이나 시설을 큰 제약 없이 언제든지 방문하여 교육의 장으로 활용할 수 있다.

그리고 박물관이나 도서관은 교육을 위한 장이나 시설이 될 수 있는데, 핀란드 국가 전역에 걸쳐 매우 촘촘하게 박물관이나 도서관을 갖춰 놓고 있다(Finnish Ministry of Education and Culture, 2020). 이러한 교육적 인프라는 교사의 교육활동을 도울 뿐만 아니라, 교사 역량 개발의 중요한 기반이 되기도 한다.

한편, 핀란드 교직사회의 중요한 특징 중 하나는 교원노조에 대한 가입률이 거의 90%에 이른다는 점이다. 하지만 일부 국가의 교원노조와는 달리 핀란드 교원노조는 급진적 좌파 정치나 정책을 추진하지는 않았다(Rinne, 1988 : 440; Simola, 2005 : 460). 오히려 1970년대 종합학교 개혁을 계기로 교사의 지위 및 교육정책에 대한 영향력이 높아져, 국가의 교육정책 수립에도 교원노조를 포함시켜 교사가 적극 참여하는 편이다(Rinne et al., 2002; Simola et al., 2002). 즉, 핀란드에서는 교원을 관리, 통제의 대상으로 보는 것이 아니라, 국가 교육정책의 중요한 협력파트너로 보고 있는 것이다. 평등한 사회, 평등한 교육체제 속에서 사회적 상승 및 발전, 그리고 사회적 지위 유지를 위한 거의 유일한 통로가 교육임을 깨닫게 된 핀란드 국민은 교육을 중요하게 생각한 만큼 교사를 존중한다. 이로 인해 교사는 학생의 미래 방향을 결정짓는 중요한 사람으로 인식되었고(Raty et al., 1997), 국가와 학부모 양쪽 모두로부터 기대와 존중을 받는 대상이 되었다.

사회적 존중과 자율을 부여 받은 핀란드 교사는 외부기관의 간섭이나 장학, 평가 등이 없이도 높은 수준의 성취를 이루어 내고 있다. 그리고 핀란드 학교에서는 교장도 외부로부터의 간섭이 거의 없이 자신의 학교 및 교사, 공동체를 이끌어 나가는 데 자율권을 가지고 헌신하고 있다. 더 나아가 핀란드에서는 국가 교육과정이 교사를 통제하는 규범이 아니라 교사 자율의 기반이 되고 있다(Simola & Hakala, 2001). 즉, 교사는 국가 교육과정의 지침 내에서 재량껏 자율적으로 교육활동을 수행하고 있다. 이와 같이 핀란드에서는 교사양성 과정을 통해 우수한 교사를 길러 낼 뿐만 아니라, 교사에게 충분한 자율권을 주어 전문적으로 교육활동을 수행하게 하고, 교육적이고 안정적인 학교 건물 및 학생을 갖춰 교사에게 교육활동에 집중하게 하고 있는데, 이러한 것들 또한 핀란드 교육 성공의 한 기반이 되고 있다.

핀란드 종합학교 운영

1. 종합학교 도입 배경

핀란드에서 유치원과 예비학교를 마친 학생들은 의무교육기관인 종합학교에 들어간다. 핀란드에서는 한국과 달리 초등학교와 중학교 과정이 통합되어 있다. 핀란드는 1970년대에 획기적인 학교체제의 개혁을 단행하였는데, 기존의 초등학교 과정과 중학교 과정을 통합하여 9년제 종합학교(comprehensive school) 체제를 만들고, 3년제 고등학교 과정을 별도로 독립시키는 교육체제를 정비한 것이다. 이 종합학교는 9년간의 의무교육 과정으로, 핀란드 국적의 모든 학생들은 종합학교 교육을 이수해야 하는 법적 의무와 권리를 가지고 있다. 종합학교 이전과 이후의 핀란드 학제를 그림으로 나타내면 다음과 같다.

〈개혁 이전의 교육체제(1970년대 이전)〉

〈개혁 이후의 교육체제(1970년대 이후)〉

[그림 V-2] 핀란드 학제 변천

[출처] Sahlberg(2011). pp.20~22.

핀란드 종합학교 개혁은 1972년부터 1978년까지 지역별로 순차적으로 이루어졌다. 이러한 종합학교 개혁은 30여 년간의 논의를 거쳐 이루어졌는데, 국민들의 교육 수준을 높이고 교육평등을 고양시키는 것이 주요 목적이었다(European commission, 2009 : 54). 이들은 초등학교와 중학교로 분리된 이전 교육체제가 학생의 학습 잠재력 발달을 저해하고 단절시킨다고 보았다. 즉, 핀란드에서는 학생들의 발달단계에 대한 과학적 분석과 사회적인 논의를 바탕으로 초등학교와 중학교를 통합한 9년제 종합학교 체제를 구축한 것이다(Valijarvi, 2007).

당시로서는 상당히 혁신적인 종합학교 체제가 자리 잡을 수 있었던 배경에는 크게 두 가지 요인이 작용하였다고 볼 수 있다. 첫째, 핀란드 국민들의 사회 발전이나 국가 발전에 대한 강한 열망이다(Simola, 2005). 1970년대까지만 해도 핀란드는 유럽의 주변 국가들에 비해 뒤처져 있는 상황이었는데, 국가 도약 및 발전을 위한 이들의 강한 열망이 교육개혁에 투영되었으며 혁신적인 종합학교 개혁으로 나타난 것이다. 둘째, 핀란드 국민들의 합의정신이라고 할 수 있다(Sahlberg, 2011). 핀란드에서는 9년제 종합학교 체제를 구축하면서 국가가 일방적으로 끌고 간 것이 아니라 거의 모든 관련 영역의 당사자들이 참여하여 지속적으로 합의해 나가는 형식을 취하였다. 따라서 합의를 이루어 내기까지는 상당히 오랜 기간이 걸렸지만, 자신들에게 적합한 방식을 찾아내는 기간이기도 하였다. 교육개혁에 대한 국민들의 열망, 그리고 진행 과정에서의 참여와 합의의 정신 등이 핀란드 종합학교 개혁의 성공요인이라고 할 수 있다.

하지만 아직 종합학교 개혁이 완성된 것은 아니다(Finnish National Agency for Education, 2020). 핀란드에서 종합학교가 도입된 지 40여 년이 지나고 있지만, 아직도 9년제가 아닌 6년제 초등학교, 3년제 중학교 학제를 운영하고 있는 지역이 있다. 이것은 철저히 그 지역의 특성과 상황을 반영한 조치이다. 즉, 9년제 종합학교가 도입되었지만, 아직 여건과 상황이 갖춰지지 않은 지역에서는 여전히 이전 학제에 따라 학교를 운영하고 있는 것이다. 상황과 환경의 변화와 개선을 통해 일관된 9년제 종합학교를 운영해 가는 것이 이들의 과제라고 할 수 있다. 그럼에도 불구하고 2000년대 들어 PISA 평가에서 핀란드 학생들의 학업성취도 수준이 세계 최고로 나타나면서 종합학교는 성공적인 교육개혁으로 자리 잡아 가고 있다(Shalberg, 2011).

2. 종합학교 운영 현황

1) 입학 : 학교선택제와 근거리 배정의 조화

핀란드에서 만 7세 아이들은 특별한 사정이 있지 않는 한 모두 종합학교에 입학해야 한다. 1980년대까지는 학부모나 학생이 입학할 학교를 선택하지 않고, 교육담당기관에서 배정해 주는 학교에 입학하였는데, 1990년대 들어 학교선택제가 도입되어 현재까지 이어지고 있다(European commission, 2009). 학교선택제를 기반으로 입학을 위한 신청과 지원의 과정을 거쳐, 5월에 입학할 학교가 결정이 된다. 학생 배정이 끝나면, 각 학교에서는 곧바로 입학할 학생과 학부모를 대상으로 오리엔테이션을 실시하고 9월에 학기를 시작한다.

핀란드 종합학교는 대부분 공립학교이며, 사립학교는 전체 학교의 약 3% 정도로 매우 적은 편이다(Finnish National Agency for Education, 2020). 핀란드에서는 사립학교에 다니는 학생도 등록금을 내지 않는다. 사립학교도 국가로부터 지원을 받기 때문이다. 교육과정 측면에서 보면, 핀란드의 일반 공립학교들도 자율과 재량을 누리고 있기 때문에 사립학교에만 특별한 차별성이 있는 것은 아니다. 대체로 종교적인 이유나 지역적 특성, 특수분야 교육 등을 위해 매우 예외적으로 사립학교를 운영하고 있다.

2) 무상교육과 소규모학교

핀란드 종합학교는 9년 동안의 의무교육 과정으로 학생이 학비를 내지 않는 것은 물론 교과서, 급식, 학습자료, 학습 도구, 건강 및 복지서비스 등이 모두 무료로 지원되는 거의 완전한 무상교육 체제이다. 또한 통학 거리가 5km 이상인 학생들은 통학을 위한 교통편의 제공을 요청할 수 있으며, 통학시간이 3시간 이상 걸리는 학생들은 무료로 기숙사에 입사하거나 학교 측에 기숙사 마련을 요구할 수 있다(European commission, 2009 : 56~57).

핀란드 종합학교는 대부분 중·소규모의 학교들이다. 2014년도를 기준으로 보면, 학생 규모가 500명 이상인 학교는 전체의 7.4%에 불과하며, 300~499명 규모의 학교가 18.1%이고, 100~299명 규모의 학교는 35.3%로 가장 많은 비중을 차지하고 있다. 학생 수 50명 미만의 학교도 21.5%나 된다. 즉, 핀란드 종합학교는 전체의 3/4 정도가 학생 수 300명 이하의 학교임을 알 수 있는데, 이는 9학년 체제인 종합학교에서 대략 각 학년에 20명 정도의 학급을 2~3개 정도 갖춘 규모로서, 학교당 학생 수, 학년당 학생 수, 학급당 학생 수가 모두 중·소규모임을 보여 주고 있다. 구체적으로 핀란드의 종합학교 규모 현황을 보면 다음 표와 같다.

〈표 V−1〉 핀란드 종합학교 규모별 현황(2014년 기준)

학교규모	50명 미만	50~99명	100~299명	300~499명	500명 이상	총계
학교 수 (%)	563 (21.5)	464 (17.7)	927 (35.3)	476 (18.1)	193 (7.4)	2,623 (100)

[출처] 핀란드 국가교육청(Finnish National Agency for Education) 홈페이지 : http : //www.oph.fi/en (검색일 : 2019. 12. 15)

이와 같이 핀란드 종합학교는 대체로 소규모학교가 특징이라고 할 수 있다. 이러한 종합학교의 교원 임용 주체는 해당 지역의 지자체이다(Finnish National Agency for Education, 2020). 핀란드에서는 각 지역의 지자체 교육국에서 해당 지역 교원을 임용하는데, 교원을 선발하는 주체는 각 해당 학교이다. 각 학교에서 교원 수요가 생기면 해당 지자체 교육국에 보고하고, 교육국에서 채용 예산을 확보하면 채용 절차에 들어가게 되는데, 실질적인 채용 절차는 각 학교에서 주관한다. 즉, 각 학교에서는 자신들의 학교에 필요한 교사를 스스로 선발하는 것이다. 이렇게 학교가 교원을 선발하여 지자체 교육국에 보고하면, 지자체에서 최종 채용 절차를 거쳐 교원으로 임용된다. 이렇게 임용된 교원은 특별한 사유가 없는 한 정년퇴직할 때까지 임용된 학교에서 근무를 한다(Finnish National Agency for Education, 2020).

핀란드에서 교원채용 및 학교운영과 관련된 예산은 모두 지자체 교육국에서 담당한다. 그리고 지자체 교육국에서는 교육예산을 운영함에 있어 교육예산을 별도로 운영하는 것이 아니라 사회복지예산 등과 융통성 있게 연계하여 운영한다(European Commission, 2009). 즉, 핀란드는 일반행정과 교육행정이 분리되어 있지 않고 통합되어 있기 때문에, 교육예산 역시 경직적으로 운영하지 않고, 다른 분야 예산과 통합하여 운영하는 것이 이들의 특징이라고 할 수 있다.

3) 최소 규정의 국가교육과정 지침

핀란드 종합학교에서 교육과정 운영은 국가핵심교육과정의 지침을 토대로 한다. 국가핵심교육과정은 국가교육청에서 만든다. 교육과정은 각 과목의 목표와 핵심내용, 학생 평가의 원리, 특수교육, 학생 복지, 진로지도 등의 내용으로 구성되어 있다. 좋은 학습 환경의 원리, 학습에 대한 개념 및 접근법 등도 국가핵심교육과정에 포함되어 있다. 국가핵심교육과정은 약 10년 주기로 바뀌고 있다. 직전 국가핵심교육과정은 2004년에 만들어져서 2006년부터 각 학교에 적용되어 2016년 7월까지 사용되었으며, 현재는 2016년부터 만들어진 국가교육과정을 적용하고 있다(Finnish National Agency for Education, 2020). 각 지자체 및 학교에서는 국가핵심교육과정의 기본틀(framework) 내에서 자체적인 교육과정을 만들어 운영하고 있다. 향후 10년간 사용될 국가핵심교육과정 개정 작업을 2014년에 완료하고 2016년 8월부터 학교 현장에서 사용하고 있다.

핀란드의 「의무교육법」에서는 교육과정에 포함되어야 할 과목을 규정하고 있다. 그리고 종합학교 과정 동안 배워야 할 핵심 과목과 그 과목들의 시간 배분 및 최소 수업시수 역시 국가에서 정하고 있다. 이러한 국가 규정에 따라 종합학교 1~6학년 과정에서는 전국적으로 거의 동일한 과목과 동일한 시수의 교육을 받고 있다고 할 수 있는데, 최근 들어 좀 더 다양한 방식으로 유연하게 시간을 배분하여 운영하는 학교들이 늘어나고 있다. 한편, 종합학교 7~9학년에서는 좀 더 많은 선택과목을 배울 수 있기 때문에 지역 간, 학교 간 다양성을 보이고 있다.

핀란드 종합학교 학기 운영과 관련해서는 거의 모든 학교에서 1~6학년은 대체로 1년간 두 학기제(가을학기와 봄학기)로 운영하고 있으며, 7~9학년의 경우는 1년간 두 학기제로 운영하는 학교와 1년간 네 학기제로 운영하는 학교가 공존하고 있다. 지자체와 학교는 필요에 따라 학기제 유형을 자율적으로 정할 수 있다(European commission, 2009 : 58). 핀란드 국가교육청에서 정한 종합학교 교과목 및 수업시수, 시간 배분은 다음 〈표 Ⅴ-2〉와 같다.

〈표 Ⅴ-2〉 핀란드 종합학교(1~9학년) 수업시수 배정

과목＼학년	1	2	3	4	5	6	7	8	9	합 계
국어	14		18				10			42
외국어A	–		9				7			16
외국어B		–				2	4			6
수학	6		15				11			32
생물 – 지학 물리 – 화학 건강교육			–				7 7 3			31
환경	4		10							
종교, 또는 윤리	2		5				3			10
역사 – 사회			5				7			12
음악 미술 기술 체육	2 2 4 4		4 5 5 9				2 2 2 7			8 9 11 20
가정경제			–				3			3
상담 및 진로지도			–				2			2
선택과목			9							9
최소 주간 수업시수	19	19	23	23	24	24	30	30	30	222
선택 외국어A	–		(12)							(12)
선택 외국어B		–					(4)			(4)

* [출처] Finnish National Board of Education(2016). Finnish national core curriculum for basic education. Helsinki : Author.
* – : 해당 학년에서는 가르치지 않음을 의미
* ( ) : 선택과목으로 가르치는 과목
* 수업시수 1은 38시간 정도의 수업을 의미

(1) 학년 간 통합교육

위의 〈표 Ⅴ-2〉에 나타난 것처럼 핀란드의 종합학교 국가핵심교육과정에서는 각 과목의 시간 배분을 각 학년별로 세분하여 정하지 않고, 몇 개 학년을 연계하여 운영하도록 하고 있다. 즉, 국어 과목 같은 경우 1학년과 2학년 수업시수를 각각 정해주지 않고, 1~2학년 동안 14단위를 이수하게 하여 각 지역이나 학교의 특성에 맞게 융통성 있게 운영하도록 하고 있는 것이다.

한편, 앞의 표에 제시된 수업시수는 각 과목별 주당 최소 수업시수를 규정한 것인데, 핀란드에서 종합학교의 연간 수업 주수는 대략 38주이다. 예를 들어, 수학 과목의 경우 주당 총 수업시수가 32시간으로, 이를 38주 동안 수업을 하면 총 1,216시간의 수업을 해야 한다. 이를 학년별로 나누고 있는데, 1~2학년에서 228시간(6단위×38주), 3~5학년에서 456시간(12단위×38주), 6~9학년에서 532시간(14단위×38주)의 수학 수업을 하도록 하고 있는 것이다.

또한 종합학교 국가핵심교육과정에서는 각 과목별로 특성에 따른 교육과정을 운영할 수 있도록 안내하고 있다. 예를 들어, 과학 과목의 경우, 각 학년 및 학생의 발달 단계에 따라 하위 영역 과목의 구성을 달리하고 있다. 헬싱키 시내 종합학교의 경우 1~4학년에서는 '자연과학 및 환경'이라는 통합과목으로 운영하고, 5~6학년에서는 물리-화학 통합과목, 생물-지구과학 통합과목으로 두 과목씩 통합하여 운영한다. 7~9학년에서는 물리, 화학, 생물, 건강교육(health education)으로 과목을 각각 분리하여 가르치고 있다.[38) 그 현황을 표로 나타내면 다음과 같다.

〈표 Ⅴ-3〉 Helsinki 시내 종합학교 과학 과목 운영 체계

학 년	과목 운영
1~4학년	자연과학 및 환경
5~6학년	물리-화학 통합, 생물-지구과학 통합
7~9학년	물리, 화학, 생물, 건강교육(health education) 등으로 각각 분리

[출처] Finnish National Agency for Education(2020)

(2) 교육방법의 다양성 추구

핀란드 종합학교 국가핵심교육과정에서는 학습 환경을 교육목표 달성을 위한 핵심적인 요인으로 규정하고 있다(Finnish National Agency for Education, 2020).

---

38) 한국의 경우, 중학교 과정에서 통합과학 과목을 지향하여 현재 거의 모든 학교에서 통합과학 과목을 가르치고 있으나, 통합과학 교육과정의 미비, 가르치는 교사들의 전공불일치 등 많은 문제들이 나타나고 있다(유경훈, 김병찬, 2015). 핀란드에서는 이와 대조적으로 초등학교 과정에서는 통합과학으로 가르치다가, 중학교 과정에서는 오히려 과학 과목을 각 분야별로 분리하여 가르치고 있다.

따라서 교수활동을 다양화하고, 학생들의 지식 및 기술 함양을 촉진하기 위한 다양한 학습 모델을 개발하도록 안내하고 있다. 이러한 지침과 방향에 따라 핀란드 학교의 교사들은 다양한 학습방법을 재량껏 개발하여 운영하고 있다. 또한 학습과정에서 실제적인 학습자료 및 도구의 활용은 물론, 환경의 활용을 강조하고 있다. 특히 '실제 생활환경 속에서의 학습'에 가치를 두어, 종합학교 저학년뿐만 아니라 고학년 과정에서도 매우 다양한 현장학습 등이 이루어지고 있다.

(3) 교과서가 없는 학교

핀란드 교사들은 국가핵심교육과정에 제시한 교육목표를 달성하기 위하여 교육내용과 교육방법을 재량껏 정할 수 있는데, 국가핵심교육과정에는 교사들의 선택 및 개발에 도움을 주기 위하여 교육내용 및 교육방법에 대한 다양한 지침을 마련하여 제시하고 있다(Finnish National Agency for Education, 2020). 이 지침에는 전통적인 교육방법뿐만 아니라 학생에 초점을 맞춘 새로운 방법도 많이 제시되어 있다. 교사들은 몬테소리(Montessori)나 프레네(Freinet)와 같은 대안적 교육방법론도 적용해 볼 수 있다. 즉, 핀란드에서는 학교 현장에서 교사가 다양한 교육철학을 바탕으로 다양한 교육방법을 적용할 수 있도록 제도적으로 보장이 되어 있다.

한편, 학생들이 가정에서 수행해야 할 과제의 양에 대한 공식적인 권고 사항은 없다. 다만, 핀란드 「의무교육법」에는 방과후활동, 통학, 숙제 등과 관련하여 학생들은 휴식을 취하고 취미생활 및 레크리에이션 활동을 위한 충분한 시간을 가져야 한다고 규정하고 있다(European commission, 2009 : 61).

교과서를 비롯한 학습자료는 대부분 상업적 출판사들에 의해 만들어지고 있는데,[39] 교과서에 대한 국가의 검·인정제도는 없다(European commission, 2009 : 61). 핀란드 국가교육청 역시 학생들을 위한 학습자료를 만들기도 하는데, 각 학교 및 교사들이 학습자료나 교과서 사용과 관련된 일체의 결정권을 가지고 있다.

---

39) 교과서나 교재를 만들어 내는 상업적 출판사가 몇 곳 있는데, 그중 한 곳의 홈페이지를 소개하면 다음과 같다. www : //ratkaisut.wsoypro.fi.

이와 같이 핀란드 종합학교 교육과 관련하여, 교육과정의 핵심 목표와 방향은 국가에서 정하고, 이를 바탕으로 한 교육내용과 방법은 각 학교와 교사들이 자율적으로 정하도록 하고 있다. 국가에서 정한 교육목표와 방향은 교사들의 길잡이 역할을 하고 있다.

4) 융통성 있는 수업시수 운영

핀란드 종합학교의 연간 수업일수, 학교 일과 시간, 주당 수업시수 등은 의무교육법에 규정되어 있으며, 종합학교 9년 동안 각 과목의 최소 수업시수 기준은 중앙정부에서 정한다. 핀란드 종합학교의 수업일수는 연간 190일이며, 학기는 8월 중순에 시작하여 이듬해 6월 초순에 마치고, 약 60일 정도의 여름 방학 기간이 있다. 겨울에는 성탄절 방학이 있으며, 봄에 1주일간 스포츠 활동 방학이 있다. 각 학교의 구체적인 학기 시작일은 각 학교운영위원회에서 결정한다(European commission, 2009 : 57).

종합학교에서는 대개 1주일에 5일 수업을 하며, 토요일과 일요일은 수업이 없다. 예외적으로 각 지자체 및 학교의 운영위원회에서 특별한 필요가 있을 경우에는 토요일 중 학교 나오는 날을 정할 수 있다. 주간 수업시수는 각 학년에 따라 19시간에서 30시간까지 다양한데, 학생의 과목 선택에 따라 달라지기도 한다. 평균 주당 수업시수를 보면 1~2학년은 19시간, 3~4학년은 23시간, 5~6학년은 24시간, 7~9학년은 30시간 정도이다(European commission, 2009 : 58). 특수교육 및 보완교육을 받는 학생들의 수업시수는 별도로 정해진다.

핀란드에서 1~2학년은 1일 5시간 이상 수업을 할 수 없으며, 다른 학년의 1일 최대 수업시간은 7시간이다. 최소 45분간 수업을 하게 되면 1시간 수업으로 인정된다. 법 규정에 따라 적절하게 수업시간을 조정할 수 있는데, 예를 들어 90분짜리 수업도 만들어 운영할 수 있다. 또한 주간 및 1일 수업시간 조정은 각 지자체 및 학교에서 결정할 수 있다. 종합학교에서 학급은 학년별로 구성되는데, 필요에 따라 한 학년의 학생 수가 적은 경우에는 2개 학년을 묶어 함께 가르칠 수 있다(European commission, 2009 : 58).

5) 교사별 학생평가

핀란드에서는 학생 평가와 관련된 국가의 지침과 원리를 '국가핵심교육과정'에서 제시하고 있다(Finnish National Agency for Education, 2020). 국가핵심교육과정에서는 학생에 대한 평가를 수업과정 중 평가와 최종평가 둘로 나누어 제시하고 있는데, 두 가지 평가의 역할은 각각 다르다.

수업과정 중 평가는 학생의 학습을 안내하고 촉진하며 학생을 돕기 위한 평가인데, 이 평가를 통해 지속적인 피드백이 학생에게 주어진다. 이 과정에서 긍정적인 방식의 피드백이 이루어지는데, 교사는 학생 및 학부모들이 학생의 사고와 행동, 학습 등에 대해 알 수 있도록 피드백 해 주게 된다.

최종 평가는 각 학년 말에 평가보고서 형식으로 이루어진다. 학생은 해당 학년 말에 교사로부터 평가보고서를 받는데, 여기에 더하여 학생은 한 번 이상의 중간평가보고서도 받는다. 종합학교 1~7학년 학생에 대한 평가보고서는 '서술형'이나 '평점형' 또는 두 가지 방식을 함께 사용하여 기록하며, 8~9학년은 '평점형'으로만 기록한다. 물론 8~9학년의 경우에도 보완적으로 서술형 기록을 함께 하기도 한다. 교사들은 서술형 평가보고서에 각 과목에서의 학생의 학습발달 상황, 수업과정 등을 기록한다. 평점형 평가보고서에서는 교육과정의 목표와 관련하여 학생의 수행 수준을 기록하고 평점 점수를 부여한다. 평가보고서의 평가 내용은 단지 시험만을 준거로 하는 것이 아니라, 다양한 학생 활동을 근거자료로 하여 작성한다.

핀란드 국가핵심교육과정에서는 학생 평가와 관련하여 명확한 기준을 제시하고 있다. 앞에서 소개한 사회 과목 교육과정표에 제시되어 있는 것처럼 국가핵심교육과정에는 모든 과목의 우수 수행기준(8점, good)을 제시해 놓고 있다. 이는 교사들이 학생평가를 할 때 준거나 기준이 되고 있는데, 각 학교에서는 이러한 국가 기준을 토대로 좀 더 세부적인 평가 지침과 평점 기준을 마련하여 학생들을 평가하고 있다. 핀란드 학교에서는 4~10점 평점 척도를 사용하는데, 기본적인 평점 기준은 종합학교에서 성취해야 할 지식과 기술에 대한 학생의 성취 정도이다. 평점 기준은 각 지자체별로 재량껏 만들어 활용하도록 하고 있다.

종합학교 9학년을 마치면서도 평가가 이루어지는데, 이때 평가 결과는 학생들의 상급학교 진학을 위한 준거가 되기도 한다. 이 최종 평가는 국가 차원에서 공적으로 활용할 수 있기 때문에 비교적 엄격하게 이루어지고 있다. 평가 결과 및 평점은 학생의 졸업장에 기록되는데, 이 평점을 부여하는 주체 역시 해당 과목을 맡은 담당 교사이다.

6) 충분한 상담 및 진로지도

　　핀란드 종합학교에서는 상담 및 진로지도가 비교적 충실하게 이루어지고 있다. 국가핵심교육과정에 의하면 상담 및 진로지도 과목은 정식 교과 과목이며, 모든 학교에 상담 및 진로지도 담당 교사가 배치되어 학생을 지도하고 있다(European commission, 2009 : 63). 상담 및 진로지도는 학생이 교육활동을 잘 수행할 수 있도록 지원하고 안내하는 것은 물론, 학생의 진로 선택과 관련하여 적절하고 올바른 선택을 할 수 있도록 도와주는 과정이다.

　　종합학교 1~6학년 과정에서는 상담 및 진로지도가 별도의 과목으로 편성되어 있지는 않고 정규 수업과 통합운영되고 있다. 이 과정에서 상담교사 및 전 교사들이 학생이 겪는 학습의 어려움을 해결해 주고, 적절한 학습 기법을 익히도록 도와주며, 사회와 직업세계의 기초를 제시하고, 상급 단계에서의 다양한 교육을 안내하는 데에 초점을 맞추고 있다. 종합학교 7~9학년 과정에는 상담 및 진로지도 과목이 별도의 과목으로 편성되어 있다. 상담 및 진로지도 과목의 전반부에서는 학습방법 및 학교활동 등에 대해 다루고, 후반부에서는 진로계획이나 상급학교 진학 등에 대해 다룬다. 이 과정을 통해 학생에게 인문고등학교나 직업고등학교에 대한 상세한 안내가 이루어진다.

　　한편, 인문고등학교나 직업고등학교 중 상당수의 학교는 장래의 입학생이 될 학생 자신이 학교에 친숙해지도록 하기 위해 학교를 개방하여 공개하고 있다.40)

---

40) 종합학교 7~9학년 학생들은 진로지도 차원에서 자신들이 장차 진학할 인문고등학교나 직업고등학교에 방문하여 설명을 들을 수 있다. 한편, 헬싱키 시내의 직업고등학교들 같은 경우, 학생들을 유치하고 안내하기 위해 Next Gate(직업고등학교 박람회) 같은 행사를 매년 개최하고 있기도 하다. 헬싱키 시 교육국에서는 종합학교 학생들의 진학 및 진로

또한 핀란드에서는 진학 및 진로 상담을 위한 유료 사설상담소도 갖추고 있는데, 이 사설상담소를 통해 학부모 및 학생은 개별적인 진학 및 진로와 관련된 안내를 받기도 한다(Finnish National Agency for Education, 2020).

7) 단 한 명의 낙오자도 없는 교육

핀란드 의무교육의 목표는 모든 아동이 국가에서 정한 교육목표에 도달하도록 하는 것이다. 만약 특정 학생이 이 목표에 도달하기 어렵다고 판단되면, 그 학생을 위한 개별적인 교육과정이 마련된다. 학생 복지서비스는 학생의 학습 지원, 정신적·신체적 어려움 해결, 기타 복지 지원 등 다양한 형태로 이루어지고 있다. 예비학교 및 기초교육 단계에서 학생은 학교교육을 따라가는 데 필요한 복지서비스를 받을 권리가 있다. 핀란드에서 학생 복지는 핀란드의 「의무교육법」, 국가핵심교육과정, 「건강법」, 「아동복지법」 등에 의해 종합적인 보호를 받고 있다(European commission, 2009 : 63~64).

학습 부진이나 적응에 어려움을 겪는 학생은 정규 학교교육을 따라갈 수 있도록 보완 교육 및 치료를 받을 권리가 있으며, 장애나 질병 또는 기타 사유로 정규 교육을 받기 어려운 학생은 특수교육 학급으로 들어갈 수 있다. 특수교육은 정규 교육과의 통합 및 연계로 이루어지고 있으며, 특수교육을 받는 학생은 개별적인 학습 계획에 따라 교육을 받는다.

핀란드 학교에서는 학생의 중도 탈락 및 부적응을 줄이기 위해 진로상담, 생활 및 대인관계 상담, 개별적 학업 지도, 가정과의 협력, 건강센터 운영 등 다양한 장치를 마련하여 운영하고 있다. 이를 위해 거의 모든 학교에 상담 및 진로지도 담당교사뿐만 아니라 보조교사, 사회복지사, 심리치료사, 학교의사 등을 배치하여 학생을 도와주고 있다. 핀란드에서 학생 복지서비스는 단지 학교만의 과업이 아니라 지자체 및 지역공동체와 공동으로 진행해야 한다는 인식이 널리 퍼져 있

지도를 돕기 위하여 모든 종합학교 7~9학년을 대상으로, 약 1주일간의 '직업 체험' 프로그램을 마련하여, 학생들이 이 기간 동안 학교에 나오지 않고, 직접 직업 현장에서 직업 체험을 하도록 하고 있다.

어, 지자체와 지역공동체 역시 학생 복지를 위하여 적극 참여하고 있다. 따라서 학생 복지 사업은 지자체의 사회, 복지, 건강, 서비스 사업과 깊은 연관 속에서 이루어지고 있다(European commission, 2009 : 64). 핀란드에서는 이와 같이 종합학교 과정에서 종합적인 교육시스템을 구축하여 한 명의 낙오자도 없는 교육을 지향하고 있다.

8) 특수교육의 천국

핀란드에서 학생 복지서비스의 핵심은 특수교육이라고 할 수 있다. 핀란드에서는 정신적·신체적 장애가 있는 학생을 위한 특수교육뿐만 아니라, 일반 학생의 학습부진이나 생활 부적응 문제 등을 해결하기 위한 특수교육이 함께 활성화되어 있다. 이 교육과정은 기본적으로 특수교육과 일반교육의 통합 및 연계의 정신을 바탕으로 하고 있다. 대체로 장애 정도가 심한 학생은 국가가 운영하는 특수학교에서 교육을 받고, 일반 학교에서는 일반 학생들 중 학습이나 생활 측면에서 특수교육이 필요한 학생을 대상으로 특수교육이 진행된다.

9) 저학년을 위한 제한적 방과후학교 운영

핀란드 종합학교에서 방과후학교는 정규 학교교육 시간이 아닌 아침과 오후 시간을 통해 이루어지는 교육활동이다. 핀란드 종합학교에서 방과후학교는 모든 학년을 대상으로 하지 않고 주로 1~2학년을 대상으로 하는데, 교과활동이 아닌 레크리에이션 활동을 중심으로 이루어진다(European commission, 2009 : 57). 각 지자체에서는 방과후학교 운영과 관련하여 자체적 규정을 만들 수 있다. 방과후학교에서 이루어지는 활동으로는 스포츠 활동, 실기활동, 언어나 그림 표현, 음악 활동 등이 있다. 한편, 학생들은 방과후학교 시간을 과제 수행 시간으로 활용하기도 한다. 방과후학교 예산은 「의무교육법」 규정에 의해 지자체에서 부담하는데, 중앙정부에서 법정전입금을 지원해 준다(Finnish National Agency for Education, 2020).

10) 자연스러운 유급제도

핀란드 종합학교에서 학생들은 각 학년의 모든 과목에서 평점 5점 이상을 획득해야 상급 학년으로 올라간다. 종합학교를 졸업하는 최종 졸업자격 수여는 학생을 가르친 교사들과의 협의를 바탕으로 교장이 결정한다. 학생은 한 과목이라도 낙제(평점 4점) 점수를 받으면 해당 학년 교육과정을 다시 이수해야 한다. 그러나 일부 과목이 낙제 점수라 하더라도, 교장과 담당교사가 다음 학년에 올라가 보완할 수 있다고 판단되면 다음 학년으로 진급시킬 수도 있다. 또한 낙제 과목이 없는 경우에도, 부모와 교사의 협의를 통해 학생이 학교에서의 성공을 위해 필요하다고 판단되면 유급하여 공부할 수도 있다(European commission, 2009 : 62). 최종 평점에 오류가 있거나 이견이 있는 경우에는 담당기관을 통해 교사에게 재평가를 요구할 수 있다.

9년 동안 국가핵심교육과정에 제시되어 있는 모든 과목을 이수하고 낙제 과목이 없는 학생들은 졸업을 하게 된다. 2014년도 기준으로 종합학교 졸업생 중에서 94% 정도는 고등학교에 진학을 하는데, 인문고등학교에 52%, 직업고등학교에 42% 정도가 진학한다. 그리고 졸업생 중 약 2% 정도는 종합학교 10학년에 남아서 더 배울 기회를 갖고, 약 4% 정도는 상급 단계의 학교에 진학하지 않고 학교를 떠나는 것으로 나타났다. 종합학교 졸업생의 구체적인 현황을 표로 나타내면 다음과 같다.

〈표 Ⅴ-4〉 종합학교 졸업생들의 진학 현황(2014년도 기준)

진학기관	인문고등학교	직업고등학교	10학년	미진학
비율	52%	42%	2%	4%

[출처] Statistics Finland(http : //www.stat.fi) (검색일 : 2019. 12 .26)

11) 재도약할 수 있는 기회 : 10학년 제도

핀란드에서 종합학교를 마친 학생은 대부분 인문고등학교나 직업고등학교에 진학을 하지만, 의무교육인 종합학교 과정을 마치고 나서도 본인과 학부모의 선택에 의해 추가적으로 1년의 교육을 더 받을 수 있다. 이 과정이 종합학교 10학년 과정이다(Finnish National Agency for Education, 2020). 이 과정에는 상급학교 진학에 어려움이 있거나 준비가 덜 된 학생이 지원하는데, 이 과정을 통해 상급학교 진학을 준비시키고 자신감을 심어 준다. 해마다 핀란드 종합학교 졸업생 중에서 약 2% 정도의 학생들이 자발적으로 10학년 과정에 참여하고 있는데, 이들은 고등학교 입학을 위한 내신점수를 높이기 위하여 10학년을 선택하는 것으로 볼 수 있다. 10학년 프로그램 역시 정규교육 프로그램으로 운영되며, 학비를 포함하여 모든 비용을 국가가 지원해 주고 있다.

이상과 같이 핀란드는 초등학교와 중학교 과정을 통합한 9년제 종합학교 제도를 운영하고 있는데, 이 종합학교는 학부모의 선택에 의해 입학을 하며, 학비뿐만 아니라 급식, 교과서, 학용품, 기타 학습도구까지 모두 국가 지원으로 운영되고 있다. 교육과정은 국가교육과정을 기반으로 운영되고 있는데, 국가교육과정은 교육목표나 방향을 제시하고 있으며, 교육 내용이나 방법은 각 학교 및 교사들이 재량껏 구안하여 가르치도록 하고 있다. 또한 종합학교에는 진로지도 및 상담, 특수교육, 학생 복지 등이 매우 잘 마련되어 있어 학생 개개인의 성장뿐만 아니라 낙오자 없는 학교를 만들기 위하여 노력하고 있다. 아울러 10학년이라는 제도를 두어 종합학교에서 더 배우고자 하는 학생, 한 번 더 기회를 갖고자 하는 학생에게 보충 교육의 기회도 제공하고 있다. 이러한 핀란드의 종합학교 과정은 의무교육 과정으로 학생의 교육, 복지, 성장을 위한 거의 완벽한 국가 지원 시스템이라고 할 수 있다.

제4절 핀란드 농촌 소규모학교 육성정책

전 세계적으로 인구가 감소하는 주요 선진국을 중심으로 학교 운영의 효율화를 위한 통합학교 정책이 큰 흐름이 되고 있다. 우리나라 역시 인구 감소뿐만 아니라 여러 가지 맥락에서 통합학교 운영에 대한 다양한 관심과 노력이 이루어지고 있다 (임연기, 장덕호, 백남진, 정현용, 2018). 핀란드 역시 예외가 아니어서 학교 통합에 대한 다양한 정책과 제도를 마련하여 운영하고 있는데, 핀란드는 학교 통합과 관련하여 다른 나라와 달리 독특한 측면이 있다.

앞에서 언급한 바와 같이 핀란드에서는 1970년대를 전후하여 초등학교와 중학교를 통합한 종합학교 제도를 운영해 오고 있다. 그런데 이러한 종합학교 제도는 핀란드 대도시 지역뿐만 아니라 농촌 지역에도 동일하게 적용되고 있다. 즉, 핀란드에서는 농촌 지역에서도 초등학교와 중학교가 통합된 종합학교가 1970년대부터 운영되어 온 것이다(Sahlberg, 2011). 핀란드에서는 초등학교와 중학교가 통합된 이러한 종합학교 제도가 일찍이 정착·운영됨으로 인해, 특히 농촌 지역의 소규모학교 문제를 자연스럽게 해소시켜 왔다고 할 수 있다.

핀란드 역시 어느 나라와 마찬가지로 농촌 지역의 인구 감소와 그에 따른 소규모학교 문제에 직면하였다. 그런데 핀란드에서는 초등학교와 중학교가 통합된 종합학교 제도를 이미 구축하고 있었기 때문에, 이 제도에 따라 자연스럽게 소규모학교 문제를 해결해 왔던 것이다. 초등학교와 중학교가 학제적으로 구분되어 있으면 각각 운영해야 하는데, 특히 농촌 지역에서 해당 학령 아동이 적을 경우, 초등학교와 중학교를 각각 운영하는 것이 여러 가지 면에서 문제가 된다. 핀란드의 경우는 학제 자체가 초등학교와 중학교가 제도적으로 통합되어 있기 때문에 다른 나라에서 겪는 초등학교와 중학교의 분리운영에 따른 어려움이 상대적으로 덜한 것이다(European Commission, 2009).

여기에 더하여 핀란드의 경우, 초등학교와 중학교가 통합된 종합학교 제도를 운영하고 있지만, 종합학교를 획일적으로 적용하고 있지는 않다. 핀란드 농촌 지역에서 기본적으로 종합학교를 운영하고 있지만, 지역에 따라서는 초등학교만 운영하는 경우, 중학교만 운영하는 경우, 혹은 중학교와 고등학교를 통합하여 운영하는 경우 등 매우 다양하고 융통성 있게 학교제도를 운영하고 있다(Sahberg, 2011). 그리고 이러한 학교제도의 운영은 철저히 해당 농촌 지역의 상황과 필요에 기반하고 있다. 즉, 핀란드는 농촌 지역에서 해당 지역의 특성에 따른 다양한 형태의 학교제도를 운영하고 있는 것이다.

그럼에도 불구하고 핀란드에서도 농촌 지역의 인구와 학령 아동은 계속 감소하고 있다. 핀란드에서는 농촌 지역의 이러한 학교 문제를 융통성 있는 학교제도를 통해 대응하고 있는 것이다. 하지만 이러한 학교제도 역시 농촌 지역의 지속적인 학령 아동의 감소 문제를 해결하는 데는 한계가 있다. 그리하여 핀란드에서도 농촌 지역 학교의 폐교 및 통폐합이 꾸준히 이루어지고 있는데, 2019년 1년 동안의 핀란드 종합학교 변동 현황을 표로 제시하면 다음과 같다.

〈표 Ⅴ-5〉 핀란드 종합학교 변동 현황(2019년도 기준)

변동 현황					종합학교(총 수)	총 학생 수
신설	폐교	통합	운영중단	계		
7교	28교	24교	4교	49교 감소	2,187교	550,400명

[출처] Statistics Finland(http : //www.stat.fi) (검색일 : 2020. 02. 25)

〈표 Ⅴ-5〉에 나타난 바와 같이 핀란드에서 2019년도 1년 동안 49개 학교가 감소하였는데, 이 학교들이 대부분 농촌 지역에 위치한 학교들이다(Finnish National Agency for Education, 2020). 핀란드에서는 제도적으로 초등학교와 중학교가 통합되어 있기 때문에 농촌 지역에서 소규모학교들은 초등학교와 중학교가 이미 종적으로 통합되어 하나로 운영되고 있음에도 불구하고, 농촌 지역의 인구 및 학령아동의 급격한 감소로 인해 종적 통합만으로는 한계에 부딪혀 횡적 통합, 즉 종합학교 간의 통합도 지속적으로 이루어지고 있음을 알 수 있다.

이러한 한계에 따라 핀란드 농촌 지역에서는 지방자치단체의 통합이 꾸준히 이루어지고 있다. 인구가 급격히 줄고 있는 농촌 지역의 지방자치단체에서는 인근 지방자치단체와 통합이 이루어지는데, 이러한 지자체 통합 과정에서 학교 통합 역시 중요한 고려 대상이 된다(European Commission, 2009). 이와 같이 핀란드에서는 농촌 지역에서 융통성 있는 학교제도를 운영하여 소규모학교 문제를 해결하고 있으며, 근본적으로 지자체 통합을 통해 교육을 규모 있게 감당해 가려고 하는 노력을 하고 있다.

제5절 **핀란드 종합학교의 특징과 시사점**

핀란드 역사에서 가장 큰 교육적 변화 중의 하나가 1960~1970년대에 이루어진 종합학교 개혁인데, 이 개혁의 핵심 가치이자 뿌리가 된 것이 바로 평등교육 이념 이다(Grubb et al., 2005 : 19~21). 모든 사람이 같은 학교에서 같은 교육을 받아 야 한다는 철저한 평등 이념이 종합학교 개혁의 핵심적인 토대였다.

당시 개혁 과정은 평등하고 통합적인 교육체제 구축을 목표로 진행되었다. 그 결과 유아교육은 자녀를 가진 모든 국민이 누려야 할 권리가 되었고, 초등학교 5학년 때부터 계열을 나누어 가르치던 방식에서 계열 구분 없이 1~9학년을 통합 하여 가르치는 통합교육으로 그 체제가 바뀌었다. 당시까지 공민학교와 문법학교 이원 체제로 이루어졌던 초등학교와 중학교 교육과정도 종합학교 중심의 단일 과 정으로 통합하여, 핀란드의 모든 아이가 9학년 과정을 동일하게 이수하도록 하는 체제를 구축한 것이다(Sahlberg, 2011).

종합학교로 체제를 변경한 목적과 전제가 평등 이념을 기반으로 한 것이기에, 모든 아동은 1~9학년에서 똑같은 교육을 받아야 한다는 국가의 교육목표를 철저 하게 구현하고자 하였다. 이에 따라 능력이나 가정배경 등에 따른 어떠한 차별도 허용하지 않고 있다. 종합학교 단계에서는 학업 수준이 뒤떨어지는 학생, 혹은 학년 수준을 못 따라가는 학생에 대해서 조기 개입 및 지원을 통해 철저한 보완교 육을 실시하고 있다(Aho et al., 2006).

종합학교 개혁 이후에도 평등교육 실현을 위한 다양한 노력을 기울여 왔는데, 1985년부터 종합학교 내의 능력별 학급편성을 폐지하고 능력 수준이 다양한 학생 으로 학급을 편성하도록 하였다. 이를 통해 종합학교 내에서 학생의 능력을 구분 하여 편성하는 정책은 완전히 사라졌다.

핀란드에서는 또한 사립학교 설립을 장려하지 않고 있으며, 학교 민영화에 대 해서도 소극적이다. 핀란드 「의무교육법」에서도 종합학교 수준에서 사립학교 설 립의 자유를 제한하고 있다. 단, 특수한 경우에 한해 정부의 허락을 받은 극소수 의 사립학교가 있을 뿐이다(European Commission, 2009). 이와 같이 핀란드는 국가주도의 철저한 평등교육 체제를 구축하고 있는 나라라고 할 수 있다.

이러한 핀란드 통합학교 제도의 가장 큰 시사점은 학교 통합이 단순히 규모의 경제, 즉 인구 감소에 따른 학교의 통합 차원에서 접근한 것이 아니라, 교육에 있어서의 국민 통합, 즉 사회적 격차 해소 차원에서 접근하였다는 점이다. 자본주의 고도화에 따라 빈부격차를 포함한 사회적 격차 심화는 거의 모든 나라에서 큰 사회적·국가적 문제가 되고 있다. 그리고 이러한 사회적 격차는 국가 발전을 저해하는 매우 큰 걸림돌이 되고 있기도 하다. 따라서 국민들의 사회적 격차 해소를 위한 다양한 노력이 필요한데, 교육 분야 역시 예외가 아니다.

그리고 이러한 사회적 격차는 빈부격차뿐만 아니라 도시와 농촌 사이의 격차, 수도권과 지방 사이의 격차 등 다양한 차원에서 존재한다. 여기에 더하여 우리나라의 경우는 급격한 인구 감소라는 심각한 문제에 직면해 있기도 하다. 농촌 소규모학교 문제를 단순히 농촌 지역의 인구 감소에 따른 대응 차원에서 접근해서는 안 되며, 농촌 지역의 인구 감소를 포함하여 다양한 도·농 간의 격차를 어떻게 교육적 차원에서 해결해 나갈 것인가 하는 관점에서 접근해야 한다는 것이 핀란드 사례가 보여 준 가장 큰 시사점이라고 할 수 있다.

참고문헌

김병찬(2017). **왜 핀란드 교육인가**. 서울 : 박영스토리.

유경훈·김병찬(2015). 교사가 경험하는 갈등 양상과 원인에 관한 질적 사례 연구 : 1급 정교사 자격연수에 참여한 중등 과학교사를 중심으로. 교육행정학연구, 33(3), 483~512.

임연기·장덕호·백남진·정현용(2018). 서울형 통합운영학교 모델 및 운영체제 개발 연구. 서울특별시교육청 정책연구보고서.

Aho, E., Pikanen, K., & Sahlberg, P.(2006). *Policy development and reform principles of basic and secondary education in Finland since 1968*. World bank, Educationl working paper series 2. Washington, DC.

Association of Finnish Local and Regional Authorities(2020). *Local Finland*. Author.

Darling-Hammond, L.(2009). Standards, accountability, amd school reform. In C. E. Sleeter(Ed.). *Facing accountability in education* (78~111). New York and London : Teachers College Press, Columbia University.

European commission(2009). *Organization of the education system in Finland 2009~2010*. European commission report.

Finnish Ministry of Education and Culture(2020). Finnish Education in a Nutshell. Helsinki : Author.

Finnish National Agency for Education(2020). Education in Finland. Author.

Finnish National Board of Education(2016). National core curriculum for basic education 2016. Author.

Forbes(2010. 7. 14). world happiest countries. Author.

Gayer, G.(2003). The selection process and continuing education of school principals in the city of Helsinki, Finland. In L. E. Watson (Ed). *Selecting and developing heads of schools : Twenty-three European perspectives*. Sheffield : European form on educational administration.

Grubb, N., Marit Jahr, H., Neumuller, J., & Field, S.(2005). Equity in education ; Thematic review. OECD country note : Finland.

Hargreaves, A., Halasz, G. & Pont, B.(2007). School leadership for systemic improvement in Finland : A case study report for the OECD activity improving school leadership. OECD study report.

Hargreaves, A. & Shriley, D.(2009). *The Fourth Way : The inspiring future of educational change.* Thousand Oaks : Corwin.

Jakku-Sihvonen, R. & Niemi, H.(2006). *Research-based teacher education in Finland : Reflections by Finnish teacher educators.* Turku : Finnish Educational Research Association.

Krzywacki, H., Maaranen, K., & Lavonen, J.(2011). Confronting the educational challenges of the future : Finnish teacher education promoting teachers' pedagogical thinking. Unpublished article. Department of teacher education, University of Helsinki.

Newsweek(2010. 8. 17). The world's best countries. Retrived from http : //www. newsweek.com/feature/2010/the-world-s-best-countries.html.

OECD(2001). Knowledge and skills for life : First results from PISA 2000. Paris : Author.

_____(2004). Learning for tomorrow's world. First results from PISA 2003. Paris : Author.

_____(2007). *PISA2006. Science competencies for tomorrow's world* (Vol. 1). Paris : Author.

Pyhalto, K., Pietarinen, J., & Soini, T.(2012). Do comprehensive school teachers perceive themselves as active professional agents in school reforms?. *Journal of Educational Change,* 13(1). 95~116.

Raty, H., Snellman, L., Kontio, M., & Kahkonen, H.(1997). Teachers and reforms of the comprehensive school. *The Finnish Journal of Education Kasvatus,* 28(5), 429~438.

Rinne, R.(1988). From educator of the people to professional of teaching : The path of the Finnish primary school teacher. *The Finnish Journal of Education Kasvatus*, 19, 430~444.

Rinne, R., Kivirauma, J., & Simola, H.(2002). Shoots of revisionist education policy or just slow readjustment? The Finnish case of educational reconstruction. *Journal of Educational Policy*, 17(6). 643~658.

Sahlberg, P.(2007). Education policies for raising student learning : The Finnish approach. *Journal of Education Policy*, 22(2), 173~197.

_____(2011). *Finnish lessons : What can the world learn from educational change in Finland? Series on school reform*. New York : Teachers College Press.

Simola, H.(2005). The Finnish miracle of PISA : Historical and sociological remarks on teaching and teacher education. *Comparative Education*, 41(4). 455~470.

Simola, H. & Hakala, K.(2001). School professional talk about educational change— interviews with Finnish school level actors on educational governance and social inclusion/exclusion, In S. Lindbald & T. Popkewitz S.(Eds). *Listening to education actors on governance and social integration and exclusion*. Uppsala : University of Uppsala, 103~132.

Simola, H., Rinne, R., & Kivirauma, J.(2002). Abdication of the education state or just shifting responsibilities? The appearance of a new system of reason in constructing educational governance and social exclusion/ inclusion in Finland. *Scandinavian Journal of Educational Research*, 46(3), 237~246.

Transparency International(2016). *Corruption Perceptions Index 2015*. Author.

Valijarvi, J.(2007). Finland has built Europe's most admired education system by focusing on "outcomes", giving schools autonomy, and by supporting teachers. Presented paper at European Business Forum 2007. 1~3.

Webb, R., Vulliamy, G., Hamalainen, S., Sarja, A., Kimonen, E., & Nevalainen, R.(2004). Pressures, rewards and teacher retention : A comparative study of primary teaching in England and Finland. *Scandinavian Journal of Educational Research, 48*(2). 169~188.

WEF(2014). *Global Competitiveness report*. Author.

제6장

결 장

제6장

결 장

주요국 통합학교의 특징

1. 한국 통합운영학교의 특징

현행 법령에서 학교의 종류는 초등학교, 중학교, 고등학교, 특수학교, 각종 학교로만 규정하고 있는 가운데, '통합운영학교'란 초등학교와 중학교, 고등학교 중에서 시설·설비와 교원을 공동으로 활용하는 학교급이 다른 두 개 또는 세 개 이상의 학교를 말한다. 각각 학교급이 다른 두 개 또는 세 개 학교의 운영을 통합하는 학교이다.

통합운영학교와 유사한 개념으로 학교급이 다른 두 개 이상의 학교를 독립적으로 설치 운영하는 '병설학교', 사범대학이나 교육대학 등의 주된 기관에 딸려 설치 운영하는 '부설학교'가 있다. 통합운영학교는 법령에서 아직 학교의 종류로서 인정하고 있지 않고, 자치법규에 교육청의 적정규모 육성정책에 따라 폐교 학생을 받아들인 학교를 통합학교로 정의하고 있기 때문에 통합학교와 혼용하여 호칭하는 것은 적절하지 않다.

우리나라는 1997년 (구)「교육법」에서 통합운영학교의 법적 근거를 마련하고, 1998년 8교를 시작으로 현재 전국적으로 100여 개를 지정·운영하고 있다. 주로 농·산·어촌 지역의 소규모 통합운영학교가 주류를 이루며, 도시 지역에 소재하는 일부 사립 중·고등학교 또는 국제, 예술, 체육 계열 중·고등학교가 통합운영학교로서 명맥을 유지하고 있다.

통합운영학교는 무엇보다도 과소규모 학교의 적정규모화 차원에서 존립의 가치를 인정받고 있다. 학교급이 다른 과소규모 학교 교육여건의 영세성을 극복하고, 다양한 재능과 전문성을 가진 교원을 확보하여 교육의 질을 향상시키는 데 기여할 수 있다. 즉, 학교운영 구조를 효율화하고, 교육의 내실화를 담보하여 폐교 위기를 극복하거나 유예하는 수단으로 활용할 수 있다.

통합운영학교는 학제 유연화 제고 차원에서 학교급 간 교육활동과 생활지도의 연계를 강화하여 학생의 성장과 적응에 비교우위를 갖는 학교로서의 강점을 가지고 있다. 통합운영학교는 시설과 교원의 공동 활용 바탕 위에서 학사관리의 통합, 나아가 초등학교와 중학교, 중학교와 고등학교가 학교급별로 엄격하게 구분된 교육과정을 유연하게 연계하여 운영하고, 물리적 결합을 뛰어넘어 화학적 통합을 지향하는 대안적인 학교모형으로 존립할 수 있다.

아울러 통합운영학교는 학교급이 다른 학생들이 함께 재학하고 동일 학교에서 수학하는 연한이 길어져서 학부모 참여의 양적, 질적 확대는 물론, 단위학교와 상호작용하는 지역 사회의 범위가 넓어져서 지역 사회와 장기적 안목에서 교류하고 협력하며 상호 발전할 수 있는 터전으로 자리 잡을 수 있다.

통합운영학교의 핵심적인 법적 근거는 「초·중등교육법」 제30조(학교의 통합·운영)이다. 학교의 설립·경영자는 효율적인 학교운영을 위하여 필요한 경우 지역의 실정에 따라 초등학교 및 중학교, 중학교 및 고등학교 또는 초등학교·중학교 및 고등학교의 시설·설비 및 교원 등을 통합하여 운영할 수 있다고 규정하고 있다. 「초·중등교육법 시행령」 제56조(학교의 통합운영)에는 학교의 설립·경영자는 학교를 통합하여 운영하고자 할 때에는 학교의 규모, 학생의 통학거리 및 당해 통합운영 대상 학교가 소재하는 지역주민의 의사 등 교육여건을 고려하여야 하고, 이어서 학교의 특성을 고려하여 교직원을 배치할 수 있으며, 학교의 설립·경영자는 학교운영에 지장이 없는 범위에서 교직원을 겸임하게 할 수 있되, 교직원 배치기준, 교육과정의 운영, 예산 편성·운영, 행정적·재정적 지원, 사무관리나 그 밖에 통합운영학교의 운영에 필요한 사항은 관할청이 정한다고 규정하고 있다.

통합운영학교의 쟁점은 학교규모의 적정화 방편으로 적절한지, 실제로 학교운영의 재정적 절감에 기여하는지, 학제의 유연화 차원에서 학생의 성장과 적응에 효과가 있는지, 통합운영의 적정 수준이 있는지, 있다면 어느 정도인지, 과연 학교급 간 교육과정 통합이 필요하고 가능한지 등의 차원에서 제기되고 있다. 우리나라에서는 통합운영학교의 학생성취 수준, 학생 학교적응 등의 차원에서 실증적 근거를 제공하는 연구 결과들이 보고되고 있지 않다.

통합운영학교는 2019년 6월 기준, 초·중 통합운영학교 45교, 중·고 통합운영학교 51교, 초·중·고 통합운영학교 6교이며, 총 102교로서 전국 초·중·고등학교 학교 수의 0.88%로 매우 미미한 비중을 차지하고 있다. 통합운영학교의 시·도별 학교지정은 충남 20교, 전북 16교, 경북 16교, 전남 11교 순으로 나타났다. 관할청 수준에서 통합운영학교의 운영에 필요한 사항을 정하기에는 영세한 수준이다.

2018년 기준 통합운영학교의 초등학교 평균 학급 수는 5.7개, 평균 학생 수는 49.8명, 중학교의 평균 학급 수는 3.9개, 평균 학생 수는 59.2명, 고등학교의 평균 학급 수는 6.9개, 평균 학생 수는 142.3명으로 나타났다. 초·중 유형 학교는 8.7학급에 79.8명의 학생 수, 중·고 유형 학교는 12.2학급에 249.1명의 학생 수, 초·중·고 유형 학교는 11.1학급에 76.6명의 학생 수를 나타내고 있다. 중·고 유형에 비해 초·중·고 유형, 초·중 유형의 통합운영학교가 더욱 영세한 수준이다.

통합운영학교 평균 교직원 수는 초·중 30명(교원 20명), 중·고 41명(교원 27명), 초·중·고 36명(교원 25명)으로 학생 수에 비해 많은 편이고, 겸임교사, 순환교사제 활용은 매우 낮은 수준이다. 그리고 통합운영학교 교원의 주당 평균 수업시수는 초등 20시간, 중·고등학교 12~13시간으로 초등·중등 간 교원의 수업부담 격차가 현저하게 심하다.

80% 이상의 학교에서 학교급 간에 높은 통합운영 수준을 나타낸 영역은 행정실, 위원회 구성(학교운영위원회), 일부 학사관리(입학식, 졸업식), 극히 일부 시설 활용(급식실) 등인 것으로 나타났다. 교육과정 운영에서는 비교과교육 활동을 포함해서 '분리운영' 비율이 높게 나타났다. 교원들은 통합운영학교의 장점으로 학생적응, 학생에 관한 정보 공유(80% 이상), 교육경험과 연속성 증진(70% 수준), 학교규모의 적정화(70% 수준)에 대해 긍정적으로 인식하고 있고, 문제점으

로 교육과정 통합운영 곤란, 교사문화의 이질성, 운동장 및 시설 공동 활용의 제약을 꼽고 있다. 초·중학교 유형은 교원의 교직문화 이질성, 중·고등학교 유형은 학교성격의 차이에 따른 어려움을 겪고 있다. 초·중·고 유형은 복합적이지만 학교규모가 극소하여 학교 통합운영에 대한 수용성이 상대적으로 높은 편이다.

학령인구의 급격한 감소 시대에 농촌은 물론 도시 지역에 소재하는 극소규모 학교의 통합운영학교 전환에 대한 관심도 높아지고 있다. 고등학교 단계에서의 학점제 도입은 또 하나의 변수이다. 통합운영학교의 한 단계 발전을 위해서 해결해야 할 여러 과제를 안고 있다. 학교급별 경계 학년 교육과정 기준의 연계성 강화, 교원 복수 학교급 자격제도 도입 등 교원인사관리 제도 개선, 통합운영학교에 근무하는 교장, 교원, 직원 등의 통합운영학교 관련 전문성 확충을 위한 적절한 연수과정 개발·운영, 통합운영학교 관계자 협의체를 기반으로 정보 교류, 우수 사례 공유 활성화, 통합운영학교 컨설팅, 정책연구, 현장연구 등의 지원센터 지정·운영 등이 필요하다.

2. 일본 일관학교의 특징

저출산, 정보화, 글로벌화, 지역 커뮤니티의 약화와 핵가족화의 진행 등 사회의 변화에 따라 학교교육은 다양하고 복잡한 과제들을 안고 있다. 특히 아이들이 서로 절차탁마(切磋琢磨) 할 수 있는 기회가 줄어들어 학교와 지역에서 일정 규모의 집단 활동을 하기가 어려운 상황에 빠지고 있는 가운데, 아이들의 풍부한 인간성을 기르기 위한 체험 활동이나 세대 간 교류의 기회를 충실하게 제공할 필요성이 높아지고 있다.

초·중학교에서는 일정 수준 이상 학교규모의 확보가 바람직하다. 그러나 표준규모를 충족시키지 못하는 학교가 절반 정도 존재하고 있는 것이 현실이다. 문부과학성에서는 약 60년 만에 공립 초등학교·중학교의 적정규모·적정배치 기준을 재검토하였다. 학교규모의 적정화 측면에서는 반 바꾸기 가능 여부를 판단 기준으로 초등학교 6학급 이하, 중학교 3학급 이하 학교에서는 신속히 통폐합을 추진하도록 권장한다.

학교 적정배치에 대해서는 초등학교 4km 이내, 중학교 6km 이내로 하는 종래의 기준을 유지시키면서 대체로 1시간 이내라는 통학시간 기준을 새롭게 정하고, 광범위 지역에서 학교 통합이 가능하도록 조건을 완화하였다. 한편, 지리적 조건과 지역 커뮤니티의 중심 공간인 소규모학교를 존속시키는 선택도 존중되어야 할 필요가 있다고 강조하면서, 소규모학교를 존속시키는 경우 다른 학교와의 합동수업이나 초·중 일관교육의 도입 추진을 제안하고 있다.

지역의 실정에 맞는 유연한 교육활동을 가능하게 하기 위해 관련 제도를 개정하고 초·중 일관교육으로서 9년의 의무교육학교, 중학교병설형초등학교·초등학교병설형중학교, 중학교연계형초등학교·초등학교연계형중학교 등 다양한 형태의 초·중 일관학교를 설치할 수 있다.

초·중 일관교육을 실시하는 초·중학교에서는 아이들의 발달단계 등을 고려해서 초등학교 6년과 중학교 3년을 합쳐서 9년간의 교육과정을 '4-3-2', '5-2-2' 등으로 융통성 있게 구분하여 각 단계마다 교육활동의 목표를 설정한다. 초등학교에서 중학교로 이행하는 단계인 학년 구분에서는 일부 교과담임제를 도입하거나 중학교 교원이 초등학교에서, 초등학교 교원이 중학교에서 지도를 실시하는 교류수업이나 교사 상호 교환수업을 시행하고 있다.

초·중 일관교육의 근본목표인 초등교육과 중학교육 사이의 원활한 접속과 연속성을 담보하기 위해 '연구개발학교제도'와 '교육과정특례교제도'를 활용해서 교과의 신설이나 교육과정 기준의 특례로 초·중 일관교육을 실천하고 있다. 이들 학교에는 교육과정 운영의 특례를 적용한다. 교육과정 기준의 특례로서 교과시수 감축, 학교 및 지역의 특성을 살린 새로운 교과의 신설·운영, 그리고 지도내용을 초등학교와 중학교 간 또는 학년 간에서 교체·이행 등을 실천하고 있다. 또한 이 제도를 활용하지 않아도 각 지방자치단체의 창의와 고안으로 현행 제도 범위 내에서 지역의 실정 및 아이들의 발달과업에 적합한 교육과정을 편성하여 초·중 일관교육을 실천하는 학교도 존재한다.

초·중 일관학교의 교원 배치에서는 교직원의 겸임발령을 적극적으로 시도하고 있다. 아이들의 의욕과 수업에 대한 즐거움을 향상시키고 초등학교 교육에서 중학교 교육으로 원활한 접속을 도모하기 위해서 교류수업이나 교사 상호 교환수업, 교과담임제를 도입하고 있다. 겸임발령은 전교직원 겸임발령, 일부 교직원 겸임발령, 교장 겸임발령 등 다양하다. 각 학교 실정에 따라 학생지도 등 특정 분야에서 겸임발령을 실시할 수도 있고, 초등학교와 중학교 양쪽 자격증을 소유 하지 않아도 가능한 경우를 쉽게 찾을 수 있다.

초등학교와 중학교 간의 연계를 효과적으로 도모할 수 있는 '초·중 일관교육 추진 코디네이터' 등 전담인력을 적극적으로 활용하고 있다. 이들의 주요 역할 은 ① 초·중 합동의 연구추진 조직의 연수계획을 입안하고 운영하여 조직과 조 직을 연결, ② 정보 수집과 정보 공유를 위해 초등학교와 중학교 교원을 연결, ③ 학교현장과 대학의 연구자 연계 등이다. 때로는 교장의 비전에 입각하여 조 직 및 교직원을 움직이게 하거나, 다른 교직원과 함께 학생지도를 맡는 역할을 수행한다.

초·중 연계, 일관교육은 '초1문제'와 '중1갭'이라는 유·초 및 초·중 접속관계의 과제, 학생들의 발달·지도상의 과제, 학력격차와 학교규모에 대한 대응, 그리고 공립학교의 다양화 등의 주장이 제기되면서 도입되었다. 특히 지역 사회에서 아 이들의 사회성 육성 기능이 저하되고 있는 가운데 아이들의 집단교육의 장인 학 교 역할에 대한 기대감이 높아지고 있다. 아이들의 사회성 육성을 둘러싼 사회 환경의 변화에 대응하고, 아이들의 발달에 맞는 교육실천을 창출하며, 유연성 있 는 교직원 활용을 통해 아이들의 학습과 발달을 지원하는 하나의 방법으로 초· 중 일관교육을 추진하고 있다.

3. 호주 통합학교의 특징

호주에서는 8개의 자치정부에 따라 차이가 있었던 교육제도 및 정책을 국가 수준에서 표준화하며 수월성을 추구하기 위하여 노력하고 있다. 그 대표적인 사 례가 지난 2008년에 공포된 멜버른 교육목표 선언이다. 멜버른 교육목표 선언의 목적은 새로운 국제환경의 변화에 호주 학교들이 능동적으로 대처하며, 미래의 불확실한 상황에서 호주의 지속적인 발전과 번영을 추구하기 위하여 학교교육이 추구해야 할 방향과 목표를 제시하는 것이다. 이 선언에 따라 호주 학교교육에서는 공평성(Equity)과 수월성(Excellence)의 가치를 강조하고 있다. 그리고 공평성의 가치를 구현하기 위한 전략의 한 영역이 농어촌 지역의 학생들을 배려하는 정책이다.

호주에서는 학교가 제공하는 교육과정의 유형에 따라 학교의 종류를 규정한다. 즉, 호주 교육법이 규정하고 있는 학교의 종류에는 유아학교, 초등학교, 중등학교, 통합학교, 후기중등학교 등이 있다. 이들 중에서 유아학교는 유치원과 초등학교 저학년이 통합되어 있는 K−2 교육과정을 제공하는 독립적인 학교 유형이며, 통합학교(composite schools)란 유치원 과정에서 고등학교 3학년까지 13학년의 전 학교과정을 모두 제공하는 학교이다. 2018년 기준으로 호주에는 전체 학교의 약 14.2%에 해당하는 1,341개교의 통합학교를 설치 운영하고 있다. 비교적 최근에 한국의 공립학교에 해당하는 정부학교도 학생 수 부족 등으로 인하여 초등과 중등교육을 함께 제공하는 통합학교(Combined school)가 증가하고 있다.

한국에서의 통합운영학교란 초등학교와 중학교, 중학교와 고등학교, 혹은 초·중·고등학교 등 학교급이 다른 2개 이상의 학교를 통합운영하는 학교로 규정할 수 있다. 이처럼 한국의 상황에서 규정하고 있는 '2개 이상의 학교급이 통합하여 공동으로 운영되는 학교 유형'이라는 통합학교의 개념을 적용할 경우, 호주의 모든 학교들은 통합학교라고 할 수 있다. 호주의 학교들은 모두 통합적 성격을 가지고 있기 때문이다.

한국의 통합운영학교와 유사한 설립 배경을 가지고 있는 호주의 사례로는 Central school 혹은 Community school 등이 통합학교(Combined School)라 할 것이다. 특히 Central school은 지역의 인구 감소로 말미암아 초등학교와 중등학교를 하나로 묶어서 통합학교로 전환한 사례이다. 한 지역의 학교가 폐교되는 것은 지역 사회의 발전에 심각한 저해요인이 될 수 있기 때문에, 학교를 폐교하는 대신에 소규모 초등학교와 중등학교를 하나의 통합학교로 전환하는 사례가 증가하고 있다.

호주 농촌 통합학교 운영의 몇 가지 특징을 요약하면 다음과 같다.

첫째, 호주의 모든 학교는 학교급에 관계없이 4학기제(4terms)로 운영되고 있으며, 학교의 수업일정도 교육부에서 제공하는 school calendar를 기본으로 하여 학사일정을 구성하고 있어서, 통합학교도 동등하게 모든 학교급의 학사일정이 거의 유사하다.

둘째, 통합학교의 수업시간은 block time제로 운영하여, 학교급 구분 없이 모든 학생들이 동일한 시간표에 의해 생활하며 등하교도 동일한 시간대에 시행하고 있다.

호주 통합학교의 교원 배치는 주정부 교육부의 교원정원배치기준에서 정한 공식에 의해 초등학교 과정 담당 교원 수와 중등학교 과정 담당 교원 수를 각각 계산하여 교원을 배치하는 복합 산출 방식이다. 이러한 방식은 통합학교의 교육적 특성과 상황을 반영하지 못하기 때문에 통합학교를 위한 단일의 교원배치기준을 제정해 달라는 요구가 교원노조 등을 중심으로 제기되고 있다.

호주의 농어촌 지역에서 운영하고 있는 통합학교(combined school)의 사례 분석을 통하여 얻을 수 있는 몇 가지 의미 있는 특징은 다음과 같다.

첫째, 통합학교 교육의 정체성을 확립하고 운영의 효율성을 높이기 위하여 통합학교를 학교의 종류로 법제화하고 있다.

둘째, 학생 수 감소의 전략적 대안으로 통합학교를 육성하는 방안을 강구하고 있다. 농어촌 지역뿐 아니라 도시의 소규모학교들도 학교 폐교의 위기에 직면하고 있다. 학교 폐교는 그 지역의 존립에 심각한 위협요소로 작용하고 있어서 사회적 갈등을 유발하는 요인이 된다. 따라서 소규모학교들을 폐교시키는 대신, 보다 적극적으로 통합학교로 재구조화하는 방향을 적극 고려할 필요가 있다.

셋째, 통합학교 교원의 학교급 간 교차 수업은 신중히 접근하고 있다. 통합학교 운영과정에서 교원의 부족에 따라 학교급 간 교수 시간 배정의 차이가 발생할 수 있으며, 근무 시간과 업무 강도의 차이도 발생하고 있다. 그렇더라도 교원의 자격 체계와 전문성의 영역을 존중하여, 학교급 간 교차 지도와 지원의 문제는 신중하게 접근하고 있다. 단순하게 초등교육과 중등교육의 특수성을 외면하는 교차수업 인정을 통하여 이러한 문제를 해결하고자 하는 것은 오히려 더 큰 혼란과 문제점을 야기할 수 있기 때문이다.

넷째, 통합학교의 복식학급 운영 및 활성화 방안을 강구하고 있다. 호주의 통합학교에서는 초등학교급 학생들을 복식학급 위주로 학급을 구성하고 있으며, 복식학급의 효과적 운영을 위한 다양한 연구와 수업지원 노력이 이루어지고 있다. 이러한 노력에 기초하여 농촌 통합학교의 초등학교급이 갖고 있는 교사 수급 문제와 소인수 학급 구성에 따른 무기력한 학습분위기 등과 같은 교육력 저해 요인을 극복하고자 한다.

마지막으로 저학년 학생들을 위한 일과 전 학교(Before School) 프로그램을 개발·운영하고 있다. 맞벌이 부부의 경우 아침 일찍 출근하거나 출장을 가야 하는 일이 갑자기 발생하는 경우 아동을 맡길 곳이 없어서 애를 태우곤 한다. 초등학교의 아동 돌봄 기능을 확대하여 일과 전 학교 프로그램을 활성화하고 있다.

4. 미국 통합학교의 특징

미국의 교육체제를 다른 국가들의 그것과 구별할 수 있는 큰 특징 중의 하나는 교육을 연방정부가 아닌 주와 지방정부가 주로 운영한다는 점이다. 주정부는 지방자치의 자율성을 침해 받지 않으면서 연방정부의 기간산업 투자, NCLB 등의 거시적 교육 정책과 같은 국가 수준의 정책에 동조한다. 교육에 관한 구체적인 운영은 교육구(school district)에서 이루어지며, 교육구는 하나의 특별 목적을 가진 지방정부로서 기능한다.

미국의 가장 일반적인 학제는 유치원 과정 1년(K), 초등학교 5년(1~5학년), 중학교 3년(6~8학년), 그리고 고등학교 4년(9~12학년)이다. 미국에서 통합학교에 다니는 학생의 규모는 전통적인 학제를 따르는 학생의 규모에 비하면 여전히 적은 편이지만, 꾸준히 증가하는 추세이다.

교육과정 운영에 있어서 미국은 대체적으로 교육과정 운영의 자율성을 각 학교와 교사들에게 보다 더 많이 부여한다. 다음으로 교원 배치에 있어서, 주마다 그 기준은 다르지만, 일반적으로 교장은 초등교육과 중등교육 구분 없이 임용할 수 있다. 현장의 교사 선발에 있어서도 예체능과 같은 과목의 경우, 중등교원 자격과 초등교원 자격의 구분 없이 임용할 수 있다. 한편, 일부 주는 초등학교 교사 자격과 중학교 교사 자격을 엄격히 구분한다.

미국에서 통합학교는 주로 농촌 지역에서 먼저 도입하였다. 인구 및 재정 감소를 해결하기 위해서이다. 도시 지역의 통합학교가 늘어난 데에는 인구 수 감소, 혹은 재원 조달 환경 변화와 같은 인구학적 변화에 대응하기 위해서뿐만 아니라, 교육적인 이유가 함께 맞물려 있다. 여러 연구와 학교 구성원 간에 통합학교의 교육적 성과, 예를 들어, 학업성취도 향상 및 학교 규율 개선 등에 대한 긍정적인 평가가 있다.

2013~2014년 기준, 미국 전체 공립학교 중 7%에 해당하는 5,640개 학교가 통합학교의 형태로 운영되고 있으며, 대략 6%에 해당하는 190만 명의 학생이 통합학교에 재학 중이다.

뉴욕 주 도시 지역 소재 K−8의 초·중 통합학교 사례를 분석한 결과, 주에서 제시하고 있는 교육과정 기준(Common Core Standard)을 준수하며 운영한다. 초등학교 학생 담당 교사와 중학교 담당 교과 교사 간의 협의를 기본으로 초·중학교 교육과정을 운영하고 있다(도시A 학교). 학교 규율에 대한 학부모 및 학생의 만족도는 높았다. 학생들의 학교에 대한 소속감도 높았다. 초등학교와 중학교는 공간을 분리 운영한다. 원칙적으로 중학교 교사와 초등학교 교사는 서로 학교급을 교차하여 가르치고 있지 않다. 학교급별 교사의 업무 공간을 구분하고 있으며, 이에 따른 물리적 접촉이 드물다. 이와 관련하여 초등학교와 중등학교 교사 간 갈등은 거의 없는 것으로 나타났다.

뉴욕 주 농촌 지역 중·고등학교 통합학교 사례를 분석한 결과, 초등학교와 같은 공간을 활용하며, 초등학교와 중·고등 통합학교에 교장이 각각 한 명씩 부임해 있다. 이른바 중앙학교(Central School)란 명칭을 활용한다. 기본적으로 뉴욕 주에서 제시하고 있는 교육과정 기준(Common Core Standard)을 기반으로 교육과정을 운영하고 있다. 초등학교와 같은 공간을 활용하면서, 전체적인 K−12 교육과정의 얼개를 만들 때 각 학교 교사진과 교장이 공동으로 참여하고 있다. 각 교육구의 학교를 폐교하고 하나의 통합학교를 만들기 위해서는 각 두 교육구 지역 사회 일원들의 동의가 선결되어야 한다. 각 학교급별 교사는 해당 학교급의 수업만 담당한다. 예외적으로 음악, 체육, 제2외국어 등과 같이 주지교과에 해당하지 않는 과목들의 경우 한 교원이 초등학교뿐만 아니라 중·고등학교에서도 교육 활동을 한다. 학교 규율에 대한 만족도는 교사와 교장뿐만 아니라, 학부모와 학생들에게 모두 긍정적인 것으로 확인하였다. 사례 학교 모두 초등학교급과 중·고등학교급 간의 공간을 독립적으로 구분하여, 나이 많은 학생과 적은 학생 간의 접촉을 최대한 줄이고 있다.

미 연방 교육부는 농촌 지역의 학업성취도를 향상시키고, 교육환경 개선을 시도하기 위해 소농학교 성취도 프로그램과 빈농학교 지원 프로그램을 운영한다. 이는 농촌 지역 학생들의 학업성취도 향상과 빈곤 학생에 대한 재정적 지원을 목표로 한다.

주요 특징을 꼽자면, 첫째, 미국의 농촌 지역 사례와 같이 효율적인 통학 지원, 적극적인 재정 보조 등의 방식으로 지역 사회의 지지를 이끄는 것이 통합학교 운영에 중요한 요소로 보인다.

둘째, 급격하게 교육과정 내용이 변하는 시기에 대한 대비를 충분히 할 수 있다는 점에서 통합학교 운영의 장점이 있을 것으로 보인다. 일정 정도의 지침을 준수하면서, 학교 사정에 따라 자율적인 교육과정 운영을 장려하고 있다. 농촌 지역의 경우, 해당 지역의 특색을 반영할 수 있는 특별한 프로그램 운영을 장려한다.

셋째, 여러 학년들이 섞이는 과정에서 발생할 수 있는 다양한 갈등을 줄이기 위해 학교 공간 배치에 대해 숙고하고, 학생의 연령대 차이에 따른 생활지도 방법에 대한 교원 연수를 제공하고 있다.

넷째, 가용재원에 비해 학생 수가 적을 경우 교사의 절대적인 수가 부족하고, 학교에서 운영할 수 있는 교육 프로그램도 제한적일 수 있다. 이러한 문제를 해결하기 위하여 학교급 간 충분한 교육 자원의 공유, 교사 자원 활용의 극대화, 지역 사회와의 연계와 같은 다양한 방안을 마련하고 있다.

다섯째, 지역 사회 및 학부모의 적극적인 참여를 이끌어 내야 한다. 특히 통합학교의 안정적인 정착을 위해 학부모들을 대상으로 한 홍보 활동 및 의견 수렴이 필수적이다.

5. 핀란드 종합학교의 특징

핀란드는 유럽의 다른 나라보다 조금 늦은 1921년에 9년제 의무교육제도를 도입하였고, 1970년대에 이르러 초등학교와 중학교를 통합한 독특한 종합학교 제도를 마련하여 실행하였다. 이러한 변화들은 때로는 전체주의적인 방식으로 매우 빠르게 체계적으로 이루어졌다.

제2차 세계 대전 이후 핀란드는 정치적·경제적 불안정이 지속되었지만, 한편으로는 핀란드 국민들에게 평등 교육의 이념과 가치를 심어 주는 시기이기도 하였다. 이 시기에 핀란드의 경제 변화는 빠르게 진행되었고, 아울러 급속한 사회 변화도 동반되었다. 무엇보다도 교육체제의 변화가 눈에 띄게 나타났는데, 핀란드에서 교육체제의 변화는 결정적 시기에 매우 철저하게 이루어졌다고 할 수 있다.

1960~1970년대에는 핀란드 역사상 가장 획기적인 교육개혁이 이루어졌는데, 이때의 교육개혁은 '서구 민주주의 사회의 일원이 되기 위하여, 그리고 전후의 세계 시장경제에 적응하기 위하여 모두 함께 가야 한다'는 국가 및 국민들의 총체적인 비전이 반영된 결과이다. 산업의 발달과 노동자 계층의 증대에 따라 노동자 계층의 목소리도 커지기 시작하였는데, 이들은 자신들의 자녀들을 위해 공교육이 좀 더 확대되기를 원하였다. 1920년대에 처음 제기되었던 '누구든지 다닐 수 있고 차별 없이 함께 배울 수 있는 종합학교 모형'이, 1950년대에 노동자 계층의 적극적인 요구에 의해 다시 살아나 개혁 의제가 되었고, 1970년대에 이르러서는 드디어 '종합학교(comprehensive school)'라는 구체적인 형태로 구현된 것이다. 즉, 핀란드에서는 사회적 평등 차원에서 1970년대에 초등학교와 중학교를 통합한 종합학교 제도를 구축한 것이다.

핀란드의 공교육체제는 취학 전 교육단계, 초·중학교 교육단계, 고등학교 교육단계, 대학 교육단계 등 크게 네 단계로 이루어져 있다. 우선, 취학 전 교육단계는 5세 이하의 아동들을 대상으로 한 유아교육 과정과 6세 아동을 대상으로 한 예비학교(pre-primary school) 교육과정의 두 과정으로 이루어져 있다. 초·중학교 교육단계는 종합학교(comprehensive school)에서 맡고 있는데, 우리나라의 초등학교와 중학교를 통합한 학교 형태로 9년제 교육과정이며, 만 7세에 입학하여 15세까지 교육 받는다. 고등학교 교육단계는 대학입학을 준비하는 인문계고등학교와 직업교육을 실시하는 직업고등학교 둘로 나누어져 있다. 대학 교육단계는 학문 연구에 초점을 둔 일반대학(university)과 직업교육에 초점을 둔 응용과학대학(University of Applied Science)으로 나뉜다. 핀란드는 이러한 공교육체제 이외에도 학령기를 지난 국민들, 즉 성인 대상의 교육이 발달된 나라이다. 성인교육은 어느 계층의 국민이나 모두 받을 수 있는 평생교육 과정이다.

핀란드의 교육행정은 전통적으로 강력한 중앙의 관리와 통제하에 이루어져 왔는데, 1980년대 학교법이 개정된 이후, 지자체 및 지역교육기관들의 의사 결정 권한이 증대되었다. 정부기관들에 의한 지방의 교육행정에 대한 통제도 급격하게 줄어들어, 지방의 교육 및 문화 행정은 이제 상급기관의 통제를 거의 받지 않게 되었다. 지방의 교육 및 문화 행정 담당자에 대한 자격 요건도 각 지역에서 자체적으로 정할 수 있도록 하였으며, 교장 직위를 포함하여 의무적으로 두어야 하는 행정 직위들도 폐지할 수 있도록 하였다. 아울러 핀란드의 지방행정 시스템에서는 일반행정과 교육행정이 통합되어 있어, 교육을 위한 정부 교부금이 사회, 건강 등 다른 분야의 교부금과 통합 지원되고 있다. 핀란드에서는 지자체 간의 통합도 가속화되고 있는데, 2007년 342개이던 지자체가 2016년 313개로 줄었으며, 향후에도 소규모 지자체들 간의 지속적인 통합이 이루어질 예정이다.

핀란드에서는 우수한 인재들이 교사가 되기 위하여 교사교육기관에 입학을 하는데, 이들은 5년 동안의 석사학위 과정을 통해 철저한 교사교육을 받는다. 핀란드의 교사교육 과정은 학습 강도가 높아 학위 과정은 5년이지만 대체로 다수의 학생이 6~7년 정도 걸려 이 과정을 마치고 있다.

초등교사교육 과정에 있는 학생은 5년 동안의 석사학위 과정을 통해 교육학 석사학위를 받게 되며, 교사교육 프로그램을 병행하여 이수한다. 중등교사교육 과정에 있는 학생은 두 가지 트랙에서 병행하여 함께 교육을 받는데, 석사학위는 교사교육학과가 아닌 자신의 해당 전공 일반학과에서 이수를 하고, 교사교육프로그램은 교사교육학과에서 이수를 한다. 즉, 일반학문 분야에서 석사학위를 이수하였거나 이수하고 있는 학생 중 교사가 되고자 하는 학생의 지원을 받아 선발한 후,

이들에게 1년 동안의 교사교육프로그램을 이수하게 하여 교사자격을 부여하고 있는 것이다.

핀란드에서 만 7세 아이들은 특별한 사정이 있지 않는 한 모두 종합학교에 입학해야 한다. 1980년대까지는 학부모나 학생이 입학할 학교를 선택하지 않고 교육담당기관에서 배정해 주는 학교에 입학하였는데, 1990년대 들어 학교선택제가 도입되어 현재까지 이어지고 있다.

학교선택제를 기반으로 입학을 위한 신청과 지원의 과정을 거쳐, 5월에 입학할 학교가 결정된다. 학생 배정이 끝나면, 각 학교에서는 곧바로 입학할 학생과 학부모를 대상으로 오리엔테이션을 실시하고 9월에 학기를 시작한다. 핀란드 종합학교는 9년 동안의 의무교육 과정으로 학생이 학비를 내지 않는 것은 물론, 교과서, 급식, 학습자료, 학습 도구, 건강 및 복지서비스 등이 모두 무료로 지원되는 거의 완전한 무상교육 체제이다. 핀란드 종합학교는 대부분 중·소규모의 학교들이다.

핀란드 종합학교에서 교육과정 운영은 국가핵심교육과정의 지침을 토대로 한다. 국가핵심교육과정은 국가교육청에서 만든다. 교육과정은 각 과목의 목표와 핵심내용, 학생 평가의 원리, 특수교육, 학생 복지, 진로지도 등의 내용으로 구성되어 있다. 좋은 학습 환경의 원리, 학습에 대한 개념 및 접근법 등도 국가핵심교육과정에 포함되어 있다. 각 지자체 및 학교에서는 국가핵심교육과정의 기본틀(framework) 내에서 자체적인 교육과정을 만들어 운영하고 있다.

핀란드에서 종합학교를 마친 학생은 대부분 인문고등학교나 직업고등학교에 진학을 하지만, 의무교육인 종합학교 과정을 마치고 나서도 본인과 학부모의 선택에 의해 추가적으로 교육을 1년 더 받을 수 있다. 이 과정이 종합학교 10학년 과정이다. 이 과정에는 상급학교 진학에 어려움이 있거나 준비가 덜 된 학생이 지원하는데, 이를 통해 상급학교 진학을 준비시키고 자신감을 심어 준다.

핀란드 종합학교 제도는 핀란드 대도시 지역뿐만 아니라, 농어촌 지역에도 동일하게 적용되고 있다. 즉, 핀란드에서는 농어촌 지역에서도 초등학교와 중학교가 통합된 종합학교가 1970년대부터 운영되어 온 것이다. 핀란드에서는 초등학교와 중학교가 통합된 이러한 종합학교 제도가 일찍이 정착·운영됨으로 인해, 특히 농촌 지역의 소규모학교 문제를 자연스럽게 해소시켜 왔다고 할 수 있다.

핀란드 역시 어느 나라와 마찬가지로 농촌 지역의 인구 감소와 그에 따른 소규모 학교 문제에 직면하였다. 그런데 핀란드에서는 초등학교와 중학교가 통합된 종합학교 제도를 이미 구축하고 있었기 때문에 이 제도에 따라 자연스럽게 소규모 학교 문제에 대처해 왔던 것이다. 여기에 더하여 핀란드의 경우, 초등학교와 중학교가 통합된 종합학교 제도를 운영하고 있지만, 종합학교를 획일적으로 적용하고 있지는 않다. 즉, 핀란드 농촌 지역에서 기본적으로 종합학교를 운영하고 있지만, 지역에 따라서는 초등학교만 운영하는 경우, 중학교만 운영하는 경우, 혹은 중학교와 고등학교를 통합하여 운영하는 경우 등 매우 다양하고 융통성 있게 학교제도를 운영하고 있다. 그리고 이러한 학교제도의 운영은 철저히 해당 농촌 지역의 상황과 필요에 기반하고 있다.

핀란드 역사에서 가장 큰 교육적 변화 중의 하나가 1960~1970년대에 이루어진 종합학교 개혁인데, 바로 이 개혁의 핵심 가치이자 뿌리가 된 것이 바로 평등교육 이념이다. 모든 사람이 같은 학교에서 같은 교육을 받아야 한다는 철저한 평등 이념이 종합학교 개혁의 핵심적인 토대였다.

종합학교로 체제를 변경한 목적과 전제가 평등이념을 기반으로 한 것이기에, 모든 아동은 1~9학년에서 똑같은 교육을 받아야 한다는 국가의 교육목표를 철저하게 구현하고자 하였다. 이에 따라 능력이나 가정배경 등에 따른 어떠한 차별도 허용하지 않고 있다. 종합학교 단계에서는 학업 수준이 뒤떨어지는 학생, 혹은 학년 수준을 못 따라가는 학생에 대해서 조기 개입 및 지원을 통해 철저한 보충교육을 실시하고 있다.

핀란드 종합학교 제도의 가장 큰 특징은 학교 통합이 단순히 규모의 경제, 즉 인구 감소에 따른 학교의 통합 차원에서 접근한 것이 아니라, 교육에 있어서의 국민 통합, 즉 사회적 격차 해소 차원에서 접근하였다는 점이다. 사회적 격차는 빈부격차뿐만 아니라, 도시와 농촌 사이의 격차, 수도권과 지방 사이의 격차 등 다양한 차원에서 존재한다. 여기에 더하여 급격한 인구 감소라는 심각한 문제에 직면해 있기도 하다. 농촌 소규모학교 문제를 단순히 농촌 지역의 인구 감소에 따른 대응 차원에서 접근해서는 안 되며, 농촌 지역의 인구 감소를 포함하여 다양한 도·농 간의 격차를 어떻게 교육적 차원에서 해결해 나갈 것인가 하는 관점에서 접근해야 한다는 것이 핀란드 사례가 보여 준 가장 큰 특징이라고 할 수 있다.

제2절 종 합

세계 여러 나라는 사회·문화적 배경과 교육적 맥락 속에서 공통적이면서도 각기 다른 통합학교 제도를 도입하여 운영하고 있다. 통합학교의 특징을 몇 가지 차원에서 공통점과 차이점을 중심으로 압축해서 종합하고자 한다.

통합학교의 핵심 가치가 '학교규모의 적정화'와 '학제 유연화'에 있는 가운데, 나라들마다 두 가치가 균형을 이루기도 하고 학교규모의 적정화에 치우치기도 한다. 핀란드처럼 사회적 형평성이라는 더 높은 가치를 추구하고 있기도 하다.

통합학교는 '학제로서 통합'의 위상을 갖기도 하고, 학제상으로는 분리한 상태에서 '운영상의 통합'의 형태를 띄기도 한다. 대표적으로 핀란드는 초등학교와 중학교의 9년제 통합학교로서 단일의 종합학교 제도를 도입하였고, 한국은 초등학교, 중학교, 고등학교의 단계를 엄격히 구분하면서 학교급 간 통합운영을 도모하고 있다.

어떤 형태의 통합학교 제도를 도입하고 운영하든 초등학교, 중학교, 고등학교라는 세 개의 중추적인 학교 단계를 학생들의 신체적·정신적 발달단계, 발달단계별 성취해야 할 교육목표, 단계별 각기 다른 교육적 과업의 차이를 인정하고 있다. 그리하여 통합학교에는 단계별로 구분하여 운영하는 학교에서 나타나지 않은 긴장감이 크든 작든 여기저기에 스며들어 있다.

통합학교는 학교 단계별 교육내용과 방법의 차이를 인정하면서 학생의 성장과 적응의 일관성 차원에서 학교 단계별 교육연계를 강조하고 있다. 학교 단계별 교육적 연계를 국가 또는 미국의 경우 주정부 수준의 K-12 학년별 교육과정 체제 속에서 도모하기도 하고, 단위학교 수준에서 일정 수준의 특색 있는 교육과정 편성을 허용하여 이를 바탕으로 학교실정에 맞는 다양한 교육활동을 촉진하기도 한다.

　어느 나라든 교원의 자격은 학급 담임 중심의 초등학교 교원자격과 교과 담임 중심의 중등 교원자격으로 대별할 수 있다. 이런 가운데 통합학교에서 수업을 담당하는 교원의 자격을 다양하게 관리하고 있음을 확인할 수 있다. 한국에서처럼 전 교과에서 교원자격을 엄격하게 분리운영하는 경우, 미국의 일부 주에서처럼 예체능 등 주지교과 이외의 일부 교과에서 복수 학교급 자격을 인정하는 경우, 일본에서처럼 교차 교원자격 취득의 기회도 제공하고 자격 없이도 교차수업을 시도하는 경우로 구분할 수 있다.

　통합학교라 할지라도 구성원들은 학교 단계별 교육과정의 특성, 각급 학교 단계별 교육자격의 전문성을 십분 존중하고 있다. 한 학교 안에서 수업시수 차이에 대해서도 수용하고 있다. 굳이 학교급 간 교육과정 통합을 시도할 필요가 없다고 주장하기도 한다. 그러나 이는 통합학교의 규모에 따라 다른 스펙트럼을 보이고 있다. 예컨대, 통합학교라 하지만 학교규모가 300명 정도 이상인 경우 우리나라의 병설학교처럼 한 울타리에 각각 독립적인 학교로 존립하기도 한다. 반면에 학교규모가 영세하면 교육적·재정적인 다양한 이유로 교원, 시설의 공동 활용을 모색할 수밖에 없다.

　통합학교의 시설도 마찬가지이다. 가급적 학교 안에서 다른 학교급 학생들이 만나지 않도록 학생 이동 동선을 세심하게 고려하고 학생들의 교육 및 생활 공간을 분리시킨다. 통학버스 이외에 학교급이 다른 학생들이 학교 안에서 함께 하는 공동의 시간을 갖지 않도록 배려한다. 교원들의 공간도 분리를 원칙으로 한다. 역시 학교규모가 중요한 변수이다. 학교규모가 영세하면 분리해서 운영할 수 있는 공간 확보와 경비부담에 한계가 있을 수밖에 없다.

　지역 사회 주민의 참여와 지지 역시 통합학교의 형태에 중요한 영향을 미친다. 특히 학교 소요경비를 해당 지역의 주민들이 얼마나 세금으로 부담하느냐에 따라 학교 운영에 대한 주민통제의 강도가 달라진다. 각 나라마다 교육예산 확충을 위한 조세제도에 따라 담세자로서 지역주민의 통합학교에 대한 요구는 차이가 있다.

　요컨대, 세계 여러 나라의 통합학교 제도와 운영 사례는 우리나라 통합운영학교의 실상을 이해하고, 향후 발전을 위한 중요한 디딤돌로 삼을 수 있을 것이다.

저자 소개

임연기
공주대학교 사범대학 교육학과 명예교수
교육부 지정 중앙농어촌교육지원센터장, 보건복지부 중앙생활보장위원회 위원
전) 공주대 기획처장, 한국교육행정학회장, 교육부 시도교육청평가위원장, 한국장학재단 비상임이사,
　　국무조정실 정부업무평가 전문위원 등 역임

박삼철
교육학박사(Ph D). 호주 Macquarie University 대학원 졸업
단국대학교 교육대학원 교육학과 교수(교육행정 전공)
전) 백석중학교 교사, 단국대학교 교양교육대학장 등 역임

김병찬
경희대학교 교육대학원 교수
경희대학교 교육대학원 원장
전) 대통령자문 교육혁신위원회 자문위원, 교육부 교원양성기관 평가위원, 한국교육행정학회 학술위원장,
　　편집위원장 등 역임

강충서
뉴욕주립대 – 버팔로 박사후 연구원(Postdoctoral Associate)

히고 코우세이
일본 토요오카단기대학 통신교육부 아동학과 전임 강사
전) 공주대학교 한국농촌교육연구센터 연구교수 역임

세계의 통합학교 제도와 운영 사례

2020. 5. 22. 초 판 1쇄 인쇄
2020. 5. 29. 초 판 1쇄 발행

지은이 | 임연기, 박삼철, 김병찬, 강충서, 히고 코우세이
펴낸이 | 이종춘
펴낸곳 | **BM** (주)도서출판 **성안당**
주소 | 04032 서울시 마포구 양화로 127 첨단빌딩 3층(출판기획 R&D 센터)
　　　 10881 경기도 파주시 문발로 112 출판문화정보산업단지(제작 및 물류)
전화 | 02) 3142-0036
　　　 031) 950-6300
팩스 | 031) 955-0510
등록 | 1973. 2. 1. 제406-2005-000046호
출판사 홈페이지 | **www.cyber.co.kr**
ISBN | 978-89-315-8932-0 (93370)
정가 | **20,000원**

이 책을 만든 사람들
기획 | 최옥현
진행 | 오영미
교정 · 교열 | 이진영
본문 디자인 | 방영미
표지 디자인 | 박원석
홍보 | 김계향, 유미나
국제부 | 이선민, 조혜란, 김혜숙
마케팅 | 구본철, 차정욱, 나진호, 이동후, 강호묵
제작 | 김유석

■ 도서 A/S 안내

성안당에서 발행하는 모든 도서는 저자와 출판사, 그리고 독자가 함께 만들어 나갑니다.
좋은 책을 펴내기 위해 많은 노력을 기울이고 있습니다. 혹시라도 내용상의 오류나 오탈자 등이 발견되면 **"좋은 책은 나라의 보배"**로서 우리 모두가 함께 만들어 간다는 마음으로 연락주시기 바랍니다. 수정 보완하여 더 나은 책이 되도록 최선을 다하겠습니다.
성안당은 늘 독자 여러분들의 소중한 의견을 기다리고 있습니다. 좋은 의견을 보내주시는 분께는 성안당 쇼핑몰의 포인트(3,000포인트)를 적립해 드립니다.

잘못 만들어진 책이나 부록 등이 파손된 경우에는 교환해 드립니다.